HISTOIRE D'ELBEUF

par H. SAINT-DENIS

—

TOME XII

(De 1880 à 1904)

ILLUSTRÉ DE 16 PLANCHES HORS TEXTE

PAR DÉLIBÉRATION DU CONSEIL MUNICIPAL D'ELBEUF,
EN DATE DU 9 MAI 1894

ELBEUF. — IMPRIMERIE H. SAINT-DENIS

1905

HISTOIRE D'ELBEUF

—

TOME XII

Vue Générale d'Elbeuf

HISTOIRE D'ELBEUF

par H. SAINT-DENIS

TOME XII

(De 1880 à 1904)

ILLUSTRÉ DE 16 PLANCHES HORS TEXTE

PAR DÉLIBÉRATION DU CONSEIL MUNICIPAL D'ELBEUF,
EN DATE DU 9 MAI 1894

Elbeuf. — Imprimerie H. Saint-Denis

1905

HISTOIRE D'ELBEUF

Tome Douzième

CHAPITRE Iᵉʳ
(Année 1880)

Etude sur la Source du Mont-Duve. — Le tarif douanier sur la draperie devant la Chambre. — Première Fête nationale du 14 Juillet. — Elbeuf aux expositions du Mans et de Melbourne. — Elections aux Conseils général et d'arrondissement ; M. Sevaistre dans l'Eure. — Questions scolaires — Le chemin de fer d'Elbeuf au Neubourg. — Nouvelle consolidation de l'hôtel de ville. — Statistique industrielle.

Le budget municipal pour 1880 avait été établi ainsi :

Recettes ordinaires.....	570 965	948.196 fr.
Recettes extraordinaires.	377.231	
Dépenses ordinaires....	568.225	947.520 fr.
Dépenses extraordinaires	379.295	

Le budget de l'Hospice se chiffrait par 60.005 fr. ; celui du Bureau de bienfaisance par 74.330 fr., et celui de l'Orphelinat de garçons par 10.600 fr.

Les droits de place sur les marchés avaient été affermés au prix de 24 000 fr. par an, pour quatre années.

Dans les premiers jours du mois, M. Henri-Edmond Dupont, curé d'Yébleron, fut nommé curé de Saint-Etienne d'Elbeuf.

Il fut procédé, le 9 janvier, à l'installation de MM. Armand-Désiré Chedville et Jules Delaquèze, élus juges au Tribunal de commerce, le 10 décembre précédent, et à celle de MM. Alexandre Auger et Auguste-Louis Perré, élus suppléants.

Ce même jour, les bateaux à vapeur d'Elbeuf à Rouen purent reprendre leur service, interrompu par les glaces.

Vers ce temps on procéda également à l'installation de la nouvelle Commission administrative de l'hospice, composée de MM. V. Patallier, ordonnateur ; J. Flavigny, Legrix, F. Delaporte, Picard et Thézard.

Au tirage au sort, qui eut lieu le 20, il se présenta 350 jeunes gens, dont 149 d'Elbeuf, 107 de Caudebec, 33 de Saint-Pierre, 18 de Saint-Aubin, 18 de la Londe et 9 d'Orival.

M. Doublet, maire, procéda, le 21 janvier, à l'installation de plusieurs membres de la Chambre de commerce élus le 18 novembre précédent, en remplacement de M. Ph Aubé, démissionnaire, et Maurice Blin, décédé. Les nouveaux membres étaient : MM Desplanques, Pierre Etienne et Louis Fraenckel.

M. Philippe Aubé fut nommé président honoraire, MM. Constant Flavigny, président ;

Adolphe Mary, vice-président; Lebourgeois, secrétaire, et Pelletier, trésorier.

Dans son discours de remerciement, M. Flavigny salua l'entrée à la Chambre de M. Desplanques, représentant d'une des premières maisons de laines d'Elbeuf, et de M. Fraenckel, chef d'une des grandes fabriques alsaciennes qui étaient venues planter leur drapeau à Elbeuf, en contribuant puissamment à maintenir à notre industrie un chiffre élevé de production.

Peu après, M. Constant Flavigny entra au Conseil supérieur du Commerce, en remplacement de M. Aubé.

Le 24, M. Ropiquet fut nommé bibliothécaire municipal, comme successeur de M. Buquet, décédé.

M. Achille Cavrel, président du Tribunal de commerce, chevalier de la Légion d'honneur, mourut à Paris, le 26, à l'âge de 62 ans. Aux obsèques, qui eurent lieu trois jours après, le tribunal, les agréés et les huissiers figurèrent en robe.

Le 27, M. Tourné, architecte de la Ville, présenta à la Commission d'hygiène un rapport sur la source du Mont-Duve; nous en détacherons quelques passages corroborant ce que nous avons écrit dans le premier volume de la présente Histoire de notre ville, et d'autres également intéressants à différents points de vue :

« La source de l'ancien dispensaire, dite du Mont-Duve, jaillit au pied du contrefort de ce nom, probablement dans le lit d'une ancienne ravine dépendant autrefois du cours du Puchot, mais que la création de la rue de l'Hospice et des quartiers environnants ont certainement, depuis plusieurs siècles, détournée de son lit naturel.

« Nous ne croyons pas, par cette supposition, faire une hypothèse gratuite. Si on considère la topographie de nos plans cotés, on reconnaît que le lit actuel du Puchot constitue bien le talweg de la vallée, comprise entre les contreforts calcaires détachés de la Londe et ceux de même nature qui servent de terminus au plateau de Thuit-Anger.

« En outre, la source du Mont-Duve qui, à une époque fort reculée de nous, jaillissait à ciel ouvert, s'est ensevelie de plus en plus sous le massif des terrains détritiques qui constitue le fond de la vallée ; mais il est certain, et c'est là un point facile à observer, que le lit de la source est formé d'un banc d'argile grise, analogue à celle qui constitue la couche imperméable du fond du Puchot.

« Ainsi, une de nos premières déductions, basée sur l'état des lieux, à défaut de documents historiques qui nous manquent absolument, c'est que la source du Mont-Duve a été, dans le temps, un des affluents du Puchot, et qu'aujourd'hui elle en est complètement détournée au profit des terrains environnants, qui l'absorbent et en dirigent le cours occulte sous l'hospice, sous la propriété Alphonse Touzé (actuellement constituant en partie le jardin de la Maternité), etc., jusqu'à la rencontre de la nappe filtrante des eaux de la Seine, passant sous Elbeuf.

« D'après les urnes cinéraires que nos fouilles ont mises à découvert, les rives de cette source ont servi du Ier au IIe siècles à des sépultures gallo-romaines. Il n'est peut être pas sans utilité de signaler ici que nous en avons découvert quatre ou cinq dans l'unique tranchée ouverte pour le passage des tuyaux.

« Lorsqu'il y a une vingtaine d'années, l'administration municipale songea à utiliser les eaux apparentes de la source du dispensaire au pied du Mont-Duve, le débit de la nappe aquifère, existant sur ce point, ne fut pas soupçonné C'est pourquoi la canalisation qui fut établie pour en transporter les eaux à plus de 1 400 mètres de distance fut décidée en tuyaux de 0.08 et 0.06 de diamètre. Elle existe encore dans ces conditions pour le service des fontaines du Glayeul, de la Poissonnerie, du Calvaire, de la place Lemercier et de la place Lécallier ; soit, en totalité, cinq orifices à desservir dont le débit, à raison de 9 à 10 litres par fontaine, porte de 45 à 50 litres par minute le débit maximum de ce réseau.

« C'est en 1871 que l'administration voulut bien nous charger de faire les études d'une distribution d'eau pour Elbeuf ; or, pendant que nous faisions les nivellements de la vallée de Saint-Amant, où coule l'Oison, et que nous relevions les altitudes des contreforts et des plateaux environnant Elbeuf, nous fûmes frappé par une observation vraiment digne de remarque et qui passait comme inaperçue, parce que le public s'y était habitué : c'est que toutes les semaines, durant la saison sèche, deux des fontaines municipales, place Lemercier et place Lécallier, cessaient de couler le vendredi et le samedi, pour reprendre de plus belle le dimanche soir ou le lundi au plus tard.

« Soumettre ce phénomène d'intermittence à l'analyse, après avoir observé qu'il correspondait à des mouvements de dénivellement du plan d'eau de la source, n'était-ce pas, en quelque sorte, amener la démonstration de l'existence au pied du Mont-Duve d'une nappe aquifère actionnée par les pompes à feu placées sur son parcours ?

« ... Nous avons tout lieu de penser, disions-nous dans notre lettre du 14 novembre 1874, que le débit de la fontaine du dispensaire pourra être accru jusqu'à 1.000 mètres cubes par jour.

« ... Nous avions admis cette hypothèse, que l'expérience a pleinement justifiée : c'est que l'eau du Mont-Duve, collectée sur un lit d'argile, situé à l'altitude de douze mètres, s'élevait d'elle-même par sa propre force piézométrique à la cote quatorze, contenue par les terrains d'éboulement qui l'environnent et dont l'altitude atteint la cote dix-sept...

« ... L'eau de la source du Mont-Duve, provenant de terrains boisés très peu habités, est essentiellement potable ; elle ne contient aucun sel nuisible et marque à peu près, comme les eaux de l'Oison, 24 à 25° à l'hydrotimètre (Pinchon).

« Mais d'où peut bien dériver ce volume d'eau considérable ?

« ... Le débit moyen de la source du Mont-Duve, de 1876 à 1879, a été environ de 2.600 mètres cubes par jour. »

L'auteur entre ici dans différentes considérations et se livre à divers calculs. Il conclut ainsi :

« Les eaux du Mont-Duve sont dérivées de loin et de haut ; nous croyons pouvoir en attribuer l'origine aux plateaux perméables qui dominent l'Oison, dans les régions de Saint-Amand-des-Hautes-Terres et de Thuit-Signol. »

Le 15 février, mourut, à l'âge de 84 ans, M.

David Dautresme, ancien membre du Conseil municipal de notre ville et père de M. Lucien Dautresme, député.

Le 20, le conseil municipal décida de faire une autre série de travaux à l'hôtel de ville, et y affecta un crédit de 30.000 fr.

Le 23, on apprit le décès de M. Jean-Baptiste Léonard Pion, plus connu sous le prénom de Léon, ancien capitaine des sapeurs-pompiers, chevalier de la Légion d'honneur. Il était âgé de 80 ans.

Le 8 mars, on inhuma M. Désiré-Sainte-Marie Renoult, ancien secrétaire de la mairie et ancien receveur du Bureau de bienfaisance, décédé également à l'âge de 80 ans.

Vers ce temps, on publia un arrêté municipal sur la police des cimetières.

La Société Industrielle nomma une partie de son bureau, le 19. Furent élus : vice-président, M. Paul Pion ; secrétaire, M. H. Bellest ; trésorier, M. Honoré ; bibliothécaire-archiviste, M. E. Cavrel.

M. Picard, dans la séance municipale du 19 mars, au sujet d'une proposition d'achat, par la Ville, de l'immeuble de l'école congréganiste de garçons de la rue de la Justice, fit un intéressant historique de l'établissement des Frères à Elbeuf. Le Conseil, à l'unanimité, déclara qu'il n'y avait pas lieu d'accepter cette proposition, tout en réservant les droits de la Ville sur des rentes dont cette école jouissait.

La création de la nouvelle École primaire supérieure fut votée le 21 mai, par le conseil municipal qui, en outre, décida que les cours commenceraient à la prochaine rentrée scolaire, au moyen d'un crédit de 4.500 fr., qui serait inscrit au budget additionnel de l'année 1880.

Le 2 avril, un décret présidentiel porta règlement sur la pêche fluviale et fixa les parties de la Seine réservées situées aux abords d'Elbeuf.

Mme L. Prieur neveu, née Marguerite-Célinie Petitjean de Lanoue, mourut dans une maison de religieuses, à Châtillon-sous-Bagneux, le 31, âgée de 63 ans. Pendant de longues années, elle avait secondé son mari dans sa maison de banque, et avait personnellement beaucoup aidé à son succès. Elle ne laissa rien aux pauvres de notre ville, ce qui fut commenté par *l'Industriel*

M. Daveau, ayant été nommé capitaine de gendarmerie, dut quitter Elbeuf, où, le 2 avril, il fut remplacé par M. Buzançais, nouvellement nommé sous-lieutenant.

M. Ernest Flavigny, élu président du Tribunal de commerce le 24 du mois précédent, fut installé dans ses fonctions le 23 avril.

La première grue à vapeur établie sur le quai, par la compagnie E Duchemin, date de ce temps.

Le samedi 24 avril, le feu se déclara, aux portes d'Elbeuf, chez M. Edmond Bocquet, marchand de nouveautés, rue de Louviers. Les pertes furent estimées à 110.000 fr.; mais ce qui fut plus malheureux, ce fut la mort affreuse de M. Louis-Calixte Framery, serrurier-mécanicien à Caudebec, venu pour combattre l'incendie et qui disparut dans les flammes; on ne retrouva que son crâne et quelques ossements.

Dans les premiers jours de mai, le *Nouvelliste* de Rouen annonça que les travaux de la ligne des tramways entre Elbeuf et Rouen allaient prochainement commencer.

Le 3, M Félix Gasse fut élu président des Prud'hommes, et M. Désiré Hardouin, vice-président.

Le 28, malgré les efforts de M. Lucien Dautresme la Chambre des députés repoussa les tarifs de douane proposés par la commission et adopta les dispositions présentées par le gouvernement.

Dans sa séance du 11 juin, la Chambre de commerce d'Elbeuf décida d'adresser à M. Lucien Dautresme, député, une lettre pour le remercier de ses chaleureux efforts et de l'ardeur avec laquelle il avait soutenu à la tribune du Palais-Bourbon les intérêts de la circonscription d'Elbeuf, dans la discussion du tarif des douanes.

Ce même jour, la Chambre prit la délibéation suivante :

« La Chambre de commerce d'Elbeuf, après avoir pris connaissance des débats qui se sont élevés à la Chambre des Députés dans sa séance du 28 mai dernier, à l'occasion de la discussion du projet de tarif général concernant les étoffes de laine cardée, et des discours qui ont été prononcés par les orateurs qui ont défendu le projet du Gouvernement

« Considérant que de violentes attaques ont été dirigées contre les industriels d'Elbeuf ; qu'il y a donc lieu à protester contre ces attaques ;

« Considérant que les arguments dont se sont servis les orateurs favorables au projet de tarif, ou ne sont pas l'expression de la vérité, ou sont empreints d'une grande exagération ;

« Considérant que le tarif général, tel que le proposait la commission de la Chambre des Députés, est nécessaire pour assurer l'avenir de l'industrie de la laine cardée et le bien-être de la population ouvrière, surtout en présence des concessions qui sont déjà annoncées par les organes du Gouvernement dans le cas du renouvellement des traités de commerce.

« Est d'avis unanime de faire une protestation qui sera envoyée à MM. les Sénateurs membres de la Commission des tarifs, ainsi qu'à MM. les Sénateurs du département de la Seine-Inférieure.

« Décide, de plus, que ladite protestation sera adressée aux Chambres de commerce des villes qui ont dans la question les mêmes intérêts qu'Elbeuf. »

Le dimanche 13, notre ville se vida de ses habitants, partis à Rouen pour assister à la fête-cavalcade dite de Henri II, qui attira au chef-lieu une affluence énorme.

Le 30, le conseil municipal vota l'établissement du service télégraphique jusqu'à minuit, à partir du 10 août suivant.

Le mardi 6 juillet, on inaugura la nouvelle école laïque de garçons, rue Poussin. Le préfet et l'inspecteur d'académie assistèrent à la cérémonie.

Le 10, sur un rapport de M. Picard, le conseil municipal vota la création d'un poste d'instituteur-adjoint protestant et d'un poste d'institutrice adjointe dans les écoles laïques de garçons et de filles, en remplacement d'un instituteur et d'une institutrice catholiques.

Ce même jour, le Conseil fut informé que M. Philippe, manufacturier, — qui devait plus tard donner de bien plus grandes preuves de sa libéralité — avait fait un don de 3.500 fr. à l'Hospice.

Ce jour encore, le Conseil vota la reconstruction du presbytère de Saint-Etienne ; la dépense, évaluée à 35.000 fr., devait être couverte pour 18.000 fr. par la Ville et pour 17.000 fr. par la fabrique paroissiale.

Quelque temps après, M. Victor Prinvault donna sa démission de conseiller municipal.

La fête nationale du 14 juillet fut célébrée pour la première fois en 1880. A cet effet, le conseil municipal avait voté un crédit de 3.500 francs.

C'était un mercredi, le programme annonçait des réjouissances publiques comportant : des salves d'artillerie à six heures du matin ; des jeux publics sur la place Lécallier ; un concert au jardin de l'hôtel de ville, par *l'Harmonie elbeuvienne* ; des danses publiques sur les places Lemercier et Lécallier ; des illuminations ; un feu d'artifice tiré sur le Champ-de-Foire, et enfin une retraite aux flambeaux.

Le *Journal d'Elbeuf* ne dit rien de la Fête nationale. *L'Industriel* en fit un compte-rendu dont voici quelques passages :

« L'expulsion des Jésuites et la rentrée des amnistiés étaient, avec l'anniversaire du 14 Juillet, une coïncidence qui nous avait inspiré des craintes relativement à l'éclat de la fête. Jusqu'à mardi, en effet, l'ensemble s'annonçait devoir être peu brillant ; mais l'élan ne tarda pas à se répandre, et, gagnant de proche en proche, à devenir général. Nous avons donc eu une fête des mieux réussies, qui est de bon augure pour les anniversaires à venir. »

On remarqua un assez grand nombre de boudeurs, voire des officiers de l'armée, qui n'arborèrent pas de drapeau le 14 juillet ; il y eut même quelques patrons qui laissèrent ouvertes les portes de leurs ateliers.

A cette époque, il n'existait pas moins de six groupes socialistes dans notre canton ; en voici les noms :

La Fédération socialiste d'Elbeuf, l'Union des Travailleurs d'Elbeuf, le Cercle d'études sociales d'Elbeuf, la Commission de propagande socialiste d'Elbeuf le Groupe socialiste révolutionnaire de la Londe, le Groupe socialiste révolutionnaire de Saint-Pierre-lès-Elbeuf.

Un certain nombre de manufacturiers de la ville avaient participé à l'exposition du Mans. Voici la liste des récompenses, décernées le 18 juillet :

Diplôme d'honneur : Exposition col'ective de la ville d'Elbeuf ;

Médailles d'or : MM. Fraenckel-Blin ; Gasse frères ; F. Lanne fils ainé et A. Pion ;

Médailles d'argent : MM. Blin et Bloch ; Franchet, Puget et Cie ; Happey et Picard ; Houllier fils ; Nivert et Boulet ; Réné, Goujon et Bourgeois ; Sylvain Bloch.

Médailles de bronze : MM. V. Beaucousin et Cie ; E. Beaudouin et Cie : Berjonneau-Démar ; G. Bioche ; J. Delaquèze ; Paul Desbois ; Lefebvre, Hébert et Cie ; Mélet et Lainé jeune ; Réné et Mesnil ; Eugène Samson ; Bénard et Fromont ; Boulet et Lecerf ; Caresme, Lemercier et Cie ; C. Cerfon ; J. Chardin ; J. Cordier.

MM. A. Poussin et fils, et la maison Lemonnier, Hommais et Laignel étaient hors concours, comme membres du jury, dans cette exposition.

Année 1880

La filature et la foulerie de draps que MM. Olivier frères exploitaient à Pont Saint-Pierre (Eure) fut complètement incendiée le vendredi 30 juillet. Les pertes s'élevèrent à environ 300.000 fr.

Le lendemain, vers neuf heures et demie du soir, le feu détruisit, rue de la Barrière, en face le Théâtre, un grand bâtiment appartenant à Mme veuve Buisson et occupé par l'épicerie de MM. Hersent et Lebastard. On estima les pertes à environ 175.000 fr.

Il y eut des élections générales le 1er août, pour le renouvellement des conseillers généraux et des conseillers d'arrondissement.

M. Jules Doublet, maire, se présenta, sous le patronage du Comité de l'Union républicaine, comme candidat au Conseil général, pour succéder à M. Lucien Dautresme, démissionnaire A cette occasion, M. Doublet s'adressa à ses concitoyens dans les termes suivants.

« Mes chers concitoyens ; le Comité de l'Union républicaine du canton d'Elbeuf m'a offert la candidature au Conseil général, en remplacement de M. L. Dautresme, notre député et mon ami.

« Ce n'est pas une tâche aisée que de succéder à un homme dont le nom est si populaire parmi vous, et qui a rendu d'aussi grands services à la cause républicaine ; aussi mon premier mouvement s'est-il traduit par une hésitation facile à comprendre.

« Mais le Comité, en faisant appel à mon patriotisme, en me répétant que mon nom, si modeste qu'il soit, rallierait tous les amis de la République ; qu'il serait, en un mot, un symbole d'union, a eu raison de mes scrupules, et j'ai franchement accepté la candidature qui m'était offerte.

« Si vous m'honorez de vos suffrages, vous pouvez compter sur mon dévouement et sur mon activité. Je ne resterai indifférent devant aucune des questions qui intéressent notre canton et notre département ; et, lorsque le Conseil général sera appelé à faire œuvre politique, on me trouvera toujours parmi les défenseurs énergiques et convaincus des principes républicains,

« Je ne craindrai pas de lutter, au besoin, non seulement pour ne rien perdre des conquêtes du passé, mais encore pour en ajouter des nouvelles et réaliser de plus en plus le programme libéral.

« Oui, je veux la marche en avant, en conciliant toutefois le progrès avec la raison, au niveau des intérêts de la République. — J. DOUBLET, maire d'Elbeuf. »

Pour le Conseil d'arrondissement, on proposa à M. D. Picard de continuer son mandat que, suivant l'avis général, il avait rempli à la satisfaction de tous Voici la circulaire qu'il adressa au corps électoral :

« Chers concitoyens : le Comité de l'Union républicaine du canton d'Elbeuf m'a proposé la candidature au Conseil d'arrondissement et m'a demandé d'accepter le renouvellement du mandat que les électeurs du canton m'ont déjà confié en 1871 et en 1874.

« Aujourd'hui, comme en 1871 et en 1874, je suis à la disposition des électeurs, s'ils jugent mon concours utile.

« Mes opinions républicaines vous sont bien connues et, si vous croyez devoir renouveler mon mandat, je continuerai à donner tous mes soins en ce qui concerne l'instruction primaire et les voies de communication.

Lorsque viendront les élections sénatoriales, mon vote ne sera acquis qu'aux candidats entièrement dévoués à la République, et disposés à marcher dans la voie du progrès et de la liberté. — D. PICARD.

Le Comité de l'Union républicaine était alors composé de 74 membres, dont 25 d'Elbeuf, 12 de Caudebec 8 de Saint-Pierre. 6 de la Londe, 5 de Tourville, 4 d'Orival, 4 de St-Aubin, 4 de Sotteville-sous-le-Val, 3 de Freneuse et 3 de Bédanne-Cléon. Mais dans ce Comité, il s'était glissé des bourgeois modérés qui, habilement, en avaient éloigné des républicains de combat, pouvant devenir gênants, à un moment donné, pour certaines ambitions personnelles. Il n'y avait aucun doute, pourtant que la grande majorité du Comité de l'Union ne fût véritablement républicaine; presque tous ses membres avaient d'ailleurs fait leurs preuves dans des moments difficiles et le programme de l'Union républicaine allait jusqu'à la séparation des Eglises et de l'Etat.

Néanmoins, il se forma un autre Comité politique, qui prit le titre de Comité républicain ouvrier et mit en avant, dans une réunion tenue au Cirque de la rue Lefort, deux autres candidatures : M. E Lechêne, menuisier-mécanicien, membre du conseil municipal, et M. Delaroquelle, ouvrier tisseur. Ce comité reprochait surtout à M. Doublet de n'avoir pas interdit les processions sur la voie publique et d'avoir proposé et voté la reconstruction du presbytère Saint-Etienne.

Le double scrutin du 1er août donna les résultats suivants :

Conseil Général

	Inscrits	Votants	Doublet	Lechêne
Elbeuf............	5.041	3.668	2.458	745
Caudebec........	2.922	1.961	1.067	695
Cléon	163	110	86	16
Freneuse	177	78	60	8
La Londe........	518	376	253	96
Orival...........	404	305	188	75
St-Aubin	762	553	425	64
St-Pierre.........	1.067	767	456	224
Sotteville........	82	52	25	25
Tourville	248	141	103	31
Totaux......	11.384	8.011	5.121	1.979

Il y eut, en outre, 162 bulletins à divers noms et 641 voix perdues.

Conseil d'Arrondissement

	Inscrits	Votants	Picard	Delaroquelle
Elbeuf............	5.041	3.668	2.414	637
Caudebec........	2.922	1.961	1.136	599
Cléon...........	163	110	91	11
Freneuse.........	177	78	59	8
La Londe	518	376	247	93
Orival...........	404	305	187	68
Saint-Aubin	762	553	426	56
Saint-Pierre	1.067	767	465	208
Sotteville........	82	52	27	23
Tourville	248	141	105	26
Totaux......	11.384	8.011	5.157	1.729

On compta, en plus, 196 voix données a divers et 721 voix perdues.

Les élections du 1er août eurent pour effet, dans la Seine-Inférieure, de déplacer la majorité au Conseil général, qui, dès lors, se trouva composée de 25 républicains, contre 23 réactionnaires.

Dans le carton d'Amfreville-la-Campagne, les voix pour l'élection au Conseil général se répartirent ainsi : MM.

Lesage, républicain........ 1.052 voix
Léon Sevaistre, conservateur 724 —
Marquis de Boury, conserv. 950 —

M. Léon Sevaistre, qui avait été maire d'Elbeuf, appartient à l'histoire de notre ville. Pour cette raison, nous avons conservé le texte de la circulaire qu'il avait adressée aux électeurs ; le voici :

« Electeurs ; j'ai été trois ans maire de la ville d'Elbeuf ; beaucoup d'entre vous savent quel travail incessant m'ont donné ces fonctions ; si vos suffrages m'envoient siéger au Conseil général, j'aurai pour toutes les affaires qui intéressent le canton et ses habitants les mêmes soins que j'ai eus pour celles de la ville, notre voisine. Je n'insiste pas : mon passé vous répond des services que je puis vous rendre.

« Electeurs, c'est au nom et pour la défense des grands principes de la Liberté et de la Propriété que je sollicite vos suffrages. Cette liberté, les hommes qui vous gouvernent sont en train de l'étouffer, en même temps qu'ils se livrent à des attentats répétés contre la propriété.

« Ils veulent enlever au père de famille la faculté de faire instruire son enfant où et comme il lui plaît ; ils s'introduisent de force dans les demeures, crochetant les serrures comme de vulgaires malfaiteurs, forcent des propriétaires à sortir de leurs propres maisons, et tout cela sous le prétexte que ces propriétaires font partie de congrégations non autorisées.

« Mais ces religieux que l'on a jetés brutalement hors de leurs maisons, ce sont des Français, et la loi est la même pour tous les Français. C'est toujours un crime que de violer la propriété et la liberté.

« C'est ce qu'a compris d'une façon admirable la magistrature française.

« *Deux cents* magistrats ont brisé leur carrière et renoncé à leur situation plutôt que d'obéir au gouvernement ; ils lui ont déclaré que leur conscience et leur honnêteté ne leur permettaient pas d'appliquer ses décrets.

« Mais, dès avant que ces magistrats eussent infligé à nos gouvernants une flétrissure ineffaçable, ne les avez-vous pas déjà condamnés vous-mêmes, Electeurs, en considérant leur incapacité, leur ineptie. le peu de souci qu'ils prennent de nos besoins et de nos souffrances ?

« Ils nous avaient tout promis : Prospérité, Bien-Etre, Travail, Sécurité du lendemain. Que nous ont-ils donné ? Rien.

« Qu'ont-ils fait pour l'agriculture, qui se débat depuis plusieurs années dans une situation désespérée ? Rien.

« Qu'ont-ils fait pour l'industrie ? Rien.

« Qu'ont-ils fait pour nos ouvriers, que nous voyons si souvent manquer d'ouvrage ? Rien, toujours rien.

« Mais, en revanche, ils persécutent ce que nous respectons, et ils encouragent des passions dont nous avons tant à redouter.

« Ils demandent la séparation des Eglises et de l'Etat ; ils veulent obliger la commune à payer elle-même son desservant : vous pouvez aisément calculer l'accroissement de charges qui en résultera pour chaque commune et pour chaque contribuable.

« En même temps, ils font revenir les incendiaires qui ont fait la guerre civile de 1871, qui ont brûlé Paris et qui ont couté deux milliards à la France.

« Les communards nous arrivent avec le désir de prendre leur revanche et l'espoir de mieux réussir que la première fois : il ne nous reste, à nous contribuables, qu'à ouvrir notre bourse ; nous payons déjà annuellement cent millions pour les intérêts de la somme qu'a coutée la Commune : apprêtons-nous à payer de nouveaux impôts, quand la faiblesse de notre gouvernement aura permis aux amnistiés d'allumer de nouveaux incendies.

« Electeurs, si une telle situation vous convient, votez pour les candidats qui sont en communion d'idées avec nos maîtres.

« Quant à moi, je serai toute ma vie l'adversaire résolu des hommes prudents qui fuyaient le danger, en 1870, quand vos enfants couchaient, par leur ordre, dans la neige et se faisaient tuer pour le pays.

« Je combattrai toujours ceux qui foulent aux pieds la liberté quand elle les gêne, qui font bon marché de la propriété, et qui se distribuent des places grassement payées, pendant que l'imposé vit de privations et a toutes les peines du monde à gagner l'argent impérieusement réclamé par le fisc.

« Bec Thomas .. , Léon SEVAISTRE ».

Au deuxième tour, le marquis de Boury s'étant désisté en faveur de M. Sevaistre, celui-ci fut élu par 1.346 voix, contre 1.157 obtenues par M. Lesage, avocat, maire de la Haye-du-Theil, candidat républicain.

Dans le canton de Pont-de-l'Arche, on vota

pour deux membres du Conseil d'arrondissement. Les résultats furent ceux-ci :

MM. Goujon, républicain, 1.397 voix, et Charpentier-Grandin, monarchiste, 1.371 voix, tous deux élus, contre 1.363 à M. Paul Petit, bonapartiste, et 1.281 à M. Billard, républicain.

Le 3 août le conseil municipal vota un crédit de 4.000 fr. destiné à l'achat de tuyaux en caoutchouc pour le service des secours contre les incendies.

Le dimanche 15, les Elbeuviens assistèrent à l'ascension du ballon *Le Crespin*, que montait « la signora Albertina ». La descente s'opéra à Fouqueville.

Un décret du président de la République, daté du 16, approuva le projet de création d'une caisse de retraite pour les sapeurs pompiers de notre ville.

Par une lettre, rendue publique, adressée le 20 à M. Doublet, maire, M. Lucien Dautresme s'engagea à mettre à l'étude la création d'un collège dans notre ville, où l'enseignement secondaire faisait défaut. Le député assurait la municipalité d'Elbeuf de son plus actif concours dans le cas où sa proposition serait agréée.

Une salle de bal et de café portant le nom « d'Alcazar » avait été installée pour la foire Saint-Gilles sur la place du Champ-de-Foire. Dans l'après-midi, le propriétaire de cet établissement voulut faire partir un coup de canon, au moyen d'une petite pièce, longue de 75 centimètres, qui éclata. Il y eut un mort et six blessés.

Dans le courant de septembre, on s'amusa beaucoup d'un certificat publié par *le Pèlerin* du 18 de ce mois, et ainsi libellé :

Année 1880

« Je, soussigné, docteur en médecine, chirurgien en chef de l'Hospice général de Rouen, certifie que le jeune Brunel Emile, d'Elbeuf, vient aujourd'hui me faire constater sa guérison d'une paralysie incomplète de la vessie, pour laquelle je lui ai donné des soins sans résultat, depuis le mois de septembre 1879.

« La guérison est survenue subitement à Lourdes, le 20 août 1880.

« Rouen, le 6 septembre 1880.

« Paul Hellot ».

Ce singulier certificat fit le tour de la presse régionale. *L'Industriel* le publia également, mais le *Journal d'Elbeuf* n'en souffla mot.

Le jeudi 30 septembre, vers trois heures du matin, le feu se déclara dans la filature de MM. Mouchard frères, à Saint-Aubin. On évalua les pertes à plus de 300.000 fr.

L'Ecole primaire supérieure ouvrit le 1er octobre ; son directeur était M. Gouin, nommé par arrêté préfectoral du 27 août précédent.

A partir du 3, un marché du dimanche fut créé sur les places Saint-Louis et Lemercier, pour la vente de toutes denrées, y compris les pommes à cidre, et de tous produits manufacturés, neufs ou vieux.

M. le docteur Alfred Vy mourut le 2 novembre, à l'âge de 66 ans. Il était chevalier de la Légion d'honneur, medecin en chef de l'hospice, vice-président du Comité cantonal d'hygiène et président de l'Association des médecins de la Seine-Inférieure.

Le 7, M. Floquet vint faire une conférence, au Théâtre, sur « les Cahiers de 1789 ». M. Lucien Dautresme présida cette réunion, qui attira une grande affluence d'auditeurs.

Le 10, parut à Elbeuf, le premier numéro de *l'Industrie lainière*, publication bi-mensuelle créée pour concurrencer *le Jacquard*.

Vers ce temps, il se forma un comité d'action pour conserver à la ville d'Elbeuf les collections de M. Noury, en les faisant entrer dans un musée municipal d'histoire naturelle.

Pendant la séance municipale du 6 novembre, M. Descoubet demanda que, en présence des pétitions qui se signaient dans le quartier Saint-Etienne pour le maintien des congréganistes à l'école communale de l'impasse Chefdrue, on procédât à leur remplacement par des maîtres laïques ; il fit plus : il proposa au Conseil d'émettre le vœu que toutes les écoles communales fussent dirigées par des laïques.

M. Quidet combattit cette proposition. Alors M. Rouland demanda que l'école communale des Frères de l'impasse Chefdrue fût laïcisée le plus tôt possible ; demande qu'appuyèrent MM. Hulme et Picard.

M. Quidet, après quelques explications données par le maire, se rallia à la proposition de M. Rouland, qui fut adoptée par tous les membres du Conseil, moins M. Martin.

Nous croyons avoir dit que le monument Victor Grandin avait été transféré de la cour de l'ancien hotel de ville dans celle du nouveau. Le 12 novembre, le conseil municipal décida qu'il serait déplacé et rétabli dans le Jardin, sur le massif central, vers la Seine, et vota à cet effet un crédit de 400 fr.

Ce même jour, le Conseil vota la création d'un musée, dans une des salles de l'hôtel de ville.

Dans la même séance, après un rapport de M. Picard, rappelant que, le 6 novembre 1871, le conseil général de l'Eure avait concédé à la Compagnie d'Orléans à Rouen le chemin de fer du Neubourg à Caudebec-lès-Elbeuf ; que cette dernière ligne avait été déclarée d'utilité publique par décret du 8 août 1873, et qu'elle avait été incorporée dans le réseau d'intérêt général par la loi du 31 juillet 1879, le conseil municipal prit la délibération qui suit :

« Considérant qu'il résulte des rapports dressés par M. l'ingénieur en chef Partiot, aux dates des 19 et 24 juillet, et communiqués aux Conseils généraux de la Seine-Inférieure et de l'Eure; que d'après les études faites pour l'établissement d'un chemin de fer du Neubourg à Caudebec-lès-Elbeuf, deux tracés sont possibles : l'un par la Haye-Malherbe, ayant 27 kilomètres de parcours, et l'autre par la vallée de l'Oison, passant à l'ouest d'Amfreville-la-Campagne, ayant seulement un parcours de 22 kilomètres.

« Considérant que, d'après les explications par lui fournies et consignées dans le rapport de M. Papon, au Conseil général de l'Eure, M. Frossard, ingénieur ordinaire à Louviers, chargé des études des deux tracés, a indiqué sa préférence pour le tracé de la Haye-Malherbe, parce qu'il offre cet avantage de rectifier la ligne de Louviers à Elbeuf dans la partie de son parcours qui deviendra commune, et que la moitié de la dépense, soit deux millions, servirait à cette rectification.

« Considérant que, même en admettant la réalisation de cette économie de deux millions, l'augmentation de parcours de 5 kilomètres (27 au lieu de 22) grèverait à perpétuité de frais considérables le transport des voyageurs et des marchandises ; et qu'en ce qui concerne le service des voyageurs, le tracé par la Haye-Malherbe entraînerait en outre une perte de temps et des retards, puisqu'il aurait infailliblement pour résultat, lors de l'organisation du service d'exploitation, d'astreindre les voyageurs à un transbordement à la Haye-Malherbe, qui deviendrait nécessairement une gare de bifurcation.

« Considérant, d'ailleurs, que dans le décret de déclaration d'utilité publique du 8 août 1873 et dans la loi de classement dans le réseau d'intérêt général du 31 juillet 1879, la ligne destinée à mettre le Neubourg en communication avec Elbeuf est désignée ainsi : « Chemin de fer du Neubourg à Caudebec-lès-Elbeuf » ; que M. l'ingénieur en chef Partiot, dans son rapport du 19 juillet 1880, désigne lui même ce chemin sous la dénomination suivante : « Chemin de fer du Neubourg à Elbeuf »; qu'une semblable désignation ne saurait être sérieusement donnée à un chemin de fer allant du Neubourg à Elbeuf par la Haye-Malherbe, avec transbordement à ce point de bifurcation.

« Considérant qu'il est du plus grand intérêt pour la ville d'Elbeuf que le tracé le plus court soit adopté ; que le tracé par la vallée de l'Oison met Elbeuf en rapport direct non seulement avec le Neubourg, mais encore avec Amfreville-la-Campagne, chef-lieu de canton, Fouqueville, Tourville-la Campagne, la Haye-du-Theil, Gros-Theil, Saint Amand-des-Hautes-Terres et autres communes habitées par des cultivateurs qui approvisionnent la ville d'Elbeuf, et par les ouvriers de fabrique qui viennent chaque jour y apporter leur travail.

« Considérant, au contraire, que le tracé par la Haye-Malherbe ne desservirait ni Amfreville-la-Campagne, ni aucune commune de ce canton, et augmenterait, pour les quelques communes qui pourraient l'utiliser, le parcours vers Elbeuf de 5 à 6 kilomètres au moins ; qu'en un mot, ce tracé ne procurerait à notre ville aucun des avantages qu'elle est en droit d'attendre...

« Le Conseil proteste énergiquement contre le projet de tracé par la Haye-Malherbe pour l'établissement du chemin de fer du Neubourg à Caudebec-lès-Elbeuf, et il demande instamment que cette ligne de chemin de fer destinée *principalement* à relier le Neubourg à Elbeuf, soit établie en adoptant l'autre projet de tracé étudié par MM. les ingénieurs de l'Etat, en prenant à l'ouest d'Amfreville-la Campagne et par la vallée de l'Oison.

« La présente délibération sera adressée à M. Partiot... et à M. le ministre des Travaux publics. »

Dans cette séance encore, le Conseil décida que les boutiques et autres installations qui servaient habituellement aux ventes du Jour de l'An, place du Coq, ne seraient désormais permises que sur la place Lemercier.

Enfin, le Conseil, après avoir entendu la lecture d'une lettre du président d'un comité qui s'était formé pour l'installation à l'hôtel de ville du musée de M. Noury, nomma une commission composée de MM. Laignel, Pion, Rouland, Hulme et Fraenckel, pour étudier cette question.

A la fin de novembre, le tunnel dit du Pavillon, long de 1.300 mètres, était complètement percé.

Le 7 décembre, la population de notre ville fut impressionnée en apprenant que M. Achille

Durand, percepteur des contributions directes à Elbeuf depuis 1870, venait de se faire sauter la cervelle. Il était chevalier de la Légion d'honneur, des SS. Maurice et Lazare, et de la Couronne d'Italie ; il était âgé de 61 ans.

Le 22, le conseil municipal vota un nouveau crédit de 15.000 fr. pour la restauration et la consolidation de l'hôtel de ville. Nous extrayons quelques parties du rapport que M. Quidet présenta à cette occasion :

« .. La consolidation proprement dite est aujourd'hui une œuvre accomplie : 108 piliers en maçonnerie ont été construits dans les sous-sols, pour augmenter les points d'appui de l'édifice et suppléer autant qu'il était possible à l'insuffisance constatée des fondations.

« Ce système augmente la surface des fondations de plus d'un quart de la surface totale, et comme ces piliers ont tous été établis sur les points reconnus faibles, il y a tout lieu d'espérer qu'il ne se produira plus désormais aucun tassement anormal, amenant de graves désordres comme ceux que nous avons pu constater lors de nos premières visites et qui nous avaient véritablement consternés.

« Le vice originel de cette immense construction peut être considéré comme en partie conjuré... En même temps que la construction de tous ces piliers de renfort, vous avez autorisé le remblai de tous les sous-sols à un niveau supérieur au niveau des plus hautes eaux. Dans de telles conditions, nous ne verrons plus ces sous-sols envahis périodiquement par les crues de la Seine, et nous avons ainsi évité ces va-et-vient des eaux dans la crue et le retrait qui minent et désagrègent tout sur leur passage....

« La façade ouest, qui avait le plus souffert de tous les tassements successifs, est aujourd'hui complètement restaurée. C'était une œuvre délicate et pleine de périls ; elle s'est accomplie de la façon la plus heureuse et la plus satisfaisante. C'est simplement justice d'en reporter tout le mérite à M. l'architecte de la Ville, qui a dirigé ce travail avec prudence et habileté, et de telle façon qu'il ne s'est produit aucun mouvement dans le voisinage...

« ... Pour compléter notre œuvre, il reste encore beaucoup à faire : il s'agit de faire disparaître, depuis le bas jusqu'en haut, les traces des dégradations qui se sont opérées et de compléter l'aménagement des services d'une manière plus conforme à leurs besoins raisonnés...

« Le nouveau crédit de 15.000 fr. portera à 70.000 fr. les sommes déjà consacrées à l'hôtel de ville. L'état d'avancement des travaux nous permet d'affirmer que la somme prévue à 130.000 fr. par les experts, pour la restauration de cet édifice, ne sera pas atteinte... »

Dans cette même séance, le Conseil protesta contre le morcellement de notre département, dont il était alors question de détacher une partie pour former un nouveau département nommé la Seine-Maritime.

Les maisons de fabrication dont les noms suivent prirent part collectivement, sous le patronage de la Chambre de commerce, à l'exposition de Melbourne : Beaucousin et Cie ; Bellest père, fils et Cie ; Berjonneau-Démar ; Blin et Bloch ; Camille Cerfon ; Constant Flavigny ; Fleury-Desmares et Canthelou ; Fraenckel-Blin ; Franchet, Puget et Cie ; Gasse frères ; Happey et Picard ; Houllier fils ; Lanne et Pion ; Lécallier fils ; Legrix père, fils et Maurel ; Adolphe Mary ; Nivert et Boulet ; Olivier frères ; Philogène Olivier.

L'*Argus*, l'un des principaux journaux de Melbourne s'exprima en ces termes sur l'exposition elbeuvienne, qui fut très remarquée par les Australiens et les visiteurs, assez peu nombreux du reste, venus des autres continents:

« La collection la plus distinguée de nouveautés et de draperies extra-fines est celle que la Chambre de commerce d'Elbeuf a envoyée... On n'a jamais vu, ici, plus belle collection de nouveautés... Rien ne peut surpasser la pureté, la délicatesse et l'harmonieuse combinaison de nuances, non plus que le goût artistique et la science des dessins de ces très remarquables échantillons... et l'on peut croire qu'un brillant spectacle doit être celui qu'offre le concours de la jeunesse dorée de Paris, dans ses habits de gala, un jour de grand prix à Longchamps ou à Chantilly...

« La qualité de ces étoffes ne laisse rien à désirer, tant comme solidité et tissage serré, que comme finesse et apprêts..

« En somme, une visite attentive à l'exposition des draperies elbeuviennes ne peut manquer d'être agréable à ceux qui sont aptes à juger d'une bonne fabrication, et peut surtout servir d'étude à nos manufacturiers, qui devront particulièrement y étudier, dans tous leurs détails, les effets de tissus et les nuances des types exposés. On y prendra une profitable leçon de goût et de dessin.... »

Sur la demande du préfet, la Chambre de commerce lui adressa le tableau de l'industrie dans le canton, dont voici un extrait :

Année 1880

ELBEUF

Principales Industries	Nombre d'Ouvriers	SALAIRES Hommes	Femmes	Enfants
Apprêteurs...	291	2.75-2.25	» »	1.75-1.25
Batteurs.....	27	3.00-2.50	» »	» »
Cardiers......	7	3.00-2.50	» »	» »
Encolleurs....	3	2.50-1.75	» »	» »
Décatisseurs..	199	4.00-3.00	» »	» »
Md de déchets.	209	3.00-2.25	1.50-1.25	1.00-0.75
Monteurs-Dess	7	(?)	» »	» »
Epaillages....	28	3.00-2.50	» »	» »
Fabricants....	14.300	4.00-2.50	3.25-1.75	1.75-1.25
Filateurs.....	200	5.50-3.50	2.50-1.75	1.50-1.00
Lamiers......	100	2.75-2.25	1.50-1.00	0.75-0.50
Force motrice.	(?)	5.00-4.00	» »	» »
Retordeurs ...	131	2.50-2.00	1.25-1.00	» »
Fab. de savon.	7	3.00-2.50	» »	» »
Séchages.....	69	2.75-2.25	» »	» »
Teinturiers ...	347	3.00-2.25	» »	» »
Totaux....	15.875			

CAUDEBEC-LÈS-ELBEUF

Apprêteurs...	33	2.75-2.25	» »	1.75-1.25
Batteurs......	3	3.00-2.50	» »	» »
Encolleurs....	4	2.50-1.75	» »	» »
Md de déchets.	32	3.00-2.25	1.50-1.25	1.00-0.75
Epaillages....	8	3.00-2.50	» »	» »
Fabricants....	1.360	4.00-2.50	3.25-1.75	1.75-1.25
Filateurs.....	280	5.50-3.50	2.50-1.75	1.50-1.00
Lamiers......	6	2.75-2.25	1.50-1.00	0.75-0.50
Force motrice.	(?)	5.00-4.00	» »	» »
Retordeurs ...	20	2.50-2.00	1.25-1.00	» »
Fab de savon.	6	3.00-2.50	» »	» »
Séchages.....	1	3.00-2.25	» »	» »
Totaux....	1.753			

SAINT-PIERRE-LÈS-ELBEUF

Batteurs......	6	3.00-2.50	» »	» »
Cardiers......	5	3.00-2.50	» »	» »
Encolleurs....	5	2.50-1.75	» »	» »
Fabricants...	1.970	4.00-2.50	3.25-1.75	1.75-1.25
Filateurs.....	40	5.50-4.50	2.50-1.75	1.50-1.00
Lamiers......	6	2.75-2.25	1.50-1.00	0.75-0.50
Force motrice.	(?)	5.00-4.00	» »	» »
Totaux....	2.032			

SAINT-AUBIN JOUXTE-BOULLENG

Filateurs.....	160	5.50-3.50	2.50-1.75		1.50-1.00	
Fab de savon.	20	3.00 2.50	»	»	»	»
Teinturiers ...	104	3.00-2.25	»	»	»	»
Totaux....	284					

ORIVAL

Teinturiers ...	60	3.25-2.25	»	»	»	»

En 1880, la ville et la fabrique consommèrent un peu plus de charbon que l'année précédente.

Le poids net de la laine employée s'était chiffré par 13.613.670 kilog ; plus : coton, 320.000 kil., fils peignés 300.000 kil., fils cardés communs 150.000 kil. Le prix moyen de ces matières était de 5 fr. 74 le kilo.

Le poids net des draperies sorties d'Elbeuf, défalcation faite des entrées, se chiffrait par 5.412.937 kil., valant en moyenne 16 fr. 13 le kil., soit un produit de 87.310.674 fr., ce qui donnait 7.494.042 fr. de plus que l'année précédente. On estima que cette production mesurait 8.873.667 mètres, valant en moyenne 9 fr. 84 le mètre. La longueur des tissus fabriqués en 1880 excédait de 276.628 mètres celle de 1879.

A l'occasion de cette statistique, la Chambre de commerce fit quelques observations intéressantes :

« Les tissus spécialement destinés à l'exportation ne se produisent plus qu'en petite quantité ; les négociants cherchent, à la fin de chaque saison et lorsque les prix ont subi les plus dures atteintes, à se créer des assortiments complets. Il faut remarquer qu'ils en rejettent toute étoffe démodée, et qu'ils réclament, avec la plus absolue modicité de prix, la plus grande variété de dessins et de coloris ; toutes ces affaires sont onéreuses à la fabrique.

« Le commerce d'exportation ne nous paraît pas d'ailleurs appelé à se relever des coups qu'ils a reçus ; les pays qu'il alimentait autrefois sont eux-mêmes devenus producteurs : nos tributaires d'hier sont nos concurrents d'aujourd'hui.

« La France reçoit des millions de marchandises étrangères ; chez les tailleurs de Paris et des grandes villes de province, l'étoffe française n'est plus qu'un accessoire ; tout négociant bien assorti doit présenter avant tout une collection complète d'étoffes étrangères. S'il faut accuser le goût du jour, on doit aussi constater qu'il est singulièrement favorisé par les traités de commerce actuellement en vigueur. Les réclamations des hommes compétents, appuyés sur les faits, n'ont pas encore ému le gouvernement ; les souffrances de l'agriculture et de l'industrie n'ont reçu aucun soulagement... »

Dans le courant de l'année, l'état-civil d'Elbeuf avait noté 621 naissances, 159 mariages et 726 décès.

A Caudebec, il y avait eu 345 naissances, 104 mariages et 297 décès.

A Saint-Pierre, 114 naissances, 31 mariages et 88 décès.

TOME XII. — CHAPITRE II

(Janvier-Juillet 1881)

Au Conseil municipal. — Elections communales — Installation du nouveau Conseil. — Faits divers. — Nécrologie : M. Buée, M. Ph. Aubé. — Discussions sur la suppression des processions ; mesures municipales. — La reconstruction et l'élargissement des quais ; le rapport de l'architecte.

Les prévisions pour le budget municipal de 1881 étaient ainsi arrêtées :

Recettes ordinaires	588.535	996.135 fr.
Recettes extraordinaires	487.600	
Dépenses ordinaires	589.068	995.749 fr.
Dépenses extraordinaires	406.681	

L'ouverture de la rue Salvandy, projetée et dénommée depuis environ 35 ans, fut enfin définitivement approuvée par le conseil municipal, le 5 janvier.

Cette réunion étant la dernière que devait tenir le Conseil, M. Doublet, avant de lever la séance, prononça cette allocution :

« Messieurs les Conseillers ; nous nous rappelons tous à quel devoir nous avons cédé, il y a trois années, lorsque nous avons accepté la candidature aux élections municipales. Nous obéissions à nos convictions républicaines, et, au nom de ces convictions, nous nous engagions, vis-à-vis de nos électeurs, à veiller avec soin aux intérêts de la ville d'Elbeuf.

« Je n'entreprendrai pas ici une récapitulation de ce que vous avez fait ; cependant, je crois pouvoir déclarer à nouveau que vous laissez la ville dans un état assez prospère, malgré les lourdes et nombreuses charges qui pèsent sur elle.

« Vous avez surtout fait œuvre d'initiative patriotique, Messieurs, en dotant avec largesse le budget de l'instruction publique ; en augmentant en temps opportun et avec pleine confiance, les subventions du Bureau de bienfaisance ; en créant, avec la Commission administrative de l'hospice, un quartier spécial pour les enfants malades.

« Depuis votre entrée au Conseil, vous avez siégé 51 fois, et 700 affaires, sans compter les propositions d'initiative, ont été étudiées et délibérées par vos soins. A nos électeurs, maintenant, revient le droit de juger notre œuvre commune, et d'apprécier si nous avons rempli, suivant leur gré, le mandat qu'ils nous avaient confié.

« Vous m'avez fait l'honneur, Messieurs, de me désigner pour être le maire de notre ville, et je ne veux pas lever cette dernière séance sans vous remercier, au nom de mes dévoués collaborateurs et en mon nom personnel, des marques d'estime et de confiance que vous nous avez toujours prodiguées. C'est grâce à ces relations affectueuses, grâce aussi à l'homogénéité de cette assemblée, que nous avons pu mener à aussi bonne fin que possible les affaires de la cité.

« Vos travaux, Messieurs, ont eu une partie plus élevée, car vous savez fort bien qu'en y consacrant votre temps et votre intelligence, vous travailliez en même temps, dans votre modeste milieu, au bien de notre pays et de la République »

Le 7 janvier, M. Ernest Flavigny réélu président du Tribunal de commerce le 1er décembre précédent, fut installé dans ses fonctions, ainsi que MM. Dominique James et Etienne-Victor Patallier, juges, et MM. Désiré Peinte et Emile Lenoble, élus le même jour.

Pendant les années 1879 et 1880 le nombre des affaires introduites devant le Tribunal s'était chiffré par 1.277. — Pendant ces deux années, 31 faillites avaient été déclarées. — Il y avait eu 56 sociétés nouvelles et 28 dissolutions.

Des élections municipales devaient avoir lieu le 9 ; cependant, les comités électoraux ne se pressaient pas de produire leurs candidats respectifs. Dans cette élection, les conservateurs se retirèrent de la lutte, en se contentant de recommander de voter pour les candidats les moins convaincus de républicanisme.

Le Comité de l'Union républicaine, alors composé de modérés pour la plus grande partie de ses membres, ne présenta que quinze conseillers sortants, MM. Doublet, Beaudouin aîné, J. Descoubet, A. Pion, V. Cavé, A. Fraenckel, Hulme, Deschamps, J. Rouland, E. Beer, Langlois, Salomon Schuhl, D. Picard,

Malfilâtre et Léon Quidet, Deux autres sortants, MM. Auzoux et Thézard, ne se représentaient pas. Les autres, MM. Georges Laignel, Emile Martin, E. Lechêne, Patin, Fiquet et Lelong, pour diverses raisons, ne furent pas inscrits.

La liste de l'Union républicaine était complétée par douze candidats nouveaux, MM. Cyprien Bernard (du Grand-Hôtel); Léopold Bertrand, docteur en médecine; A. Courtillet, contremaître de fabrique; Louis Fossard, tisserand; Alfred Frérot, ferblantier; Casimir Fromont, fabricant; Paul Grouard, corroyeur; Emile Lafosse, agent d'assurances; Alexandre Nicolas, boulanger; Pierre Piperel, menuisier; Félix Simon, ancien fabricant; Désiré Tulle, ancien employé des contributions directes.

La liste du Comité démocratique comportait neuf conseillers sortants, MM. P. Cavé, Deschamps, A. Hulme, E. Lechêne, Lehec, Lelong, V. Prinvault, J. Rouland, S. Schuhl, plus les suivants, MM. Edouard Bauer, tisseur; Anthime Coquerel, commerçant; Jules Delessart, teinturier; Armand Desroches, couvreur; Devarenne fils, retordeur; Doutté, grainetier; Joseph Gaillard, tisseur; Gérin-Roze, fabricant; Guérin, plombier; Grosclaude, docteur en médecine; Houtte, fabricant; Lemonnier père, ancien instituteur, rentier; Victor Mangeot, parfumeur; Marchand, géomètre-vérificateur; Nicolas, boulanger; A. Picard, tisseur; Piperel, menuisier; Joseph Weber, épicier.

Le scrutin donna les résultats suivants: Inscrits, 4.967; votants, 3.272; bulletins nuls, 35.

Elus : MM.

A. Hulme..	2.729 voix	C. Bernard.	1.561 voix
V. Cavé ...	2.622	V. Prinvault	1.553
J. Doublet.	2.527	Malfilâtre..	1.500
J. Rouland.	2 512	E. Lafosse .	1.497
A. Nicolas .	2.499	Grosclaude.	1.466
P. Piperel..	2.376	Grouard ...	1.431
A. Fraenckel	2 337	Lemonnier.	1.412
Descoubet..	2.258	Gérin-Roze	1.398
L. Bertrand	2.032	E. Lechêne.	1.308
D. Tulle...	2.011	Doutté.....	1.258
S. Schull..	1.988	Coquerel...	1.251
Deschamps	1.965	Lehec......	1.248
A. Courtillet	1.945	Houtte	1.226
Beaudouin.	1.800	V. Mangeot	1 221
Alex. Pion.	1.788	A. Picard..	1.209
L. Fossard.	1.734	Lelong.....	1.208
L. Quidet..	1.688	Guérin	1.174
E. Beer....	1.638	Devarennes	1.146
		Weber.....	1 126
Non élus : MM.		Frérot	1.084
		Marchand..	704
F. Simon ..	1.616	Gaillard ...	506
C. Fromont	1.583	Bauer......	502
D. Picard..	1.583	Desroches..	501
Langlois...	1.578	Delessart ..	482

Le dépouillement des bulletins avait duré toute la nuit, et le résultat ne fut proclamé que le lundi à huit heures du matin.

M. Tulle, élu, démissionna ce même jour.

Au scrutin de ballottage, sur 4.967 inscrits, il n'y eut que 2 557 votants, dont les voix se répartirent ainsi :

Elus : MM.

		Bernard ...	1 393 voix
		Lafosse	1.374
Simon.....	1.533 voix	L.-R. Fleury	1.364
Fromont...	1.517		
Langlois...	1.509	*Non élus :* MM.	
D Picard..	1 440		
Malfilâtre..	1.429	Grosclaude.	1.087 voix
Grouard ...	1.426	Lemonnier.	994
		Lechêne....	915

Doutté.....	888 voix	Mangeot...	834 voix
A. Picard..	885	Lelong.....	828
Coquerel...	867	Houtte.....	820

Des élus figuraient sur la liste de l'Union républicaine ; les autres sur celle du Comité démocratique.

Le 16, notre population fut très affectée par la mort de trois personnes noyées en Seine, par accident, devant Orival : MM. Zacharie Depître, ancien filateur à Caudebec ; Maurice Dudouit, fabricant de savons, également de Caudebec, gendre du précédent, et Denis, leur domestique.

L'installation des membres du Conseil municipal eut lieu le 23 du même mois, sous la présidence de M. Doublet, maire.

Le tirage au sort se fit le 28. Elbeuf fournit 213 conscrits, Caudebec 98, Saint-Pierre 32, Saint Aubin 25, Orival 19, La Londe 18, Cléon 9, Tourville 9, Freneuse 7, Sotteville 4 ; soit au total, pour le canton 434.

M. Auguste Grandin, frère de M. Victor Grandin, mourut à Paris le 1er février, à l'âge de 72 ans. On l'inhuma à Elbeuf.

La séance municipale du 16 février fut d'abord présidée par M. Hulme, premier inscrit au tableau, qui donna lecture d'un décret, daté du 9 février, portant nomination de MM. Doublet, Hulme et Beaudouin en qualités de maire et d'adjoints au maire de la ville d'Elbeuf.

Alors, M. Doublet prit la présidence et prononça un discours dont nous relevons quelques passages :

« Messieurs ; vous m'avez fait l'honneur de me désigner, à l'unanimité, au choix de l'autorité supérieure. Le Gouvernement a consacré votre proposition en me nommant maire de la ville d'Elbeuf.

« En vous exprimant ici ma gratitude pour cette marque de haute confiance, je me permettrai d'élever jusqu'au corps électoral mes remerciements sincères.

« Vous avez voulu avec lui, Messieurs, récompenser les efforts que mon ancienne administration avait faits pour représenter le plus assidûment et le plus dignement possible les intérêts d'une ville aussi importante par son industrie que par le chiffre de sa population.

« C'est une manifestation bien flatteuse pour moi, et je ne me sens pas la force de m'y soustraire ; ma bonne volonté tout entière ne fera pas défaut pour m'en rendre vraiment digne.

« J'avais vécu d'une façon bien intime et bien cordiale avec les membres de mon ancienne administration, et ce n'est pas sans un sentiment de regret que j'ai vu le premier adjoint, l'honorable M. Auzoux, se retirer des affaires municipales. On ne vit pas impunément côte à côte pendant trois années ; les liens d'estime et d'affection qui nous unissaient dans la vie administrative ne se briseront jamais dans la vie privée.

« Mon ami M. Hulme, à qui reviendrait de droit le fauteuil que j'occupe, a consenti à me donner son concours ; je n'ignore pas le sacrifice qu'il fait. Je suis bien certainement l'interprète du Conseil et de l'opinion publique en le remerciant officiellement d'avoir accepté modestement le poste de premier adjoint.

« J'emploierai tous mes efforts, mon cher adjoint, à vous faciliter votre tâche, et n'oublierai jamais ce que vous avez su consentir pour notre parti et pour moi-même en cette circonstance.

« M. Beaudouin, toujours modeste et aussi toujours dévoué, a suivi ma fortune, malgré son âge et sa santé ; sa présence à l'administration est la preuve évidente des sentiments de sincère fraternité qui nous unissaient déjà. Les services de chaque jour, de chaque heure, qu'il a rendus à notre ville ne sont plus à compter, et sa place était naturellement indiquée à mes côtés... »

Le 18, le Conseil vota une nouvelle somme, de 4.500 fr., pour les travaux de l'hôtel de ville.

On commença, vers cette époque, la construction de la partie du viaduc qui passe au-dessus de la rue Bertaud, en la traversant.

Le 1er mars, deux ouvriers, habitant Orival, furent tués sous un éboulement, en travaillant à une tranchée du chemin de fer d'Orléans à Rouen, dans la forêt de la Londe.

Le 4, la Chambre de commerce combattit le projet de réduction à dix heures de la journée de travail dans les usines et manufactures.

Le 20, M. Jules Guesde vint faire une conférence au Cirque, sur la République et le parti ouvrier.

A l'emprunt d'un milliard qui fut fait en mars, par le Gouvernement, Elbeuf souscrivit pour 61 695 fr. de rente. Cet emprunt fut couvert plus de quinze fois.

Le dimanche 27 mars, M. Lucet ouvrit des cours pratiques publics d'arboriculture, dans l'école communale de la rue Tournante.

Le 29, le conseil municipal adopta le texte d'une pétition au ministre des Travaux publics pour hâter la solution du projet de tramways.

Il décida qu'un marché libre, où seraient vendus, en gros ou en détail, les fruits, légumes, denrées alimentaires et marchandises de toutes espèces, serait tenu sur les places Lemercier, Lécallier et Saint-Louis, les dimanche, mardi, jeudi et samedi de chaque semaine, dans les conditions qui régissaient alors le marché Saint-Louis.

Le dimanche 3 avril, en présence de délégués de Rouen et du colonel des sapeurs-pompiers de Paris, on fit un essai de l'échelle de sauvetage Dubosc, sur la place Bonaparte. Ces expériences furent renouvelées le mardi suivant, devant le préfet, venu à Elbeuf à l'occasion de la revision. Le préfet visita aussi plusieurs écoles de notre ville et celle de St-Aubin.

Vers ce temps, le Sénat repoussa, par 153 voix contre 141, l'augmentation des droits de douane sur la draperie étrangère, que la commission sénatoriale, comme la commission législative, avait admise en faveur de l'industrie lainière française, et cela malgré les efforts de MM. Ancel et Pouyer-Quertier, sénateurs, pour faire donner gain de cause à la fabrique d'Elbeuf, grandement intéressée dans cette question — Notre Chambre de commerce, cependant, ne désespéra pas encore.

La Société industrielle, réunie le 8, désigna M. Paul Pion pour son président, en remplacement de M. Pierre Pelletier, démissionnaire.

Le Cercle catholique d'ouvriers, établi rue du Neubourg, donnait de temps à autre des soirées. Dans celle du 24 avril, figurèrent plusieurs artistes de l'Opéra et de l'Opéra-Comique.

Année 1881

On installa, le 10 mai, la délégation cantonale, composée de MM. Doublet, D. Picard, Louis Bessand, E. Bouchet, Albert Blin, O. Doublet, Hulme Paul Pion, Salles (de Caudebec), Auguste Thézard, Wallet, le curé doyen, I. Maille (de Saint-Aubin) et Monchâtre, pasteur protestant.

M. François Delbarre, ancien tisseur, devint vice-président du Conseil des prud'hommes à partir du 13 mai.

M. Jean-Louis Buée mourut le 18, à l'âge de 70 ans. Il avait été notaire à Elbeuf de 1836 à 1868, maire de 1848 à 1875, membre des Conseils d'arrondissement et général, président de la Chambre des notaires, député de la circonscription d'Elbeuf ; il était officier de la Légion d'honneur.

Le 27, mourut M. Philippe Aubé, à l'âge de 80 ans. Il était chevalier de la Légion d'honneur, et avait été président du Tribunal et de la Chambre de commerce ; de 1860 à 1870, il avait également fait partie du Conseil municipal.

Le 19 mai, sur une proposition de M. Fraenckel, le conseil municipal émit le vœu que le gouvernement mît à l'étude une loi donnant aux communes la facilité de remplacer les taxes d'octroi.

A cette occasion, M. Cavé signala à ses collègues une des formes de la fraude. Le marc de pommes ne payant pas de droits d'octroi, des personnes introduisaient en ville des pommes broyées destinées à faire du cidre, en les déclarant comme du marc.

Ce même jour, M. Fossard proposa de supprimer la garnison. Après discussion, on ajourna cette question.

M. Fossard proposa ensuite l'interdiction des processions sur la voie publique, plusieurs cultes étant en présence à Elbeuf.

M. Rouland dit qu'il serait très heureux de voir appliquer la loi, mais que cette question était plutôt du ressort de l'autorité supérieure. En conséquence, il proposa au Conseil d'émettre le vœu que l'administration supérieure rendit obligatoire l'application de la loi de germinal an X, en ce qui concernait les processions à Elbeuf.

Après discussion, on passa au vote, par appel nominal, sur la proposition de M. Rouland.

Votèrent pour : MM. Doublet, Hulme, Beaudouin, Cavé. Rouland, Nicolas, Descoubet, Courtillet, Fossard. Beer, Simon Langlois, Picard, Lafosse et Fleury ; ensemble 15 voix.

Votèrent contre : MM Fraenckel, Quidet, Deschamps et Fromont, total 4 voix.

S'abstinrent : MM Piperel, Pion, Malfilâtre, Grouard et Bernard, ensemble 5 membres.

M. Rouland émit ensuite le vœu que, dans le cas où la loi de germinal an X ne serait pas appliquée à Elbeuf immédiatement, l'administration municipale prît les mesures nécessaires pour assurer la liberté de la circulation dans les rues, et qu'il fût interdit aux instituteurs et institutrices rétribués par la Ville, de conduire *en corps* les enfants de leurs écoles aux processions. Il demanda également à l'administration de ne point faire accompagner ces manifestations par des agents de police, la présence des agents municipaux pouvant être considérée comme un encouragement à la violation de la loi. Quant aux reposoirs sur la voie publique, il espérait que l'administration voudrait bien les interdire.

M. Doublet, maire, répondit : « Si les processions sortent, il sera impossible, dans certaines rues, d'appliquer strictement les dispositions du vœu de M. Rouland au point de vue de la libre circulation. En ce qui concerne la présence des enfants, nous nous inspirerons des principes du nouveau réglement des écoles et des idées les plus libérales ».

M. Fraenckel observa que le vœu de M. Rouland n'avait rien d'exorbitant ; mais dit-il, puisque l'administration s'engage à maintenir autant que possible la libre circulation, il n'y a pas lieu de l'émettre.

Cet avis prévalut.

M. Fossard étant revenu sur la suppression de la garnison, dans la séance municipale du 27 mai, le maire proposa d'émettre le vœu que le nombre des soldats ne fût pas moindre de 250 à 300, autrement la garnison ne serait pas maintenue. — Ce vœu fut adopté par le Conseil.

Le même jour, M Fossard réclama la suppression de deux commissariats de police et du titre de commissaire central.

Il demanda également le vote d'un vœu tendant à la publicité des séances du conseil municipal. — Dans une séance suivante, cette proposition fut rejetée par dix voix contre neuf.

Le dimanche 29, sur la place de l'Hôtel-de-ville, on passa la revue générale du matériel de la compagnie de pompiers et de celui appartenant à des particuliers. La ville possédait alors 11 pompes aspirantes et foulantes et 12 pompes foulantes. Les établissements possédant également des pompes à incendie étaient : l'Hospice, MM. Ph. Decaux, Ramey et Cie ;

Delamare et Martin ; E. Hennebert ; J. Thillard ; Gasse frères ; Boujiard et Grubben ; Pelletier frères ; Philogène Olivier ; Legrix père, fils et Maurel ; Flavigny frères ; A. Poussin ; Blin et Bloch ; Félix Aroux ; Fraenckel-Blin ; Berjonneau ; S. Béranger ; Blay frères et Cie ; Mme veuve Lambert ; l'Usine à Gaz.

A la séance municipale du 10 juin, M. Doublet donna lecture d'une lettre du préfet, disant que l'administration d'Elbeuf était libre de maintenir ou d'interdire la sortie des processions ; puis il demanda l'avis du Conseil.

Une discussion s'engagea entre plusieurs membres ; finalement, l'assemblée eut à répondre à cette question : « Jugez-vous que la sortie des processions soit une entrave à la circulation publique et nuise au commerce de la ville, ou qu'elle puisse entraîner des contre-manifestations de nature à compromettre l'ordre extérieur et la tranquilité publique ? »

Répondirent *non* : MM. Cavé, Fraenckel, Nicolas, Bertrand, Deschamps, Pion, Quidet, Simon, Langlois, Grouard et Bernard.

Répondirent *oui* : MM. Rouland, Descoubet, Schuhl, Courtillet, Fossard et Picard.

S'abstinrent : MM. Piperel, Beer, Fromont, Malfilâtre et Lafosse. Les trois membres de l'administration s'abstinrent également.

En conséquence de ce vote, le maire déclara que les processions sortiraient pendant l'année courante

Par arrêté du maire, daté du 16, il fut interdit d'élever des reposoirs sur la voie publique ou sur les trottoirs en dépendant.

A la séance de la Chambre de commerce, tenue le 28, M. Paul Pion donna lecture de son rapport sur l'amélioration et l'élargissement des quais entre les deux ponts, de façon à donner au bassin une profondeur d'eau d'au moins trois mètres Ce rapport fut transmis au ministre des Travaux publics.

Fin juin, on soumit à l'enquête l'ouverture de la rue Salvandy.

Dans la séance municipale du 22 juillet, on discuta le projet d'élargissement des quais, depuis le pont suspendu jusqu'au pont de la rue de Paris. Voici le texte d'un rapport de M. Tourné, architecte municipal, sur le projet primitif, qui fut grandement modifié par la suite :

« Le projet de quai vertical dressé par MM. les ingénieurs est aménagé de manière à présenter, entre les deux ponts, un quai haut sur une longueur de 168 mètres et un quai bas sur une longueur égale.

« Ces dispositions, motivées par le régime de la Seine à Elbeuf ont donné lieu à des critiques que nous mentionnerons ; mais auparavant, indiquons par quelques cotes, toutes rapportées au niveau moyen de la mer, quels sont les régimes de la Seine à Elbeuf et à Rouen, d'après les renseignements récemment pris au bureau des Ponts et Chaussées.

« 1° Les plus basses eaux observées à Elbeuf, c'est-à-dire à l'étiage du fleuve, sont marquées à la cote 1 m. 13 ; à Rouen, cet étiage est à la cote 0 m 22 ; c'est-à-dire que la pente naturelle du fleuve entre Elbeuf et Rouen est, en saison sèche et pour la basse mer, de 0 m. 91.

« 2° Lorsque les grandes marées d'équinoxe se font sentir, ces grandes marées marquent à Rouen 4 m. 20 et à Elbeuf la cote 4 m. 02 ;

ainsi les eaux de pleine mer, si on pouvait faire abstraction du courant fluvial se trouveraient ramenées à un plan sensiblement de niveau.

« Enfin, lorsque survient une crue extraordin, telle que celle de 1876, le plan d'eau du fleuve déborde devant l'hôtel de ville d'Elbeuf, et la Seine marque à la cote 7 m 32, tandis qu'à Rouen elle n'accuse plus que 5 m. 65, soit une différence de 1 m. 67.

« Ces constatations faites et sachant qu'il n'existe pour les nouveaux quais de Rouen qu'une hauteur sensiblement uniforme, variant de la cote 4 m. 80 à la cote 4 m. 95, examinons le projet présenté par MM. les ingénieurs, dont les dispositions, dit la lettre ministérielle, « favoriseraient les manœuvres de « déchargement et de chargement en tout « temps ».

M. Tourné continuait ainsi :

« Le quai bas, que comporte le projet présenté, est placé à la cote 4 m. 50. Il est relié, après un développement circulaire de 168 m , au quai haut adjacent, dont le couronnement, un peu inférieur au relief du quai actuel, est placé à la cote 6 m. 40.

« Ces deux quais sont raccordés et rendus accessibles : 1° par une rampe centrale de 0 m. 07 par mètre ; 2° par deux rampes latérales de 30 mètres de longueur et de 0 m. 38 de déclivité maximum, et 3° par des escaliers latéraux, ménagés sur le parement du quai vertical.

« Le quai bas est entièrement conquis sur le fleuve ; il a 20 mètres de largeur devant l'hôtel de ville et 15 mètres à son raccord avec le quai haut, qui lui-même empiète sur le fleuve jusqu'à son raccordement avec les quais existants.

« Pendant 300 jours de l'année, le niveau de la Seine, dit la lettre ministérielle ne dépasse pas la cote 4 m. 50, c'est-à-dire la crête du quai bas. Par conséquent, le quai bas sera très avantageusement utilisable pendant neuf mois de l'année, puisque le déchargement pourra être fait parallèlement au bordage des péniches et en plusieurs points à la fois.

« Lorsque le quai bas sera inondé le déchargement sera fait par le quai haut, et toujours bord à bord, sans difficulté.

« Tels sont les avantages entrevus par MM. les ingénieurs au profit du projet présenté, et ces avantages sont bien réels

« Examinons maintenant les critiques que ce même projet a essuyées de la part de quelques industriels, dont l'expérience en matière de navigation mérite qu'on leur accorde un examen sérieux.

« Jusqu'à présent, à Elbeuf, le déchargement de la batellerie s'est fait sur les quais hauts, à l'aide d'escaliers ou de cales. Du bordage des bateaux à la cale et à l'escalier, suivant le niveau des eaux, il est jeté des planches ou pièces de bois dites « chemins », à l'aide desquelles le déchargement s'effectue.

« Ce mode de déchargement, c'est incontestable, présente des facilités, et quoique périlleux par moments, il est entré dans les usages à Elbeuf. C'est peut-être là son plus grand mérite ; du reste, le projet présenté ne le suprime pas, puisque les quais, au delà de la rue du Havre pour l'amont, et passé la rue de Seine pour l'aval, continueront, au profit des industriels qui voudront en faire usage, le mode de déchargement par le moyen de cales et d'escaliers.

« L'administration municipale a désiré savoir de MM. les ingénieurs s'il y avait des raisons majeures motivant la présentation d'un projet qui modifie les usages de déchargement pratiqués à Elbeuf.

« Une délégation s'est transportée à Rouen, et, en l'absence de M. Léchalas, auteur du projet, a désiré entendre un représentant à Elbeuf.

« Ce dernier, à qui incombera la mission d'exécuter les travaux, se rendant à l'invitation de l'administration, a expliqué à la commission et aux industriels intéressés convoqués à cet effet, que les dispositions du quai avaient été étudiées au triple point de vue de l'économie de la solidité et du bon fonctionnement ; que le bas quai, utilisable pendant neuf mois de l'année, permettrait le stationnement des marchandises, sans qu'il y ait rien de désagréable pour la vue ; que la construction d'escaliers dans un quai vertical était peu pratique, créerait une augmentation de dépense qu'il estime à 300 000 fr. et des échancrures dans la ligne des quais, dans le genre de celles qui existent aujourd'hui et même plus longues encore, puisque la ligne du bas quai doit rester plus basse de 0 m. 50 environ que les pierres d'appui des cales actuelles.

« Après des objections soulevées de part et d'autre, il est ressorti, de l'avis de la majorité des membres présents, que le projet de quai, tel que MM. les ingénieurs le soumettent à l'administration, est appelé à réaliser pour Elbeuf une amélioration notable à tous points de vue, et qu'il y a lieu d'en reconnaître l'utilité publique.

« Cet avis est celui de l'administration qui, tout en approuvant le projet, se réserve de demander au moment de l'exécution :

« 1º S'il ne serait pas possible d'amener dans l'axe de l'hôtel de ville la voie centrale du bas quai, en donnant à celui-ci une plus grande longueur ou en le déplaçant légèrement.

« Et 2º S'il ne serait pas préférable, remplaçant au-dessus du magasin et des cabinets d'aisances le garde-corps en fer prévu par un garde-corps en pierre, de supprimer, par cette disposition qui donne de la hauteur aux portes, l'encavement de ces entrées par rapport au plan du bas quai »

Après la lecture de ce rapport, M. Doublet, maire, exposa que l'Etat demandait à la ville d'Elbeuf de contribuer à ces travaux pour un tiers de la dépense, soit en chiffres ronds 300.000 fr.; que si l'on arrivait à équilibrer les budgets annuels, ce n'était qu'en écartant des projets de première utilité; que l'on allait avoir à pourvoir à des dépenses extraordinaires pour les eaux et pour deux écoles, à compléter l'installation de l'Ecole primaire supérieure, à construire une nouvelle école primaire de garçons et une école primaire de filles; qu'il fallait encore prévoir la création d'une école secondaire de filles, et enfin que le besoin d'un collège se faisait sentir.

« Lorsqu'il y a deux ans, dit-il, on commença à agiter la question des quais, le chiffre qui nous fut soumis n'était guère que de 500.000 fr., ce qui impliquait pour la Ville la probabilité d'une part contributive de 150 000 francs... Il serait imprudent de consentir à de plus lourds sacrifices, qui nous rejetteraient dans des embarras financiers dont nous sortons à peine ».

Comme conclusion, M. Doublet proposa une contribution de 150 000 fr , payable en dix ans.

M. Fleury se déclara opposé au projet, d'abord à cause du courant que produirait le rétrécissement de la Seine, et surtout parce que le bas quai étant souvent submergé, le quai haut deviendrait insuffisant. Il préférait de beaucoup un quai élevé régnant sur toute la longueur, entre les deux ponts, avec de petites cales de débarquement établies de distance en distance.

La discussion fut très longue. MM. Fossard, Bernard, Descoubet, Fraenckel, Courtillet, Quidet, Picard, Hulme et Doublet prirent successivement la parole.

A l'unanimité, moins la voix de M. Fleury, le Conseil adopta le rapport de l'architecte et les conclusions du maire. — Notons tout de suite que ce fut précisément le projet de M. Fleury qui fut exécuté.

Ce même jour, le Conseil décida d'installer la Caisse d'épargne dans les locaux précédemment occupés par le poste de la troupe à l'hôtel de ville.

Le 26, le Conseil accepta la demande de M. Delaporte, pour l'ouverture d'une rue allant de la rue du Neubourg à celle Mazagran, et à prolonger la rue du Sud.

Il décida également de faire remblayer la ruelle des Ecameaux.

A cette époque, la souscription publique ouverte pour l'acquisition des collections de M. Noury avait presque atteint la somme de 26.700 fr.

CHAPITRE III

(Août-Décembre 1881)

Réunions publiques électorales ; candidature Secondigné ; programme de M. L. Dautresme ; il est réélu député. — M. Gambetta au Neubourg. — le journal *l'Elbeuvien*. — La lumière électrique. — Les traités de commerce ; protestations. — Nouvelles réunions publiques ; MM. Doublet et Picard. — La Compagnie des Eaux. — Statistiques.

Le *Journal Officiel* du 7 août 1881 parut avec un décret approuvant le cahier des charges des Tramways d'Elbeuf.

Le 15, il fut procédé à l'installation de M. Gouel, ancien curé de Saint-Aubin, nommé à la cure de Saint-Etienne d'Elbeuf.

Ce même jour, une réunion électorale se tint au Cirque ; elle avait été organisée par le parti socialiste ouvrier qui, pour les élections législatives, patronnait la candidature de M. de Secondigné, rédacteur du *Citoyen*, contre celle de M. Lucien Dautresme, député sortant.

Le programme de M. Secondigné comportait : la réduction des heures de travail, l'instruction gratuite à tous les degrés, des salaires proportionnels au prix des denrées, la mise des enfants et des vieillards à la charge de la collectivité, l'exemption des impôts au-dessous de 3.000 fr. de revenu, l'impôt sur les héritages au-dessus de 20.000 fr., etc.

M. Achille-Henri de Secondigné, inconnu de la totalité des Elbeuviens, était né à Melle, en 1846. Sous l'empire, il avait collaboré au *Soleil*, au *Corsaire* de 1868, au *Courrier français*, etc. *Le Pavé*, qu'il avait fondé en 1869, les *Tablettes de Paris*, la *Petite Lanterne* et le *Citoyen*, l'avaient eu aussi et successivement comme rédacteur.

Après la Commune, il avait été condamné à cinq ans de prison, sous l'accusation d'avoir fomenté la guerre civile. Remis en liberté en 1875, il écrivit dans *le Peuple*, *le Réveil* et *le Républicain*, puis enfin dans le *Citoyen de Paris*, où il soulevait les doctrines collectivistes et révolutionnaires.

M. de Secondigné s'était fait connaître à Elbeuf dans une réunion publique tenue au Cirque, le 11 août, dans laquelle il avait développé sa doctrine, et s'était donné comme candidat « ouvrier », mais il ne s'était pas présenté à celle tenue le 15.

M. Lucien Dautresme adressa cette circulaire au corps électoral :

« Chers concitoyens ; vous êtes appelés à nommer un député ; je viens vous demander de me renouveler le mandat dont vous m'avez honoré en 1876 et en 1877.

« Lorsque je me suis présenté pour la première fois à vos suffrages, je vous ai dit quelle serait ma conduite à la Chambre ; vous avez eu foi dans ma parole et vous m'avez élu.

« Aujourd'hui, vous pouvez me juger par mes actes, et tous vous prouveront, je l'espère, que je ne suis pas de ceux qui faillissent à leurs engagements.

« Voilà pour le passé.

« Pour l'avenir un mot suffit : je continuerai à suivre une politique libérale et progressive.

« Si c'est une erreur de croire que la civilisation procède par coups de théâtre, et que les transformations sociales s'opèrent comme des changements à vue, il n'en est pas moins vrai que la République a pour devoir d'assurer à la démocratie française des institutions qui lui permettent de s'organiser et d'acquérir à la longue son plein épanouissement.

« Aborder prudemment, mais avec résolution, les réformes pratiques, réaliser toujours les améliorations possibles, telle est l'œuvre que le pays attend de la prochaine législature ; si vous m'accordez de nouveau votre confiance, je n'hésiterai pas, pour ma part, à y consacrer tous mes efforts et tout mon dévouement, ainsi que je l'ai fait par le passé. »

Le programme de M. L. Dautresme se résumait ainsi :

Suppression du budget des cultes ;

Séparation de l'Etat et des Eglises ;

Revision de la Constitution ; suppression de l'inamovibilité des sénateurs et modification du recrutement du Sénat dans un sens démocratique ;

Suppression de l'inamovibilité de la magistrature ;

Service obligatoire pour tous et réduit à trois ans ;

Diminution des impôts, en commençant autant que possible par ceux qui pèsent le plus sur les travailleurs, et établissement d'un impôt proportionnel sur le revenu ;

Instruction intégrale gratuite, laïque et obligatoire ;

Instruction secondaire également gratuite après concours ;

Etude sérieuse des problèmes sociaux ayant pour but l'amélioration du sort des travailleurs ;

Liberté de la presse, de réunion, d'association ;

Engagement de rendre compte de son mandat à ses électeurs, après chaque session, en réunion publique.

La candidature de M. Dautresme fut défendue par *l'Industriel*, alors anti-clérical, et qui se moqua du *Journal d'Elbeuf*, lequel, disait *l'Industriel*, « n'a pu trouver un soutenneur du trône et de l'autel pour le présenter aux élections prochaines ». Le *Journal de Rouen* était aussi un défenseur de la candidature Lucien Dautresme, qui, d'ailleurs, semblait s'imposer.

Le 17, une réunion publique, composée d'environ 2.000 personnes, se tint au Cirque M. Dautresme y rendit compte de son mandat et exposa la ligne de conduite qu'il entendait suivre. M. Secondigné était encore absent. Un ordre du jour de confiance fut voté à M. Dautresme, qui avait obtenu déjà pareil succès à Petit-Quevilly et en obtint encore un plus marqué dans une autre réunion, à Sotteville-lès-Rouen.

Les élections se firent le 21 août. Voici quel en fut le résultat, dans la deuxième circonscription de Rouen :

Année 1881

Canton d'Elbeuf :	Inscrits	Dautresme	SECONDIGNÉ	Nuls
Elbeuf............	5.054	3.252	213	246
Caudebec.........	2.877	1.762	220	103
Cléon	169	99	»»»	3
Freneuse	168	74	1	6
La Londe.........	506	264	40	19
Orival...........	405	272	22	15
Saint-Aubin	782	431	31	85
Saint-Pierre	1.087	619	53	105
Sotteville-s. l.Val .	79	48	»»	4
Tourville-la-Riv...	247	127	»»	2
	11.394	6.948	580	588
Canton de Boos....	2.909	1.582	22	214
Canton de Gd-Couronne.	7.781	4.259	481	162
	22.064	12.789	1.083	964

Dans les autres circonscriptions de la Seine-Inférieure, neuf députés républicains avaient été élus : MM. Duvivier, Waddington, Lanel, Trouard-Riolle, Thiessé, Lechevallier Peulevey, Paul-Casimir Périer, Faure. Un seul réactionnaire, M. Desson de Saint-Agnan, avait été élu, contre M. Lesouëf, républicain.

Dans l'Eure, les candidats républicains élus étaient MM. Develle, d'Osmoy, Lepouzé, Papon. MM. Janvier de la Motte et L Passy, réactionnaires, avaient également été élus. — M. Raoul Duval avait été battu dans l'arrondissement de Louviers ; M. Vauquelin dans celui de Pont-Audemer, et M. A. Janvier de la Motte, dans la 2ᵉ circonscription d'Evreux.

La Chambre de commerce, qui avait envoyé une collection de tissus à l'exposition de Melbourne, fut citée dans « le premier ordre de mérite », ce qui correspondait à une médaille d'or. — MM. Lanne et Pion, exposant individuellement, furent l'objet d'une semblable récompense.

Par lettre datée du 17 août, M. P. Tirel, chanoine, supérieur des sœurs d'Ernemont, informa le maire de notre ville que cette congrégation cesserait, à partir du 1ᵉʳ octobre suivant, de diriger l'école communale de la rue Saint-Etienne et la salle d'asile du même quartier.

Dans la séance municipale qui suivit, le Conseil décida que ces deux établissements seraient confiés à des laïques.

Le dimanche 4 septembre, beaucoup d'autorités et un grand nombre de nos concitoyens se rendirent au Neubourg, où M. Gambetta devait présider l'inauguration du monument élevé à la mémoire de M. Dupont (de l'Eure), ancien président du gouvernement provisoire de 1848. Le grand tribun prononça un discours, que toute la presse rapporta, dont voici un passage :

« ... Il est bon d'élever des statues à ceux qui n'ont jamais failli dans leur conduite, qui n'ont rien cédé ni aux emportements ni aux exagérations de la foule, pas plus qu'au despotisme d'un seul et qui, toujours, suivant la voie droite et vigoureuse qu'ils s'étaient tracée, ont, à travers les impopularités passagères comme les acclamations enthousiastes, marché toujours d'un pas égal vers la conquête de l'idéal : la justice et le droit.

« Oui ! voilà ce que signifie ce bronze et ce qu'il doit vous redire ; et savez-vous ce qui m'enfle le cœur d'espérance, c'est de penser que, moins de dix ans après la sombre catastrophe, il se trouve en France un simple chef-lieu de canton où il y a assez de cœurs généreux pour élever une statue à un noble fils de la France, et qu'il existe un gouvernement assez libre, assez soucieux de la moralité publique pour s'honorer en envoyant ici le représentant de la Justice au pied de la statue.

« Qu'est-ce que cela veut dire, messieurs ? Cela veut dire qu'il faut persévérer dans la voie droite, qu'il faut tenir compte de tout dans la vie publique, que la France n'est pas un canton ni un faubourg, que la France a derrière elle une histoire et devant elle un avenir, et qu'il lui faut des citoyens qui soient véritablement fermes et résolus pour accomplir ses destinées.

« Ces destinées, ne les remettons pas dans la main des hommes, des individus, remettons-les dans les mains du peuple, du suffrage universel. S'il s'abandonne, tout est perdu ; mais s'il reste véritablement en possession de lui-même, tout est possible ; et le possible, quand il s'agit de la France, n'a pas de bornes : l'histoire ne peut pas s'arrêter ».

Le ministre présent était M. Cazot, garde des sceaux ; il était accompagné du colonel Brugère, représentant le président de la République ; du général Lecointe, gouverneur de Paris ; des préfets de l'Eure et de la Seine-Inférieure ; de M. Dautresme et de plusieurs autres députés et de sénateurs de la région et de Paris.

Notons ici que M. Léon Gambetta, en se rendant au Neubourg, devait passer par Elbeuf, où l'on se préparait à le recevoir ; mais une compétition entre deux personnalités lui avait fait modifier son itinéraire.

Au banquet qui eut lieu après la cérémonie, M. Gambetta prononça un nouveau discours ; en voici également quelques extraits :

« ... Je vais m'efforcer de traduire ici ce

qui me paraît être le résultat du grand travail électoral qui vient de s'accomplir...

« Le pays entend que la République fasse honneur à ses engagements, en apportant la moyenne des réformes réclamées par l'opinion.

« J'ai dit autrefois que l'ère des périls était passée et que l'ère des difficultés commençait. Les difficultés existent encore ; elles se sont seulement déplacées. Il faut donc marquer un pas en avant et se bien garder de vouloir tout essayer à la fois.

« Il faut que nous prenions les questions une à une, que nous les analysions, que nous les condensions, que nous les fassions entrer dans la législation.

« Agir autrement, ce serait la confusion et, prenez-y garde, provoquer la lassitude du pays. Ne nous écartons pas de la voie où nous avons marché et qui nous a conduits à tant de résultats. Surtout, ne nous mettons pas trop en avant de l'opinion, de peur de nous exposer à bien des surprises, à bien des retours de la réaction, qui nous guette et saurait profiter de nos imprudences.

« Cette politique, je le sais, ne transforme pas le monde en quelques heures. Les essais de transformation instantanée effectués depuis 70 ans n'ont abouti qu'à de terribles défaillances, et ces leçons de l'histoire sont un guide infaillible pour l'avenir.

« La France a déclaré qu'elle entendait que la République soit réformatrice. Donc, en avant ! Mais comme des hommes qui savent où ils veulent aller et sur quel terrain ils marchent... »

Le 15 septembre, M. Michel Bréal, membre de l'Institut, professeur au collège de France, vint visiter notre Ecole primaire supérieure, alors dirigée par M. Gouin.

Le 29 septembre, M. Revelle, avocat, donna par testament une somme de 6.000 francs à l'hospice de notre ville.

Vers ce temps, le théâtre rouvrit ses portes, avec M. Lejolivet comme directeur.

Le 3 octobre, la Chambre de commerce décida d'écrire au ministre des Finances, à l'effet d'obtenir que la houille anglaise arrivât à Elbeuf sans être transbordée à Rouen. Pour cela, la création d'un bureau de douane dans notre ville serait nécessaire. — Le ministre repoussa cette demande.

Le premier numéro de *l'Elbeuvien* parut le 8 octobre. Ce nouveau journal fut d'abord imprimé en huit pages grand in-4°; peu après, il adopta le format in-folio. Il ne parut, pendant les premières années, qu'une seule fois par semaine, le samedi soir ; plus tard, il devint bi-hebdomadaire.

Ce fut vers ce temps que l'éclairage électrique fit, très modestement, ses débuts à Elbeuf, au moyen d'un unique régulateur Serrin, installé dans l'imprimerie de *l'Elbeuvien*, qui néanmoins, si l'on en crut *l'Industriel*, fut cause d'un accident : Un ouvrier, « ébloui par la lumière électrique de l'imprimerie », était allé se jeter dans les jambes d'un cheval et s'était cassé un membre. — A Saint-Aubin, M. Perré venait également de poser plusieurs lampes électriques dans son usine.

A la séance tenue, le 11 octobre, par la Chambre de commerce, à laquelle assistait M. Dautresme, député, on prit cette délibération :

« La Chambre de commerce d'Elbeuf,

« Considérant que des négociations sont entamées avec l'Angleterre en vue de la conclusion de traités de commerce ;

« Que ces négociations ont été interrompues parce que l'accord n'a pu se faire sur certains articles et notamment sur les tissus de laine cardée ;

« Que les négociants anglais élèvent des objections qui ne peuvent avoir pour but que de modifier les conditions du Tarif général voté par les Chambres ;

« Qu'ils se sont fait assister par des industriels de leur pays pendant le cours des négociations ;

« Proteste contre l'admission près des négociateurs du traité d'industriels anglais, alors que les industriels français ont été rigoureusement tenus à l'écart, aussi bien à Londres qu'à Paris.

« Demande qu'aucun changement ne soit apporté aux catégories adoptées par les Chambres pour les tissus de laine cardée ; que, s'il était fait au gouvernement français quelque ouverture ayant pour but de modifier les catégories ou d'en augmenter le nombre, aucun accueil n'y soit fait sans que les délégués représentant cette industrie aient été entendus ».

Copie de cette délibération fut envoyée aux ministres, aux députés et sénateurs de la Seine-Inférieure et aux Chambres de commerce et consultatives ayant les mêmes intérêts qu'Elbeuf.

Le 25, on inaugura les orgues de l'Immaculée-Conception.

Le jeudi 27, M. Gosselin, filateur à Caudebec, était rentré chez lui, de retour de Glos-sur-Risle, où il possédait une autre filature dont trois bâtiments avaient été incendiés l'avant-veille, lorsqu'on vint le prévenir, vers dix heures du soir, que le feu venait de se déclarer dans son établissement de la rue de l'Eglise.

Les pompiers de Caudebec, d'Elbeuf, de Saint-Pierre et la population concoururent ardemment pour combattre l'incendie ; mais malgré leurs efforts, le feu ne fut maîtrisé que vers une heure du matin, après avoir causé pour plus de 230.000 fr. de dégâts.

Le jeudi 3, dans une réunion publique tenue à l'Alcazar de Caudebec, où MM Doublet, conseiller général, et M. Picard, conseiller d'arrondissement, avaient été convoqués pour rendre compte de leur mandat. M. Picard, seul, se présenta, et s'opposa à ce qu'un vote de blâme fût émis contre M. Doublet. En résumé, on considéra cette réunion comme avortée et l'on décida d'en faire une seconde.

M. Jean Emmanuel Revelle, bâtonnier de l'ordre des avocats de Rouen et maire de St-Paer, mourut le 2 novembre. Il était né à Elbeuf, en 1820, et était fils du docteur Revelle. Nos lecteurs se souviennent qu'il avait été candidat à la députation contre M. Lucien Dautresme, aux élections du 14 octobre 1877.

On avait craint que les ingénieurs, dans les travaux qu'ils allaient entreprendre sur la Seine, du côté de Saint-Aubin, comblassent le bras du fleuve où les pontons allaient se remiser pendant la période des glaces ; mais, le 4 novembre, la Chambre de commerce fut informée que la grande quantité de terre extraite serait transportée à la pointe de l'île et que le bras de Seine resterait en l'état où il se trouvait alors.

Le 6, on inaugura un drapeau offert par les

dames d'Elbeuf à la Société de gymnastique *la Ruche*, qui était considérée comme l'une des plus belles de Normandie.

Les traités qui furent signés par la France avec la Belgique et l'Italie causèrent un grand mécontentement chez les manufacturiers de notre ville. En effet, la réduction sur le Tarif général français voté par les Chambres était de 33 à 34 pour 100.

La situation de l'industrie de la laine se trouvait donc encore aggravée, les produits étrangers ayant une plus grande facilité pour entrer en France. Ainsi, à Elbeuf, pour les étoffes qui s'y fabriquaient le plus généralement, le droit protecteur tombait à 7 ou 7 1/2 pour cent. Pour les draps fins, la protection devenait presque nulle, puisqu'un drap de 15 fr le mètre pesant 500 grammes au mètre n'était protégé que par 70 centimes, soit 4.70 pour 100.

En outre, le traité italien, au lieu de trois catégories pour les draps pure laine, n'en admettait qu'une seule et frappait les draps français à leur entrée en Italie d'un droit de 140 francs par 100 kilogs.

Et comme, en vertu du traité de Francfort, l'Allemagne jouissait du traitement de la nation la plus favorisée, alors qu'elle imposait un droit de 168 fr. 75, sans distinction de catégorie sur les draps pure laine, elle entrerait désormais en France, grâce au traité belge, les mêmes produits en ne payant en moyenne que 120 francs les 100 kilogs.

En raison de la situation faite à notre fabrique par les nouveaux traités, la Chambre de commerce se mit, à partir du 10 novembre, en relations avec les autres Chambres de commerce et consultatives pour protester en commun.

Une nouvelle réunion publique eut lieu à l'Alcazar le vendredi 11 ; cette fois MM. J. Doublet et Picard étaient présents. Voici, sommairement, ce que dit M. Doublet :

Le Conseil général se compose maintenant de 29 républicains et de 21 ou 22 réactionnaires. Avec ou indépendamment de la majorité, dit-il, je me suis prononcé pour :

L'abaissement des droits sur les successions ;

Le droit de réunion en faveur des chambres syndicales ;

L'augmentation du nombre des écoles primaires et des instituteurs ;

La protection du travail national ;

La liberté des marchés ;

L'extension des droits communaux ;

L'instruction gratuite, obligatoire et laïque ;

L'admission de tous les patentés à l'élection des membres des tribunaux de commerce ;

La suppression des octrois dans les localités où les frais de perception s'élèvent de 16 à 20 pour cent ;

Le droit de pêche, pendant la nuit, jusqu'au barrage de Martot ;

La revision du cadastre

En terminant, M. Doublet se dit prêt à répondre à ceux qui voudraient l'interroger ; mais il croyait avoir toujours agi honnêtement, prudemment et en républicain sincère, et finit ainsi :

« Suis-je toujours votre homme ? Ai je toujours la confiance des 5.200 citoyens qui m'ont élu le 1ᵉʳ août 1880 ? »

« — Oui, oui ! » répondit l'assemblée, en applaudissant chaleureusement l'orateur.

M. Picard, après avoir exposé son travail au Conseil d'arrondissement, obtint également un vote de confiance.

Un arrêté préfectoral, daté du 11 novembre, autorisa la création d'une *Société d'enseignement mutuel des Sciences naturelles d'Elbeuf.*

Un décret, daté du 13 novembre, déclara d'utilité publique l'ouverture de la rue Salvandy.

Le deuxième concert annuel donné par *l'Harmonie elbeuvienne*, le 20 de ce mois, eut un très grand succès.

Le Conseil municipal, réuni le 23, décida de reporter à plus tard, faute de ressources, la création de trois nouvelles écoles : une de garçons dans le quartier nord-est, une de filles avec école enfantine rue du Bourgtheroulde.

Il décida également que la place Lemercier servirait de marché au foin, à la paille et aux pommes à cidre, sans préjudice au droit qu'avaient les autres marchands de venir s'y installer. et que le marché de la place Bonaparte resterait ouvert aux cultivateurs et marchands de fourrages, comme par le passé.

Voici le tableau des délégués sénatoriaux élus le 27 novembre, à l'occasion d'une élection sénatoriale prochaine.

Communes	Délégués MM.	Suppléants MM.
Elbeuf...	Hulme	V. Cavé
Caudebec	S. Martin	Fresnel
Cléon...	Hédouin	Lemarié
Freneuse	Petit, maire	Rivette
La Londe	Cavelier	Baritel
Orival...	P. Pion	Leloup
St-Aubin	Druel	Lecaron
St-Pierre	Doubet, maire	Langlois
Sotteville	Ozanne, maire	Desmare
Tourville	Bocquet, maire	Canel

M. Constant Flavigny, président, et M. Lebourgeois, secrétaire de la Chambre de commerce, accompagnés de MM. L. Dautresme et Develle, députés, et de M. Henri Poitevin, de Louviers, furent reçus par le ministre du Commerce, auquel ils exposèrent leurs plaintes contre le traité signé avec la Belgique et contre le projet de traité avec l'Angleterre.

Les délégués d'Elbeuf et de Louviers se retirèrent, sans espoir d'obtenir un traitement meilleur pour notre industrie.

A partir du 1er décembre, le marché au foin, à la paille et aux pommes à cidre se tint concurremment sur les places Lemercier et Bonaparte; les jours de marché étaient les jeudi, samedi et dimanche.

Ce même jour, mourut à Rouen, où il demeurait depuis longtemps, M. Augustin Dévé, âgé de 87 ans, ancien manufacturier à Elbeuf, rue de la Barrière, dans la cour de la « porte aux cent clous » — actuellement n° 69.

Le 4, eut lieu la première réunion de la Société des Sciences naturelles, dont le président était M. Noury.

Le même jour, le trop fameux Léo Taxil fit une conférence à Caudebec.

Dans la séance municipale du 14, M. Doublet, maire, donna lecture d'une lettre qu'il avait reçue de la Chambre de commerce et rappela que, dès 1878, la municipalité avait signalé à l'administration supérieure les souffrances de notre industrie, conséquence du traité de 1860. Après échange d'observations, l'assemblée prit cette délibération, à l'unanimité :

« Le Conseil... ; considérant que la ville d'Elbeuf, depuis l'établissement des traités de commerce de 1860, s'est trouvée gravement atteinte dans ses intérêts ;

« Considérant, en effet, que, depuis cette époque, le nombre des industriels a considérablement diminué ; que le chiffre d'affaires s'est abaissé de 120 à 80 millions ;

« Considérant qu'à plusieurs reprises, le Conseil municipal a dû, pour équilibrer les dépenses avec les ressources ordinaires, majorer ses tarifs d'octroi, par suite de l'abaissement de la population et du chiffre des affaires industrielles ;

« Considérant que ces crises répétées et pour ainsi dire continues ont atteint non seulement les chefs d'industrie, mais aussi et naturellement la population ouvrière ; qu'il est facile de constater les souffrances de cette population par l'accroissement des charges de bienfaisance, qui augmentent toujours en raison directe de la décroissance du chiffre des affaires...

« ... Considérant qu'un nouvel abaissement dans le tarif des douanes apporterait une nouvelle perturbation dans l'industrie lainière locale, et, par suite, dans les finances de la ville d'Elbeuf, dont l'assiette est mal assurée.

« Par ces motifs, appelle la bienveillante attention de l'administration supérieure sur la situation de notre ville, au point de vue des intérêts industriels et communaux ;

« Déclare s'associer aux réclamations de la Chambre de commerce, et, au nom de nos populations laborieuses, prie le Gouvernement de s'écarter le moins possible du tarif général voté par les Chambres ».

Le 28, le ministre du Commerce refusa de recevoir les délégués de l'industrie de la laine, qui alors déposèrent une protestation écrite contre les concessions nouvelles réclamées par les Anglais.

Dans la séance municipale du 29 décembre, le Conseil décida de faire divers travaux aux bâtiments annexes de la caserne, et s'occupa d'une réclamation relative aux cours donnés aux enfants de dix à douze ans employés dans les manufactures.

Par décret en date du même jour, M. Arthur-Joseph Hulme, adjoint au maire, fut nommé suppléant du juge de paix, en remplacement de M. Buée, décédé.

Pendant l'hiver, on brassa beaucoup de pommes, car la récolte avait été abondante. On calcula qu'elle s'était élevée à plus de 17 millions d'hectolitres, dépassant ainsi de 11.600.000 hectolitres la récolte de 1880, et de 7 millions d'hectolitres la production moyenne des dix dernières années.

L'année administrative se termina, à Elbeuf, le 30 décembre, au conseil municipal, par l'approbation d'un projet de traité entre la Ville et la Compagnie générale des eaux.

La durée de la concession était fixée à soixante-cinq ans.

La quantité d'eau distribuée, provenant des sources du Mont-Duve, devait être de 3.000 mètres cubes par jour. Elle serait élevée dans des réservoirs dont l'altitude serait de 50 m. au-dessus du niveau de la mer.

Il serait installé 80 bouches d'incendie, aux frais de la Compagnie.

La Ville prévoyait, pour les services municipaux, une consommation de 700 m. c. par jour ; cette fourniture serait faite moyennant un abonnement annuel de 8.800 fr.

L'eau d'arrosage serait déversée sur la voie publique, deux fois par jour, au moyen de 80 bouches placées aux frais du concessionnaire.

La Compagnie paierait à la Ville une redevance de 3 centimes par m. c. d'eau livrée journellement à la consommation privée.

Le prix des eaux pour usage domestique fut fixé à 100 fr. par an et par mètre cube quotidien. Les abonnements, pour 150 litres par jour, seraient de 15 fr. par an.

Quand la consommation particulière dépasserait 500 m. c. par jour, le prix du m. c. serait abaissé à 90 fr. par an. Au dessus de 100 m. il serait de 77 fr. ; de 1.500 m. 72 fr. ; de 2.000 m. 66 fr. ; de 2.500 mètres 60 fr., dernière limite, ce qui mettrait l'abonnement de 150 litres par jour à 9 fr. par an.

Les eaux industrielles ne seraient délivrées que pour une consommation journalière de 6 m. c. et au-dessus ; le prix en serait débattu entre le consommateur et la compagnie.

Le traité fut signé par M. Doublet, maire, et M. Marchant, directeur de la Compagnie.

Le bureau des Postes et Télégraphes d'Elbeuf desservait alors, outre notre ville, les communes de Caudebec, la Saussaye, Saint-Germain-de-Pasquier, Saint-Cyr-la-Campagne, Saint-Aubin, Freneuse, Sotteville-sous-le Val, Cléon, Tourville, Orival, La Londe, St-Pierre-lès-Elbeuf et Thuit-Anger, soit au total, 14 communes, ayant une population de 48.446 habitants.

Le bureau d'Elbeuf recevait par année 4 milions 741.091 objets de toute nature et en expédiait 2.022.300.

Le produit de la vente des timbres-poste s'était chiffré, en 1881, par 216.306 fr. — On avait compté 21.900 chargements à l'arrivée, et 22.600 au départ. — On avait remboursé 23.800 mandats postaux, représentant une valeur de 746.081 fr.

Le nombre des télégrammes expédiés avait été, en 1881, de 42.002, et celui des reçus de 38.961. Le produit de la taxe des télégrammes déposés au bureau avait été de 35.627 fr. — Le bureau télégraphique restait ouvert jusqu'à minuit.

Il était entré pendant l'année 16.173 405 kil. de matières lainières et coton destinés à l'industrie de notre ville ; mais la diversité de ces matières ne permit plus à la Chambre de commerce d'en établir les prix, ainsi qu'elle le faisait auparavant chaque année.

On avait expédié, déduction faite des entrées, un poids net de 5.231.042 kil. de draperie, mesurant 8.575.500 mètres, valant 81.467 250 francs. Le prix du kilog était estimé à 15 fr. 77 et celui du mètre à 9 fr. 50. C'était donc, comparativement à l'année précédente, une diminution de 298.167 mètres, et de 5.843.424 francs.

Pendant l'année 1881, il avait été délivré à la gare d'Elbeuf (ligne de Serquigny à Oissel) 320.000 billets pour diverses destinations, et aux diverses gares du réseau de l'Ouest, pour Elbeuf, 321.000 billets.

Le nombre des voyageurs par bateaux à vapeur, entre Elbeuf et Rouen, avait dépassé 86.000.

Le recensement de la population en 1881 avait donné les chiffres qui suivent :

Elbeuf : 22.806 habitants, contre 21.784 en 1876, soit une augmentation de 1.022.

Caudebec : 11.612 habitants, contre 11.338, soit une augmentation de 274.

Voici quel fut le mouvement de la population dans quelques communes du canton en 1881 :

Elbeuf : naissances 672, mariages 183, décès 714 ;

Caudebec : naissances 320, mariages 100, décès 330 ;

Saint-Pierre : naissances 80, mariages 29, décès 89 ;

Saint-Aubin : naissances 92, mariages 53, décès 85.

CHAPITRE IV

(Année 1882)

Faits divers.— Création de divers services publics. — Les Tramways. — Les processions et le Conseil municipal. — La réfection des quais. — Le chemin de fer d'Elbeuf-Ville a Rouen. — Les victimes du Deux Décembre.— Réunions publiques. — Le Musée Noury a l'hotel-de-ville.— Conférences diverses. — Statistique industrielle.

Le budget de 1882 fut ainsi établi :
Recettes ordinaires..... 606.862 ⎫
Recettes extraordinaires. 353.887 ⎭ 960.749 fr.

Dépenses ordinaires .... 606.679 ⎫
Dépenses extraordinaires 353.836 ⎭ 960.515 fr.

Le soir du 1er janvier, un drame de sauvagerie qui, le lendemain, impressionna douloureusement notre population, se déroula dans les Longs-Vallons d'Orival, où l'on construisait le viaduc de raccordement de la ligne de Serquigny à Oissel avec celle d'Orléans à Rouen.

Une cantine, hébergeant une certaine quantité d'ouvriers, fut assaillie à coups de pierres par des individus en état d'ivresse. Le cantinier, sa famille et son personnel durent prendre la fuite ; alors, les malfaiteurs incendièrent la cantine, dans laquelle un ouvrier, qui n'avait pu s'échapper, fut brûlé vif.

A partir du 3, on mit à l'enquête la reconstruction des quais d'Elbeuf. La commission était composée de MM. L. Dautresme, Charité, Depeaux, Grandchamp, conseillers généraux ; Doublet, maire ; D. Picard, conseiller d'arrondissement ; et P. Pion, maire d'Orival.

Aux élections sénatoriales du 8, furent élus, dans la Seine-Inférieure, MM. Pouyer-Quertier, Lizot, Ancel et général Robert, tous monarchistes. Les candidats républicains étaient MM. Bazan, Besselièvre, Senard et Thiessé. — Dans l'Eure, M. Lepouzé, républicain, fut élu contre M. Pouyer-Quertier, conservateur.

Le 9, la Chambre de commerce composa ainsi son bureau : MM. Charles Flavigny, président ; Adolphe Mary, vice-président ; Lebourgeois, secrétaire ; E. Pelletier, trésorier.

Le 13, on procéda à l'installation de MM. Chedville et Delaquaize, élus juges au Tribunal de commerce, et à celle de MM. Auger et Perré, juges suppléants.

Dans sa réunion tenue le 14, le conseil municipal prit la délibération suivante :

« Le Conseil est d'avis qu'il y a lieu d'accueillir la demande du syndicat de la boulangerie du canton d'Elbeuf, et propose, en outre, d'ajouter aux catégories des industries soumises à la juridiction du Conseil des prud'hommes d'Elbeuf : les garçons coiffeurs, les garçons d'hôtel et les garçons de café ».

La Gare d'Elbeuf-Ville

Une Commission permanente ouvrière avait été élue en réunion publique le 13 novembre de l'année précédente. Cette commission organisa une autre réunion qui se tint le 15 janvier, à l'hôtel de ville, pour étudier le groupement ouvrier.

Le 24, deux filatures de laine, travaillant presque exclusivement pour la fabrique d'Elbeuf et situées à Pont-Authou, furent incendiées. Les pertes s'élevèrent à environ 450.000 francs, dont moitié pour M. Denis, exploitant, et M. Jubault, propriétaire d'un immeuble, et l'autre moitié pour M. Edouard Lefebvre, filateur, et Henri Quesné, ancien député, propriétaire de constructions. Les deux établissements se touchaient.

M. Clovis Hugues, député de Marseille, fit au cirque de la rue Lefort, le dimanche 29, une conférence sur les religions à travers les siècles.

La déconfiture de *l'Union générale*, qui se produisit vers cette époque, fit plusieurs victimes à Elbeuf.

Dans sa séance de janvier, la Société industrielle nomma M D. Chedville, vice-président ; MM. A. Perré fils et Ch. Mouchel, secrétaires; M. Georges Cabourg, bibliothécaire. En ce même temps, sur la demande de M. L. Dautresme, le ministre accorda une subvention de 3.000 fr. à la Société.

Le 2 février, on inaugura un orgue d'accompagnement, à l'église Saint-Etienne.

Vers ce temps, on s'occupa de mettre en état de viabilité la rue aux Marchandises, ouverte près la gare d'Orléans-Rouen.

M. Charles-Victor-Désiré Auzoux, quincaillier, ancien adjoint au maire, président honoraire de la Société d'Horticulture, mourut le 5, à l'âge de 46 ans.

Au tirage au sort, qui eut lieu le 6, le nombre des conscrits qui se présentèrent fut de 410, dont 193 d'Elbeuf, 101 de Caudebec, 33 de Saint-Aubin, 32 de Saint-Pierre, 17 d'Orival, 10 de la Londe.

Le *Journal Officiel* du 11 février publia ce décret présidentiel :

« Art. 1er. — Est déclaré d'utilité publique, l'établissement d'un réseau de tramways à traction mixte de chevaux et de locomotives, dans la ville d'Elbeuf et sa banlieue, suivant les dispositions générales du plan...

« Art. 2. — Il sera pourvu par la ville d'Elbeuf à l'établissement et à l'exploitation du dit réseau, conformément aux clauses et conditions du cahier des charges...

« Art. 3. — Est approuvé le traité passé entre le maire et le sieur de Ridder, pour la rétrocession de l'entreprise énoncée aux articles précédents.

« Ledit traité ainsi que le plan et le cahier des charges resteront annexés au présent décret.

« Art. 4. — Les expropriations nécessaires à l'exécution de l'entreprise devront être effectuées dans le délai de quatre ans, à partir de l'approbation du projet »

A dater du 15, on fit disparaître, dans les cimetières, les entrées particulières et les séparations établies suivant le culte que professaient les morts. A partir de cette époque, les inhumations se firent à la suite les unes des autres, sans distinction de culte. Néanmoins, une partie du cimetière Saint-Jean fut consacrée spécialement aux israëlites.

Les pompiers de Caudebec furent, avant ceux d'Elbeuf, sur le lieu d'un incendie qui avait éclaté, pendant la nuit du 16 au 17, rue Dévé, mais ils restèrent inactifs jusqu'à l'arrivée de leurs confrères d'Elbeuf, en vertu d'une « convention » passée antérieurement entre les deux compagnies. Cette convention fut vivement critiquée.

Le 24, mourut M. Simon, ancien vicaire de Saint-Jean, alors curé de Caudebec ; il était âgé de 52 ans. Il était bon musicien et excellent chanteur.

Le 25, on inhuma, à Elbeuf, M. le docteur Broc, directeur de l'asile d'aliénés de Quatre-Mares. Le défunt n'était âgé que de 45 ans.

A la séance municipale tenue le 28, M. Piperel fit la proposition d'émettre un vœu pour la suppression du commissariat central. Sur la demande du maire, on renvoya cette proposition à la commission.

M. Descoubet proposa de faire un emprunt de trois millions, somme qui serait employée : 1° à rembourser les anciens emprunts, 2° à rembourser 48.000 fr. que la ville devait sur des immeubles, 3° à faire des travaux publics. Par cet emprunt, fait à 4 pour 100 plus 1.78 pour cent d'amortissement, on n'aurait que des annuités de 173.500 fr. à payer, au lieu de 250.000 fr. — Cette proposition fut renvoyée à la commission.

M. Doublet, maire, informa le Conseil municipal, le 3 mars, qu'il avait reçu des protestations contre l'établissement d'un nouveau gazomètre aux abords de la rue Dévé.

Ce même jour, le Conseil accepta le legs de 50.000 fr., fait en 1876 par Mme Camille Randoing, et décida qu'une commission spéciale serait instituée pour répartir les arrérages entre les vieux ouvriers et ouvrières nécessiteux, au moyen de pensions viagères.

Il vota une somme de 7.000 fr. pour la continuation des travaux de restauration de l'hôtel de ville, et adopta un rapport de la commission des eaux relatif à l'emplacement des fontaines et bouches d'eau pour les incendies.

Le surlendemain dimanche, au Théâtre, MM. Tony Revillon et Sigismond Lacroix, de Paris, firent une conférence politique. — Le mardi suivant, le voyageur Edgar La Selve en fit une autre sur « le Pays des Nègres. »

Les travaux de construction des gares et stations de Grand-Couronne, Petit-Couronne, Grand-Quevilly, Petit-Quevilly et de la halte de Moulineaux, sur la ligne d'Elbeuf à Rouen, furent mises en adjudication le 6 mars, sur la mise à prix de 260.670 fr.

A cette époque, les travaux du raccordement de la ligne d'Orléans à Rouen avec celle de Serquigny, dans la forêt de la Londe-Rouvray, étaient presque terminés.

Melle Julie-Adélaïde Biot, dite sœur Sainte-Emilie, directrice de l'école congréganiste de filles de la paroisse Saint Étienne, mourut le 9, à l'âge de 78 ans.

Pendant la nuit du 25 au 26, une terrible bourrasque traversa notre contrée, en causant beaucoup de dégâts. Au Havre, une catastrophe épouvantable jeta la consternation dans la ville ; on compta dix-huit morts. Une souscription fut ouverte à Elbeuf pour venir en aide à leurs familles.

Le général Cornat, commandant du 3e corps, vint visiter la caserne et passa la revue de la garnison, le 28.

Le 31, un nouvel incendie éclata à la Sécherie elbeuvienne, rue du Cours ; on évalua les pertes à environ 140.000 fr.—C'était la quatrième fois que le feu détruisait, en tout ou partie, cet établissement.

Vers le commencement d'avril, un millier d'habitants du quartier ouest d'Elbeuf réclamèrent, par pétition, la construction d'une halte au triège des Rouvalets.

Le Conseil municipal, réuni le 14, décida la création d'un lavoir public dans le bassin de la fontaine du Sud.

Il rejeta un projet de redressement des rues Poussin, Céleste et Petou, à cause de la dépense, évaluée à 60.000 fr.

Il adopta une proposition de la Compagnie du gaz de supprimer les lanternes à huile et de les remplacer par des becs de gaz.

Par suite de la démission de M. Tulle, le corps électoral fut convoqué le 16 avril, pour la nomination d'un conseiller municipal. M. Charles Avenel fut élu, sans concurrent.

Le 18, au Conseil général, M. Doublet déposa une propositon relative à la création d'une halte aux Rouvalets, et une autre concernant le rachat du pont suspendu.

M. Johannès Moreau, ancien filateur, ancien juge au Tribunal de commerce et ancien conseiller d'arrondissement pour le canton d'Elbeuf, mourut à Rouen, le 22. Il était âgé de 83 ans.

Ce même jour, M. Chartier, ancien directeur des théâtres de Beauvais et de Compiègne, fut nommé directeur du théâtre d'Elbeuf, pour la saison 1882 1883.

Conformément aux dispositions de la nouvelle loi, qui conférait aux conseils municipaux de province le droit d'élire les maires et adjoints, celui d'Elbeuf se réunit le 29. M. Jules Doublet fut élu maire, et MM. Hulme et Beaudouin, adjoints, tous par 25 voix sur 26 votants.

Il y eut une élection législative, le 30 avril, dans la première circonscription d'Evreux. M. Léon Sevaistre, ancien maire d'Elbeuf, conservateur, qui avait posé sa candidature, n'obtint que 4.376 voix, contre 5.160 à M. Bully, républicain, et 3.549 à M. Corbeau, également républicain. Au deuxième tour, celui-ci se retira, et M. Bully fut élu par 7.828 voix, contre 5.151 à M. Sevaistre.

Entre les deux scrutins, M. Sevaistre avait lancé une seconde circulaire commençant ainsi :

« Electeurs ; je veux la liberté pour tous, pour toutes les croyances, pour toutes les convictions, la liberté pour ceux qui croient et pour ceux qui ne croient pas... »

Notre concitoyen M. Georges Wallet exposa, au Salon de 1882, *Une Blanchisseuse*. — Les autres exposants elbeuviens furent MM. Eugène-Ernest Chrétien, statuaire ; Emile-Louis Minet, qui obtint une mention honorable, et M. Emmanuel-Auguste Massé, peintre. — L'Etat acheta *les Foins à Saint-Aubin*, de M. Minet, et le buste en marbre de *Vigarini*, de M. Chrétien.

Une cavalcade, qui parcourut les rues d'Elbeuf et de Caudebec, le dimanche 21 mai, attira un certain nombre d'étrangers.

Dans la séance municipale tenue le 23, on proposa à nouveau d'émettre le vœu que le maire interdît les processions dans les rues, conformément à la loi du 18 germinal an X.

M. Rouland ajouta que les lois des 16 et 24 août 1790 étaient encore plus positives.

M. Doublet, maire, donna lecture d'une lettre qu'il avait adressée au clergé, l'engageant à réduire les processions à une seule, celle de la Fête-Dieu. Le clergé s'y était conformé, et les processions des Rogations n'avaient pas eu lieu.

M. Rouland observa que le clergé tenait plus aux processions de la Fête-Dieu qu'aux autres ; en effet, dit-il, elles se font au milieu du jour, avec grand apparat, dans les conditions les plus favorables à la mise en scène, tandis que les autres ont lieu le matin, à l'heure où les magasins sont fermés et où il n'y a personne dans les rues.

Même par respect pour la religion, ajouta M. Rouland, on doit interdire ces manifestations sur la voie publique, où ces pratiques peuvent provoquer les sarcasmes des incrédules. C'est bien à tort que l'on invoque la liberté en faveur de la sortie des processions ; la liberté doit être absolue dans les endroits destinés au culte, mais le clergé, salarié par l'Etat, ne doit pas faire de propagande contre les institutions qui nous régissent ; c'est cependant là le but des processions extérieures. C'est à tort que les partisans des processions invoquent l'opinion publique ; les sentiments de la population sont manifestés par le petit nombre de personnes qui suivent ces processions.

M. Quidet répondit que, depuis longtemps, il avait remarqué que ceux qui se prévalaient sans cesse du principe de liberté ne cherchaient qu'à entraver celle des personnes n'ayant pas la même manière de voir. Nous avons chaque jour, dit-il, des corporations qui parcourent librement les voies publiques : pourquoi ne pas être aussi tolérant pour les processions religieuses ? Si l'on veut tenir compte du nombre, je pense que c'est une infime minorité qui en demande la suppression Dans les pays civilisés, on doit user de tolérance les uns vis-à-vis des autres, montrer, en un mot, de la sociabilité.

L'administration supérieure, ajouta M. Quidet a dit au maire : Vous pouvez, en vertu de la loi de 1790, interdire les processions, si vous jugez qu'elles peuvent être une cause de trouble pour la tranquilité publique. Dans ce cas, seul, le maire doit les interdire ; mais jamais aucun trouble n'est survenu dans notre ville à propos des processions, et l'administration doit, en conséquence, les laisser sortir.

MM. Fraenckel et Schuhl, israélites, prirent la parole. M. Lafosse, secrétaire, qui ne professait aucun culte, observa que la police des rues appartenait au maire seul, et que le conseil municipal n'avait pas à se prononcer en cette circonstance.

On vota par appel nominal.

Se prononcèrent pour la sortie des processions : MM. Nicolas, Fraenckel, Bertrand, Quidet, Simon. Langlois, Grouard, Bernard, Fleury et Avenel ;

Contre : MM. Rouland, Descoubet, Schuhl, Courtillet, Fossard et Picard.

S'abstinrent : ML. Piperel, Pion, Beer (israélite), Malfilâtre et Lafosse.

Le Conseil adopta ensuite un rapport de M. Pion, au nom de la commission des écoles, dont les conclusions étaient celles-ci :

« La demande de M. Capon, relative à la

création à Elbeuf d'une école de sourds-muets, ne peut être admise.

« Le conseil municipal d'Elbeuf émet le vœu qu'une subvention départementale soit accordée à une école de sourds-muets dans laquelle serait exclusivement employée la méthode d'enseignement « par la parole » que professe M. Capon.

Le 26, M. François Delbarre, ouvrier tisseur, fut nommé président du Conseil des Prud'hommes, et M. Déodat Démoulins, fabricant, vice-président.

Le 6 juin, la Chambre de commerce écrivit au ministre pour le prier de soutenir énergiquement le principe du droit spécifique, qu'il avait défendu jusque-là, et manifester l'espoir que dans les traités de commerce à conclure avec l'étranger, les tarifs ne seraient pas abaissés au-dessous de ceux inscrits dans le traité franco-belge.

Le 8, un arrêté préfectoral autorisa la Compagnie du gaz, moyennant certaines conditions, à construire un nouveau gazomètre.

Un arrêté de M. J. Doublet, maire, portant la date du 12, interdit de faire des reposoirs de la Fête Dieu sur les trottoirs ou sur la chaussée des rues.

A cette époque, il y avait déjà six mois que l'on travaillait à une dérivation éclusée à St-Aubin, et l'on estimait que les travaux ne seraient pas terminés avant deux ans. Les entrepreneurs étaient MM. Hersent et Langlois, qui avaient construit le canal de Suez, les ports d'Anvers, de Gand, de Toulon et de Honfleur, et rectifié le lit du Danube.

Les travaux de Saint-Aubin devaient comprendre deux écluses juxtaposées ; la première, de 78 mètres de longueur, livrant passage à deux bateaux ; la deuxième, de 180 mètres de longueur, pouvant écluser un train entier de huit péniches au moins.

Le général Leblin de Dione vint à Elbeuf, le lundi 12, accompagné d'environ trente officiers, et fit, à l'hôtel de ville, une conférence à laquelle assistèrent les officiers de notre garnison.

Dans le courant de la semaine, on apprit à Elbeuf, avec la plus grande surprise, que la préfecture avait autorisé l'extension de l'usine à gaz, malgré les protestations qui s'étaient élevées contre, et avant que le conseil municipal eût pu formuler son opinion. L'arrêté préfectoral fut vivement commenté, ainsi que le rôle qu'avait joué notre administration municipale dans cette affaire.

Le 13 juin, M Lalonde, nommé greffier de la justice de paix, en remplacement de M. D. Picard, démissionnaire en sa faveur, prêta serment en cette qualité.

Le 23, le Conseil adopta un projet de création de Caisse des écoles, qui serait administré par la commission scolaire municipale et deux membres pris parmi les sociétaires.

Il adopta ensuite le projet de réglementation sur les abonnements pour la délivrance des eaux.

Il rejetta une proposition de suppression de service de nuit pour l'octroi.

Il adopta les conclusions d'un rapport concernant la compagnie du Gaz et relative à des pétitions adressées au Conseil à ce sujet ; mais émit le vœu, après avoir entendu les explications de M. Doublet, que, dans les questions où les intérêts généraux de la ville seraient sérieusement engagés, la loi exigeât préalablement l'avis du conseil municipal.

Un programme que l'on avait conçu à l'occasion des régates, le 2 juillet, attira un assez grand nombre d'étrangers. Le soir, il y eut fête vénitienne sur la Seine et feu d'artifice.

Vers ce temps, M. Duchesne prit possession de son emploi comme receveur des Postes et télégraphes, en remplacement de M. de Beaune, admis à la retraite.

A partir du 5 juillet, Elbeuf et Caudebec furent rattachés à la succursale de la Banque de France à Rouen. La Banque installa un bureau rue de la Barrière.

Le 6, l'Académie française décerna un prix de 1.500 francs à M. Auguste Dorchain, d'Elbeuf, pour son volume de poésies *Jeunesse pensive*. La poésie « Etoiles éteintes » fut généralement jugée comme approchant très près de la perfection.

Dans la même séance, l'Académie remit une médaille de 500 fr. (prix Monthyon) à Mlle Marguerite-Virginie Barbé, d'Elbeuf, âgée de 80 ans, pour la récompenser de son dévouement envers plusieurs membres de sa famille.

La fête nationale fut célébrée avec beaucoup d'entrain. — A Caudebec, on inaugura le monument de la République, de Jacques France, sur la place de la mairie.

A la séance municipale du 26, M. Doublet informa ses collègues que l'avant-projet de réfection des quais était agréé par le Conseil général des Ponts et Chaussées, avec les modifications votées par la commission d'enquête, élevant le projet de 880.000 à 940.000 fr.

Le Conseil émit le vœu du rachat du pont suspendu par le Département, avec subvention municipale pour aider au projet.— Vers cette époque, le conseil municipal de Saint-Aubin vota une somme de 6.000 fr. pour sa part dans ce rachat.

Il décida la suppression du troisième commissaire de police, et ratifia, ensuite, la transmission de la rétrocession de Ridder à la Compagnie d'exploitation économique des tramways.

Mme veuve Théodore Chennevière mourut à Rouen, le 28 ; elle était âgée de 68 ans.

M. Hendlé, le nouveau préfet, vint pour la première fois dans notre ville le 29 juillet. Il reçut les autorités locales à l'hôtel de ville.

A la séance municipale du 11 août, M. Descoubet entretint le Conseil du projet de la compagnie Leblanc, de Paris, ayant pour but de fournir du gaz d'éclairage aux habitations situées sur les routes nationales et départementales. Cette question fut renvoyée à la session de novembre.

M. Descoubet rappela ensuite qu'il avait accusé la compagnie du Gaz d'Elbeuf d'avoir perçu une centaine de mille francs en trop, depuis vingt ans, sur l'éclairage à l'huile de certaines rues, qu'entreprenait aussi la Compagnie.

M. Fossard signala que les eaux, à la fontaine du Sud, n'étaient pas à leur niveau réglementaire et réclama une enquête

M. Rouland proposa de faire édifier l'école enfantine, projetée par le Conseil, sur le terrain municipal du bas de la rue du Thuit-Anger.

Le Conseil vota la somme suffisante pour la réfection de la halle au poisson et l'appropriation du marché Saint-Louis.

Il adopta ensuite une proposition relative aux concessions dans les cimetières.

Le 23, une première locomotive roula entre Rouen et Elbeuf, sur la ligne de l'Etat. A cette locomotive était attaché un wagon plate-forme portant trois banquettes sur lesquelles avaient pris place MM. Cordier, président du Conseil général ; Waddington, Laporte, conseillers généraux ; Partiot et Delzenne, ingénieurs du chemin de fer. Au retour, MM. Doublet et Hulme, d'Elbeuf, les accompagnèrent jusqu'à Rouen.

En ce même temps on se préparait à construire le chemin de fer d'Elbeuf au Neubourg, et la presse faisait remarquer qu'il y avait déjà dix ans que sa création avait été décidée, car le décret qui en fixait la construction remontait au 13 août 1873.

Le 30 août, le préfet de l'Eure prit un arrêté relatif à l'enquête sur le nombre et l'emplacement des gares et stations du chemin de fer du Neubourg à Caudebec-lès-Elbeuf. — A cette époque, on supposait que cette ligne serait livrée à la circulation en 1884 : inutile d'ajouter que cette voie ferrée est encore à construire.

Les 24e et 28e régiments de ligne, le 12e régiment de chasseurs, le 20e bataillon de chasseurs à pied, l'état-major de la 3e division et l'état-major de la brigade, c'est-à-dire toute la garnison de Rouen, passèrent par Elbeuf et y furent cantonnés le 31. Nos rues eurent donc une animation extraordinaire ce jour-là.

A la session d'août, le Conseil général avait été saisi d'une proposition du préfet de racheter le pont suspendu d'Elbeuf. Le Département devait contribuer pour moitié dans la dépense, déduction faite de la subvention à demander à l'Etat. Dans sa séance de nuit du 1er septembre. le Conseil général vota ce rachat, en stipulant que la libre circulation commencerait le 5 janvier 1884.

Le vapeur *le Touriste* vint à Elbeuf, pour la première fois, également le 1er septembre ; il obtint un succès de curiosité. Pendant plusieurs jours, il opéra des voyages entre notre ville et Rouen.

Par décret daté du 2, M. Méteil, commismaire central de police, fut nommé à Nantes. — M. Joseph Navaux, venant de Roubaix, lui succéda à Elbeuf. — En ce même temps, M. Oudin, commissaire de police de 3e classe, fut nommé à Angers, sans lui donner de successeur à Elbeuf.

Le 4 septembre, le préfet invita l'inspecteur d'académie à profiter des réfections annuelles dans les écoles primaires, s'opérant pendant les vacances, pour faire disparaître de ces écoles les emblèmes religieux.

Le 7, le maire prit un arrêté concernant la distribution des emplacements affectés aux diverses espèces de ventes sur le marché St-Louis.

Le jeudi 28 septembre, à l'Alcazar de Caudebec, M. Lucien Dautresme rendit compte de son mandat de député, ainsi qu'il l'avait promis à ses électeurs. Il y avait sur l'estrade des délégués de Sotteville-lès-Rouen et de Quevilly, M. Jules Doublet, maire d'Elbeuf et conseiller général ; M. Picard, conseiller d'arrondissement; M. Hulme, adjoint à Elbeuf, et autres notabilités.

M. Dautresme, en établissant quelle avait été son attitude, depuis un an qu'il était député, en diverses circonstances, fit l'historique du ministère Gambetta, qui avait causé quelques déceptions, et celui du ministère de Freycinet, qui lui avait succédé.

M. Moulard jeune prit ensuite la parole, puis M. Guenouville, et enfin M. Moulard aîné, tous trois socialistes.

Un ordre du jour, reconnaissant que M. Dautresme avait convenablement rempli son mandat et exprimant la confiance des auditeurs en lui, fut voté à la presque unanimité.

M. Auguste-Stanislas Géfrotin, secrétaire de la mairie, mourut le 30, à l'âge de 50 ans.

Par décret présidentiel du 4 octobre, la ville d'Elbeuf fut autorisée à s'imposer extraordirement, afin de réaliser une somme d'environ 290.000 francs, nécessaire pour acquitter la subvention promise à l'Etat dans la reconstruction des quais, ainsi que l'annuité à payer à la Compagnie des Eaux, et pour rembourser une dette provenant de l'acquisition de l'ancien hôtel de ville.

Dans sa séance du 10, le conseil municipal chargea M. Doublet de faire auprès du ministre de la Guerre les démarches nécessaires pour obtenir une caserne à Elbeuf, en offrant le concours de la ville pour la création d'une école d'enfants de troupe.

L'assemblée fut informée de la donation d'une somme de 6.000 fr. faite à l'hospice, par M. Desbuissons, avocat à Rouen, en mémoire de Mme Bellec.

Le Conseil vota 3 800 fr pour l'appropriation d'un cours de physique et de chimie à l'Ecole primaire supérieure.

M. Bruet, ancien payeur du Trésor, chevalier de la Légion d'honneur, numismate, fut nommé, pour entrer en fonctions le 13, bibliothécaire municipal, en remplacement de M. Ropiquet, démissionnaire.

La Chambre de commerce écrivit au ministre de la Guerre, le 14, une lettre dont voici le passage principal :

« ... A l'approche de l'époque où devra être faite l'adjudication pour une longue période d'années des fournitures de draps de troupe, mes collègues me chargent de vous exprimer le regret qu'ils éprouvent de ne pas avoir connaissance des modifications que l'enquête n'a pas manqué de faire introduire dans le cahier des charges...

« Il ne faut pas que l'on puisse dire qu'après avoir manifesté le désir de faire appel à toute l'industrie française, l'administration de la Guerre, en ne publiant pas à l'avance les conditions du nouveau cahier des charges, a rendu impossible toute tentative de la part de ceux qui n'avaient pas concouru jusque-là... »

Vers ce temps, le *Bulletin des Lois* publia le décret autorisant l'inscription au trésor public de rentes ou pensions viagères, pour les victimes du Deux-Décembre.

Les bénéficiaires habitant le canton d'Elbeuf étaient MM.

Victor-Etienne Bréant, 26 ans, 300 fr. — André-Constant Bréant, 41 ans, 300 fr. — Mme Marie-Estelle Bréant, femme Lesueur, 300 fr. — Tous trois enfants de Pascal-Dominique Bréant, décédé.

Pierre-Alphonse Béranger, 70 ans, 200 fr. — Pierre-Pascal Béranger, 77 ans, 200 fr. — Napoléon Chrétien, 69 ans, 200 fr. — Pierre-Charles Duval, 73 ans, 200 fr. — Tous de la Londe.

Charles-Victor Lemoine, 58 ans, 200 fr. (Orival).

Arnaud Penel, 68 ans, 300 fr. — Mme Marie-Désirée Cavelier, veuve Duval, 200 fr. — Mme Alexandrine-Florentine Fécomme, veuve Hette, 61 ans. — Pierre-Désiré Boivin, 54 ans, 100 fr. — Mme Marie-Françoise Bisson, veuve Bréant, 58 ans. — Tous de la Londe.

Pierre-Louis Delalande, 64 ans, 100 francs. (Saint-Pierre-lès-Elbeuf).

Mme Alphonsine Leprestre, femme Lecomte, 32 ans, 800 fr. (fille de M. Joseph Leprestre, ancien déporté, décédé à la suite d'un acte de dévouement).

Jean-Baptiste Bouteiller, 75 ans, 100 fr

M. Lucien Dautresme présida, le 22 octobre, la séance solennelle annuelle de la Société Industrielle; il était assisté de nombreuses autorités du canton.

Dans sa séance tenue le 25, le conseil municipal entendit la lecture d'un rapport de M. Léon Quidet, concluant à l'adoption d'un projet de construction de poissonnerie et, pour son exécution, traiter de gré à gré avec la maison Th. Joly, César Joly et Delafoy, d'Argenteuil, au prix de 86.000 fr. MM. Cavé et Rouland réclamèrent la mise en adjudication, que combattirent MM. Doublet, maire, et Quidet. Après discussion, les conclusions du rapport furent adoptées à l'unanimité, moins M. Cavé, qui s'abstint.

M. Doublet annonça qu'il avait passé un compromis avec M. Lebret, pour l'achat d'un terrain rue du Tapis-Vert, destiné à recevoir une école. Tous les membres du Conseil ratifièrent ce projet de traité, sauf M. Descoubet, qui vota contre, le terrain dont il s'agissait étant, suivant lui, situé dans un quartier trop excentrique.

Le Conseil adopta un projet de réorganisation de la police, proposé par le commissaire central, et fixant à quatorze le nombre des agents.

Le 31, la Chambre consultative de l'arrondissement d'Evreux émit le vœu que les trois sections de la ligne d'Orléans à Rouen fussent exploitées par une même compagnie.

A partir du vendredi 3 novembre, on fit des cours à l'usage des enfants travaillant dans les fabriques : le matin, de 6 à 8 heures ; le soir de 5 à 7 heures, dans les écoles primaires communales de la rue Tournante et de l'impasse Chefdrue, pour les garçons, et dans celles des rues de Seine et Saint-Etienne, pour les filles.

En outre, des cours supplémentaires ou études surveillées se firent, de 5 à 6 heures du soir, pour les enfants fréquentant ces mêmes écoles durant le jour.

Enfin, des cours d'adultes furent ouverts, de 7 heures à 8 h. 1/2 du soir, à l'école de la rue Tournante pour les garçons et à celle de la rue de Seine pour les filles.

Le 8, salle du Cirque, rue Lefort, M. Doublet, conseiller général, et M. Picard, conseille, d'arrondissement, rendirent compte de leur mandat respectif. Il y eut un peu de bruit à l'occasion de la nomination du bureau, qu'une partie de l'auditoire disait avoir été réglée d'avance.

En ce qui concernait M. Doublet, et après le discours qu'il prononça, l'ordre du jour suivant fut voté à la presque unanimité : « L'assemblée, reconnaissant que M. Doublet a rempli convenablement son mandat, qu'il n'y a rien à dire sur sa conduite et qu'il mérite notre confiance, passe à l'ordre du jour. »

M. Picard obtint plus de succès encore ; un vote de confiance lui fut donné à l'unanimité.

Le 12, M. Chabert, de Paris, délégué du Comité national du Parti ouvrier, fit au cirque de la rue Lefort également, une conférence sur la nécessité du groupement des syndicats.

Dans sa séance du 17, le conseil municipal reçut communication d'un rapport de M. Fleury concluant à l'installation, à l'hôtel de ville, des collections de M. Noury.

M. Cavé, pour raisons d'économie, parla contre ces conclusions, que soutinrent MM. Fraenckel et Bernard. M. Rouland était aussi un opposant, à cause, surtout, de l'obligation de fixer à 1.500 fr. par an le traitement du conservateur.

M. Fleury défendit ses conclusions, combattues encore par M. Beer. La discussion fut longue, la majeure partie des membres du Conseil y ayant pris part. M. Picard présenta une modification au projet de délibération, qui se trouva ainsi libellé :

« M. le maire est autorisé à accepter les collections composant le musée Noury et offertes à la ville d'Elbeuf par un comité de souscription.

« Pour l'installation et le classement de ces collections, ou de toutes autres qui pourraient être offertes à la ville, il sera créé un musée au rez-de-chaussée de la porte Est de l'hôtel de ville.

« Une somme de 5.000 fr. sera inscrite au budget de 1883 pour, concurremment avec les subventions accordées par le gouvernement, être affectée aux frais d'installation dudit musée.

« Un crédit de 2.000 fr., destiné à subvenir aux frais d'entretien du musée et au traitement du personnel, sera inscrit au budget de 1884. »

La discussion reprit sur cette nouvelle rédaction, M. Lafosse la combattit parce que l'on ne procédait pas par ordre : avant de passer à l'étude de l'histoire naturelle, il fallait d'abord développer la connaissance des sciences exactes.

Enfin, on passa aux voix. La rédaction de M. Picard fut adoptée par MM. Doublet, Hulme, Baudouin, Piperel, Fraenckel, Descoubet, Bertrand, Deschamps, Courtillet, Fossard, Quidet, Simon, Fromont. Langlois, Picard, Malfilâtre, Grouard, Bernard. Fleury et Avenel. — Votèrent contre, MM. Cavé, Rouland, Beer et Lafosse.

Sur la proposition de M. Fleury, le Conseil vota des remerciements au comité de souscription.

Dans cette même séance, le Conseil adopta la proposition de la Compagnie du gaz de canaliser, jusqu'aux poteaux d'octroi. les rues encore éclairées par des réverbères à l'huile.

Trois jours après, le Conseil se réunit de nouveau et émit le vœu que l'exploitation du chemin de fer d'Orléans à Rouen fût faite par l'Etat, afin de créer, à la Compagnie de l'Ouest, une concurrence estimée profitable aux intérêts d'Elbeuf.

Le 22 novembre, le cardinal-archevêque de Rouen arriva à Elbeuf, pour y séjourner jusqu'au 28, période pendant laquelle il administra la confirmation dans le canton.

Vers la fin du mois, mourut à Paris, rue de Bréa, M. Constant Guéroult, romancier populaire, né à Elbeuf le 11 février 1814. D'abord dans le commerce, il avait été amené à écrire dans un journal belge, vers 1844. A Paris, il avait donné des feuilletons à *la Patrie*, qui furent suivis d'un grand nombre d'autres romans et de pièces de théâtre. — M. Théodore Guéroult, propriétaire, rue Poulain, qui fut durant de longues années ordonnateur du Bureau de bienfaisance, était le frère aîné du romancier.

Le 3 décembre, MM. Edmond Lepelletier, du *Mot d'ordre*, et Raoul Canivet, de *la Vérité*, firent une conférence anti-cléricale au Cirque de la rue Lefort.

A la suite de pluies continuelles, la Seine sortit de son lit. Le dimanche 10 décembre, la cote en face de l'hôtel de ville atteignit son maximum : 7.44, soit 11 centimètres au-dessus de la crue de 1876.

Le 6, les élections au Tribunal de commerce donnèrent ces résultats : MM. Victor Patallier, président ; James et Peinte, juges ; E. Lenoble et E. Nivert, juges suppléants.

Le même jour, MM. E. Hennebert, H. Lebourgeois, F. Lanne et Louis Fraenckel furent élus membres de la Chambre de commerce.

Vers le 15, le maire fut averti que, par décision ministérielle, la création d'une halte aux Rouvalets était décidée.

Dans le même temps, le public fut informé que les études pour le chemin de fer de Caudebec-lès-Elbeuf au Neubourg allaient incessamment commencer, et qu'une gare serait établie à Saint-Martin la-Corneille, près la Saussaye.

Le dimanche 17, M Martin Nadaud, député de la Creuse, ancien ouvrier maçon, fit une conférence à l'Alcazar de Caudebec, sous la présidence de M. Lucien Dautresme, député, accompagné de MM. Doublet, conseiller général et maire d'Elbeuf ; Picard, conseiller d'arrondissement ; Maille, maire de Saint-Aubin ; Doubet, maire de Saint-Pierre ; Hulme, d'Elbeuf, et autres notabilités. Cette conférence, faite au profit de la bibliothèque de Caudebec, eut un très grand succès.

Le 22, on procéda à la réception de la ligne d'Elbeuf à Rouen, par Couronne. Un train parti de Rouen à une heure de l'après-midi, avec une commission d'ingénieurs et de membres de l'administration des chemins de fer de l'Etat, arriva à Elbeuf à deux heures et demie, après des arrêts aux diverses gares pendant le parcours.

A partir du 24, on représenta au Théâtre une revue locale en 7 actes et 11 tableaux, intitulée : *le Tour d'Elbeuf, Caudebec et Saint-Aubin en 80 minutes*.

Le conseil municipal vota, le 27, un crédit de 6.000 fr. pour la réception des ministres et notabilités qui devaient assister à la cérémonie d'inauguration du chemin de fer d'Elbeuf à Rouen.

Il vota ensuite le budget de 1883, fixé à 1.000.960 fr. et décida la création d'une école nouvelle de garçons rue des Traites, dans les terrains de M. Flavigny.

Le 28, on mit en adjudication, à la préfecture, la construction des portes et des écluses de Saint-Aubin ; la dépense était évaluée à 120.000 fr. Les travaux furent adjugés à M. Blanchet, de Saint-Aubin.

M. Karman, secrétaire de la sous-préfecture de Louviers, fut nommé secrétaire général de la mairie d'Elbeuf, à dater du 1er janvier de l'année suivante.

Les recettes municipales s'étaient élevées, pendant l'année 1882, à 1.472.155 fr. et les dépenses à 1.049.096 fr.

La quantité de matières lainières et de coton employés par la fabrique, pendant le courant de 1882, se chiffra par 16.174.405 kil. poids net, soit 1.849.805 kil. de moins qu'en 1881.

La sortie des draperies fabriquées, déduction faite des entrées, fut estimée à 5.188.097 kil., du prix moyen de 15 fr. 50 le kilog et mesurant 8.505.077 mètres, valant moyennement 9 fr. 455 le mètre, soit une valeur totale de 80.416.503 fr.

Au rôle des patentes de 1882, figuraient 22 apprêteurs d'étoffes, 7 batteurs et trieurs de laine, 1 fabricant de cardes, 16 colleurs de chaînes, 11 décatisseurs, 24 fabricants ou marchands de déchets, 3 épailleurs et échardonneurs, 145 fabricants de draps ou nouveautés, dont 122 à Elbeuf, 14 à Caudebec et 9 à St-Pierre ; 14 filateurs de laine, 19 lamiers-rôtiers, 19 loueurs de force motrice, 20 retordeurs de fils de laine, 4 fabricants de savon, 4 sécheries de laine et 14 teinturiers.

On estimait que ces établissements occupaient, tant dans le canton qu'à l'extérieur, de 19 à 20.000 ouvriers.

Le nombre des métiers à tisser mécaniques, dans le canton, étaient de 704, et celui des métiers à la main, battant pour la fabrique d'Elbeuf, de 4.000 environ, mais leur nombre diminuait chaque jour.

Le mouvement de la population, en 1882,

se résuma comme suit dans notre ville et principales communes des environs :

Elbeuf : 710 naissances, 176 mariages, 671 décès.

Caudebec : 347 naissances, 101 mariages, 298 décès.

Saint-Aubin : 92 naissances, 27 mariages, 72 décès.

Saint-Pierre : 85 naissances, 33 mariages, 83 décès.

CHAPITRE V

(Janvier-Juillet 1883)

MORT DE GAMBETTA. — INAUGURATION DE LA LIGNE D'ELBEUF-VILLE A ROUEN.— AFFAIRES SCOLAIRES. — INAUGURATION DU SERVICE DES EAUX ; M. WALDECK-ROUSSEAU A ELBEUF.— ENCORE LA QUESTION DES PROCESSIONS ; LEUR SUPPRESSION. — LA CHAMBRE DE COMMERCE ET LES ACCIDENTS DU TRAVAIL.

Le 1er janvier 1883, qui était un lundi, on apprit la mort de Gambetta, décédé pendant la nuit précédente, à 11 h. 55 du soir. Cette nouvelle causa une vive impression dans notre ville. M. Doublet, maire, adressa un télégramme de condoléances, au nom de l'administration et du conseil municipal, à la famille et aux amis de l'illustre défunt, dont l'inhumation eut lieu le samedi suivant ; une délégation du Conseil, composée de MM. Picard, Avenel, Schuhl et Bernard, assista à la cérémonie funèbre. A Elbeuf, les monuments publics et beaucoup de maisons particulières arborèrent le drapeau national garni d'un crêpe. Un arrêté du maire, en date du 6, donna le nom d'avenue Léon-Gambetta à la rue dite Saint-Jacques prolongée.

Le 3, il avait été procédé à l'installation des membres de la Chambre de commerce nouvellement élus : MM. L. Fraenckel, E. Hennebert et H. Lebourgeois. Le bureau fut ainsi composé : MM. Constant Flavigny, président ; Mary, vice-président ; Lebourgeois secrétaire ; E. Pelletier, trésorier. — L'assemblée décida ensuite qu'une lettre serait adressée au ministre pour lui signaler des irrégularités concernant le renouvellement des adjudications des draps pour lycées.

Le dimanche 7, on inaugura solennellement la ligne d'Elbeuf à Rouen par Couronne. Un train spécial, parti de Rouen à 10 heures et demie, amena dans notre ville près de 600 invités.

De ce train, descendirent notamment MM. Waddington, député de la Seine-Inférieure ; Baïhaut, sous-secrétaire d'Etat aux Travaux publics ; Develle, député de Louviers et sous-secrétaire d'Etat à l'Intérieur ; Labiche, sénateur d'Eure-et-Loir ; Gauckler, directeur des Chemins de fer de l'Etat ; Blount, président du conseil d'administration de la compagnie de l'Ouest, et autres notables personnages.

M. Doublet présenta à M. Baïhaut le Conseil municipal, le président du Tribunal de commerce et le président de la Chambre de commerce.

Un déjeuner fut servi à l'hôtel de ville. Au dessert, M. Baïhaut annonça que les tramways à vapeur d'Elbeuf en avaient enfin fini avec la période des retards, et que le projet définitif concernant les quais de notre ville

Le Pont de la rue du Neubourg

était approuvé. MM. Doublet, L. Dautresme et Develle prononcèrent ensuite chacun un discours.

Le train officiel repartit à Rouen vers quatre heures de l'après-midi.

Les 23 kilomètres de la section d'Elbeuf à Rouen de la ligne de l'Etat avaient nécessité plus de sept millions de francs pour les expropriations. La gare d'Elbeuf, d'une superficie de dix hectares, avait coûté 1.600.000 fr., prix du terrain compris.

Le viaduc dit de l'Hospice avait causé une dépense de 541.007 fr. Le premier viaduc des Longs-Vallons avait coûté 370.000 fr. et le second, destiné au raccordement de la ligne de Serquigny, 645.000 fr.

Pour le tunnel de la Maredotte, près Moulineaux, on avait dépensé 284.000 fr.; pour celui du Pavillon, à Orival, 842.000 fr. et pour celui percé sous le cimetière Saint-Etienne, 266.000 fr.

Le ballastage et l'établissement de la voie figuraient dans le devis pour plus de trois millions.

En ajoutant à toutes ces sommes les frais de construction des gares intermédiaires et diverses autres dépenses, on arrivait à un chiffre se rapprochant de 20 millions, qui, plus tard, fut grandement dépassé par la construction de la gare de Rouen.

Le 16 du même mois de janvier, on installa dans leurs fonctions MM. Victor Patallier, président du Tribunal de commerce; James et Peinte, juges; E. Lenoble et E. Nivert, juges suppléants, élus le 6 du mois précédent.

Du discours prononcé par M. Ernest Flavigny, président sortant, il résultait qu'il avait été inscrit 606 affaires nouvelles en 1881 et 443 en 1882. Il avait été déclaré 21 faillites en 1881 et 7 en 1882. Enfin, 33 sociétés nouvelles s'étaient formées en 1881 et 23 en 1882 ; les dissolutions s'étaient chiffrées par 15 en 1881 et par 7 en 1882.

« La classe » tira le 5 février. On compta 405 conscrits, dont 181 d'Elbeuf, 103 de Caudebec, 46 de Saint-Pierre, 31 de Saint-Aubin, 14 d'Orival, 13 de la Londe.

Le 7, la Société Industrielle procéda à la nomination de son bureau, qui fut ainsi composé : MM. Paul Pion, président ; Léon Quidet, vice-président ; Charles Mouchel fils, secrétaire ; Emilien Nivert, trésorier.

Il existait alors des peupliers dans le jardin de l'hôtel de ville, qui furent mis en adjudication le 12 du même mois et abattus peu de temps après.

Le Conseil municipal se réunit les 21 et 22 février. M. Lafosse fut élu secrétaire. Sur la proposition de M Fraenckel, le nom du général Chanzy fut donné à une rue de la ville. M. Lafosse ayant proposé la création d'un collège communal de garçons, le Conseil renvoya la question à une commission spéciale, qui fut immédiatement nommée.

L'assemblée rejeta la demande de concession gratuite de l'éclairage présentée par le directeur du Théâtre, qui était alors M. Chartier. On rejeta également une proposition relative à l'éclairage des cadrans de l'église Saint-Jean et de l'hôtel de ville. Une proposition de M. Fossard de donner le nom de Louis Blanc à une rue d'Elbeuf fut adoptée. Le Conseil vota 6.800 fr. pour la reconstruction des murs de clôture de l'église Saint-Etienne.

Dans cette même session, M. Quidet déposa un dossier comprenant les plans et devis pour la 5e campagne des travaux de consolidation et d'aménagement à l'hôtel de ville ; la dépense était portée au budget pour 26.660 fr.

Vers ce temps, M. Joseph Drouet découvrit à Caudebec, rue du Calvaire, au Nord de la place de l'Assemblée, le cimetière de l'ancienne Uggate des Romains.

Le 5 mars, le Conseil s'occupa de quelques modifications à apporter au tarif d'octroi, par suite de la réorganisation du factorat à la criée au poisson.

Il adopta ensuite les conclusions d'un rapport de M. Descoubet sur l'installation du double service des Postes et Télégraphes à l'ancien hôtel de ville.

Un arrêté du 15 nomma M. Marchand, alors instituteur à Maromme, directeur de l'Ecole primaire supérieure, pour succéder à M. Fr. Gouin, envoyé en congé illimité, sans l'avoir sollicité. Cet honorable directeur n'avait pas su ou voulu se concilier les sympathies de certaines notabilités locales. — Quelques jours après, l'Ecole fut licenciée ; on la rouvrit le 3 du mois suivant. — Une protestation signée de 78 citoyens fut adressée au préfet, au sujet de la mesure qu'il avait prise contre M. Gouin.

Le 15 mars également, le ministre nomma membres du comité de patronage de l'Ecole primaire supérieure, MM. Bessand, délégué cantonal ; Thézard, délégué cantonal ; Ernest Dreyfus, négociant ; Louis Müller, rédacteur de *l'Industriel* ; Bruet, bibliothécaire municipal.

A partir du 21, on mit à l'enquête le rachat du pont suspendu.

Dans la séance municipale du 20, le Conseil émit un vœu en faveur de l'amélioration de la Seine maritime et fluviale, en en approfondissant le chenal.

Il fut ensuite parlé de M. Gouin et du licenciement de l'Ecole primaire supérieure. M. Doublet dit qu'il tenait à faire savoir qu'il était étranger aux mesures prises par l'autorité académique, et ajouta, sur une question de M. Bertrand, que s'il plaisait à M. Gouin de fonder un établissement libre, il lui en faciliterait les moyens, « se rappelant que, bien qu'il se fût trompé, c'était lui qui l'avait fait venir à Elbeuf. »

Le Conseil adopta ensuite les plans et devis pour la création d'une école maternelle, rue de Seine ; la dépense était prévue par 75.000 francs.

Il adopta également le projet de construction d'un groupe scolaire, rue du Tapis-Vert ; le devis se chiffrait par 160 000 fr.

Il fut décidé que, pour ces créations, on ferait un emprunt à la Caisse des écoles ; on comptait, en outre, sur une importante subvention de l'Etat.

Le 21, le préfet approuva une délibération du conseil municipal, portant ouverture de deux nouvelles rues, dans les propriétés Gariel et Delaporte, l'une allant de la rue du Neubourg à celle Mazagran, l'autre formant prolongement de la rue du Sud.

Les plans et devis pour la construction d'une école de garçons rue des Traites, dans la propriété de M. Flavigny, furent adoptés par le conseil municipal, le 29 ; on vota un crédit de 165.000 francs à ce sujet ; mais ce projet n'eut pas de suites.

Dans cette séance, on revint sur la question de l'Ecole primaire supérieure et sur les causes de la disgrâce de M. Gouin. M. Doublet, maire, donna lecture d'une lettre qu'il avait adressée, au mois de septembre précédent, à l'inspecteur d'académie, et approuva la mesure qui avait été prise contre l'ancien directeur.

La gare d'Elbeuf-Ville fut ouverte à la petite vitesse le 2 avril. — Une note officielle de ce temps porte que le raccordement des lignes de Serquigny à Oissel et d'Elbeuf à Rouen, dans les Longs-Vallons des forêts de la Londe et de Rouvray, avait coûté 1.915.000 fr.

On comptait alors à Elbeuf quatre chambres syndicales ouvrières : celles des tisseurs, des fileurs, des échantillonneurs et des presseurs-décatisseurs. Il existait d'assez graves dissentiments dans la première ; ils furent exposés dans les numéros de *l'Elbeuvien* de cette époque.

Le 4 avril, M. Lucien Dautresme assista à la séance de la Chambre de commerce. Il s'agissait de demander, au gouvernement, que l'adjudication des draps de troupe fût générale et non partielle, et la prompte publication du cahier des charges. On reconnut qu'il serait utile aussi de faire une démarche auprès du ministre de la Guerre, afin d'obtenir, pour Elbeuf, quelques lots de draps de sous-officier, dont le ministre s'était toujours réservé la libre répartition dans les adjudications.

Un arrêté du préfet de l'Eure, pris le 10, ordonna le dépôt des plans parcellaires pour l'établissement du chemin de fer de Caudebec-lès-Elbeuf au Neubourg, et nomma une commission pour recevoir les observations des propriétaires.

Le mercredi 11, vers sept heures quinze du soir, le feu se déclara dans l'établissement Bouché fils et Lechevalier, avenue Gambetta. Deux personnes furent blessées : M. Victor Fouchet, chaudronnier, et Arsène Huvet, sapeur-pompier. Les pertes matérielles se chiffrèrent par environ 70 000 francs.

Dans la séance municipale tenue le 25, le maire fut autorisé à défendre contre M. Emile Martin, teinturier, qui intentait un procès à la ville au sujet de l'établissement de la morgue contre sa propriété, sise rue des Bains, à l'extrémité ouest du quai.

La Société Industrielle avait demandé au ministre la création d'un bureau central téléphonique : le conseil municipal appuya cette demande.

Le Conseil vota 100 fr comme souscription au monument Gambetta et 100 fr. également pour le monument Chanzy.

Il adopta, le même jour, un projet de distribution d'eau à l'hôtel de ville.

Pour la dernière fois, le mot de garde nationale fut prononcé au Conseil, qui résolut de vendre les anciens effets d'équipement de ce corps, dissous depuis une douzaine d'années.

Enfin, l'assemblée vota un emprunt destiné à acquitter la part contributive de la ville dans les frais de rachat du pont suspendu, malgré l'opposition de M. Descoubet.

Le vendredi 27, le train partant d'Elbeuf-Ville pour Rouen à une heure de l'après-midi, arriva dans cette dernière ville avec une telle vitesse que le heurtoir fut brisé et un wagon contenant six chevaux broyé. Plusieurs Elbeuviens furent blessés, ainsi que M. Talbot, secrétaire de la Comédie française, et autres personnes se trouvant dans ce train, qui n'avait pas été arrêté assez tôt par le conducteur. — M. Talbot donna, le 2 du mois suivant, une représentation à Elbeuf.

Le dimanche 29, on inaugura solennellement le service des eaux. A cette occasion, l'administration municipale avait annoncé une revue générale du matériel de secours contre l'incendie dont disposaient la ville et les particuliers.

M. Waldeck-Rousseau, ministre de l'Intérieur et ancien conseil de la Compagnie des eaux, fut invité, ainsi que MM. Noël, son secrétaire particulier ; Le Guay, directeur des affaires départementales et communales au ministère de l'Intérieur ; Blount, président du conseil d'administration de la Compagnie de l'Ouest ; Lucien Dautresme, député ; Cordier, sénateur et président du Conseil général ; Hendlé, préfet ; Béverini-Vico, secrétaire de la préfecture ; Ricard, maire de Rouen ; Marchand, directeur de la compagnie des Eaux, qui tous arrivèrent le matin à 10 heures trois quarts à Elbeuf, dont toutes les rues et édifices publics étaient pavoisés.

Ces personnages furent reçus à la gare par M. Doublet, le conseil municipal, les représentants, architectes et ingénieurs de la compagnie des Eaux, et des invités. Un détachement d'infanterie et la brigade de gendarmerie étaient également présents à l'arrivée du train.

Le cortège se rendit à la source du Mont-Duve, où il examina les deux machines à vapeur, de 25 chevaux chacune, construites par M. Windsor, de Rouen, également présent, servant à élever l'eau à 50 mètres de hauteur dans les deux réservoirs de la côte Saint-Auct et de la « Femme-sans-Tête ». Ce dernier fut visité par M. Waldeck-Rousseau.

De là, le cortège se rendit au Grand Hôtel, où un déjeuner était offert par la compagnie des Eaux. Au dessert, M. Doublet prononça un discours sur la situation industrielle et les questions ouvrières. Le ministre lui répondit ; voici quelques unes de ses paroles :

« ... Sans doute, les questions ouvrières sont complexes. Mais là où tant de gens ne voient que des antagonismes et des antimonies, je ne vois, moi, que des solidarités. Cette union, que vous cherchez dans les villes industrielles, doit être l'objet des préoccupations du gouvernement ; la loi de la démocratie étant l'accession incessante des classes nouvelles. Je crois à cette formule : agrandir son patrimoine de richesse en agrandissant son patrimoine de travail... »

M. Waldeck-Rousseau dit ensuite à M. Doublet qu'avant de quitter Paris, il avait eu le plaisir de présenter à la signature du président de la République un décret le nommant chevalier de la Légion d'honneur.

D'autres discours furent encore prononcés, par MM. Blount, Hendlé et Marchand.

Puis M. Waldeck-Rousseau se fit conduire chez Mme Doublet, où il trouva Mmes Hendlé et Ricard, et les sous-préfets du Havre, Dieppe, Neufchâtel et Yvetot.

De retour à l'hôtel de ville, le ministre reçut les instituteurs du canton. A ce moment, la foule était compacte sur la place, où l'on avait réuni 43 pompes à incendie, municipales et particulières.

Avant de quitter notre ville, à trois heures, M. Waldeck-Rousseau remit 5.500 fr. à M.

Doublet, pour les ouvriers sans travail habitant notre ville.

Un assez grand nombre de nos concitoyens exposèrent au Salon de 1883, qui ouvrit en mai : MM. Jean-Pierre Haag, Émile-Louis Minet, Edouard-Charles Tronel, René-Louis Félix Vauquelin, Eugène-Ernest Chrétien, Félix-Victor Huet, Alfred Masson-Acher, Georges Wallet et Mme G.-V. Yeldo.

Le 6, M. Doublet remit solennellement les drapeaux à la Société des Anciens militaires et à celle des Chevaliers de Saint-Georges.

Le 7, la Chambre des députés discuta sur les fournitures de draps pour l'armée, dont les adjudications devaient prendre fin au 31 décembre suivant. A cette occasion, M. Lucien Dautresme défendit les intérêts d'Elbeuf.

La question des processions revint devant le conseil municipal, le 22. A la suite d'une nouvelle proposition de suppression, présentée par M. Fossard, M. Doublet observa que c'était la cinquième fois que le Conseil avait à s'en occuper.

« La situation n'a pas changé, dit-il. Il ne s'est pas produit de faits nouveaux de nature à modifier l'opinion du Conseil. La population est pacifique et le clergé s'est montré respectueux des engagements pris par l'administration. Il n'y a plus de petites processions. Si quelque incident fâcheux s'était produit dans les grandes, ajouta le maire, armé des pouvoirs que la loi me confère, je les aurais moi-même interdites. »

A ce propos, M. Piperel rappela un fait qui s'était produit l'année précédente : « Deux processions s'étaient rencontrées rue Royale ; l'une, revenant de la Maison-Brûlée, chantait *la Marseillaise :* c'étaient les Anciens militaires ; l'autre chantait du latin : c'était la procession catholique. La première appuya sur un côté de la rue et la seconde de l'autre côté, et il n'est pas survenu le moindre désordre. Si vous interdisez l'une de ces manifestations, pour être logique vous devez interdire l'autre.»

MM. Descoubet et Picard combattirent cette conclusion ; néanmoins, le Conseil ne prit pas en considération la proposition de M. Fossard.

Dans cette même séance, M. Lafosse rappela sa proposition de création d'un collège à Elbeuf. — Le Conseil adopta les plans et devis pour l'exhaussement de la rue de Seine, entre les rues Henry et Bourdon, puis vota un crédit de 5.500 fr, pour la consolidation des planchers de l'hôtel de ville.

Le 26 mai, M. Déodat Démoulins, manufacturier, fut élu président du conseil des Prud'hommes, fonctions qu'il remplit durant un grand nombre d'années. Le même jour, M. Auguste Picard fut élu vice-président. — En octobre de cette même année, ce conseil eut un nouveau secrétaire, en la personne de M. François Godallier, qui succédait à M. Armand Bulard.

Le dimanche 27 mai, les processions de la Fête-Dieu se firent comme de coutume, mais pour la dernière fois. Voici à la suite de quelles circonstances, rapportées par *l'Industriel Elbeuvien* dans son numéro du mardi 29 :

« Il faut croire que le libéralisme de notre administration républicaine n'est point du goût de tous les membres du clergé elbeuvien, et qu'un peu de persécution ferait mieux leur affaire, puisque, voyant qu'elle ne vient pas, ils se décident à la provoquer. C'est la seule conclusion que nous puissions tirer d'un incident regrettable qui a eu lieu dimanche.

« Cinq jeunes gens, appartenant les uns à une nationalité étrangère et tous à des cultes autres que le culte catholique, passant dans la rue de la Bague, se croisèrent avec la procession. Ils continuèrent leur chemin, sans se décoiffer et sans affecter de ne pas se découvrir, en gens bien élevés qui savent que toute provocation serait déplacée.

« Mais un vicaire, se détachant du cortège, vint à eux et les invita, en termes peu mesurés, à ôter leurs chapeaux. L'un d'eux répondit : « Nous sommes indifférents aux manifes-
« tations de votre culte, et, comme nous ap-
« partenons à des religions différentes et que
« nous sommes sur la voie publique, nous
« n'avons pas cru devoir nous découvrir. Nous
« sommes encore moins disposés à le faire, en
« présence de vos injonctions, car vous mêlez
« la politique à une question religieuse ».

« Très froissé, le vicaire leur enjoignit, avec une vivacité croissante, de prendre un autre côté de la chaussée. Ils s'y refusèrent également, avec autant de calme que de convenance. Deux enfants, qui se trouvaient à côté d'eux et qui avaient la tête couverte, furent décoiffés assez brutalement par le prêtre.

« Cette scène, conclut l'*Industriel*, a causé une certaine émotion, et nous sommes persuadés que quelques-uns de nos concitoyens qui suivaient la procession, et que nous pourrions nommer, ont été les premiers à désapprouver la conduite du vicaire »

Cet article de l'*Industriel* fut vivement commenté et aussitôt des pressions furent, dit-on, exercées sur son directeur pour l'amener à changer les rôles, ce que celui-ci essaya de faire dans son numéro du surlendemain 1er juin ; mais le maire, qui avait fait faire une sérieuse enquête, était déjà fixé ; aussi, le même jour, prit-il l'arrêté suivant, qui fit sensation dans notre ville :

« Le maire..., vu les diverses déclarations faites par l'administration au conseil municipal en 1878, 1879, 1880, 1881, 1882, 1883, garantissant simultanément la libre sortie des processions, la libre circulation publique et la liberté individuelle.

« Vu les rapports de M. le commissaire central de police en date des 29 et 30 mai 1883, concernant les processions du 27 du même mois ;

« Vu les enquêtes qui ont suivi ces rapports ;

« Vu la loi du 18 juillet 1837, celles des 16-24 août 1770 et 19-22 juillet 1791 ;

« Considérant que, d'après les rapports et enquêtes sus-visés, les garanties données par le maire au conseil municipal ne paraissent plus subsister ;

« Considérant, d'autre part, que l'un des premiers devoirs de l'administration municipale est de prendre les mesures propres à prévenir tout scandale sur la voie publique :

« Arrête : Art. 1er. Les manifestations religieuses de tous les cultes en dehors des édifices affectés à leur célébration sont et demeurent interdites à l'avenir dans la ville d'Elbeuf.

« Art. 2. M. le commissaire central de police est chargé d'assurer l'exécution du présent arrêté, qui sera notifié aux représentants des divers cultes.

« Fait à Elbeuf en l'hôtel de ville, le 1er juin 1883. — Le maire : J. Doublet. »

L'ouverture du bureau de poste de Caudebec date du même jour, 1er juin.

A cette époque, l'autorité militaire s'occupait de l'organisation d'un bataillon scolaire, récemment institué à Elbeuf, par arrêté préfectoral. Ce bataillon devait comprendre l'Ecole primaire supérieure et les trois écoles primaires pour un chiffre de 250 élèves ; les deux écoles de Caudebec, 110 élèves ; celle de Saint-Aubin, 45 élèves, et celle de Saint-Pierre, 48 élèves.

Il se produisit une certaine émotion en ville, le jeudi 7, quand on connut le jugement rendu par le Tribunal correctionnel de Rouen dans une affaire de meurtre, commis par deux ouvriers d'Elbeuf sur un autre ouvrier nommé Louis Duval. — Une quinzaine de jours après cette condamnation, une autre rixe entre Alsaciens et Elbeuviens, donna naissance à un article de *l'Industriel*, qui fut très commenté.

Le 11, le maire prit un arrêté réglementant la police des cabarets et cafés.

Le 12, mourut M. G. Demeule, ingénieur civil, professeur à la Société industrielle et à l'Ecole primaire supérieure d'Elbeuf. Il n'était âgé que de 50 ans.

Il y eut des régates, le 17 juin. La fête vénitienne du soir n'eût qu'un succès relatif.

Le 23, on procéda à la reconnaissance des travaux de raccordement par viaduc, dans les Longs-Vallons, de la ligne de Serquigny à Oissel à celle d'Elbeuf à Rouen. Ce raccordement, d'une longueur de 2.130 mètres, fut ouvert à l'exploitation le premier jour du mois suivant.

Le 27, en séance du conseil municipal, M. Doublet, maire, fit connaître que le ministre de l'Instruction publique allouait une somme de 4.000 fr. pour l'installation à l'hôtel de ville du musée Noury.

Ce même jour, le Conseil vota une somme de 2.300 francs pour le projet d'installation d'un service d'eau au Théâtre municipal.

Vers la fin du mois, M. Begenne-Lamotte, juge de paix, fut nommé en cette même qualité dans le 1er canton de Rouen. — M. Désiré Picard lui succéda à Elbeuf.

Dans sa séance du 4 juillet, la Chambre de commerce prit la délibération qui suit :

« Considérant que le texte de l'article 1382 du code civil porte que celui-là seul qui a causé dommage en doit la réparation ;

« Considérant que la position de l'ouvrier, victime d'un accident, quelle qu'en soit la provenance, doit être prise en considération ; et que son sort, ou celui de sa famille, doit être assuré dans la limite du possible ;

« Considérant que ce résultat ne pourra être atteint que par la mutualité, et par l'association des efforts des industriels et des ouvriers eux mêmes ;

« La Chambre émet le vœu :

« Que le gouvernement favorise et développe, dans la mesure la plus large, les sociétés de secours mutuels et de prévoyance ;

Que le projet de loi — alors soumis au Parlement — exonère de tout recours ultérieur le patron qui justifiera d'une assurance régulière à une Compagnie autorisée par l'Etat, et qui aura pris, dans son usine, toutes les précautions nécessitées par la nature de son industrie, et que, surtout, les deux propositions de loi ne puissent être l'objet de deux votes distincts ; et qu'elles soient remaniées et fondues dans une seule disposition qui indiquerait les moyens d'indemniser l'ouvrier blessé ou sa famille, et les conditions d'assurance à remplir par le patron et par l'ouvrier ; mais en se gardant bien d'inscrire, parmi nos lois, toute proposition aussi contraire à la justice qu'au principe même de la liberté individuelle. »

M Louis-Joseph Mathorel, médecin en chef de l'hospice, mourut le 16 juillet, à l'âge de 47 ans.

Par acte notarié, daté du 26, M. Guillaume-Frédéric Olivier, manufacturier, donna à la ville, au profit exclusif de l'Orphelinat de garçons, un terrain d'un hectare et demi, sis rue de la Justice.

A la séance municipale du 27, le maire informa le Conseil que le ministre avait approuvé, sous quelques réserves, le projet des tramways d'Elbeuf, dont M. de Ridder était rétrocessionnaire, et que les travaux de construction allaient pouvoir être entrepris sans retard.

L'assemblée décida d'appeler la compagnie des Chemins de fer de l'Etat devant le Conseil de préfecture, afin de faire rentrer dans la caisse municipale une somme de 15.000 fr., qui lui avait été versée conditionnellement pour le passage supérieur de la rue du Bout-du-Gard, la Compagnie n'ayant pas exécuté les conditions stipulées.

CHAPITRE VI

(Août-Décembre 1883)

LES ASSURANCES CONTRE L'INCENDIE. — ELECTIONS CANTONALES ; MM. DOUBLET ET DOUBET. — LE CHEMIN DE FER DU NEUBOURG ; ÉTAT DE LA QUESTION. — LA SUPPRESSION DE LA GARNISON EST VOTÉE ; ANNULATION DU VOTE. — MM. JULES FERRY, RAYNAL, FÉLIX FAURE ET BAÏHAUT A ELBEUF. — RÉUNIONS PUBLIQUES. — ETAT DE L'INDUSTRIE LAINIÈRE.

Dans sa séance du 8 août, la Société Industrielle prit connaissance d'une intéressante communication de M. Paul Pion, dont nous relevons les principales parties :

« La situation exceptionnelle faite aux villes d'Elbeuf et de Caudebec-lès-Elbeuf, par les principales compagnies d'assurance, réunies en syndicat, et l'élévation non justifiée de certaines primes, m'ont engagé à rechercher si, véritablement, notre industrie locale avait mérité cette mise à l'index ; et cette étude m'a convaincu que rien ne justifiait une élévation aussi anormale de primes...

« L'état des sinistres constatés à Elbeuf et à Caudebec, pendant ces deux dernières années, n'est pas supérieur à la moyenne des autres villes ou des autres centres manufacturiers ; et il résulte des documents sérieux qui m'ont été fournis que, pendant la période de onze années qui s'est écoulée du 1er janvier 1871 au 31 décembre 1881. (période qui a précédé la résolution du syndicat d'avril 1882), la moyenne des sinistres a atteint à peine 44 0/0 des primes.... »

Nous y lisons plus loin :

« .... Il n'est pas possible de soutenir que les usines, exploitant la même industrie, situées dans les vallées de l'Eure ou de la Risle, ou à quelques kilomètres d'Elbeuf, et par conséquent moins à proximité de secours immédiats, puissent présenter moins de dangers qu'un établissement du même genre situé dans l'intérieur de la ville.

« Elbeuf, doté aujourd'hui d'un service complet de distribution d'eau, alimenté par des réservoirs placés sur les collines environnantes, fournissant l'eau en abondance dans tous les quartiers, au moyen de 80 bouches de 100 millimètres et 90 bouches de 40 millimètres, possède maintenant un élément puissant pour combattre les incendies. L'eau s'élève, en effet, avec une grande force de projection, jusqu'à la hauteur d'un troisième étage ; et, grâce à cette nouvelle organisation, les secours peuvent être donnés avec une promptitude impossible à réaliser lorsqu'il s'agit d'organiser le service des chaînes pour alimenter les pompes. Le matériel d'incendie de la ville présente aussi de puissants moyens de défense Il se compose de 46 pompes, 22 appartenant à des particuliers, disséminées sur tous les points de la ville.

« .... Je dois à M. E. Lafosse, courtier d'assurance à Elbeuf, un résumé général de tous les sinistres qui ont éclaté à Elbeuf et à Caudebec pendant une période de onze années. Je les ai classés par catégories d'industries, mais je dois faire observer que les chiffres sont ceux de la déclaration ou de l'estimation, et que, d'après l'avis de tous les agents d'assurances, ces sommes doivent être d'environ 25 0/0 supérieures à celles qui ont été réellement versées par les compagnies.

« La totalité des sinistres se répartit ainsi qu'il suit :

3 fabriques de draps sans moteur	101.500 fr.
2 fabriques de draps avec moteur	560.000 »
15 magasins de déchets	80.000 »
1 séchoirs public	57.000 »
19 épaillages de laines et draps...	57.130 »
2 décatissages et presses à chaud.	28.300 »
1 teinture de coton avec séchoir..	5.550 »
6 filatures.....................	732.600 »
1 tissage à la main.............	5.700 »
1 tissus caoutchouc et benzine...	2.000 »
4 menuiseries	35.500 »
55 cas d'incen., risques industriels	1.685.000 »
44 cas d'incendie, risques simples	591.630 »
Total..........	2.276.750 fr.
La part afférente à Elbeuf est de..	1.538.750 »
id. Caudebec est de	638.000 »

« La totalité des sinistres industriels a été de 55 pour onze années, en comptant aussi bien les sinistres importants que ceux dont la perte était insignifiante. Sur ce nombre, on ne trouve aucun accident de laineries, de tondeuses, de batteries et trieuses de laines sèches, de dégraissages de draps et de foulon, ni de teintureries de laines ou de draps.

« L'estimation ou déclaration s'élève à la somme de 2.276.750 fr ; mais de l'avis de toutes les personnes compétentes, il faut, pour approcher de la vérité, déduire de cette somme au moins 25 pour 100 pour avoir le chiffre approximatif exact ; nous obtenons alors un total de 1.707 562 fr., ce qui fait une moyenne annuelle de 155.233 fr.

« La remise des primes à Elbeuf et Caudebec étant évaluée au minimum à.................... 350.000 fr.

« Somme perçue en grande partie aux anciens tarifs les plus bas la perte étant de............. 155.233 fr.

« Il reste.................. 194.757 fr.

« Soit un rapport des pertes aux recettes de 44 pour 100. Est-ce donc là une situation si alarmante qu'elle nécessita de la part des compagnies des mesures exceptionnelles ?

« .... En résumé, je crois qu'il est du devoir de la Société industrielle de se faire l'interprète des vœux et des sentiments des négociants et industriels de notre place, en demandant au syndicat des compagnies d'assurances de remplacer un tarif d'exception, aussi onéreux qu'injuste, par le tarif général appliqué dans les autres centres manufacturiers, et qui, même dans les mauvaises années, est, d'après les documents qui nous ont été fournis, suffisamment rémunérateur en ce qui concerne les risques industriels. »

A l'approche des élections au Conseil général et au Conseil d'arrondissement qui devaient avoir lieu le 12 août, le Comité de l'Union républicaine proposa aux électeurs du canton les candidatures de MM. Jules Doublet et Onésime Doubet, ce dernier maire de Saint-Pierre-lès-Elbeuf.

Chacun des candidats rédigea une circulaire au corps électoral. Voici le texte de celle de M. Doublet :

« Mes chers concitoyens,

« Le Comité cantonal de l'Union républicaine me fait de nouveau l'honneur de me proposer à vos suffrages.

« Tel vous m'avez trouvé il y a trois ans, tel je serai encore, c'est-à-dire entièrement dévoué aux intérêts multiples de notre canton, entièrement dévoué au progrès et à la cause de la Liberté, pour la France et pour la République ».

M. Doubet, de son côté, s'exprima ainsi :

« Mes chers concitoyens,

« Le Comité de l'Union républicaine du canton m'a fait l'honneur de m'offrir la candidature au Conseil d'arrondissement, en remplacement de l'honorable M. Picard, juge de paix, démissionnaire. Je l'ai acceptée et je viens solliciter vos suffrages.

« Connu de la plupart d'entre vous, je n'ai point à vous faire de profession de foi. On juge les hommes par les actes et non par les paroles.

« J'ai consacré dix-huit années de ma vie à la chose publique, et vous m'avez tous vu à l'œuvre. Il me suffit donc de vous assurer que je suis sincèrement républicain, que je l'ai toujours été, même aux jours du danger. A l'avant-garde ou dans le rang, je travaillerai toujours, dans la mesure de mes forces, à l'affermissement de la République. »

Année 1883

Néanmoins, les républicains radicaux considérèrent la candidature de M. Doubet comme un recul.

Les scrutins donnèrent les résultats suivants :

Conseil Général

	Inscrits	J. Doublet	Nuls
Elbeuf........	5.091	2.349	552
Caudebec......	2.099	928	703
Cléon.........	172	69	5
Freneuse......	162	40	3
La Londe......	478	193	48
Orival........	418	184	65
Saint-Aubin...	764	331	45
Saint-Pierre...	1.102	419	202
Sotteville.....	86	49	1
Tourville......	260	84	9
Totaux......	11.442	4.626	1.597

Par erreur sans doute, 92 voix furent données à M. Doubet ; mais il y eut aussi 13 voix pour M. Maille et 341 qui se portèrent sur divers noms.

Conseil d'Arrondissement

	Inscrits	O. Doubet	Nuls
Elbeuf........	5.091	2.128	664
Caudebec.....	2.909	907	636
Cléon.........	172	66	7
Freneuse......	162	42	2
La Londe......	478	200	42
Orival........	418	190	57
Saint-Aubin...	764	330	48
Saint-Pierre...	1.102	401	260
Sotteville.....	86	47	3
Tourville......	260	88	5
Totaux......	11.442	4.399	1.764

Il y eut, en outre, 75 bulletins au nom de M. Doublet, 9 à celui de M. Maille et 309 à divers.

Dans le canton d'Amfreville, M. Feugère, républicain, fut réélu conseiller d'arrondissement par 1.387 voix, sur 2.816 inscrits ; et M. Gruel, monarchiste, également nommé conseiller d'arrondissement, dans le canton de Bourgtheroulde, par 834 suffrages, contre 682 à M. Leduc, républicain, sur 2.343 inscrits.

Dans le canton de Grand-Couronne, M. Laporte, conseiller général républicain, fut réélu par 3.782 voix, contre 1.140 données à M. Villery qui, à cette époque, se disait radical.

Il était toujours question du chemin de fer d'Elbeuf au Neubourg. M. Partiot, ingénieur, présenta au Conseil général de l'Eure, dans sa session d'août, un rapport résumant l'historique de cette ligne et indiquant l'état où en était alors la question :

« La concession d'un chemin de fer du Neubourg à Caudebec-lès Elbeuf a été faite par le Conseil général de l'Eure à la compagnie d'Orléans à Rouen le 6 novembre 1871. Un décret du 18 août 1873 a approuvé cette concession et a déclaré l'utilité publique de ce chemin de fer.

« La compagnie d'Orléans avait fait commencer l'étude du tracé, avec pentes de 15 millimètres, par la vallée de l'Oison lorsque, le 22 mars 1877, elle tomba en faillite... Une partie des lignes dont elle était concessionnaire fut, heureusement, rachetée par l'Etat, en vertu d'une loi du 18 mai 1878, et l'étude du chemin du Neubourg à Caudebec fut reprise par l'administration des ponts et chaussées.

« Plusieurs directions furent successivement examinées, et les projets en furent soumis à l'administration supérieure. Le 14 novembre 1879, M. le ministre des travaux publics choisit celle par la vallée de l'Oison, et prescrivit d'exécuter cette ligne avec de grands rayons et des pentes maxima de 10 millimètres. Suivant la même décision, la ligne du Neubourg doit arriver jusque dans la nouvelle gare d'Elbeuf sans se confondre avec celle de Louviers à Elbeuf, qui est exploitée par la compagnie d'Orléans à Châlons.

« La nouvelle ligne sera provisoirement construite pour une seule voie, mais les terrains seront immédiatement achetés pour les deux voies. »

Le rapport se continuait ainsi :

« Le chemin de fer doit se détacher, au Neubourg, de celui d'Evreux à Glos et à Pont-Audemer ; il suivra le plateau jusqu'à Amfreville-la-Campagne et pénétrera, près de St-Amand-des-Hautes-Terres, dans la vallée de l'Oison. Il doit longer le flanc gauche de cette vallée jusqu'à son extrémité dans la vallée de la Seine, et s'infléchir, au nord, vers Elbeuf. A partir de Saint Pierre, il doit cotoyer le chemin de fer de Louviers à Elbeuf, sans se confondre avec lui, et pénétrer dans la gare d'Elbeuf par des tranchées dont il sera facile d'augmenter la largeur. Dans son parcours, la ligne passera dans une grande tranchée que l'on doit creuser auprès d'Amfreville la-Campagne, et il traversera les contreforts du Mont-Hamel et de Saint-Pierre lès-Elbeuf dans des souterrains de 375 à 380 mètres de longueur.

« Des stations seront établies à l'ouest d'Amfreville-la-Campagne et, dans la vallée de l'Oison, à la rencontre du chemin de fer et de la route départementale n° 1 de Rouen au Mans (bas de la côte du Montpoignant). Des haltes seront mises à Iville et près de Saint-Cyr-la-Campagne.

« Une décision ministérielle du 30 mars 1882 a prescrit la suppression de la station de Caudebec-lès-Elbeuf, établie provisoirement par la compagnie d'Orléans à Rouen à 1.500 mètres de chacune de celles de Saint-Pierre-lès-Elbeuf et d'Elbeuf. Le palier de cette station provisoire n'avait pu s'obtenir qu'en créant auprès d'elle une déclivité de 16 millimètres par mètre, inadmissible pour une ligne à grand parcours comme celle d'Orléans à Rouen.

« Les enquêtes parcellaires sont commencées ; elles sont faites dans les communes situées entre le Neubourg et Thuit-Signol ; les plans parcellaires sont achevés dans les autres communes de l'Eure et sont presque terminés dans celles de la Seine-Inférieure traversées par la ligne.

« Le projet d'un lot de terrassement s'étendant sur 10 kilomètres 032 mètres a été adressé à M. le ministre des Travaux publics ; celui d'un second lot de pareille importance et s'étendant jusqu'à l'entrée du souterrain de St-Pierre est presque entièrement fini. On s'occupe activement du dernier tronçon de la ligne, sur environ 1.500 mètres, à son arrivée dans Elbeuf, l'exécution de cette partie des travaux devant entraîner le remaniement de la ligne voisine de Louviers à Elbeuf et nécessiter des négociations avec les chemins de fer de l'Etat et la compagnie d'Orléans à Châlons. Enfin, on étudie la partie du chemin du Neubourg comprise entre l'entrée du souterrain de Saint-Pierre et le dernier tronçon que l'on vient d'indiquer

« Les projets de l'infrastructure du chemin de fer du Neubourg à Caudebec-lès-Elbeuf seront prochainement terminés ; mais comme sa construction nécessitera l'ouverture de deux souterrains, il ne paraît pas probable que la mise en exploitation de cette nouvelle ligne puisse avoir lieu avant 1886. Ce n'est donc qu'à cette époque que le chemin de fer de Dreux à Elbeuf, par le Neubourg, pourra être livré au public. »

Le 1er septembre, la Banque de France ouvrit un bureau auxiliaire dans notre ville.

Le dimanche 2, une affreuse tempête causa de grands dégâts et de nombreux accidents dans toute la région nord-ouest de la France. — Le même jour, on expérimenta les appareils hydrauliques, installés au Théâtre, en vue de protéger le public et la salle en cas d'incendie.

Le lendemain lundi, un violent incendie se déclara dans les baraques du Champ-de-Foire ; les pertes se chiffrèrent par plus de 20.000 fr.

Le 11, le dompteur Bidel, se trouvant à la foire Saint-Gilles, sauva de la mort un de ses employés qui, dans une séance publique, allait être broyé ou déchiqueté par deux lions et un ours.

A l'exposition d'Amsterdam, la Chambre de commerce reçut une médaille d'or. Les autres exposants récompensés furent MM. Constant Flavigny, Happey et Picard, Nivert et Boulet, médailles d'or ; Fraenckel-Blin, Houllier fils, médailles d'argent ; Clarenson et Lebret, médaille de bronze.

M. Louis-Jacques Buisson, curé-doyen de Saint-Jean, mourut le 18, à l'âge de 81 ans. Il avait été vicaire à Saint-Etienne, curé de

Saint-Aubin-Jouxte-Boulleng, et était curé-doyen d'Elbeuf depuis 1859.

La séance municipale tenue le 28 eut une certaine importance, et l'une des résolutions qui y furent prises fit le sujet de nombreux et vifs commentaires : il s'agissait de la suppression de la garnison, dont il était question depuis plusieurs années.

M. Rouland, au nom de la majorité de la commission, donna lecture de son rapport.

Il rappela d'abord que M. Cavé, son collègue, avait proposé, le 27 décembre de l'année précédente, de ne pas renouveler le bail pour la caserne et diverses propositions du même genre. La garnison n'avait eu sa raison d'être qu'à des époques où le régime despotique causait parfois des effervescences dans la population ; mais sous un gouvernement démocratique, les soulèvements populaires ne sont pas à redouter : au point de vue de l'ordre public, dit-il, la garnison n'est donc pas nécessaire. Il continua à peu près dans ces termes :

M. Quidet nous a exposé les services que rend la garnison en cas d'incendie ; mais c'est un luxe onéreux de faire payer par les contribuables de 12 à 15.000 fr. par an ces pompiers auxiliaires. Avec l'organisation du service des eaux, on pourra, d'ailleurs, combattre victorieusement les sinistres sans trop de pompiers.

M. Fraenckel a fait valoir l'intérêt du commerce et les sentiments patriotiques que développe la vue des soldats ; la majorité de la commission a répondu que la charge pesant sur toute la ville par la garnison ne profite qu'à un très petit nombre de commerçants, et un manuel civique et de bons instituteurs auront plus d'influence pour le développement des sentiments patriotiques que deux ou trois cents soldats dans les rues de la ville.

Nos recettes diminuent, nos dépenses augmentent terriblement et l'instruction publique nous crée des charges auxquelles nous ne pouvons nous soustraire. Nous ne pouvons songer à créer de nouveaux impôts ; il nous faut donc réaliser des économies : nous avons une occasion que nous ne devons pas laisser échapper. Personne ne songerait à demander une garnison si elle n'existait pas, elle n'a donc d'autre raison d'être maintenue parce qu'elle existe : cela ne suffit pas.

La garnison d'Elbeuf est d'environ trois cents hommes, compris les permissionnaires, et coûte annuellement de 12 à 15 000 fr. à la ville. En admettant qu'elle procure une recette de 4 à 5.000 fr., c'est une somme d'au moins 8.000 fr. de perte à inscrire à notre budget.

La subvention accordée aux officiers et sous officiers comme supplément de solde, et dont le commandant du 3e corps d'armée a fait du maintien une condition *sine qua non* n'est pas équitable. Une dépense semblable n'incombe pas aux villes de garnison voisines : Rouen, Le Havre, Evreux, Bernay, Lisieux, etc., qui cependant possèdent des états-majors et relativement beaucoup d'officiers, pour ces villes sources d'avantages.

Comme conclusion, M. Rouland proposait de ne plus maintenir la garnison à l'expiration des baux, qui devait avoir lieu le 24 mars suivant

M. Quidet combattit vigoureusement les conclusions du rapport, fit valoir l'utilité des soldats en cas d'incendie et l'influence exercée par la vue des militaires pour exalter le patrisme.

M. Rouland répliqua que le soldat en activité n'avait pas de goût marqué pour le service, qu'il ne manquait jamais de maugréer contre les exigences de la vie militaire et manifestait son vif désir d'en sortir ; ce ne pouvait donc pas être la garnison qui inspirerait le patriotisme. Nous n'avons d'ailleurs pas une caserne d'Etat, mais une garnison dont la présence ne nous est pas garantie.

NM. Nicolas et Fleury parlèrent aussi contre le maintien de la garnison. M. Bernard fut d'un avis contraire. M. Doublet, maire, prit ensuite la parole, pour combattre les conclusions du rapport et demanda le vote par appel nominal.

Votèrent pour les conclusions du rapport, c'est-à-dire contre le maintien de la garnison, MM. Cavé, Rouland, Nicolas, Piperel, Courtillet, Fossard, Langlois, Malfilâtre, Grouard, Lafosse et Fleury, au total 11 voix.

Votèrent contre, MM. Doublet, maire ; Hulme et Baudouin, adjoints, Deschamps, Quidet, Beer, Simon, Fromont, Bernard, Avenel, au total 10 voix.

Abstentions, MM. Descoubet et Fraenckel.

Les conclusions du rapport furent donc adoptées et converties en délibération.

Dans cette même séance, le Conseil vota l'installation d'un service téléphonique à l'hôtel de ville ; la création d'un square devant l'église Saint-Etienne et l'établissement d'une école maternelle rue du Thuit-Anger.

Vers le commencement de l'automne, M. Gérin-Rose se mit en tête d'un mouvement ayant pour but la création d'une voie ferrée

Sacristie et Église Saint-Etienne

de Gaillon à Elbeuf et Rouen par Louviers. Une pétition au président de la République et au ministère fut signée en ville.

Il y eut des régates le dimanche 30 septembre. — Ce même jour, M. Albert Chartier commença sa deuxième année comme directeur du théâtre.

La séance solennelle de la Société industrielle fut présidée, le 7 octobre, par M. Hendlé, préfet, qui, le même jour, inaugura le groupe scolaire de Saint-Aubin, en compagnie de MM. Lucien Dautresme et Jules Doublet, conseiller général.

Le lundi 15, sur la demande de M. Lucien Dautresme, député, M. Jules Ferry, président du Conseil gouvernemental et ministre de l'Instruction publique ; M. Raynal, ministre des Travaux publics ; MM. Félix Faure et Baïhaut, sous-secrétaire d'Etat, et M. Cendre, directeur du chemin de fer, arrivèrent vers 3 heures, à la gare de Saint-Aubin, où ils furent reçus par les autorités du canton d'Elbeuf, puis jetèrent un coup d'œil sur les nouvelles écoles de Saint-Aubin et traversèrent notre ville pour se rendre à Caudebec. En passant, ils allèrent saluer Mme Dautresme.

A Caudebec, les ministres furent reçus par M. Martin, maire, le conseil municipal et le Comité de la gare, dont M. Joseph Drouet était le président.

— Pourquoi, demanda M. Raynal, avez-vous retiré les 50.000 fr. que vous aviez promis pour la construction d'une gare ?

— La promesse était conditionnelle, répondit M. Drouet. On nous devait une gare, et plus de deux ans s'étaient écoulés depuis l'engagement, sans que nous l'ayions obtenue, lorsque la Compagnie fit faillite. Mais qu'à cela ne tienne, Monsieur le ministre ; nous ne sommes pas riches : nos écoles, que vous aller visiter tout à l'heure, nous ont imposé de lourdes charges ; mais, pour obtenir la gare que nous souhaitons, nous saurons trouver encore ces 50.000 fr.

M. Raynal promit de faire remettre le projet de gare à l'étude ; cependant, M. Cendre fit quelque opposition.

Après avoir visité une école de Caudebec, les ministres se rendirent à l'hôtel de ville d'Elbeuf, où M. Doublet, maire, leur présenta le conseil municipal et leur adressa ces paroles :

« ... Vous venez de visiter les deux plus grandes villes du département, Rouen et le Havre. Notre cité est plus modeste ; cependant notre circonscription n'est pas sans importance et sans intérêt, car elle se compose de populations industrielles.

« Vous entendrez tout à l'heure et à juste titre les doléances de la Chambre de commerce ; vous avez pu, en traversant nos rues, voir malheureusement le chômage de nos usines, pour ne pas dire l'abandon. Vous apprécierez donc les demandes qui pourront vous être faites dans un but protectionniste ; car, suivant moi, en République, la liberté n'exclut pas la protection, — et nous faisons appel au gouvernement de la République et à vous, Monsieur le Président du Conseil, dans le cas où, dans un temps relativement court, d'accord avec la Chambre et la population, on déciderait la création d'une école industrielle.

« Nous avons déjà fait beaucoup pour les écoles : le budget de l'instruction publique était, il y a six ans, de 35.000 fr. ; il est aujourd'hui, pour l'instruction primaire et l'instruction primaire supérieure, de 100.000 fr. A ce propos, Monsieur le Ministre, nous n'avons pas oublié que c'est à vous que nous devons la création de l'école primaire supérieure, qui est aujourd'hui dans une excellente voie.

« Vous avez reçu nos projets d'écoles ; ils s'élèvent à 560.000 fr., et nous comptons sur toute votre bienveillance pour nous accorder une subvention en rapport avec la nombreuse et active population ouvrière qui nous entoure.

« Je vous ai parlé tout à l'heure, ainsi qu'à M. le ministre des Travaux publics, des intérêts de la ville de Caudebec et de la gare dont elle sollicite le rétablissement. Je dois maintenant, dans l'intérêt d'Elbeuf et de son canton, vous parler, d'accord avec mon Conseil, de la ligne du Neubourg, dont l'exécution nous intéresse autant que les habitants du plateau. Notre désir est qu'elle soit inscrite une des premières dans le tableau de classement.

« J'ai également à vous présenter une pétition à laquelle le conseil municipal d'Elbeuf s'associe complètement et qui tend à demander que la ligne de Rouen à Elbeuf soit complétée, de manière à passer par Louviers et, de là, se raccorder à la ligne de Paris, pour se diriger directement, de notre gare de la rue Saint-Jacques, vers la capitale...

« J'aurais vivement désiré, Monsieur Raynal, vous faire visiter nos quais : l'heure et le temps ne me le permettent pas ; j'espère que les travaux commenceront au mois de mars prochain. Mais ce que je demanderai au gouvernement, c'est que, pour faciliter l'arrivée directe des charbons à notre quai, il nous donne, non pas un bureau de douane — notre ambition ne va pas jusque-là — mais qu'il autorise simplement la conduite jusqu'à notre port Grâce à cet avantage, notre industrie trouverait, rien que de ce chef, une économie de 250.000 fr....»

M. Jules Ferry répondit très favorablement et promit son concours pour les écoles. — Le ministre remit ensuite à M. Paul Pion, président de la Société industrielle, les palmes académiques.

M. Flavigny représenta aux ministres le danger qu'il y aurait à ne pas faire concorder l'échéance des traités de commerce, que l'on voulait négocier, avec les termes des traités contractés avec l'Italie, l'Espagne et la Belgique.

M. Félix Faure fit remarquer que le gouvernement avait eu l'occasion de montrer sa sollicitude pour notre industrie, en ne voulant pas céder aux exigences de l'Angleterre, qui réclamait certaines faveurs pour les étoffes dans lesquelles il entrait des laines renaissances, ce qui avait amené la rupture des négociations avec elle.

M. Gérin-Rose remit à M Raynal la pétition concernant le projet de chemin de fer de Gaillon à Rouen, par Louviers et Elbeuf.

Après avoir fait visite à Mme Jules Doublet, les ministres se rendirent à la mairie de Caudebec, où eut lieu un banquet, à la suite duquel M. Lucien Dautresme prononça un discours, dont *l'Elbeuvien* publia le texte. Enfin, les ministres partirent après avoir à peu près promis la gare sollicitée par la ville de Caudebec.

Dans la séance municipale tenue le soir de ce même jour 15 octobre, le Conseil émit le vœu que le gouvernement et le parlement profitassent de la mise en délibération du projet de convention entre l'Etat et la Compagnie de l'Ouest, au sujet de la cession de la ligne d'Elbeuf à Rouen, pour imposer à cette Compagnie l'obligation de construire un tronçon de raccordement reliant les villes d'Elbeuf et de Louviers à la ligne du Havre à Paris, à un point restant à fixer entre Gaillon et Saint-Pierre-du-Vauvray.

Dans cette même séance, l'assemblée municipale vota cette motion :

« Le Conseil se rapportant à sa délibération antérieure du 12 novembre 1880, émettant un vœu pour la construction d'un tronçon de chemin de fer du Neubourg à Elbeuf, par la vallée de l'Oison, rappelle respectueusement ce vœu à M. le Ministre des Travaux publics et compte sur sa bienveillance pour faire entreprendre les travaux à bref délai. »

Nous avons dit que la décision du conseil municipal concernant la suppression de la garnison avait causé une certaine émotion en ville et dans l'administration supérieure.

Le 19 octobre. M. Doublet convoqua le Conseil en séance extraordinaire, et lui présenta un ordre du jour portant maintien de la troupe à Elbeuf.

« Depuis la séance du 28 septembre, dit-il, où la majorité des membres présents a décidé en principe la suppression, quelques-uns de nos honorables collègues ont exprimé le regret que, ni dans le rapport de la commission, ni dans mon exposé, il n'ait été fait mention de la convention promise par l'autorité militaire;

ils ont laissé comprendre que cette pièce, qui existe au dossier, eût été pour eux peut-être un argument décisif en faveur du maintien.

« Cette déclaration a fait sur les membres de mon administration et sur moi-même une profonde impression, et nous a déterminés à revenir devant vous... Nous avons en outre acquis la conviction que notre délibération nous serait probablement retournée par l'autorité supérieure qui, devant les résultats du scrutin, vous prierait respectueusement de vouloir bien passer à une deuxième délibération. En tel état de choses, il nous a paru conforme à la dignité du Conseil et de l'administration municipale de prendre l'initiative de cette mesure .. »

M. Cavé dit que c'était avec surprise qu'il voyait demander de revenir sur cette question. Quant à lui, il avait pour habitude de respecter les décisions du Conseil, quelles qu'elles fussent ; or, dit-il, le Conseil s'est définitivement prononcé, avec connaissance de cause, il n'y a pas lieu de revenir sur ce sujet.

M. Fraenckel dit que c'était en quelque sorte par surprise qu'il s'était abstenu.

M. Quidet observa que l'administration avait donné des raisons pour passer à une nouvelle délibération. « Si, dit-il, elle a de nouveaux arguments à présenter, on peut changer d'opinion... Puisque M. Cavé s'incline devant la majorité, il va voir si la majorité ne s'est pas déplacée... Si le second vote est semblable au premier, on aura eu deux fois raison... Je demande la mise au voix. »

M. Fleury répondit qu'il voyait avec peine les phases prises par la question... « Je ne sais plus, dit-il, de quoi se compose une majorité... De combien une majorité doit-elle se composer, pour ne pas revenir sur un vote ? »

M. Langlois dit que s'il y avait de nouveaux arguments en faveur du maintien de la garnison, il pourrait s'y rallier.

M. Lafosse observa que de simples arguments seraient insuffisants pour justifier une nouvelle discussion ; mais qu'en présence des déclarations du maire et de ses démarches ayant pour but d'amener une amélioration dans les conditions du maintien de la garnison, il comprenait que l'on passât à une nouvelle discussion.

On mit la question aux voix. — Se prononcèrent contre une nouvelle délibération, MM. Cavé, Nicolas, Fossard et Fleury. — Votèrent pour, MM. Piperel, Fraenckel, Descoubet, Bertrand, Quidet, Beer, Simon, Fromont, Langlois, Malfilâtre, Bernard, Lafosse et Avenel. — Ne prirent point part au vote, MM. Doublet, Hulme, Beaudouin, Rouland et Courtillet.

M. Cavé déclara qu'en présence de ce qui se passait, il ne prendrait point part à la discussion, et quitta la salle.

M. Doublet exposa alors diverses considérations de nature à faire revenir le Conseil sur son vote du 28 septembre. La principale était une quasi-promesse du ministre de la guerre de donner constamment un bataillon complet à Elbeuf ; il y avait aussi celle de la réduction des primes d'assurances contre l'incendie, qui devait décharger notre population de 50.000 à 100.000 fr. par an. M. Doublet fit valoir également les avantages d'une garnison pour le petit commerce et démontra que les 6.000 fr. qu'elle coûterait à la ville lui reviendraient par l'octroi et autrement. Enfin, il fit entrevoir la suppression des subventions accordées aux officiers.

M. Lafosse observa que « les onze » du 28 septembre, contre lesquels certains Elbeuviens n'avaient pas eu assez d'abominations, avaient cependant, par leur vote, bien servi les intérêts de la ville, puisque le général commandant le corps d'armée avait promis au maire de faire passer dans le domaine des décisions un vœu concernant la suppression des subventions.

MM. Piperel, Fraenckel, Rouland, Fossard, Bertrand, Beer, Malfilâtre, Quidet, Descoubet, Langlois et d'autres encore prirent successivement la parole, après quoi on procéda au vote par appel nominal.

Votèrent pour l'annulation de la décision prise le 28 septembre, MM. Doublet, Hulme, Beaudouin, Piperel, Fraenckel, Descoubet, Bertrand, Schuhl, Courtillet, Quidet, Beer, Simon, Fromont, Langlois, Malfilâtre, Bernard et Avenel. — Votèrent contre, MM. Rouland, Fossard et Fleury. — M. Lafosse s'abstint. Quant à M. Nicolas, il avait quitté la salle pendant la discussion. — A la suite de cette séance, MM. Fleury et Cavé donnèrent leur démission.

Le soir du 24, M. Lucien Dautresme rendit compte de son mandat de député, devant environ 1.800 électeurs. L'assemblée déclara qu'il continuait à mériter la confiance des républicains ; mais on sentit néanmoins que sa popularité tendait à baisser : un certain nombre de démocrates lui faisaient grief de se rapprocher des modérés, qui avaient autrefois combattu sa candidature et même la République. L'auditoire manifesta d'ailleurs son sentiment à cet égard, en refusant de voter l'ordre du jour présenté par les néo-républicains bourgeois formant alors la majorité du Comité de l'Union républicaine, duquel la plupart des radicaux avaient été tenus à l'écart.

Par un décret daté du même jour, le rachat de la concession du péage du pont suspendu d'Elbeuf fut déclaré d'utilité publique.

Le feu se déclara dans la filature de M. Chedville, établissement Roze, à Saint-Aubin, pendant l'après-midi du mardi 6 novembre. Les pertes furent estimées à 350.000 francs environ.

Dans sa séance du 14, le conseil municipal vota l'achat des propriétés Montreuil et Bourdon, alors à usage de caserne.

Le même jour, l'assemblée vota la création d'une caisse de retraite en faveur des employés municipaux.

Elle adopta également les plans et devis de l'école maternelle de la rue du Thuit-Anger

Le 16, le conseil vota 4.700 fr. pour l'agrandissement de l'école maternelle de la rue Notre-Dame.

M. Quidet donna lecture de son rapport sur le projet de création d'un collège communal de garçons. Il concluait à l'ajournement, à cause de la situation financière de la ville, ce qui fut voté.

Dans son numéro du 18 novembre, *l'Elbeuvien* fit l'historique du Comité démocratique et du Comité de l'Union républicaine, existant alors à Elbeuf.

Le lendemain lundi, une réunion publique se tint au Cirque de la rue Lefort, pour la nomination d'un comité électoral républicain.

Le jour suivant, M. Doublet, conseiller général, et M. Doubet, conseiller d'arrondissement, rendirent compte de leur mandat respectif en réunion publique. Tous deux obtinrent l'approbation des électeurs républicains.

Il y eut une nouvelle réunion, le 23, au Cirque, toujours en vue de former un comité électoral ; cette dernière réunion, privée, avait été organisée par les néo-républicains bourgeois : elle n'eut point de résultat.

Ceux-ci tinrent encore une réunion le 28, présidée par M. Dubois, agréé.

M. Pierre-François Marigny, contrôleur des contributions indirectes à Elbeuf, fut nommé, le 5 décembre, préposé en chef de l'octroi municipal, en remplacement de M. Caron, retraité sur sa demande.

Il avait été formé un comité de revendication du chemin de fer de Rouen à Paris, par Elbeuf et Louviers. Ce comité se réunit à l'hôtel de ville le 24 décembre. Etaient présents MM. Jules Doublet ; Mordret, conseiller général, maire de Louviers ; Audresset, manufacturier à Louviers ; Doubet, conseiller d'arrondissement, maire de Saint-Pierre-lès-Elbeuf ; Desplanques, négociant en laines ; Gérin-Roze, manufacturier ; Eugène Hennebert, membre de la Chambre de commerce ; Hulme, adjoint au maire : S. Martin, maire de Caudebec ; Paul Pion, président de la Société industrielle ; Thorel, conseiller d'arrondissement de Louviers ; Charles Poitevin, président de la Chambre consultative de Louviers. — Les absents étaient MM. Huet, conseiller général de Gaillon ; Renard, adjoint à Gaillon ; Justin, fabricant à Elbeuf. — M. Gérin-Roze fut nommé président du comité.

Dans la séance municipale tenue le 28, M. Doublet, maire, proposa à ses collègues, qui l'acceptèrent, un projet de vœu tendant à obtenir, du syndicat des compagnies d'assurances contre l'incendie, la suppression du tarif spécial appliqué à la ville d'Elbeuf.

Pendant l'année 1883, on avait compté :

A Elbeuf, 642 naissances, 154 mariages et 694 décès.

A Caudebec, 314 naissances, 81 mariages, 318 décès.

A Saint-Pierre, 99 naissances, 30 mariages, 87 décès, 4 morts-nés.

A Saint-Aubin, 79 naissances, 19 mariages, 86 décès et 6 enfants présentés sans vie.

Cette année avait débuté sous des auspices les plus défavorables. La faillite d'une des plus importantes manufactures elbeuviennes avait entraîné la liquidation d'une grande maison de laines, dont la disparition avait eu pour effet de forcer certains industriels gênés à liquider également leurs affaires ; d'où une diminution sensible dans la production.

Les visiteurs qui, autrefois, venaient nombreux opérer leurs achats sur place, se faisaient de plus en plus rares, et l'on pouvait prévoir, ce qui arriva en effet, qu'il n'en viendrait bientôt à peu près aucun. Ces acheteurs étaient visités, chez eux, par des représentants d'industriels étrangers, auxquels ils remettaient leurs ordres.

Les matières premières entrées pendant l'année 1883 pesaient 12.604.673 kilog., dont 153.500 kil de coton, soit 1.719.927 kil. de moins que l'année précédente.

Les tissus sortis ne pesaient que 4.715.833 kilog., soit 472.264 kil. de moins qu'en 1882.

A 15 fr.50 le kilog., ces tissus valaient ensemble 73 095.411 fr. et mesuraient 7.730.873 m. du prix moyen de 9 fr 455 le mètre. La production de l'année qui venait de se terminer avait donc été inférieure de 7.320.092 francs, comparativement à celle de 1882.

Cependant, la Chambre de commerce fit cette observation :

« Un examen sérieux des changements subis depuis quelques années par notre fabrication, nous fait reconnaître qu'en 1883 le prix de revient du kilogramme d'étoffe ne dépasse pas 14 fr. 50 ; que le poids moyen de chaque mètre a subi une augmentation et doit être porté à 630 grammes, au lieu de 610 grammes. De ce qui précède, il ressort, qu'en 1883, la production dans notre circonscription se chiffre comme suit: 4.715.833 kil. de tissus à 14 fr. 50 = 68.379.578 fr., qui, à 630 grammes le mètre, ont produit 7.485.449 mètres d'étoffes ; ce qui, en apparence, établirait sur 1882 une différence en moins de 12.095.925 francs. Mais la totalité de cette somme n'est pas applicable à l'année 1883 ; elle n'a produit en moins sur la précédente que 472.265 kil. de tissus ; l'excédent doit être supporté par les années antérieures. »

Le Cercle des Commerçants

CHAPITRE VII

(Année 1884)

L'affaire Caplet. — La crise industrielle ; réunion publique ; le « Comité de la crise ». — La nouvelle loi municipale ; élections ; programme du Comité démocratique. — MM. Cochery et Hérisson, ministres, a Elbeuf. — L'insigne des conseillers municipaux. — Exposition d'horticulture et concours agricole. — Le téléphone. — Elections consulaires d'après la nouvelle loi.

Dans les premiers jours de 1884, mourut, à Caudebec, à l'âge de 56 ans, M. Jean-Pierre Goujon, ancien commandant du bataillon des mobiles d'Elbeuf, chevalier de la Légion d'honneur et décoré de la médaille militaire.

En ce même temps mourut également M. Sancy, chevalier de la Légion d'honneur, lieutenant de recrutement au Havre ; il n'était âgé que de 45 ans et avait passé toute sa jeunesse à Elbeuf.

Enfin, M. F. Boscovitz, ancien négociant en laines, qui avait habité Elbeuf de 1847 à 1873, mourut à Vienne (Autriche), à l'âge de 68 ans. Chaque année, il envoyait une somme pour les pauvres d'Elbeuf.

Le 10 janvier, on représenta au théâtre, pour la première fois, une revue locale : *Elbeuf aux Enfers*.

Dans sa séance tenue le 11, la Chambre de commerce s'entretint de la création d'un bureau téléphonique à Elbeuf. L'administration municipale concéderait gratuitement un local, à la condition que ce local lui fut rendu « si les téléphones venaient à être supprimés. »

Un décret présidentiel du 14 nomma MM. Léon Quidet capitaine de la compagnie de pompiers, Antoine Joinnel lieutenant, Arthur Lorette et Edouard Martin sous-lieutenants.

Le 15, le maire prit deux arrêtés ; le premier réglementant la bibliothèque publique, le second donnant réglement pour la vente du poisson au pavillon de la Poissonnerie, qui allait être ouvert.

Le jeudi 31 janvier, la population de notre ville fut vivement impressionnée par une descente du parquet de Rouen, qui mit en état d'arrestation le nommé Jacques Caplet, âgé de 78 ans, herboriste rue Poulain, et connu sous la dénomination de « Médecin à la corde ». Il était accusé d'un grand nombre d'avortements. Douze autres personnes furent arrêtées le même jour, comme prévenues de complicité. On pourra se faire une idée de l'émotion causée par cette affaire, quand nous aurons dit que *l'Elbeuvien*, qui en rapporta de nombreux détails, vit son tirage s'élever à 4.000 exemplaires de plus que sa moyenne.

Un autre événement fut aussi le sujet de nombreux commentaires. Après la disparition d'un des commandants des anciens corps armés à Elbeuf pendant la guerre, on s'aperçut qu'il avait gravement forfait à l'honneur. A ce sujet, on remarqua que les chefs de trois autres corps avaient également mal fini.

Dans les premiers jours de février, parut le *Journal de Caudebec* ; M. Olivier, cafetier à Caudebec, en était le directeur et M. Levasseur, d'Elbeuf, l'imprimeur.

Une réunion publique, due à l'initiative de M. Lucien Dautresme, portèrent, le 6 février, environ 3.000 personnes vers le Cirque de la rue Lefort ; mais un tiers de cette foule ne put pénétrer dans la salle, faute de place. En ouvrant la séance, M. Dautresme s'exprima ainsi :

« Vous savez, Messieurs, à la suite de quelles circonstances et dans quel but la présente réunion a été résolue.

« Elbeuf voit constamment diminuer son chiffre d'affaires ; de plus de 100 millions de francs, sa production annuelle a descendu à 80 millions. Le nombre de ses fabricants a diminué de moitié et ses ouvriers chôment dans la même proportion. De tous côtés, on voit des écriteaux rouges indiquant les établissements et maisons qui sont à louer, et cette physionomie qu'avait notre ville, il y a quinze ans, et qui en faisait à certaines heures une véritable fourmilière de travailleurs, a disparu, car son activité s'est considérablement amoindrie

« La situation actuelle intéresse donc tout le monde : patrons, ouvriers, propriétaires. Jusqu'ici chacun a supporté la crise avec résignation ; mais la résignation n'est pas une solution, et je me suis demandé, en ma double qualité de député et d'habitant, s'il n'y avait rien à faire.

« Le mal a des causes multiples ; il y en a d'un ordre supérieur contre lesquelles nous ne pouvons rien ; mais les autres sont locales, et j'ai pensé que la Société industrielle était placée, mieux que toute autre, pour accueillir le concours de tous et tenter quelque chose. Voilà pourquoi j'ai écrit la lettre que vous savez... »

M Paul Pion, président de la Société industrielle, prit ensuite la parole et s'exprima en ces termes :

« C'est peut-être la première fois en France, c'est certainement la première fois à Elbeuf qu'une réunion publique a pour objet la discussion de question d'ordre purement économique.

« Le cas est grave ; car, lorsqu'une assemblée comme la nôtre, réunissant toutes les forces vives d'une population, fait entendre ses plaintes et ses doléances, ses résolutions sont forcément destinées à un certain retentissement.

« La crise dont nous souffrons est générale ; elle atteint tous les membres de la grande famille française ; et, si nous sommes plus particulièrement éprouvés, cela tient à des causes exclusivement locales, que le devoir de tous est de chercher à signaler et à détruire.

« Il est essentiel, suivant moi, de protester tout d'abord contre une opinion qui s'est peu à peu accréditée, et qui est trop généralement répandue ; c'est que nos procédés de fabrication seraient des procédés arriérés, et que nous n'aurions pas suivi la marche progressive des autres centres manufacturiers.

« Certes, si on appelle le progrès la création d'établissements immenses, véritables monuments industriels, qui ne permettent qu'à de gros capitalistes de les exploiter, Elbeuf ne présente rien de semblable ; mais si l'on examine en détail chacune des opérations, on reconnaîtra que tout ce qui se fait chez nous peut être obtenu aussi bien et aussi économiquement que partout ailleurs.

« La réputation d'Elbeuf a grandi par la division du travail. Ce principe est la vie même de notre industrie ; elle lui doit cette activité et le concours de tous ceux qui ont tant contribué à sa prospérité ; et nous ne devons pas nous laisser abattre par des comparaisons qui n'ont pas l'apparence de la réalité.

« Nous avons contre nous le prix élevé des transports, des houilles, des assurances, de l'éclairage au gaz, des machines qui correspondent au prix du fer et du cuivre et les impôts directs ou indirects de toute nature dont est frappée l'industrie française.

« Malgré ces conditions d'infériorité, vous savez tous, Messieurs, que l'industrie qui a eu le moins à souffrir dans ces derniers temps est l'industrie des draps unis, dont l'étoffe représente une valeur intrinsèque ; et, par conséquent, c'est bien cette industrie qui devrait être la plus atteinte, si nos procédés de fabrication étaient réellement inférieurs. Nous savons même, au contraire, que le type du drap d'uniforme d'officier adopté par l'armée serbe, est le type du drap d'officier français, et qu'une grande maison allemande, chargée de cette fourniture, a dû chercher en France du drap de fabrication elbeuvienne, dont il lui était impossible de trouver l'équivalent en Allemagne.

« On a dit et répété partout que la filature était inférieure à Elbeuf, et cependant, plusieurs de nos filateurs font, en ce moment, concurremment avec la Belgique, pour le nord de la France, des filés qui ne redoutent nullement la comparaison.

« L'industrie qui souffre le plus à Elbeuf est celle de la nouveauté, c'est-à-dire l'article mode. Quelles en sont les causes ? D'abord le goût qui s'est propagé depuis quelques années pour le genre anglais, que plusieurs de nos fabricants ont été obligés d'imiter, en abandonnant l'ancien type d'étoffe qui avait fait la fortune d'Elbeuf, et qui aujourd'hui ne trouve presque plus de débouchés.

« C'est ce qui nous fait affirmer, avec juste raison, que la crise qui nous atteint est une crise commerciale, et non pas une crise industrielle.

« Les traités de commerce, en permettant aux marchandises étrangères d'inonder notre marché, ont certainement porté un coup fatal à notre industrie. Placés dans des conditions d'infériorité évidente comme prix de revient, nous luttons encore ; et, nous plaçant en face d'une situation économique que nous ne pouvons empêcher, il faudrait que, le patriotisme aidant, chacun, dans sa sphère, consommât le moins possible d'articles étrangers et donnât toujours la préférence au produit du travail national : c'est peut-être là qu'est le salut..

« .... Bien des causes ont été attribuées à la désertion momentanée de notre marché par les grands négociants de Paris. Si nous reconnaissons la vérité de cet axiome : que le fabricant doit faire vivre l'intermédiaire qui place et vend ses produits, il est au moins assez juste de reconnaître que la proposition peut être renversée, et qu'il doit y avoir forcément réciprocité.

« La lutte entre ces deux forces serait une question de vie ou de mort pour l'une ou pour l'autre : il faut donc se placer sur un terrain qui satisfasse également les deux parties, en attribuant à chacune le rôle qui lui convient.

« Beaucoup de fabricants reconnaissent aujourd'hui que les échantillons ont été donnés trop facilement, répandus dans trop de mains et par cela même vilipendés. Il est de toute nécessité de réformer cet usage et de donner la sécurité et la garantie auxquelles elles ont droit, aux maisons qui se chargent de la vente de nos produits. Bien des raisonnements ont été faits, bien des théories ont été émises, et jusqu'à ce jour, quoique tout le monde soit d'accord sur le fond, aucune résolution sérieuse n'a été prise. Et, cependant, une réforme s'impose, et le moment est venu d'agir vigoureusement. Aucun projet n'a subi le *criterium* de la discussion publique, et, jusqu'à présent, on n'a pu s'entendre pour donner un corps à des manifestations isolées et qui ne peuvent avoir d'effet utile que si leur adoption est générale.

« C'est pourquoi nous avons accepté l'invitation de M. Dautresme, et nous vous avons conviés à cette réunion... »

M. Victor Mangeot, négociant, ayant pris la parole, proposa la création d'une Chambre syndicale des fabricants de drap, avec mission d'établir des comptoirs à l'étranger, aussi bien en Amérique qu'en Europe, en un mot partout où la fabrication elbeuvienne pourrait trouver des débouchés.

M. Girold, ouvrier régleur de registres, prononça ensuite un long discours, que publia *l'Elbeuvien*, ainsi que celui de M. Moulard, ouvrier de fabrique.

Finalement, M. Dautresme mit aux voix la proposition de désigner la Société industrielle, comme centre, comme chef-lieu d'une enquête sur la crise. Cette proposition fut adoptée. On désigna aussi pour faire partie de la commission les présidents de la Chambre de commerce et du Conseil des Prud'hommes, MM. Mangeot et Girold, et deux représentants des chambres syndicales ouvrières d'Elbeuf. — Disons tout de suite que ces quatre derniers ne furent jamais convoqués à des réunions du comité, si toutefois il y en eût.

Le 29 février, vers 2 heures du matin, le feu se déclara dans la teinturerie Blay frères, en arrière des rues de l'Hospice et St-Etienne. Les pertes furent évaluées à 172.000 fr. M. Paul Pion, l'un des chefs de l'établissement, fut blessé.

D'une lettre adressée vers la fin de ce mois, par la Chambre de commerce à la Commission législative chargée d'étudier les causes de la crise qui sévissait sur la population ouvrière française, nous détacherons les quelques passages suivants :

« En 1873, la production des draperies avait atteint 93 millions de francs, pour descendre, d'année en année, à 71 millions en 1883. Le nombre des fabricants, de 221 en 1873, était descendu à 137 en 1883, et tout annonçait qu'il serait réduit à 115 en 1884.

« Maintes fois, continuait la Chambre, nous avons exposé les souffrances de notre industrie, signalé ses causes et fait entrevoir ses effets inévitables. La situation présente donne malheureusement raison à nos prévisions.

« Les causes, nous les trouvons dans les chiffres suivants, extraits des documents recueillis par l'administration des douanes ; ils sont plus éloquents que les explications que nous pourrions fournir.

« En 1881, l'importation en France des draps casimirs et autres tissus croisés, foulés et drapés a été de............ 17.357.011 fr.
« En 1882, elle a été de... 28.974.700 fr.
« En 1883, elle a atteint.. 40.800.450 fr.

« Voilà les véritables causes de la crise que nous traversons ; cette crise est économique avant tout, et par contre-coup, elle est devenue ouvrière. Ce n'est pas, croyez-le bien, à l'exagération des bénéfices, comme semble le croire M. le président du Conseil pour l'industrie de Paris, qu'il faut attribuer cet état : avant de mourir, nos industriels ont cherché à se sauver du naufrage en les jetant par dessus bord.

« C'est à l'envahissement des produits étrangers, conséquence du régime économique de la France, que nous sommes redevables de cette situation sans précédent qui, à des degrés divers, porte la plus sérieuse atteinte à la prospérité de notre industrie, à la richesse nationale et au bien-être de nos ouvriers. Il est juste d'ajouter que la triste position de l'agriculture a son contre-coup sur l'industrie, en raison de la solidarité qui règne entre ces deux branches importantes de l'activité du pays....

« Engagée par les traités de commerce renouvelés en 1882, la France ne doit reconquérir son indépendance et sa liberté avant plus de huit années. Mais en attendant cette échéance, le devoir du Gouvernement et des Chambres est de faire tous leurs efforts pour atténuer les maux engendrés par cette fâcheuse situation. Nous demandons en conséquence :

« 1º Que dans les traités ou conventions qui pourraient être faits, il ne soit consenti aucun abaissement sur les tarifs inscrits dans le traité conclu avec la Belgique, qui a servi de point de départ. Que leur durée n'excède pas celle du traité belge, afin qu'à l'expiration de ces engagements, la France reprenne son entière liberté d'action.

« 2º Qu'il ne soit établi aucun nouvel impôt qui viendrait directement ou indirectement grever l'industrie ou l'agriculture.

« 3º Qu'un régime douanier plus favorable à l'importation des produits de la mère-patrie soit appliqué aux colonies françaises et à l'Algérie.... »

Les arrêtés portant dénomination des rues Chanzy et Louis-Blanc datent de cette époque.

Le samedi 1er mars, on ouvrit la halte de Caudebec-lès-Elbeuf au service des voyageurs.

Le 15, on procéda à la réception officielle des collections offertes par M. Noury à la ville d'Elbeuf.

Le soir du 18, un incendie détruisit l'établissement de déchets de laine et d'épaillage de M. Guillaume Grubben, rues des Champs et Solférino ; on évalua les pertes à 225.000 francs.

Dans la réunion dite de « la crise » tenue au Cirque, il avait été parlé de la création d'une Ecole professionnelle : dans le courant de mars, cette question fut reprise par la Société industrielle.

La nouvelle loi municipale fut appliquée à partir des élections de mai 1884 ; les membres des conseils municipaux étaient élus pour quatre années, au lieu de trois.

Le Comité démocratique rédigea un manifeste, dans lequel il reprochait à la municipalité sortante d'avoir augmenté les impôts, et présenta une liste de vingt-sept candidats, pris dans toutes les classes de la Société, avec le programme suivant :

1° Diminution et répartition équitable des impôts, par tous les moyens au pouvoir du conseil municipal ;

2° Suppression absolue de toute dépense de luxe ou ne présentant qu'une utilité secondaire ;

3° Disparition du coulage dans nos dépenses d'administration ;

4° Mise en adjudication des travaux et fournitures devant être payés par la Ville ;

5° Nomination d'une commission de surveillance de la Compagnie du gaz. Etude des moyens d'obtenir une réduction du prix du gaz et suppression des abus ;

6° Ouverture d'un registre à l'hôtel de ville, pour recevoir les plaintes du public contre les employés municipaux ;

7° Défense aux employés de la mairie de remplir, en dehors de leur service, des fonctions incompatibles avec les institutions républicaines ;

8° La commission de surveillance du Bureau de bienfaisance s'appliquera à donner une destination honnête et utile à ses bienfaits, et à faire disparaître du personnel et de sa manière d'opérer tout ce qu'il peut y avoir d'avilissant pour les assistés ;

9° Le maire veillera à ce que les enquêtes faites sur les nécessiteux ne soient pas confiées à la police ;

10° Amélioration des facilités d'accès à l'hospice dans les cas urgents et laïcisation du personnel ;

11° Mise au rôle des patentes des congrégations et de toutes associations analogues exerçant un commerce quelconque ;

12° Examen sérieux, quant à la morale et à la vérité, des livres de prix, remis par la ville aux *instituteurs et institutrices pour être décernés aux élèves comme récompenses* ;

13° Suppression des monopoles ;

14° Conversion des emprunts communaux ;

15° Suppression de tous virements de fonds ;

16° Suppression au budget extraordinaire de toute dépense pouvant rentrer dans le budget ordinaire ;

17° Recherche et mise en pratique des moyens de faire payer sur toutes les boissons ou marchandises un droit d'entrée proportionnel à leur valeur, en attendant la suppression des octrois, que le nouveau Conseil étudiera et appuiera de ses vœux ;

18° Suppression du cumul des fonctions représentatives, rémunérées ou non ;

19° Le Conseil apportera ses soins à signaler à la commission spéciale de surveillance, les établissements industriels qui enfreindraient les lois et réglements sur la durée journalière du travail.

Six des candidats conseillers sortants, soutenus par le Comité démocratique dans un

Année 1884

but de conciliation, refusèrent d'accepter ce programme ; ce furent MM. Charles Malfilâtre, Simon, Fromont, Courtillet, Langlois et Grouard ; mais les bulletins de votes étaient déjà distribués. Ils avaient agi à l'instigation d'autres conseillers sortants, portés seulement sur la liste du maire.

La lutte fut très vive. *L'Elbeuvien* soutint la liste démocratique, et *l'Industriel* celle de M. Doublet. Il y avait 5.037 électeurs inscrits ; on compta 3.720 votants.

Le scrutin donna les résultats suivants. Les noms inscrits sur la liste démocratique sont indiqués par une astérique ; ceux portés sur les deux listes sont suivis de deux étoiles.

Elus : MM.		*Non élus* : MM.	
Descoubet**.	2.945 v.	Loutrel......	1 773 v.
Fraenckel**..	2 750	Auvray	1.064
Simon**	2.581	Coquerel	1.722
Fromont** ..	2.566	Rousselin ...	1.654
Langlois**...	2.511	Lafosse*.....	1.554
Beaudouin...	2.486	Fossard*....	1.494
Doublet.....	2.457	Rabier*.....	1 408
Malfilâtre**..	2.438	Mangeot*....	1.368
Grouard** ..	2.342	Picard*.....	1 362
Courtillet**..	2.276	Lechène*....	1.320
Quidet......	2.276	Girold*.....	1.315
Goujon......	2.053	Nicolas*.....	1.314
Duprey......	2.077	Angot*......	1.287
Delamare ...	2.035	Lelong*.....	1.217
Bertrand	2.018	Bourbonnel*.	1.192
Avenel......	2.016	Jenesseau*..	1.180
Beer	1.977	Delaplanche*	1.144
Piperel......	1.985	Noyon*......	1.102
Dupont......	1.985	Montaigne*..	1.096
Lemoine.....	1,970	Hallot*......	1.052
Lefrançois...	1.968	Brocq*......	1.079
Harel	1.900	Percignat*..	999
Rouland.....	1 865	Gouée.......	375

Le scrutin de ballottage donna ces autres résultats :

Elus : MM.		*Non élus :* MM.	
Petit........	1.570 v.	Rabier*.....	1.124 v.
Coquerel....	1 331	La'osse*.....	1.151
Auvray.....	1.321	Fossard*....	1.109
Loutrel......	1.312	Mangeot*....	1.009

Les monarchistes avaient tenté de produire une liste de candidats, mais ils ne purent y réussir : c'est pourquoi un certain nombre d'entre eux donnèrent leurs voix à la liste républicaine modérée. — Un ou plusieurs de ces monarchistes avaient cependant fait distribuer un factum de 16 pages, imprimé chez M. Levasseur, rue Saint-Jean, dans lequel étaient assez malmenés, mais sans grand esprit, la plupart des candidats de la liste Doublet.

En ce même mois de mai, Mme veuve Edouard Bellest fonda un lit de vieillards à l'hospice, en mémoire de son mari, récemment décédé, et donna 500 fr. au Bureau de bienfaisance.

Le dimanche 18, on procéda à l'installation du nouveau conseil municipal et à l'élection de l'administration.

M. Jules Doublet obtint 25 voix sur 26 votants comme maire ; M. Duprey fut nommé adjoint par 21 voix, et M. Beaudouin adjoint également, par 25 suffrages.

Le 23, M. D. Desmoulins fut réélu président des Prud'hommes, et M. Auguste Picard, vice président.

M. Charles-Mathieu-Robert Flavigny mourut dans les premiers jours de juin, à l'âge de 82 ans. — A cette occasion, Mme veuve Flavigny et la famille firent une donation de 10.000 fr. à l'hospice et diverses autres s'élevant à 3 300 fr. à différents établissements de bienfaisance.

Il y eut des régates le dimanche 8 juin. MM. Hendlé, préfet ; le général Cornat ; Montauban, président de la Cour. Waddington et Dautresme, députés, y assistèrent.

On remit à M. Méline, ministre de l'Agriculture, qui était allé à Rouen à l'occasion de l'Exposition organisée dans cette ville, une pétition dont M Gérin-Roze avait pris l'initiative, et ayant pour but la dotation d'une caisse pour secours aux ouvriers de l'industrie blessés en travaillant.

En ce même mois, *l'Elbeuvien* publia le rapport de la commission municipale sur le projet de création d'une Ecole professionnelle.

Le samedi 14, MM. Cochery, ministre des postes et télégraphes, et Hérisson, ministre du commerce, vinrent à Elbeuf pour entendre les explications des délégations de la Chambre de commerce et de la Société industrielle, au sujet de la ligne téléphonique qu'il était question d'établir entre notre ville, Paris et Le Havre, la création d'une Ecole professionnelle et celle d'un musée industriel.

Les ministres descendirent chez M. Dautresme, et, l'après-midi, se rendirent à la Chambre de commerce : c'était la première fois que, depuis sa fondation, la Chambre recevait des membres du gouvernement.

Après avoir exposé aux ministres la situation de notre industrie ; la Chambre leur renouvela les vœux qu'elle avait exprimés à la commission parlementaire, au sujet des traités de commerce, et exprima le désir qu'il fût créé à Elbeuf un bureau de douane et un musée commercial.

Le ministre du Commerce donna l'assurance que le gouvernement ne signerait aucun traité de commerce dont la durée excéderait l'échéance des traités déjà conclus, afin que la France recouvrât sa liberté complète en 1892.

En ce même mois, la Société industrielle envoya à la Chambre des députés et au Sénat le résumé d'une délibération sur le projet de loi concernant la réduction des heures de travail, dont voici la conclusion :

« La Société industrielle est d'avis que le contrat qui lie le patron et l'ouvrier doit être débattu librement entre les parties, surtout lorsque l'une et l'autre sont majeures, et repousse le projet de loi comme attentatoire à la liberté et à l'égalité qui doivent régler les rapports de deux contractants, agissant dans la plénitude de leurs droits et de leur volonté »

Le choléra venait de se déclarer à Toulon et à Marseille. Le maire d'Elbeuf prit, le 30, un arrêté pour assurer l'hygiène et la salubrité publiques. Les journaux locaux publièrent, en outre, une notice sur les soins à donner aux cholériques.

Vers ce même temps, M. Buffet fut nommé chirurgien en chef de l'hospice, à la suite d'un concours qui avait eu lieu à Rouen.

Dans la séance municipale du 1er juillet, M. Quidet donna lecture d'un rapport concluant à la création d'un insigne pour les membres du Conseil ; la dépense devait s'élever à 650 francs.

M. Descoubet combattit vivement cette proposition, qui avait fait perdre un temps précieux à la commission, réunie à cet effet plusieurs fois. « On ferait mieux, dit-il, de s'occuper de la misère qui règne sur la place d'Elbeuf : nos électeurs trouveraient ainsi que nous nous occupons plus sérieusement de leurs affaires. »

M. Quidet reprocha à M. Descoubet d'avoir la vue courte.

M. Avenel remontra que le port de cet insigne ne serait que de la vanité et de l'ostentation : Quant à moi, conclut-il, je ne le porterai pas.

M. Rouland trouva qu'il était utile, attendu qu'il servirait surtout à faire reconnaître les membres du Conseil ouvriers.

M. Lemoine répliqua que le titre d'ouvrier était assez honorable par lui-même. En ce qui me concerne, dit-il, je ne veux pas de panache.

Sur la demande de M. Descoubet, on procéda au vote par appel nominal ; l'administration s'abstint.

Votèrent pour la création d'un insigne MM. Fromont, Malfilâtre, Quidet, Goujon, Beer, Piperel, Lefrançois, Rouland, Coquerel, Auvray et Loutrel.

Votèrent contre, MM. Descoubet, Fraenckel, Simon, Langlois, Grouard, Delamarre, Avenel, Lemoine, Harel et Petit.

La proposition fut donc adoptée.

M. Paul Déroulède vint faire une conférence au cirque de la rue Lefort, le lundi 7. Son but était de fonder à Elbeuf une section de la Ligue des patriotes.

Le samedi 12, s'ouvrit un concours du Comice agricole, au Champ de Foire, et une exposition d'horticulture, dans les jardins de l'hôtel de ville. La fête eut surtout lieu le lendemain ; cette journée se termina par un feu d'artifice et une retraite aux flambeaux.

Le jour suivant, étant celui de la fête nationale, eut son programme habituel : revue, défilé, exercices de gymnastique, jeux publics, concert et aussi une retraite le soir. En outre, des comités s'étant formés dans les principaux quartiers, l'animation fut plus grande que l'année précédente. — Pendant la journée, un certain nombre de conseillers municipaux se décorèrent de leur insigne, lequel obtint un tel succès d'hilarité auprès du public que plusieurs s'empressèrent de le remettre en poche.

En ce même mois parut un nouveau journal : *Le Progrès*, dont les premiers numéros furent imprimés chez M. Levasseur.

Le 17, mourut M. Louis Fouchet, membre de la Chambre de commerce ; il était âgé de 70 ans. — Les familles Fouchet et Hulme fondèrent un lit à l'hospice, en mémoire du défunt, et firent don au Bureau de bienfaisance d'une somme de 3.000 fr.

Le 25, le conseil municipal vota 500 francs pour la création d'un musée commercial. — La Chambre de commerce et la Société industrielle, chacune de son côté, avaient voté pareille somme pour le même objet.

A cette époque, la délégation cantonale était composée de MM. Jules Doublet, Désiré Picard, juge de paix ; Louis Bessand, Albert Blin, Arthur Hulme, Paul Pion, Auguste Thézard, Théophile Wallet, Onésime Doubet, Isidore Maille, Raoul Tassel, Joseph Drouet, Désiré Duprey et Bruet, bibliothécaire municipal.

Le 5 août, une fête de bienfaisance fut donnée au profit des familles atteintes par le choléra à Toulon et à Marseille; elle donna 800 francs.

Le 27, on inhuma M. Jean-Baptiste Henri Tabouelle, décédé à Rouen, à l'âge de 84 ans. Il avait été agréé au Tribunal de commerce, conseiller municipal, juge de paix à Elbeuf et à Rouen.

Par décision ministérielle du 2 septembre, un musée commercial fut établi à Elbeuf.

Le 26 septembre, le conseil municipal vota un crédit de 925 fr. pour l'établissement d'un réseau téléphonique entre l'hôtel de ville, d'une part, la Préfecture, le poste des pompiers et le domicile de M. Doublet, maire. — Ce même jour, on commença la construction de la tour téléphonique à l'ancien hôtel de ville.

Le 9 octobre, le Tribunal de commerce de la Seine déclara en faillite la Compagnie du Chemin de fer d'Orléans à Châlons, concessionnaire de plusieurs lignes de l'Eure et de la Seine-Inférieure. Le passif se chiffrait par environ 50 millions et l'actif par 2 millions.

M. Tolain, sénateur, fit une conférence publique au Cirque, le 19 de ce mois; elle fut présidée par M. Lucien Dautresme. L'orateur traita des syndicats professionnels. — M. Tolain revint à Elbeuf le 30 novembre suivant jour où il fit une nouvelle conférence, mais à Caudebec.

Le conseil municipal décida, le 24, de transporter la bibliothèque publique au premier étage de l'hôtel de ville.

Le 5 novembre, mourut à Rouen M. Paul-Edouard Delaporte, secrétaire général de la préfecture après le 4 septembre 1870. Républicain et patriote très actif, il avait collaboré au *Progrès* (de Rouen) et était devenu rédacteur de *l'Indépendant de Rouen*. Il était fort connu à Elbeuf, où il comptait de nombreux amis.

Dans une réunion publique tenue le 20, M. Lucien Dautresme rendit compte de son mandat de député.

Vers ce même temps, M. Janoyer, ancien inspecteur de police dans notre ville, puis commissaire de police à Brionne, revint à Elbeuf remplacer M. Prudent, atteint par la limite d'âge.

Par décret du 6 décembre, M. Ballofet, précédemment à Vernon, fut nommé commissaire de police à Elbeuf, en remplacement de M. Prudent, admis à la retraite. M. Janoyer succéda à M. Ballofet, à Vernon.

Le 10, furent élus membres de la Chambre de commerce : pour six ans, MM. C. Flavigny, P. Desplanques, A. Mary et P. Pion ; pour quatre ans, M. A. Thézard ; pour deux ans, M. H. Bellest.

Une loi avait accordé aux petits commerçants patentés la faculté de participer aux élections consulaires, auxquelles ne prenaient part jusque-là que les « notables ». Le syndicat du Bâtiment de la région elbeuvienne, réuni en assemblée générale, désigna comme candidat M. Menut-Gallet, peintre-décorateur, aux élections pour le renouvellement des membres du Tribunal de commerce, qui devaient avoir lieu le 14 décembre. Mais la nouvelle loi avait été si mal accueillie par une partie des anciens notables, que le seul fait de la candidature de M Menut-Gallet, posée par un syndicat, suffit pour faire rayer son nom de la liste, où il figurait, composée par lesdits notables.

Les élections donnèrent ces résultats : Inscrits, 1.081, votants, 451. — Elus : MM. Patallier, président, 380 voix — Nivert, 371 v. ; Auger, 369 ; Perré fils, 369 ; James, 363 ; juges titulaires. — Raoul Tassel, 280 voix ; juge suppléant. — Venaient ensuite, mais non élus, MM. Lecerf, 260 voix ; Mutel, 253 ; Girard, 246 ; Menut-Gallet, 166 ; I. Maille, 151 ; Bahon, 127 ; Mabire, 122. Ces quatre derniers étaient les candidats du petit commerce ; ils se retirèrent avant le scrutin de ballottage.

Il était entré dans le courant de l'année 1884, en matières textiles, 9.053.800 kil. dont 153.000 kil. de coton ; soit 3.550.873 kil. de moins qu'en 1883.

La diminution dans la fabrication s'était donc encore accentuée ; seize fabricants avaient disparu depuis un an. Il était sorti d'Elbeuf 4.219.055 kil. de draperies, qui, à 14 fr. 50 le kil. représentaient 61.176.297 fr. ; soit une différence en moins de 7.203.281 fr. sur l'année précédente. La longueur de ces étoffes était évaluée à 6.696.900 mètres, au lieu de 7.485.449 mètres en 1883.

Le prix du tissage à la main avait baissé, par suite du chômage occasionné par le développement des métiers mécaniques à tisser, alors au nombre de 879, contre 862 l'année précédente.

En 1884, l'état civil avait enregistré :

A Elbeuf, 607 naissances, 52 mariages et 639 décès ;

A Caudebec, 302 naissances, 71 mariages et 300 décès ;

A Saint Pierre, 79 naissances, 39 mariages 74 décès, 4 morts-nés ;

A Saint-Aubin, 82 naissances, 24 mariages, 88 décès, 6 morts-nés.

CHAPITRE VIII

(Année 1885)

Affaires diverses. — L'école Fénelon. — Mort de Mme Lécallier-Leriche. — Conférences et réunions politiques ; MM. Laguerre et Julien Goujon, radicaux-socialistes. — La crise industrielle a Elbeuf. — Elections législatives ; le programme radical ; l'incident Pouyer-Quertier. — M. Lucien Dautresme, ministre du Commerce.

A partir de son premier numéro de janvier 1885, *l'Elbeuvien* publia des notices historiques sur les communes des environs d'Elbeuf, et continua par la suite.

MM. Auguste Thézard et Henri Bellest, élus membres de la Chambre de Commerce le 10 du mois précédent, furent installés le 7 du même mois de janvier.

Dans cette même séance, le président informa ses collègues qu'Elbeuf serait représenté à l'Exposition d'Anvers par 21 exposants.

En janvier, on ouvrit deux enquêtes pour l'acquisition de terrains destinés, d'une part, à l'agrandissement de la caserne, rue de la Justice ; de l'autre, d'un groupe scolaire, rue du Tapis-Vert d'une école de garçons, rue des Traites, et d'une école maternelle, rue du Thuit-Anger.

La Caisse des écoles était alors prête à fonctionner.

En ce même temps, M. Deschamps, ancien conseiller municipal, fut nommé inspecteur de la voirie.

En janvier également, on mit en vente, au profit des pauvres, une romance, *le Téléphone*, paroles d'un Elbeuvien, musique de M. Libert, illustration de M. Brisson.

Le 18, on installa au temple de la rue Constantine le nouveau pasteur de l'Eglise réformée, M. Edgard de Vernejoul, fils du pasteur de Valenciennes.

Ce fut à cette même époque que l'on jeta les bases de la création de l'école confessionnelle qui, plus tard, prit le nom de Fénelon.

La séance municipale tenue le 28 fut assez agitée ; il s'agissait de la discussion d'un projet de droits d'octroi portant sur les huiles minérales, les clous, les pointes et les œufs. L'impôt sur ce dernier article donna lieu à une vive discussion et ne fut voté que par 15 voix. Disons tout de suite que les droits sur les huiles minérales, les clous et les pointes ne furent pas admis par la préfecture.

Dans la séance suivante, qui eut lieu le 25 février, on reparla des tramways et l'on discuta à propos des droits de la ville sur de petits bâtiments situés près de l'église Saint-Etienne et sur le square attenant à cet édifice.

Dans les premiers jours de mars, mourut M. Charles Bazin, chevalier de la Légion d'honneur, ancien président du Conseil des prud'hommes. Il était âgé de 71 ans.

Vers ce même temps, on mit en vente les collections de médailles et les objets d'art qu'avait réunis M. Alexandre Tronel, récemment décédé.

Le 13, le Conseil municipal repoussa une demande de M. de Ridder, ingénieur, et de la Compagnie générale des Tramways.

Le même jour, le Conseil eut à s'occuper du chemin de la cavée des Ecameaux dit aussi de la vallée de l'Epine, dont la propriété était réclamée par M. Constant Flavigny, mais qui fut reconnue comme étant celle de la Ville.

Le samedi 21, vers trois heures et demie du matin, le feu se déclara dans les ateliers de M. Henri Quidet, fabricant de draps militaires, rue du Cours. Les dégâts furent évalués à 50.000 francs.

Le 25, mourut M. Henri-Auguste Gérin-Roze, manufacturier, rue de la Bague ; il était âgé de 55 ans. — Ancien conseiller municipal, il s'était occupé très activement, pendant les dernières années de sa vie, d'un projet de chemin de fer d'Elbeuf à Gaillon, par Louviers.

Le 26, un décret déclara d'utilité publique la construction d'une caserne à Elbeuf.

Le 27, le projet de création d'une halte aux Rouvalets fut approuvé par le ministre des Travaux publics.

Le 28, le premier divorce, depuis la nouvelle loi, fut prononcé à Elbeuf, entre les époux Clouet-Lambert.

Le conseil municipal, réuni le 1er avril, adopta le projet de création d'une Ecole professionnelle, à la condition que l'Etat, le Département et la Chambre de commerce viendraient en aide à la ville.

M. Charles-Joseph Flamant, ancien associé de M. Lavoisey, médaillé de Sainte-Hélène et de Juillet, mourut pendant la deuxième semaine d'avril, à l'âge de 82 ans.

La taxe sur les œufs, votée par le conseil municipal, commença à être perçue à l'octroi le 12 de ce mois.

Le jeudi 16, l'archevêque de Rouen vint bénir la première pierre de l'école Fénelon. Une inscription latine fut déposée dans une cavité de cette pierre ; en voici la traduction :

« L'an de la réparation du salut 1885, le XVIe jour avant les calendes de mai, Léon XIII étant pape et pontife ; Grévy, président du gouvernement français ; J. Doublet, maire; Duprey et Beaudouin, adjoints ; D. D. Léon Benoist-Charles Thomas, archevêque de Rouen, primat de Normandie, assisté de D. Marguerite, archidiacre, vicaire général, a posé cette première pierre de l'école appelée FÉNELON et fondée à Elbeuf dans cette même année, sous cet heureux auspice, en présence du doyen Edmond Renaud, recteur de l'église Saint-Jean, chargé de surveiller la construction et la direction de cette école, comme président du comité ; Pierre Pelletier, vice-président ; Ernest Flavigny, trésorier ; Pierre Thuillier, secrétaire ; Alfred Lecorneur, adjoint ; L.-Armand Noyelle, notaire ; Emmanuel Pelletier et Victor Quesné, délégués par la Compagnie ; Stanislas Laquerrière, directeur de l'entreprise, et Edmond Liorel, chef des travaux.

« Que Dieu fasse prospérer cette œuvre, commencée en son nom ! »

M. J. Lanne, avocat à Rouen remplaça, à dater du 24 avril, M. J Dreyfus, agréé au Tribunal de commerce d'Elbeuf, démissionnaire en sa faveur.

Le 25, mourut à l'hospice, M. François Buzançais, lieutenant de gendarmerie ; il était âgé de 46 ans.

Le 28, M. Paul Pion, président de la Société industrielle, procéda à l'installation de son successeur, M. Chedville. Celui-ci, à son tour, installa MM. Léon Quidet, vice-président ; Emilien Nivert, trésorier ; Xavier Pelletier, secrétaire Ce même jour, M Nivert fut nommé vice-président, en remplacement de M. Chedville.

La question de la création d'une caisse de retraite pour les employés municipaux, déjà agitée à la séance précédente, revint devant le conseil municipal le 1er mai. La discussion fut assez chaude. Finalement, on adopta le projet ; les seuls membres qui votèrent contre furent MM. Auvray, Coquerel, Courtillet et Lemoine. Etaient absents MM. Fraenckel, Simon et Grouard.

Le lundi 4 mai, il fut procédé à l'exhumation de Mme veuve Lécallier, née Emilie Leriche, dont le corps avait été trouvé en Seine, déposé à la morgue d'Elbeuf, puis mis en terre au cimetière Saint-Etienne. Etaient présents : MM. le juge de paix, le commissaire central ; Drouet, maire de Caudebec, et plusieurs autres personnes.

Mme Lécallier-Leriche fut la fondatrice de l'hospice de Caudebec, œuvre à laquelle elle avait consacré environ 800.000 fr., somme qui fut réduite par des faits indépendants de sa volonté. Sa mort mystérieuse, dont on ne parut pas vouloir rechercher les circonstances, fit longtemps le sujet des conversations à Elbeuf et à Caudebec.

MM. Jean Pierre Haag, Charles Lizé et Emile-Louis Minet, peintres ; Eugène-Ernest Chrétien et Félix-Victor Huet, sculpteurs, exposèrent au Salon de 1885.

A partir du 6 mai, on soumit à l'enquête le projet de modification des quais entre les deux ponts.

Le même jour, la Chambre de commerce émit le vœu que le rachat des lignes de l'Eure fût décidé dans un bref délai, et que la rectification de la ligne d'Elbeuf à Louviers fût commencée dès que ce résultat aurait été obtenu.

Le 11, on inhuma M. Louis-Paul Sevaistre; il était âgé de 82 ans. Il avait été président du Tribunal de commerce et conseiller municipal à Elbeuf, député de l'Eure en 1848, maire de la Chapelle-Gauthier. C'était un républicain et, en cette qualité, avait fait opposition aux ministères réactionnaires des 24 mai et 16 mai.

Mme Fouquier fonda un lit à l'hospice, en mémoire de son fils décédé.

Vers cette époque, le ministère Jules Ferry étant tombé, le maire de Caudebec fit enlever la plaque commémorative qui avait été placée sur l'Hôtel-de-Ville de cette commune, à la suite de sa visite à Elbeuf et à Caudebec.

M. J. Vinot, directeur du journal *Le Ciel*, vint à Elbeuf le 16, et fit une conférence publique à la Closerie-des-Lilas, à Saint-Aubin, au nom de la Ligue de l'enseignement.

En ce même mois, une commission, composée de MM. Lucien Dautresme, Constant

Flavigny et Paul Pion, fut nommé par le préfet pour étudier la création d'une Ecole professionnelle dans notre ville.

La mort de Victor Hugo fut connue à Elbeuf quelques heures après son décès, le 22 mai. Le conseil municipal de Caudebec envoya une délégation à l'inhumation du grand homme et illustre poëte.

Le dimanche 14 juin, on inaugura le nouveau quai. Il y eut des régates et une fête de nuit sur la Seine. Le jeudi suivant, M. Legrand, inspecteur général des Ponts et Chaussées, vint visiter ce quai.

En juin, M. Navaux, commissaire central, fut nommé commissaire à Saint-Sever-Rouen. M. Reilhié, commissaire central à Aix, le remplaça à Elbeuf.

MM. Laguerre, avocat à Paris, et Julien Goujon, avocat à Rouen, vinrent à Elbeuf le 25 et, le soir, firent une conférence à l'Alcazar de Caudebec.

M. Laguerre dit d'abord que ni lui, ni son ami Goujon, n'avait eu de concessions à faire à leurs idées en venant parmi des radicaux-socialistes, puisqu'ils l'étaient eux-mêmes tous deux. Il fit ensuite la critique de la Chambre des députés, et montra que les réactionnaires profitaient du temps perdu par les républicains.

M. Goujon céda la parole à MM. Léger-Berseur et Denis Guillot, tous deux du Havre et appartenant au parti radical.

La réunion se termina par un ordre du jour d'adhésion au programme radical du Havre.

Le conseil municipal se réunit le 3 juillet, pour donner un successeur à M. Pierre Baudouin aîné, adjoint démissionnaire. M. Jules Descoubet fut élu par 18 voix sur 24 votants.

A l'occasion de la fête nationale, il y eut ascension d'un ballon, monté par plusieurs personnes; il tomba à Manthelon près Evreux. Grâce aux comités qui s'étaient formés dans de nombreux quartiers, la fête fut très belle.

En ce même mois, la rue Sainte-Marie, actuellement Hoche, fut ouverte au public, ainsi que la rue Delaporte.

M. Julien Goujon, en compagnie de M. Cord'homme, de Rouen, revint à Elbeuf le 23, et fit, le soir, une conférence publique.

L'orateur rappela la nonchalance des députés ; les ouvriers devraient, dit-il, choisir eux-mêmes leurs candidats. Il parla en faveur de la réduction à 10 heures de la journée de travail, déclara que toutes les lois que l'on avait préparées sur les accidents de fabrique étaient mauvaises, et qu'il ne restait souvent aux ouvriers blessés que la liberté de mendier, jusqu'au jour où, arrêtés, on les condamnait en correctionnelle.

« Le sort du voleur, ajouta-t-il, est supérieur à celui de l'honnête homme. Le premier est logé, nourri, blanchi et chauffé ; il a toujours un travail assuré, tandis que le second chôme par manque de besogne, car il a contre lui le travail des prisons et des ouvroirs.

« Dans les ouvroirs, on prétend enseigner un métier aux jeunes filles qui y restent depuis 10 jusqu'à 20 ans. En réalité, que savent-elles faire ? L'une des poignets, l'autre des cols : aucune ne sait confectionner une chemise entière ».

L'orateur parla en faveur d'une taxe sur les étrangers travaillant en France, contre les octrois, les inégalités des lois sur les successions. et de l'impôt foncier, en un mot, tout un langage de radical-socialiste.

Une scène scandaleuse se produisit, le dimanche 2 août, au banquet du concours agricole de Bourgtheroulde, auquel assistaient MM. Barrême, préfet de l'Eure ; le comte d'Osmoy, sénateur ; Bully, Develle et Papon, députés de l'Eure.

Les auteurs de ce scandale, dont toute la presse s'occupa, étaient pour la plupart des jeunes gens d'Elbeuf, de Brionne et de Pont-Audemer. — Cette affaire eut un écho au conseil municipal de notre ville.

Du 11 au 15, on soumit les ponts suspendus à des épreuves, afin de constater leur solidité.

Le 18, au Conseil général, M. Doublet protesta, mais sans succès. contre la surélévation des impôts à Elbeuf et à Caudebec.

Dans la session d'août, M. Doublet informa le conseil municipal que l'Etat et le Département fourniraient environ 220 000 fr. sur la somme de 330.000 fr., à laquelle s'élèveraient les frais de construction des écoles projetées rues du Bourgtheroulde, du Tapis-Vert et des Traites.

M. Emmanuel Pelletier, manufacturier, mourut subitement le 23 août, à l'âge de 63 ans. On sait qu'il avait été membre du Conseil des Prud'hommes, du Tribunal et de la Chambre de commerce.

M. Pierrard lut au Conseil général, le 25, un rapport sur la situation de l'industrie.

M. Doublet, représentant notre canton, donna son avis sur la cause de la crise dont souffrait l'industrie d'Elbeuf et les moyens d'y porter remède.

On a accusé, dit-il, la fabrique elbeuvienne d'avoir persisté dans des procédés anciens et de n'avoir pas obéi à la loi du progrès. Ce reproche n'est pas justifié.

« Je suis fabricant à Elbeuf depuis 1859 ; j'ai donc pu me rendre compte des transformations de la fabrication. Pendant longtemps, Elbeuf fabriqua de l'étoffe foulée, et ce produit a fait sa prospérité. Mais, peu à peu, depuis les traités de commerce, on a fait de l'étoffe non foulée et enfin de l'étoffe de laine peignée.

« Pour établir ces deux étoffes, il faut un outillage suffisant. Cet outillage ne s'improvise pas et, en admettant qu'on puisse installer des centaines de métiers, prêts à battre, encore faut-il donner à l'ouvrier le temps nécessaire pour s'exercer et se former à une nouvelle fabrication, qui exige plus de perfection.

« A Roubaix, où l'on fait des étoffes de femmes depuis longtemps, les ouvriers ont acquis une grande légèreté de main et sont arrivés à des produits parfaits.

« Roubaix tissait des fils à 50 ou 60.000 mètres au kilog, tandis que, dans le cardé, les fils n'ont que de 8 à 10.000 mètres au kilog. Les ouvriers d'Elbeuf, habitués à travailler aux gros fils, ne peuvent se mettre aussi rapidement qu'on aurait pu le désirer au travail nouveau de fils légers, pour les tissus que réclame la mode ; mais, avec leur intelligence et leur esprit laborieux, ils y arriveront.

« Elbeuf a subi de grands désastres... Cependant, il est permis d'espérer qu'avec le temps, du courage, grâce à diverses initiatives et aux mesures salutaires prises par M. le préfet, la ville d'Elbeuf retrouvera peut-être sa prospérité des anciens jours.

« La commission d'études que M. le préfet a nommée et que préside l'honorable M. Dautresme, député d'Elbeuf, a eu pour mission de rechercher tout ce qui est bon à prendre chez nos rivaux pour faire un plan d'études professionnelles.

« La commission a fait un rapport considérable ; elle est allée voir sur place, à l'étranger, l'organisation professionnelle. Elle a vu, notamment à Crefeld, près de Cologne, une école professionnelle de soierie extrêmement remarquable. Lorsqu'un Etat, un département ou une commune s'impose de tels sacrifices pour une industrie, on peut être assuré que cette industrie prospèrera ».

L'orateur rappela qu'en 1858, il avait visité la petite ville de Chemnitz, où une école professionnelle avait été installée pour la mécanique, le tissage et la teinture. Or, la ville, qui ne possédait que quelques milliers d'habitants, était arrivée au chiffre de 100.000, et la France y achetait de nombreux métiers mécaniques.

« Ce qui a manqué à l'industrie d'Elbeuf, continua M. Doublet, ce sont les premières connaissances techniques que l'on acquiert, à l'école professionnelle, de 16 à 18 ans. Lorsque la fabrique d'Elbeuf aura été dotée de cette école et de ces connaissances, elle sera inexpugnable... »

Vers ce même temps, M. Désiré Picard, juge de paix, fut nommé en la même qualité dans le 4e canton de Rouen.

Dans sa séance du 2 septembre, la Société d'études des Sciences naturelles décida de créer un jardin botanique au triège des Rouvalets.

Parmi les membres du jury de l'exposition d'Anvers, se trouvait M. Thézard, négociant à Elbeuf. A la distribution des récompenses, le premier diplôme d'honneur fut décerné à la collectivité des fabricants d'Elbeuf. MM. Lefebvre-Gariel père et fils obtinrent une médaille d'argent, et MM. G. et E. Clouet, menuisiers, une médaille de bronze pour leur mobilier scolaire.

Le 15 septembre, le bataillon du 74e de ligne en garnison à Elbeuf partit pour Paris ; un bataillon du 28e le remplaça.

Vers le 18, mourut M. Édouard Turgis, maire d'Oissel, chevalier de la Légion d'honneur, âgé de 77 ans. Le défunt, longtemps habitant d'Elbeuf, y avait laissé les meilleurs souvenirs. Au moment de sa mort, il mettait la dernière main à une *Histoire d'Oissel*, qui fut éditée l'année d'après.

La période électorale approchant, le Comité radical se reconstitua et adopta le programme suivant :

Modification complète du système d'impôt ; suppression graduelle des taxes d'octroi ; établissement de l'impôt progressif ; extension des Sociétés de secours mutuels au moyen de subventions de l'Etat ; dégrèvements des droits de mutation sur les petites successions, dégrèvement de la propriété agricole ;

Etablissement, pour les transports par chemins de fer, de tarifs à base kilométrique décroissants ; revision des traités de commerce et protection générale des diverses industries françaises ;

Réduction du service militaire à trois ans ;

suppression du volontariat ; obligation pour tous du service militaire ;

Suppression des emplois inutiles et réduction des gros traitements ;

Instruction secondaire gratuite ; extension de l'enseignement professionnel ;

Revision du Code de commerce, notamment en ce qui concerne les sociétés et les faillites ;

Revision de la loi sur les chambres syndicales ; faculté aux syndicats de se fédérer ;

Liberté absolue de réunion ou d'association ;

Protection légale des ouvriers et employés des grandes compagnies ;

Suppression des livrets d'ouvrier ; réduction des heures de travail dans les manufactures ;

Etablissement de caisses de retraites pour les invalides de l'industrie et de l'agriculture ;

Réglementation du travail dans les prisons et les établissements religieux.

Revision intégrale de la Constitution et suppression du Sénat.

Création de caisses de prêts à l'agriculture, au commerce et aux entrepôts généraux.

Abolition de l'inamovibilité de la magistrature ; extension de la juridiction du jury ; renvoi au jury des délits politiques et de presse ; extension de la compétence des juges de paix ; réduction des frais judiciaires.

Dénonciation du Concordat ; suppression du budget des cultes ; abolition du monopole des pompes funèbres.

Interdiction du cumul des fonctions publiques électives ou non ; incompatibilité entre un député ou sénateur et la direction ou administration d'un établissement financier quelconque, ou entière responsabilité pour le concours prêté.

Retour à la nation et aux communes des biens de main-morte ; reconnaissance des droits civiques de la femme ; égalité civile pour tous les enfants, naturels ou légitimes ; abolition de la peine de mort: interdiction aux patrons de frapper les salariés d'amendes; obligation pour la commune, le département ou l'Etat d'assurer l'existence de toute personne incapable de travailler.

La campagne électorale commença, le 19 septembre, par une réunion de réactionnaires, dans la grande usine Roze, à Saint-Aubin. M. Maurice de Boissieu la présida.

Un comité radical-socialiste dissident en organisa une autre, à Saint-Pierre, le 23. Les citoyens Albert May, Villery et Moulard jeune y prirent la parole.

Le 24, une grande réunion politique eut lieu à Rouen. M. Albert May la présida, ayant à ses côtés MM. Sarrazin, avocat, et Rollet, négociant. M. Laguerre, avocat, y parla longuement.

Le dimanche 27, M. Pouyer-Quertier fit, à Saint-Aubin, une conférence privée organisée par le comité conservateur, dont M. Ernest Flavigny était le président

A la suite de cette conférence, M. Lucien Dautresme écrivit à M. Pouyer-Quertier :

« Elbeuf, le 28 septembre 1885.

« Monsieur le Sénateur,

« Dans une réunion privée, qui a eu lieu hier à Saint-Aubin, vous avez parlé sans que personne eût la possibilité de vous répondre. Demain, à huit heures et demie du soir, dans la salle du Cirque à Elbeuf, M. Lyonnais et moi nous convoquons tous les électeurs du canton à une réunion publique. Je me propose, entre autres choses, d'y réfuter votre discours, et comme il n'y a, selon moi, de discussion sérieuse que celle qui permet la contradiction, j'ai l'honneur de vous inviter à vouloir bien y assister.

« Agréez, etc. — Lucien DAUTRESME. »

M. Pouyer-Quertier ne répondit pas à l'invitation. La réunion eut lieu ; une telle affluence d'électeurs s'y présenta que plusieurs centaines d'entre eux ne purent pénétrer dans la salle et, pour la plupart, se rendirent à une autre réunion publique, organisée à l'Alcazar de Caudebec, par les républicains radicaux dissidents, qui se tenait à la même heure.

Au Cirque, M. Dautresme ouvrit la séance. Le bureau fut composé de MM. Doublet, président ; Védie et Edeline, assesseurs ; Didion, secrétaire.

M. Dautresme prit la parole et réfuta le discours prononcé, à Saint-Aubin, par M. Pouyer-Quertier, venu à Elbeuf, dit-il, pour tâcher d'exploiter, au profit de la réaction, la crise industrielle et commerciale dont le monde entier supporte sa part.

M. Lyonnais lui succéda à la tribune. Il exprima ses regrets de la division qui s'était produite entre deux nuances du parti républicain, parla des syndicats ouvriers et proclama la nécessité d'une alliance entre le capital et le travail. Il conclut en blâmant les utopistes qui refusaient toute entente avec le gouvernement de la République et faisaient appel à la discorde et à la révolution.

A la réunion de Caudebec, où se trouvaient environ mille électeurs, MM. Léger-Berseur, Villery, May et Longuet, qui parlèrent successivement, s'attaquèrent surtout à la candidature de M. Lyonnais.

Le lendemain 30 septembre, M. Victor Patallier, candidat réactionnaire, parla, dans une réunion privée tenue à Saint-Aubin, contre le gouvernement de la République.

Le jeudi 1er octobre, dans une grande réunion publique, à Sotteville-lès-Rouen, MM. Dautresme et Lyonnais exposèrent leur programme. MM. Leger-Berseur, Villery et Albert May répondirent. Ce dernier termina en disant que la division du parti républicain ne devait pas aller plus loin que le premier tour de scrutin : au ballottage, tous devaient se réunir contre les réactionnaires.

Ce même jour, à la même heure, les conservateurs s'étaient rendus à Saint-Pierre pour entendre M. Hommais, avocat à Rouen, beau-frère de M. V. Patallier. Environ 500 électeurs étaient présents.

Entre temps, les réactionnaires avaient fait distribuer de nombreux pamphlets, brochures et circulaires, et usé de tous les moyens pour peser sur l'opinion des électeurs. Les républicains, de leur côté, fort bien organisés, ne restaient pas inactifs. La lutte fut très chaude, fort animée des deux côtés, mais se passa sans insolences.

L'Elbeuvien et *l'Industriel* soutenaient la liste républicaine, et le *Journal d'Elbeuf* celle des conservateurs.

Le Comité central républicain, qui avait déjà adressé un appel aux électeurs, en rédigea un second, ainsi conçu :

« Electeurs ; le temps n'est plus aux paroles, mais aux actes. Il faut voter et choisir entre la Monarchie et la République.

« En affirmant que la forme du gouvernement n'est pas en question, nos adversaires vous trompent. Parmi les douze candidats réactionnaires, les nobles, après avoir dissimulé leur titre, cachent honteusement leur drapeau. Les non-titrés n'osent pas dire quel nouveau maître ils sont prêts à acclamer.

« Unis dans une haine commune contre la République, ils auraient recours à tous les moyens pour la renverser. Le Congrès, qui se réunira en décembre pour l'élection du président de la République, serait la première occasion qu'ils saisiraient pour abuser du pouvoir constituant et décréter la Révolution

« Voulez-vous le maintien de la République? Voulez-vous le maintien du suffrage universel? Voulez-vous le maintien de vos droits et de vos libertés ?

« Votez pour les candidats républicains, qui seuls représentent les idées d'union sociale, de paix et de progrès, et qui défendront de toute leur énergie la grande cause du travail national. Pas d'hésitation, pas de faiblesse. Ne rayez aucun nom ; chaque suffrage perdu serait acquis à nos adversaires. Votez donc pour MM. Casimir-Périer, L. Dautresme, Duvivier, Félix Faure. Lechevalier, Lesouef, Lyonnais, Ricard, Siegfried, Thiessé, Trouard-Riolle. Richard Waddington.

« Le président : A Cordier ; les vice-présidents : Besselièvre, Bazan ; les secrétaires: Lemonnier, Bochet. »

Cet appel fut affiché dans toutes les communes de la Seine-Inférieure.

Le vote eut lieu dans tout le département le dimanche 4 octobre, au scrutin de liste, et donna les résultats suivants :

LISTE RÉPUBLICAINE

Communes du canton d'Elbeuf	Casim-Périer	Dautresne	Duvivier	Faure	Lechevallier	Lesouëf	Lyonnais	Ricard	Siegfried	Thiessé	Trouard-Riolle	Waddington
Elbeuf	2.476	2.529	2.481	2.444	2.448	2.436	2.341	2.507	2.437	2.427	2.415	2.465
Caudebec	1.251	1.314	1.253	1.233	1.224	1.212	1.256	1.254	1.217	1.216	1.207	1.224
Saint-Pierre	429	430	429	426	422	419	428	431	423	420	417	420
Saint-Aubin	361	368	365	362	362	356	353	363	359	357	359	359
Orival	199	196	200	196	196	192	189	200	197	199	197	199
La Londe	178	163	178	179	178	178	176	181	179	177	177	177
Freneuse	43	43	43	43	43	43	43	43	43	43	43	43
Tourville	68	71	71	68	68	69	70	68	66	68	68	69
Cléon	63	60	64	63	62	62	60	64	63	64	63	64
Sotteville-s.-le-Val	39	39	39	39	39	39	39	39	39	39	39	39
Total Elbeuf	5.107	5.312	5.123	5.053	5.042	5.006	4.855	5.150	5.043	5.010	4.985	5.049
Total G.-Couronne	4.283	4.238	4.291	4.245	4.243	4.199	4.146	4.246	4.158	4.189	4.199	4.149
Total Boos	1.247	1.242	1.238	1.239	1.244	1.233	1.211	1.251	1.209	1.210	1.235	1.248

LISTE MONARCHIQUE

Communes du canton d'Elbeuf	Pouyer-Quertier	De Bagneux	Patallier	Grout	Quévremont	Dubois	Masquelier	Piérard	Ernoul-Bignon	Rasset	Des. de St-Aignan	Perquier
Elbeuf	1.320	1.192	1.181	1.219	1.197	1.197	1.207	1.206	1.163	1.228	1.199	1.207
Caudebec	533	501	499	506	502	502	511	510	498	513	501	515
Saint-Pierre	434	431	432	436	433	433	430	431	430	432	433	432
Saint-Aubin	317	309	312	312	312	309	313	310	305	315	313	313
Orival	109	105	105	106	103	105	103	103	104	103	107	104
La Londe	223	330	230	234	230	229	229	229	229	230	232	231
Freneuse	73	73	73	73	73	73	73	73	73	73	73	73
Tourville	93	94	94	94	94	94	94	94	94	94	94	94
Cléon	85	83	86	83	81	83	82	83	83	83	82	83
Sotteville-s.-le-Val	35	35	35	»»	»»	»»	»»	»»	»»	»»	»»	»»
Total Elbeuf	3.212	3.053	3.047	3.093	3.060	3.060	3.077	3.074	3.014	3.106	3.069	3.087
Total G.-Couronne	1.424	1.385	1.373	1.409	1.392	1.406	1.395	1.401	1.379	1.426	1.405	1.405
Total Boos	1.081	1.053	1.059	1.069	1.064	1.054	1.055	1.063	1.050	1.086	1.053	1.060

LISTE RADICALE

Communes du canton d'Elbeuf	Clémenceau	Lefebvre	Laguerre	Manchon	Vaughan	Légé-Berseur	Cordhomme	Longuet	Villery	Moulard	Julien	Aubry
Elbeuf	434	400	422	354	389	401	404	393	378	375	381	380
Caudebec	4 9	409	422	349	386	309	399	396	372	373	352	376
Saint-Pierre	66	61	66	62	64	66	60	61	67	62	61	61
Saint-Aubin	22	26	27	17	23	25	23	24	19	21	24	23
Orival	26	27	30	25	26	26	26	24	26	27	23	26
La Londe	14	15	14	15	15	15	14	15	16	15	15	15
Freneuse	5	5	5	5	5	5	5	5	5	5	5	5
Tourville	3	6	6	4	5	6	6	3	6	5	7	3
Cléon	4	2	4	2	2	2	2	2	2	2	2	2
Sotteville-s.-le-Val	10	»	»	»	»	»	»	»	»	»	»	»
Total Elbeuf	993	951	996	833	919	855	939	900	907	888	891	859
Total G.-Couronne	649	614	623	534	568	614	530	565	570	577	566	552
Total Boos	16	19	20	21	21	19	17	17	18	19	21	23

RÉSUMÉ GÉNÉRAL :

Liste Républicaine

Casimir-Périer	80.949	Duvivier	79.920
Lechevalier	80.581	Ricard	79.897
Faure	80.559	Thiessé	79.418
Lesouëf	80.367	Trouard-Riolle	79.370
Waddington	80.138	Siegfried	77.479
Dautresme	79.938	Lyonnais	76.877

Liste Monarchique

Pouyer-Quertier	62.874	Masquelier	61.461
Grout	62.098	Des. de St-Aignan	61.216
Rasset	62.084	Quévremont	61.023
Perquier	61.677	Patallier	60.999
Dubois	61.591	De Bagneux	60.981
Piérard	61.543	Ernouf-Bignon	60.345

Liste Radicale

Lefèvre	5.758	Manchon	4.879
Laguerre	5.731	Longuet	4.854
Clémenceau	5.592	Julien	4.850
Légé-Bersœur	5.241	Villery	4.814
Cordhomme	5.066	Moulard	4.801
Vaughan	4.928	Aubry	4.720

La séance solennelle de la Société industrielle fut présidée, le lundi 11 octobre, par le préfet Hendlé.

Le 12, M. Thomas, archevêque, présida à l'inauguration de l'école Fénelon, placée sous la direction de M. Boutard, vicaire à la cathédrale de Rouen, qui, à cette occasion, reçut le titre de chapelain de la métropole.

A cette époque, on ouvrit une enquête pour la construction de la morgue sur le quai, en face de l'hôtel de ville.

La Société d'horticulture organisa une exposition de fruits de table et de chrysanthèmes les 24, 25 et 26 de ce mois, avec distribution de prix.

Au commencement de novembre, M. Lucien Dautresme remit au préfet le rapport de la commission chargée d'examiner le projet de création d'une école professionnelle à Elbeuf ; ce rapport fut publié par *l'Elbeuvien*.

Le 9, M. Lucien Dautresme, député d'Elbeuf, fut nommé ministre du commerce, dans le cabinet Brisson. Cette nomination fut accueillie avec beaucoup de satisfaction dans notre ville.

La Justice publia quelques lignes à propos de l'arrivée de notre concitoyen à la direction des affaires commerciales et industrielles :

« M. Dautresme, dit ce journal, va avoir à préparer le projet de budget de 1887 pour son département. Nous espérons que M. Dautresme, ministre, se souviendra des économies qu'il a lui-même défendues comme rapporteur du budget du commerce en 1884 M. Dautresme, à cette époque, indiquait en excellents termes une série de réformes qu'il ne tardera pas évidemment à réaliser. »

Vers le milieu du mois de décembre, il se produisit une forte crue des eaux de la Seine, qui débordèrent sur les quais de notre ville, en amont du pont de Paris, et sur les îles de Saint-Aubin.

M. Frédéric-Adolphe-André Mary, vice-président de la Chambre de commerce, fut inhumé le 17 décembre. Il était âgé de 68 ans.

Le lendemain 18, mourut M. Pierre-Jean Beaudouin aîné, qui, pour cause de santé, avait dû abandonner peu de temps auparavant ses fonctions d'adjoint au maire Il était âgé de 69 ans.

Ce même jour, les employés d'Elbeuf, réunis en assemblée générale, rédigèrent une protestation contre le projet de loi déposé par M. Ballue, député, ayant pour objet d'imposer de

2 1/2 pour 100 les appointements des employés gagnant plus de 1.500 fr. par an.

Le 30, le préfet fit notifier à M. Victor Patallier que son mandat d'ordonnateur de l'hospice ne lui serait pas renouvelé. Le lendemain 31, M. Patallier donna sa démission de président du Tribunal de commerce.

La situation de l'industrie devenait de plus en plus mauvaise. Le nombre des fabricants de draps était réduit à 100 à Elbeuf, à 7 à Caudebec et 7 à Saint-Pierre. Le chiffre des affaires était tombé, en dix ans, de 38 millions. La fabrication des paletots qui, précédemment, apportait un appoint considérable, diminuait d'année en année. L'emploi des fils de laine peignée, devenant général, causait de longs chômages dans les établissements de teinture et de filature.

La mode étant depuis quelques années aux tissus de laine peignée, les fabricants d'Elbeuf étaient entrés, mais un peu tardivement, dans cette fabrication et quelques-uns étaient même parvenus à surpasser, dans ce genre, leurs concurrents français et étrangers, par le dessin, la finesse du tissu et la richesse du coloris. Mais l'ancienne nouveauté d'Elbeuf autrefois si recherchée était presque totalement délaissée.

En 1885, il n'était entré que 8.435.409 kil. de matières premières, soit une diminution de 504.873 kil. sur 1884.

La production avait été de 6.292.190 mètres, contre 6.692.900 mètres l'année précédente. La valeur de la fabrication en 1885 fut estimée à 57.447.694 fr., au prix moyen de 9 fr. 13 le mètre ; à 14 fr. 50 le kil., elle donnait le chiffre de 57.469.218 fr.

En l'année 1885, on compta :

A Elbeuf, 610 naissances, 150 mariages, 8 divorces et 725 décès ;

A Caudebec, 340 naissances, 93 mariages, 3 divorces et 296 décès ;

A Saint-Pierre, 86 naissances, 30 mariages, 74 décès, 3 morts-nés ;

A Saint-Aubin, 70 naissances, 18 mariages, 82 décès, 7 morts-nés.

CHAPITRE IX

(Année 1886)

AFFAIRES DIVERSES — ELECTIONS CONSULAIRES. — CONCOURS DE GYMNASTIQUE ET FESTIVAL DE MUSIQUE. — ELECTIONS AUX CONSEILS D'ARRONDISSEMENT. — CRÉATION DE COURS D'ENSEIGNEMENT SECONDAIRE. — M. DE BRAZZA A ELBEUF. — PROJET DE PARIS PORT DE MER. — L'INDUSTRIE PÉRICLITE DE PLUS EN PLUS.

Ce fut le 13 janvier 1886 que M. Jules Barrême, préfet de l'Eure, fut assassiné. Cette nouvelle, qui parvint à Elbeuf le lendemain, y causa une émotion générale.

Le 14, au Théâtre municipal, on représenta, pour la première fois, une revue locale : *Elbeuf sens dessus dessous*.

Le 3 février, le conseil municipal annula plusieurs de ses délibérations antérieures et décida que l'école de garçons, dont l'emplacement avait été primitivement étudié sur les terrains de M. Ch. Flavigny, rue des Traites, serait édifiée sur la propriété Lebret, rue du

Tapis-Vert, acquise antérieurement pour servir à l'établissement d'un groupe scolaire, projet alors abandonné. On vota également la construction d'une école maternelle à l'angle des rues de Bourgtheroulde et de Thuit-Anger.

Dans cette même séance, M. Doublet dit qu'il s'était servi de la nouvelle ligne téléphonique, que l'on venait d'installer, pour correspondre avec le préfet.

Le 19, on installa MM. Berjonneau-Démar et Auguste Perré fils comme membres de la Chambre de commerce ; puis M. Constant Flavigny fut élu président, M. Paul Pion vice-président, M. Henri Lebourgeois secrétaire, et M. Théophile Wallet trésorier.

Le soir de ce même jour, les petits commerçants tinrent une réunion dans la salle du Gymnase, rue Thiers, près la rue de Paris, pour dresser une liste de candidats au Tribunal de commerce, en vue des prochaines élections. Les affiches annonçant cette réunion, déjà tardivement apposées, avaient, de plus, pour la plupart, été lacérées durant la nuit, de sorte que l'assemblée fut peu nombreuse.

Ces élections avaient été l'objet d'une polémique entre *l'Industriel* et *l'Elbeuvien*. — M. Patallier fut élu président ; M. James, juge ; MM. Blanchet fils et Happey, suppléants, ce dernier par 190 voix, contre M. Isidore Maille, qui n'obtint que 159 voix ; les petits commerçants, dont ce dernier représentait les intérêts, ne s'étant point en grande partie rendus au scrutin. — MM. Patallier et James n'acceptèrent pas le mandat que les électeurs consulaires avaient voulu leur confier.

A cette époque, M. Henry Gadeau de Kerville, de Rouen, fit, dans notre ville, une série de conférences sur le Transformisme et l'évolution des plantes et des animaux.

M. Amand-Martin Hurel, propriétaire-cultivateur au Theillement, fit une conférence au Cirque, le 2 mars, sur « la mécanique ovoïde et ses applications à la navigation aquatique ou aérienne, aux wagons, etc. »

La Chambre de commerce prit l'initiative d'une réunion, qui eut lieu le 8 mars, à l'effet d'aviser aux moyens propres à étendre les débouchés de la fabrique vers l'Extrême-Orient. L'assemblée nomma une commission d'initiative, composée de MM. Ph. Olivier, Maurel, Lecorneur, Leloup et Bertrand. — Quelques jours après, la Chambre ouvrit une souscription pour envoyer un représentant en Chine, au Japon, au Tonkin, en Océanie et en Amérique, afin d'étudier dans ces pays ce qu'il y aurait à faire.

M. le docteur Eugène Nicole mourut à l'âge de 85 ans, dans la deuxième semaine de mars.

Un décret présidentiel, daté du 13 prononça la dissolution du conseil municipal de Caudebec.

La Cour d'appel de Rouen rendit un arrêt, le 7 avril, dans une affaire intentée par les obligataires des chemins de fer de l'Eure aux administrateurs.

La Cour dit « que Pérignon, de Reiset, Trutat, d'Albuféra et Pouyer-Quertier, considérés tant comme administrateurs que comme liquidateurs de la compagnie du chemin de fer d'Elbeuf à Evreux et d'Acquigny à Dreux, étaient en faute d'avoir, en 1870, réparti ou laissé répartir aux actionnaires le prix de vente de leur concession sans avoir pris des mesures pour assurer le paiement du passif... »

Le 12 avril, commença une enquête sur le classement dans la voirie urbaine des impasses ouvertes dans la propriété de Mme Marie-Victoire-Joséphine Oursel, veuve de M. Jean-Charles Léveillé.

Ce même jour, M. Gustave Hermier, ancien fabricant à Caudebec, dépourvu de toute notions littéraires, qui s'était tout à coup révélé auteur dramatique et compositeur de musique, fit chanter des grivoiseries de sa composition et une petite pièce dans une séance au profit des pauvres. — Il eut, par la suite, de grands succès de charivari quand il convoqua de nouveau le public pour entendre quelques unes de ses œuvres.

Le 23, le conseil municipal autorisa le maire à répondre à une action intentée à la ville, par Mme veuve Ch. Flavigny, au sujet de la remise de terrains, rue des Traites, où la municipalité avait l'intention de bâtir des écoles.

Ce même jour, le Conseil décida de donner le nom de Chanzy à l'une des rues avoisinant la gare, et celui de Camille-Randoing à la rue de la Bague.

M. Balloffet, l'un des trois commissaires de police, quitta notre ville le 26.

Le dimanche 2 mai, il y eut un concours de gymnastique et un festival de musique, organisés par la société *la Ruche*, sous le patronage de l'administration municipale.

A huit heures du matin, les sociétés, au nombre d'environ quarante, se réunirent place du Champ de Foire et procédèrent à leurs exercices ; à une heure, elles défilèrent par les principales rues de la ville ; à trois heures, nouveaux exercices sur le Champ de Foire, par les sociétés civiles et par les soldats de la garnison ; une revue suivit, puis on distribua les prix. Le soir il y eut fête au jardin public, splendidement illuminé, et concert. La journée se termina par un feu d'artifice.

A l'occasion de cette fête, M. Jean Macé, président de la Ligue de l'enseignement, vint à Elbeuf, ainsi que MM. le préfet Hendlé ; Lebon, maire de Rouen ; E. Thorel, de Louviers.

Le 7, le Conseil général se prononça en faveur de la création d'une Ecole professionnelle à Elbeuf, pour laquelle il inscrivit 8.000 fr. au budget départemental pendant cinq ans.

En mai et les mois suivants, de nombreux Elbeuviens suivirent les séances du Conseil municipal de Caudebec, où des scènes invraisemblables se produisaient, sous la présidence de M. Olivier, maire. A Elbeuf les séances laissaient le public indifférent; voici ce qu'écrivit M. L.-R. Fleury, vers cette époque, à propos de ces deux conseils municipaux :

« Il faut bien l'avouer, le conseil d'Elbeuf passe à l'état de « chambre d'enregistrement. » Autant la fièvre et le désordre règnent à Caudebec, autant l'indifférence et la soumission s'affichent à Elbeuf... ; aussi le public devient-il de plus en plus clair semé. Est-ce là le résultat double que l'on veut obtenir, depuis que la loi a prescrit la publicité des séances ? »

Le 22, M. J. Guesde, socialiste, vint à Elbeuf, et, le soir, fit une conférence à l'Alcazar de Caudebec.

Dans la séance qu'il tint le 28, le conseil municipal vota la reconstruction, en maçonnerie, du pont de la rue du Glayeul. — Le Conseil eut à s'occuper aussi du refus, opposé par la Compagnie générale de transports, de payer des droits d'attache au quai de notre ville.

Année 1886 189

Le 1er juin, mourut, à Paris, M. Victor Prinvault, fabricant de nouveautés, l'un de ceux qui avaient le plus contribué au maintien de la réputation d'Elbeuf. Il n'était âgé que de 45 ans.

Il y eut des régates le dimanche 3, avec course de bateaux à vapeur.

Le 9, on mit en adjudication les travaux de reconstruction du quartier des femmes, à l'hospice ; ces travaux étaient évalués à environ 35.000 fr.

Le 22, on mit également en adjudication les travaux de construction de la nouvelle morgue, au prix de 4.500 fr.

Le 24, la compagnie de chemin de fer d'Evreux à Elbeuf et d'Acquigny à Dreux fut déclarée en état de faillite, par le Tribunal de commerce d'Evreux.

Le recensement quinquennal de la population fit connaître, en juin, qu'Elbeuf ne comptait plus que 21.479 habitants, contre 22.806 en 1881, soit une perte de 1.327 habitants.

A Saint-Pierre, on trouva 3.983 habitants, chiffre inférieur à celui de 1881. — Une diminution s'était aussi produite à Caudebec.

Le Conseil d'Etat avait renvoyé le projet de Caisse de retraite pour les employés municipaux de notre ville. Un nouveau projet fut voté le 30 juin, par le conseil municipal.

Cette assemblée s'occupa ensuite des frais du Conseil des prud'hommes et de leur repartement sur les communes du canton, Elbeuf prenant à sa charge les trois quarts de la dépense.

Le Conseil chargea le maire de mettre M. de Ridder en demeure de commencer, avant trois mois, la construction des tramways, sous peine d'être poursuivi en déchéance de ses droits.

La halte d'Orival, sur la ligne de Serquigny, ouvrit le 1er juillet.

La ville d'Elbeuf avait sollicité l'autorisation d'établir un dépotoir, avec fabrique de poudrette, dans les bois d'Orival, entre les voies ferrées d'Oissel à Serquigny et de Rouen à Elbeuf-Ville. Le Conseil central d'hygiène, saisi de la question, repoussa la demande, après lecture d'un long rapport, présenté par M. de Genouillac, le 5 juillet.

M. Diény fut installé, le 11, par le pasteur Roberty, de Rouen, dans le temple évangélique de la rue Constantine.

Vers le 22, M. F.-T. Cureau, commissaire de police à Fougères, vint en la même qualité à Elbeuf.

Les élections cantonales eurent lieu par toute la France le dimanche 1er août. Le canton d'Elbeuf avait à nommer un conseiller d'arrondissement. Le mandat de M. Onésime Doubet, républicain, lui fut renouvelé, sans qu'il se présentât de compétiteur. Voici le résultat du scrutin par commune :

	Inscrits	O. Doubet	Nuls
Elbeuf	5.043	2.375	342
Caudebec	3.096	1.169	246
Cléon	173	50	14
Freneuse	148	23	4
La Londe	490	161	17
Orival	388	188	32
Saint-Aubin	834	297	45
Saint-Pierre	1.078	453	160
Sotteville	85	36	5
Tourville	235	65	3
Totaux	11.750	4.826	868

Dans le canton de Grand-Couronne, M. Ménagé, républicain, maire de Sotteville-lès-Rouen, fut également réélu.

Dans le canton de Boos, le candidat réactionnaire, M. Hardy, obtint 1.096 voix et fut élu, contre M. Hubert, républicain, qui n'en réunit que 1.049.

Dans le canton de Pont-de-l'Arche, où il y avait deux conseillers d'arrondissement à élire, il y eut ballottage entre MM. Goujon, 1.270 voix; Paul Petit, 1.251 ; Lequeux, 1.250 ; Charpentier-Grandin (d'Elbeuf), 1.225. — Le deuxième tour de scrutin favorisa MM. Paul Petit, qui obtint 1.426 voix, et Jules Lequeux qui en eut 1.351, contre MM. Goujon et Charpentier, lesquels n'arrivèrent qu'à 1.333 suffrages chacun.

Le canton de Louviers avait également voté pour deux conseillers d'arrondissement; furent élus : MM. Ernest Thorel, 2.186 voix, et Godard, 2.159, républicains, contre MM. François Petit, 2.005 voix, et Legendre, 1.908, rétionnaires.

Dans le canton d'Amfreville, M. Léon Sevaistre, ancien maire d'Elbeuf, monarchiste, fut élu conseiller général par 1.363 suffrages, contre trois républicains, MM. Eugène Lambert, ancien négociant à Elbeuf et ancien maire de Saint-Pierre-des-Cercueils, 354 voix ; Hacquart, médecin, 51 ; Viel, fabricant de draps à la Saussaye, 41. Ces trois derniers n'avaient fait ou fait faire aucune propagande.

Le canton de Bourgtheroulde choisit pour conseiller général le comte de Blangy, de Boissey, monarchiste, par 1.370 voix, contre M. Félix Gasse, républicain, manufacturier à Elbeuf, qui n'en avait réuni que 503.

Le 10 août, la ville vota une subvention annuelle de 3.000 fr. à M. Ouin-Le Page, chef d'institution, à l'effet d'ouvrir, dans son établissement, des cours universitaires d'enseignement secondaire classique et d'enseignement secondaire spécial, aux tarif et réglement du Lycée de Rouen.

Voici, à ce sujet, un extrait du rapport qui avait été présenté à ses collègues par M. Léon Quidet, conseiller municipal :

« En 1883, le Conseil qui nous a précédés s'est livré à l'étude d'une intéressante question qui, à diverses époques, a été soulevée, sans avoir jamais reçu de solution. Je veux parler du projet de création, à Elbeuf, d'un collège communal pour l'enseignement secondaire.

« Parallèlement à la commission du conseil municipal, une commission, due à l'initiative privée, s'était entourée de tous les renseignements de nature à éclairer la question. Muni de ces documents, un rapport fut déposé par la commission spéciale à la séance du conseil municipal du 16 novembre 1883. La conclusion de ce rapport était une demande d'ajournement, faute de ressources suffisantes pour faire face aux frais d'organisation et d'entretien d'un pareil établissement.

« Néanmoins, la question restait tout entière et la commission exprimait l'espoir que les renseignements qui avaient été recueillis dans le cours de cette étude, intéressante à tous les titres, pourrait servir à ses successeurs, pour réaliser un jour la création si ardemment désirée, mais que des difficultés financières seules faisaient ajourner. Depuis cette époque, la situation ne s'est pas améliorée au point de permettre de reprendre le projet ; mais un certain nombre de pères de famille, intéressés à cette question. étant revenus à la charge, on étudia une combinaison qui, sur un plan plus modeste et avec des ressources n'excédant pas nos moyens, pourrait, dans une mesure déterminée, donner satisfaction à leurs légitimes aspirations ».

Le rapporteur donna ensuite le texte d'une pétition adressée au maire par ces chefs de famille, et continua ainsi :

« Le conseil municipal, réuni en commission plénière, accueillit favorablement cette pétition, et chargea le maire de faire auprès de qui de droit les démarches nécessaires pour obtenir une solution conforme aux vœux des pétitionnaires. Ces vœux peuvent se résumer ainsi : Etablissement à Elbeuf de classes sur le modèle de l'enseignement secondaire classique universitaire et spécial, afin de permettre aux pères de famille de faire suivre ces cours à leurs enfants, jusqu'à l'âge de 12 à 13 ans, époque à laquelle ils pourraient, convenablement préparés, suivre les cours du Lycée de Rouen... »

M. Rocheux, qui avait longtemps habité Elbeuf, mourut pendant l'été de 1886. Par testament, il avait laissé 10.000 fr. à l'hospice de notre ville.

Le célèbre voyageur Savorgnan de Brazza vint à Elbeuf, le 21 août, pour savoir s'il trouverait dans nos fabriques des flanelles à bas prix, dans le genre de celles produites en Angleterre, pouvant convenir au consommateurs du Congo et de la côte occidentale d'Afrique. A cet effet, il se rendit chez M. Blin, manufacturier, mais il ne trouva point les genres président de la Chambre de commerce ; Louis Fraenckel, manufacturier, membre de la Chambre de commerce ; Robert Hédouin, négociant en draps ; Laporte, conseiller général de Grand-Couronne ; E. Nivert, manufacturier, membre du Tribunal de commerce ; Paul Pion, teinturier, membre de la Chambre de commerce ; Thézard, négociant en draps, membre de la Chambre de commerce.

Des élections à la Chambre de commerce se firent le jeudi 9. Furent élus MM. H. Bellest, E. Boulet, E. Perré, E. Bouchet, Reynald Prinvault, Léon Quidet.

Bien que le nombre des électeurs consulaires eût été considérablement augmenté, par une nouvelle loi, les élections au Tribunal de commerce, qui eurent lieu le même jour, ne donnèrent aucun résultat définitif.

Au deuxième tour de scrutin, qui eut lieu une quinzaine de jours après, furent élus : MM. Auguste Perré fils, président ; Emilien Nivert, Alexandre Auger. Raoul Tassel, juges ; Constant Canivet, Jules Goué, suppléants.

On eut connaissance, vers ce temps, que M. Roze, créateur du grand établissement de Saint-Aubin et ancien fabricant à Elbeuf, avait légué aux pauvres de notre ville une somme de 10.000 fr.

Dans la séance municipale du 29 décembre, on discuta longuement sur une subvention de 2.000 fr. à accorder à M. Lomon, directeur du théâtre. Votèrent pour : MM. Duprey, Descoubet, Malfilâtre, Courtillet, Quidet, Bertrand, Avenel, Dupont, Lefrançois, Harel et Loutrel ; contre, MM. Simon, Goujon Delamare, Beer. Piperel, Lemoine. Coquerel et Auvray. La subvention fut donc accordée.

Ce même jour mourut M. Alexandre Blay, de la teinturerie Blay frères et Cie. Il était âgé de 74 ans, et avait été maire d'Orival de 1870 à 1874.

L'année 1886 fut encore plus mauvaise pour notre industrie que les précédentes ; les articles à bon marché, seuls, avaient trouvé un facile écoulement.

Quant au mode de vente, il était complètement modifié ; presque toutes les affaires se faisant sur commission, il n'y avait plus de stocks. Les fabricants avaient pris le parti, imitant en cela leurs concurrents, d'aller présenter leurs échantillons aux maisons de gros, les acheteurs ne se montrant plus sur notre place.

Il était sorti d'Elbeuf pendant l'année, toutes défalcations faites, 3.779.100 kil. de draperies qui, à 14 fr. 30 prix moyen, formaient une somme de 54.192.294 fr., soit une différence en moins, sur l'année précédente, de 184.984 kil. et de 3.276.924 fr., pour une longueur de 5.998.571 mètres, contre 6.292.196 mètres en 1885 ; le prix moyen du mètre était évalué à 9 fr. 03.

Le bureau de l'état civil de notre ville avait enregistré, pendant l'année, 565 naissances, 170 mariages, 3 divorces et 719 décès.

A Caudebec, on avait compté 281 naissances, 66 mariages, 1 divorce et 288 décès.

A Saint-Pierre, 92 naissances, 31 mariages, 1 divorce, 75 décès, plus 4 présentations sans vie.

A Saint-Aubin, 75 naissances, 20 mariages, 4 présentations sans vie et 66 décès.

CHAPITRE X

(Année 1887)

Faits divers. — Un laboratoire municipal. — Incendie a l'hôtel de ville. — Elbeuf représenté en Extrême-Orient et a Londres.— Le syndicat drapier.— Un grand-duc, puis deux ministres a Elbeuf. — La séance solennelle de la Société industrielle ; présence de hauts personnages ; discours. — L'Ecole professionnelle — La Ligue des Patriotes. — L'Union des Femmes de France.

Les prévisions budgétaires municipales d'Elbeuf figuraient en recettes pour 912.130 fr. et en dépenses pour 879.742 fr. — Le budget primitif de l'hospice se chiffrait en recettes par 95.193 fr. et en dépenses par 95.234 fr.— Les recettes du Bureau de bienfaisance étaient prévues pour 39.714 fr. et les dépenses pour 39.791 fr. — Enfin, le budget de l'Orphelinat de garçons était représenté par 10.600 fr. en recettes et en dépenses.

A partir du 1er janvier 1887, les commerçants de la ville furent autorisés à occuper partiellement les trottoirs, au droit de leurs établissements, au moyen du paiement d'une redevance annuelle.

En ce même temps, on apprit que le ministre avait accordé une somme de 10.000 francs pour l'organisation de l'Ecole professionnelle d'Elbeuf.

Le 7 janvier, M. Doublet, maire, installa les nouveaux membres de la Chambre de commerce, MM. E. Boulet, Léon Quidet et Raynald Prinvault. — M. Constant Flavigny ayant démissionné, M. Paul Pion fut nommé président et M. Thézard vice-président.

On procéda, le 20, à l'installation de M. Perré, président du Tribunal de commerce, à celle de MM. E Nivert et A. Auger, juges ; et C. Canivet et J. Goué, suppléants. — Dans son discours, le président rapporta qu'il avait été prononcé 11 faillites en 1885 et 19 en 1886.

M. le docteur Léopold-Alexandre Bertrand mourut le 1er février, à l'âge de 51 ans. Il était médecin en chef de l'Hospice, du Bureau de bienfaisance, de l'Asile des vieillards, président de la Société médicale d'Elbeuf et membre du conseil municipal. Il jouissait d'une sympathie générale et fut très regretté.

Le 7, après un hommage rendu à la mémoire du docteur Bertrand, le conseil municipal reçut communication d'une lettre préfectorale relative à l'inscription que devait porter la caserne, nommée Bachelet-Damville.

Il fut procédé au tirage au sort le lendemain 8 Le canton comptait 388 conscrits, dont 187 d'Elbeuf, 126 de Caudebec, 21 de Saint-Pierre, 19 de St-Aubin, 18 de la Londe et 15 d'Orival,

Le 9, M. Jules Lecerf fut élu juge au Tribunal de commerce.

Vers le 20, M. Navaux, commissaire central, fut nommé à Lille, en la même qualité. Son successeur à Elbeuf, M. Berthoux, venait de Montluçon.

Le 26, la Chambre autorisa la ville d'Elbeuf à emprunter 112.700 fr., somme destinée à la construction d'une école de garçons et d'une de filles.

Au commencement de mars, mourut M. Amable Beaudouin, marchand de bois, ancien juge au Tribunal de commerce, conseiller municipal.

M Hendlé, préfet, vint le 5 mars, pour présider la séance d'installation du conseil administratif de l'Ecole professionnelle, établie dans notre ville, pour laquelle l'Etat accordait une subvention annuelle de 10 000 fr. et le Département une autre de 8.000 fr. pendant' cinq ans. — Quelques jours après, le conseil d'administration de la future école nomma M. Jules Doublet, maire, président ; M. Léon Quidet, vice-président ; M. Albert Blin, secrétaire ; M. Paul Pion, trésorier. — Un local situé rue de Caudebec, fut pris à loyer pour y établir l'école, désirée depuis si longtemps.

Le 8, le grand-duc Nicolas Nicolaïewitch vint à Elbeuf rendre visite à M. Emmanuel Boulet qu'il complimenta sur son élevage de chiens. Le grand-duc était accompagné du général Laskowsky ; tous deux visitèrent le musée Noury.

Le 22, mourut M. Antoine-Samson Lepesqueur, ancien fabricant, ancien maire de la Londe. Il était âgé de 64 ans. Quelque temps après, Mme veuve Lepesqueur donna 10.000 francs à l'hospice de notre ville.

Le conseil municipal, réuni le 25 mars, adopta les termes d'une transaction définitive, entre la Ville et Mme veuve Léveillé, pour l'ouverture et la mise en viabilité des rues Oursel.

Vers la fin de ce mois, le *Journal Officiel*, en vertu d'une nouvelle loi pour la conservation des monuments et objets d'art ayant un intérêt historique, publia un tableau des objets à conserver. Dans cette liste, figuraient les vitraux de l'église Saint-Jean et ceux de l'église Saint-Etienne d'Elbeuf. — Plus tard, M. Joseph Drouet obtint le classement de la tour de l'église de Caudebec.

Le 2 avril, un bateau, le *Drysphore* (porte-chêne) vint s'amarrer au quai de notre ville, où il resta durant quelques jours. Il portait un Chêne géant ayant vécu à une époque préhistorique et qui avait été extrait des eaux du Rhône. Cet arbre curieux était dirigé sur le Havre.

Les vélocipèdes augmentaient en nombre chaque année, mais ils étaient encore loin de celui que devaient plus tard atteindre les bicyclettes. A cette époque, les journaux signalèrent, comme un fait curieux, un voyage fait d'Elbeuf à Paris, en sept heures, par deux vélocipédistes de notre localité.

Le 14 avril, notre ville fut douloureusement impressionnée en apprenant le naufrage du paquebot *la Victoria*, faisant le service entre Dieppe et Newhaven, sur lequel étaient deux de nos concitoyens : M. Rivette et son neveu M. Eugène Huet, âgé de 21 ans, qui périt dans les flots.

Nos concitoyens J.-P Haag, Ch. Lizé et E.-L. Minet, peintres, E. Chrétien et Alfred Masson-Acher, sculpteurs, exposèrent au Salon de Paris.

A la séance municipale tenue le 13 mai, il fut donné lecture d'une pétition signée d'un grand nombre de fabricants, demandant la création d'un bureau de conditionnement des laines. Pareille demande avait été adressée à la Chambre de commerce et à la Société industrielle. Le Conseil renvoya la pétition à l'examen d'une commission.

Dans cette même séance, l'assemblée municipale décida d'établir un laboratoire municipal chez M. Pinchon, pharmacien et professeur de chimie, lequel recevrait une somme annuelle de 1.500 fr. pour analyser les produits suspects présentés par la municipalité.

Le Conseil vota ensuite une nouvelle somme de 6.000 fr. pour travaux à la caserne, et 1.000 fr. pour les premières études de l'Ecole manufacturère, à créer.

En mai, il y eut une exposition d'horticulture ; les prix furent décernés le 15.

L'Officiel du mardi 31 mai publia la liste du nouveau ministère composé par M. Rouvier, et dont M. Lucien Dautresme fit partie comme ministre du Commerce et de l'Industrie. Il choisit comme chef de son cabinet M. David Dautresme fils, son neveu, notre concitoyen.

Au commencement de juin, on reçut une lettre de l'Extrême-Orient, mentionnant que M. Daniel Wehrlin, délégué du Comité drapier d'Elbeuf, avait prolongé son séjour au Tonkin ; mais après y être resté deux mois, du 28 décembre 1886 au 28 février 1887, il avait dû quitter Hanoï pour se rendre en Chine et au Japon.

Toutefois, M. Paul Fière devait le remplacer et faire valoir les articles d'Elbeuf au Tonkin et particulièrement à l'exposition d'Hanoï. Le vice-roi d'Annam avait examiné nos tissus, pendant cette exposition et avait paru s'y intéresser.

Cependant on s'étonna, à Elbeuf, de ce que ni le *Courrier d'Haïphong*, ni le correspondant du *Journal des Débats* n'avaient parlé de l'exposition elbeuvienne.

Un peu après M. Thézard, président du Comité drapier, reçut de M. Vehrlin, délégué d'Elbeuf, une série d'échantillons de tissus de laine en usage en Annam, au Tonkin et en Chine. — Le Comité elbeuvien qui avait participé à l'exposition d'Hanoï, reçut une médaille d'or.

Le lundi 6. le feu prit dans les combles de l'hôtel de ville et s'étendit sur une surface de 1.400 mètres carrés, et la toiture s'effondra. On estima les pertes à 80.000 fr. On calcula, par la suite, qu'il avait été jeté 800 mètres cubes d'eau sur les toits, soit une couche de 57 centimètres. Les archives municipales ne furent que peu atteintes par l'eau.

Le 25, mourut M. Philippe. Decaux, ancien manufacturier, des suites d'une piqure qu'une mouche charbonneuse lui avait faite à la lèvre. Le défunt n'était âgé que de 48 ans.

Dans la séance municipale tenue le 27, on s'entretint, naturellement, du sinistre qui avait éclaté à l'hôtel de ville. Sur la demande de M. Quidet, conseiller municipal et capitaine des pompiers, l'assemblée vota une somme de 6.000 fr. pour acheter des tuyaux en caoutchouc, destinés à remplacer ceux en toile, reconnus très défectueux.

Les concerts donnés au jardin de l'hôtel de ville attirèrent, dès leur début, chaque jeudi soir, une foule considérable, au point que l'on se plaignit bientôt de l'exiguité du jardin.

Le dimanche 3 juillet, M. Lucien Dautresme, ministre du Commerce et de l'Industrie ; M. de Hérédia, ministre des Travaux publics, accompagnés chacun de son chef de cabinet, et plusieurs députés de la Seine-Inférieure et de l'Eure, embarqués à Vernon sur le vapeur *l'Aigle*, s'arrêtèrent à Elbeuf, où ils furent salués par les autorités de notre ville. Le but de ce voyage était de connaître les travaux les plus urgents qu'il y aurait à exécuter pour l'amélioration de la navigation en Seine.

M. Doublet profita de la circonstance pour réclamer un poste de douaniers à Elbeuf. M. Descoubet, adjoint, demanda, de son côté, quelques objets d'art pour le musée de notre ville.

Ce même jour, la canonnière *Farcy* passa également par Elbeuf, venant de Paris. Le commandant Farcy voulait, par ce voyage, démontrer les avantages de son navire pour la navigation fluviale.

On s'entretenait à Elbeuf, depuis trois jours, d'une affaire d'honneur entre MM. Jules Descoubet, adjoint, et M. Desmier, juge de paix. Le premier, ayant été offensé par le second, lui fit demander une rétractation par M. Léon Quidet et M. Marulas, capitaine au 28e. Le juge de paix envoya successivement deux lettres, qui furent jugées inacceptables. Quelques jours après, on sut que M. Desmier était en congé. Le mois suivant, il quitta définitivement notre ville pour Bernay, où il venait d'être nommé juge de paix.

M. Villacrose, juge de paix à Bernay, fut nommé, le 5 août, en la même qualité à Elbeuf, où il devait rester jusqu'à sa mort.

Le conseil municipal, réuni ce jour-là, s'occupa de la question des sièges dans le jardin de l'hôtel de ville, pour les jours de concert, et de l'incombustibilité des décors au Théâtre.

Le 10, mourut à l'hospice M. Paulin Bruet, chevalier de la Légion d'honneur, bibliothécaire municipal, âgé de 56 ans Il avait été attaché, en qualité de trésorier, aux armées de Crimée, d'Afrique, du Mexique, d'occupation des Etats pontificaux, etc. C'était un homme instruit et un savant numismate.

La Chambre de commerce avait invité plusieurs manufacturiers et négociants à assister à sa séance du 24 août, dans laquelle on discuta sur trois points, proposés par M. Paul Pion : 1º Etablissement d'un office drapier elbeuvien à Londres ; 2º Nouvelles bases pour la formation d'un syndicat elbeuvien ; 3º Etablissement régulier des conditions de place.

Le premier point fut facilement admis, et l'on nomma une commission pour étudier les voies et moyens de l'exécuter. Le deuxième fut plus discuté et moins appuyé ; on ne prit aucune mesure à son sujet. Il en fut de même pour le troisième, malgré son utilité reconnue.

Une nouvelle réunion, due à l'initiative de M. Paul Pion, eut lieu le 31. Après lecture d'une lettre de M. Dautresme, on parla de nouveau de la création d'un office elbeuvien de la draperie à Londres, et l'on confirma les pouvoirs déjà donnés à la commission.

Les assistants se prononcèrent en grande majorité, pour la formation d'un syndicat drapier et une entente sur les conditions de place à établir. L'assemblée, de prime abord, repoussa les escomptes variables et facultatifs qui, de 15 0/0, montaient presque au double dans certains cas. Elle admit un escompte de 4 0/0, de façon à rendre les affaires plus faciles et simplifier les décisions du Tribunal de commerce.

M. le docteur Hyppolite Justin, ancien conseiller municipal, mourut dans les premiers jours de septembre, à l'âge de 84 ans. Il était originaire de Caudebec-en-Caux, et s'était établi à Elbeuf en 1830, après avoir été chirurgien de marine.

Le 14 septembre, le président de la Chambre de commerce écrivit au ministre, M. Dautresme, au sujet des droits d'entrée sur les tissus italiens et français. Il concluait en réclamant la réciprocité dans les tarifs pour les deux pays et en repoussant l'idée d'un nouveau traité avec l'Italie.

Vers cette époque, la Société industrielle décida d'ouvrir un cours de dessin et un de comptabilité pour les dames et les jeunes filles.

La fièvre typhoïde sévissait depuis quelque temps dans notre canton. A Elbeuf, on compta une soixantaine de cas, mais 5 décès seulement.

Une nouvelle réunion industrielle se tint le 20 ; il s'agissait, cette fois, de la création définitive d'une représentation à Londres. Les seuls fabricants qui s'y présentèrent ou se firent représenter étaient MM. J. Doublet, Canthelou, Nivert et Boulet, Philogène Olivier; Lemonnier, Laignel et Cerfon; Thibault et Paquet, R. Prinvault, Anselin, Gustave Girard. Girard frères, Elias Olivier.

L'assemblée désigna M. Minssen comme représentant de la draperie elbeuvienne, avec bureau à Londres et sur les marchés du nord de l'Europe. Une somme fut fixée, avec engagement de deux ans. Les échantillons devaient être remis avant le 10 novembre suivant.

Le dimanche 29, M. Léon Quidet, capitaine des pompiers, fit une conférence au Théâtre, sur les mesures prises en vue de la préservation de cet édifice contre l'incendie. Cette conférence fut suivie d'une démonstration pratique. On fit notamment descendre, du haut des combles, une avalanche d'eau formant rideau ; cette expérience produisit un grand effet sur le public.

Le dimanche 2 octobre, M. Lucien Dautresme, député d'Elbeuf, ministre du Commerce et de l'Industrie, présida la séance solennelle de la Société industrielle, à laquelle assistèrent le préfet, les autorités du canton et des représentants des journaux de Rouen, de Paris et de l'agence Havas

M. Chedville, président de la Société, prononça un discours, dont nous relèverons quelques passages. Après avoir remercié le ministre, il parla de la lutte soutenue par l'industrie de notre ville:

« Il y a, dit-il, quelque mérite à faire d'aussi grands sacrifices dans des moments de crise aigüe et devant la persistance des mauvaises affaires S'il est vrai que les sacrifices doivent être proportionnés à la gravité des difficultés, il n'est pas moins vrai que la plus grande prudence doit les accompagner, et l'on comprendra que, dans notre pays de sapience, ceux qui ont acquis quelques économies hésitent souvent et parfois renoncent à transformer leur capital en outillage.

« Malgré cela, la plupart de nos industriels ont compris leur devoir et leur véritable intérêt ; ils ont renouvelé leur matériel et si, depuis dix années, le nombre des fabricants a sensiblement diminué, par contre le nombre des métiers mécaniques des modèles les plus nouveaux s'est considérablement accru. Les filatures aujourd'hui sont pourvues de métiers automates, et les systèmes d'apprêts sont les plus perfectionnés. Il faut donc en finir une bonne fois avec cette légende, qui nous représente comme rebelles aux idées de progrès et à tout jamais mariés à la routine, que nous répudions, au contraire, comme la pire ennemie.

« D'ailleurs, les nouveaux genres que les nécessités de la mode ont fait entreprendre à notre fabrique soutiennent honorablement la concurrence ; on leur reconnait même une supériorité comme nuançage, comme goût, comme fini, comme qualité, en un mot. Et si n'était je ne sais quel malentendu existant entre l'acheteur et notre place ; si n'étaient encore des tarifs douaniers malheureux et des traités de commerce comme celui que l'Italie voudrait bien renouveler, notre chiffre d'affaires se relèverait bien vite. Espérons que, grâce à la sincérité de nos déclarations, grâce surtout à la bienveillance et à la haute compétence de M. le ministre du Commerce, ce malentendu et ces désastreux contrats auront bientôt cessé d'exister...

« ... Chaque jour apporte une découverte, une innovation, un progrès, qui ne doivent pas vous échapper ; c'est pourquoi nous devons préparer les générations qui viennent à comprendre et à s'assimiler les exigences de l'industrie moderne. Nous devons pour cela refaire notre éducation commerciale, notre instruction industrielle, apporter tous nos soins à la formation de nos cadres de patrons et de contre-maîtres, et c'est de la parfaite connaissance de ces nouveaux besoins qu'est née l'Ecole manufacturière professionnelle qui va s'ouvrir dans quelques jours....

« ... Notre cours pratique d'installations et de réparations électriques, créé l'année dernière, sera refait cette année, avec quelques développements nouveaux, par notre professeur de mathématiques M. Mouchel, dont je me plais à reconnaître le dévouement absolu à l'œuvre de la Société. Ce cours a eu la sanction la plus éclatante qu'un professeur puisse désirer : les élèves ont fait eux-mêmes une installation industrielle de vingt-cinq lampes à incandescence, parfaitement réussie, et une industrie nouvelle à Elbeuf, le nickelage, s'est créée, à la suite de ce cours. .. Les autres cours ont continué à être bien tenus et fréquentés ; cinq cents élèves les ont suivis... »

Le soir, un banquet fut offert à M. Dautresme. Parmi les convives, se trouvaient MM. Ricard, Duvivier, Trouard-Riolle et Lesouëf, députés ; Georges Berger, directeur de l'Exposition de 1889 ; le président de la Cour d'appel, le maire de Rouen, le proviseur du Lycée Corneille.

Dans un discours, M. Doublet, maire de notre ville, retraça la vie de M. Dautresme et associa à son nom celui de M. Jules Grévy, président de la République.

M. Dautresme prit ensuite la parole. Après avoir remercié M. Doublet, et traité de questions politiques, il parla de notre ville :

« Nous traversons, dit-il, de cruelles épreuves ; notre production annuelle, qui avait atteint près de 120 millions de francs, est descendue à 75 millions. Un grand nombre de fabricants ont dû fermer leurs usines ; un nombre plus grand encore d'ouvriers sont restés sans travail ou n'ont trouvé qu'un travail insuffisant. Tous ont supporté la crise avec une admirable résignation ; mais nous avons le devoir de faire tous nos efforts pour qu'elle ne se prolonge pas davantage. Il semble que de certains symptômes annoncent le réveil de notre activité industrielle. On m'affirme que les collections d'échantillons sont très belles et qu'elles inaugureront dignement le comptoir que vous allez fonder à Londres.

« Il reste maintenant à établir des relations plus étroites avec les principaux négociants et exportateurs de Paris ; je compte, à cet effet, vous réunir avec eux, dans mon cabinet, au cours de la semaine prochaine. Vous avez aussi à penser à l'exposition de 1889. M. Berger, qui a bien voulu m'accompagner, vous fera connaître, demain, l'état de ses travaux... »

MM. Paul Pion, Hendlé, Doubet, Ricard et quelques autres prirent ensuite la parole. La soirée se termina par une chanson de Roger-Bontemps.

Le Théâtre rouvrit ses portes, le même jour 2 octobre, avec un nouveau directeur, M. de Tholozé.

L'Ecole professionnelle manufacturière débuta le lundi 3 octobre, sous la direction de M. Balavoine-Lévy, ancien professeur aux

Année 1887

Ecoles de commerce et d'industrie de Rouen, chargé du cours de commerce général, de la géographie commerciale et du droit commercial. Il avait comme collaborateurs :

MM. Trilland, ancien professeur à Mulhouse, professeur de géométrie, mécanique, physique industrielle et dessin ; D. Auzoux, professeur de tissage et de fabrication ; Alfred Pinchon, professeur de chimie ; M. Briois, professeur d'allemand ; M. Haution, professeur d'anglais ; ces deux derniers ci-devant professeurs au Lycée de Rouen.

Le président de la commission d'études pour la création de l'Ecole avait été M. L. Dautresme, devenu ministre du Commerce et de l'Industrie.

Le conseil d'administration se composait de MM. Jules Doublet, maire d'Elbeuf, membre du Conseil général, président ; Léon Quidet, ingénieur-mécanicien, délégué du conseil municipal, vice-président ; Léon Petit, manufacturier, délégué du conseil municipal ; Paul Pion, teinturier, président de la Chambre de commerce, trésorier ; D. Chedville, filateur, président de la Société industrielle ; Albert Blin, manufacturier, membre désigné par le préfet, secrétaire ; Auguste Thézard, négociant, membre désigné également par le préfet.

Cette Ecole avait et a encore pour but de procurer l'instruction technique et commerciale aux jeunes gens se destinant à l'industrie ou au commerce des tissus. Elle ne recevait et ne reçoit toujours que des externes. Les cours furent divisés en deux années. Pour être admis, les élèves devaient subir un examen ou être pourvus du certificat d'études primaires. La rétribution scolaire variait entre

60 et 480 fr., suivant que l'élève était en première ou seconde année, ou qu'il était d'Elbeuf, de la Seine Inférieure, des autres départements ou étranger. Enfin, les élèves devaient passer un examen, dans les derniers jours de la seconde année scolaire, pour l'obtention d'un certificat de fin d'études.

Le 8, les présidents et secrétaires des Chambre de commerce d'Elbeuf et de Roubaix furent reçus par M. Marie, directeur du Commerce extérieur.

Ce même jour, 8, M. Deloncle fit une conférence au Théâtre, sous le patronage de la Ligue des Patriotes.

Le 11, au ministère du Commerce, eut lieu une entrevue de délégués de l'industrie et du commerce d'Elbeuf avec les membres de la Chambre d'Exportation de Paris On aborda la question des rapports, interrompus depuis si longtemps.

M. Fould, président de la Chambre parisienne, se plaignit de la façon de vendre et opérer à laquelle beaucoup de fabricants d'Elbeuf s'étaient laissé aller, en coupant par petits métrages. Il demanda que notre place fabriquât des articles à bas prix et que l'on donnât aux exportateurs le temps nécessaire pour expédier et recevoir les échantillons envoyés en Amérique.

Les délégués d'Elbeuf promirent de faire le possible pour donner satisfaction aux exportateurs.

M. Ambroise-Michel Alavoine, dessinateur en tissus, vice-président des Sauveteurs, ancien conseiller municipal, inventeur d'un métier à tisser, mourut le 16 octobre, à l'âge de 62 ans.

La ville d'Elbeuf fut représentée, le 18, à un banquet de 1.200 couverts, offert par les Comités d'admission à l'Exposition de 1889, à M. Dautresme, ministre.

C'est de cette époque que date l'invention de la soie de cellulose, due à M. de Chardonnet, dont on fit plus tard un si grand emploi dans l'industrie textile et qui tend à se développer davantage encore.

Dans la séance municipale du 22 octobre, le Conseil vota des remerciements au syndicat qui s'était occupé de la diminution des tarifs d'assurance contre l'incendie M. Léon Quidet ajouta qu'il convenait de poursuivre la requête, afin de rentrer dans le tarif commun, auquel Elbeuf et Caudebec n'étaient pas encore ramenés. — L'allègement déjà acquis se chiffrait par 20 ou 30 pour 100.

L'assemblée accepta ensuite un legs de 5.000 fr. net de tous frais, fait par M. Charles Dumont, ancien négociant rue Patallier, décédé à Paris. Elle donna un avis favorable à l'acceptation d'un autre legs fait à l'Hospice, par feu M. le docteur Nicolle, s'élevant à la somme de 13.000 fr. environ.

D'un rapport lu à cette séance, il ressortait que la Caisse des écoles rendait de grands services aux élèves indigents. Elle ne comptait que 71 souscripteurs annuels, dont les cotisations avaient formé la somme de 600 fr. l'année précédente ; la Caisse avait consacré une somme de 11.881 fr., au moyen de laquelle on avait fourni des livres et des vêtements à 666 enfants des écoles communales.

M. Henri Quesné, ancien député de l'empire, âgé de 74 ans, mourut, le 23, en son château de Tourville-la-Rivière.

Les quelques manufacturiers composant le syndicat drapier elbeuvien, réunis le 9 novembre, décidèrent de ne plus remettre d'échantillons de voyage à moins de commande d'une demi-pièce. Cette décision fut portée à la connaissance de tous les fabricants de la région.

Le 10, on apprit que le fils de feu M. Dumor-Masson, ancien manufacturier à Elbeuf, M. Alexandre Dumor, dont l'inhumation avait lieu le jour même, avait légué à l'hospice de notre ville une somme de 20.000 francs pour la fondation de deux lits.

Le dimanche 13, vers 10 heures et quart du matin, le ballon *l'Arago*, monté par les aéronautes Lhoste et Mangeot, plus un voyageur parti de la Villette près Paris, passa au-dessus de notre ville. A Quillebeuf, le troisième descendit, et les deux autres continuèrent leur voyage, dans le but de descendre en Angleterre. A midi moins quinze minutes, ils étaient au-dessus de Tancarville. Le ballon fut encore aperçu, vers midi et quart, de Saint-Jouin. Depuis, on ne le revit plus ; MM. Lhoste et Mangeot s'étaient noyés en mer. On retrouva leurs corps mutilés par les vagues, lamentables, informes.

La Cour d'appel de Rouen rendit, le 30 novembre, son arrêt sur le différend qui avait éclaté entre la ville d'Elbeuf et les héritiers Ch. Flavigny, à propos de terrain sis rue des Traites, où la Ville se proposait de bâtir des écoles. La Cour déclara les héritiers Flavigny mal fondés dans leur action et les en débouta.

On s'intéressa beaucoup à Elbeuf, comme partout ailleurs du reste, à l'élection qui eut lieu à Versailles, le samedi 3 décembre, pour donner un successeur à M. Jules Grévy, président de la République, démissionnaire.

Un premier tour de scrutin donna ces résultats : 852 votants, 3 bulletins blancs ou nuls, majorité absolue 425. — M. Sadi-Carnot 303 voix, Jules Ferry 212, général Saussier, 148, de Freycinet 76, général Appert 72, Henri Brisson 26, divers 12.

Au second tour, M. Sadi Carnot fut élu par 616 voix, contre 186 au général Saussier et 22 à divers.

A la suite de cette élection, le ministère donna sa démission. Le 13 du même mois, M. Tirard forma un nouveau cabinet, dont M. Lucien Dautresme fit encore partie, comme ministre du Commerce et de l'Industrie.

Le 5, le Comité elbeuvien de la Ligue des Patriotes protesta énergiquement « contre les actes blâmables de M. Paul Déroulède qui, malgré la désapprobation de nombreux comités de province, n'avait pas craint de faire acte de révolutionnaire et ainsi violé les statuts de la Ligue, établis par lui-même. »

En conséquence, le Comité de la circonscription d'Elbeuf donna à l'unanimité de ses membres, sa démission, et chacun d'eux cessa, à partir de ce jour, de faire partie de la Ligue des Patriotes.

MM. Ch. Autin et A. Dubois, vice-présidents du Comité démissionnaire d'Elbeuf, annoncèrent, le même jour, qu'ils provoqueraient une assemblée générale pour reconstituer, dans la circonscription elbeuvienne, une œuvre patriotique d'où toute politique serait bannie.
— Quelques jours après, M. Déroulède donna lui-même sa démission de président de la Ligue.

Le mardi 13, M. le docteur Bouloumié vint faire une conférence, à laquelle assistèrent de très nombreuses dames, dans le but de fonder, à Elbeuf, un sous-comité de Rouen de « l'Union des femmes de France » et afin de créer un nouveau centre de secours, en cas de guerre, pour les malades et les blessés des armées de terre et de mer.

Dès le lendemain, environ cinquante dames se firent inscrire et une commission provisoire fonctionna immédiatement. Les médecins d'Elbeuf furent chargés de recevoir les nouvelles adhésions.

En ce même mois, le Musée de notre ville reçut des silex taillés recueillis à Caudebec et à Saint-Pierre, par M. Joseph Drouet. Ils avaient été trouvés dans l'argile, en nombre considérable, et se rapprochaient du type dit du Moustier.

Le jeudi 15, M. Daniel Wehrling, délégué de la fabrique d'Elbeuf, donna au syndicat drapier des détails sur son voyage en Extrême-Orient, qui avait duré deux années. Suivant lui, les draps lisses pouvaient trouver des débouchés en Chine et au Japon. Dans sa tournée, M. Wehrling avait déjà noué des relations assez importantes.

Le tailleur de la cour du Japon avait admiré les échantillons de nos produits en nouveautés, et il laissait entrevoir que, pour sa part, il pourrait arriver à traiter annuellement pour 300 ou 400.000 fr. d'affaires, car, ajoutait-il, les Japonais, qui se disent les Français de l'Asie orientale, adoptent nos modes et ont un goût spécial pour nos nouveautés que, sur les marchés du pays, on présente comme étant d'origine anglaise.

En Chine, ce sont les draps unis qui ont le plus de débouchés ; les fabricants russes ont la plus grosse clientèle en ce genre ; viennent ensuite les Anglais, les Allemands et les Américains.

A la suite de cette séance, un certain nombre de fabricants adhérèrent de nouveau au Syndicat, mais sans engagement formel.

En 1887, on ne comptait plus à Elbeuf que 92 fabricants employant 368 contremaîtres et 8.705 ouvriers ; il y avait encore 6 fabricants à Caudebec et 7 à Saint-Pierre, comptant ensemble 43 contremaîtres et 1.764 ouvriers.

Les filatures étaient au nombre de : 4 à Elbeuf, avec 8 contremaîtres et 120 ouvriers ; 10 à Caudebec, avec 15 contremaîtres et 241 ouvriers ; 2 à Saint-Pierre, avec 4 contremaîtres et 62 ouvriers ; 2 à Saint-Aubin, avec 4 contremaîtres et 60 ouvriers.

La teinture comptait 8 établissements à Elbeuf, 20 contremaîtres et 277 ouvriers ; 2 à St-Aubin, 5 contremaîtres et 68 ouvriers ; 1 à Orival, 3 contremaîtres, 60 ouvriers.

Dans l'ensemble, la fabrication lainière de la circonscription elbeuvienne, y compris les établissements d'apprêts et autres, employait 522 contremaîtres et 11.880 ouvriers

Le relevé du mouvement de la population en 1887 donna les chiffres suivants :

Elbeuf : 576 naissances, 151 mariages, 3 divorces et 719 décès.

Caudebec : 260 naissances, 72 mariages, 288 décès.

Saint-Pierre : 92 naissances, 20 mariages, 88 décès, 4 morts-nés.

Saint-Aubin : 63 naissances, 20 mariages, 2 divorces, 80 décès, 4 présentations sans vie.

CHAPITRE XI

(Année 1888)

Mort de M. Jules Doublet. — Election de M. Maille au Conseil général. — Elections au Conseil municipal. — M. Emilien Nivert, 29ᵉ maire d'Elbeuf. — Projet de la suppression de l'octroi. — Rassemblement tumultueux devant l'hotel de ville. — M. Sadi Carnot, président de la République, visite Elbeuf et Caudebec ; discours. — Affaires municipales.

Le budget municipal pour l'année 1888 fut établi ainsi : recettes 931.401 fr., dépenses 949.071 fr., d'où un déficit de 17.970 fr.

A partir du 1ᵉʳ janvier, M. Louis Laprée, ancien principal clerc de M. Picard, notaire à Daubeuf, occupa le greffe de la justice de paix de notre canton, en remplacement de M. Lalonde.

Dans ce même mois, la Société industrielle fonda des cours d'anglais et d'allemand, qui furent professés par Mᵉˡˡᵉ Paulus.

Le 24, mourut M. l'abbé Charles-Henri Pion, ancien vicaire de Saint-Jean et ancien aumônier de l'hospice ; il était très populaire et seulement âgé de 64 ans.

A l'occasion du jubilé pontifical, les catholiques offrirent à Léon XII une pièce de drap blanc, portant, brodées, les armoiries du pape, celles de l'archevêque de Rouen et les armes de la ville d'Elbeuf.

A la séance du conseil municipal du 3 février, présidée par M. Duprey, adjoint, remplaçant M. Doublet, malade, il fut dit que quatre nouveaux lits venaient d'être fondés à l'hospice : un par M. J. Doublet, deux par M. Dumor-Masson, un par M. Léon Petit, fabricant, alors très malade aussi.

L'assemblée adopta, à l'unanimité, un vœu tendant à la suppression du monopole des Pompes funèbres et des prérogatives accordées aux fabriques des églises sur ce point.

Le tirage au sort eut lieu le 7 ; on compta 362 conscrits, dont 182 d'Elbeuf, 78 de Caudebec, 38 de Saint-Pierre, 21 de Saint-Aubin, 13 d'Orival et 13 de la Londe.

Le 11, mourut M. Léon Petit, fabricant, conseiller municipal ; il n'était âgé que de 50 ans

L'acceptation de legs faits par Melle Capplet fut autorisée dans le courant de ce mois ; ils se composaient de : 5.000 fr. aux Frères des écoles chrétiennes ; 15.000 fr. au Bureau de bienfaisance ; 10.000 fr. aux salles d'asile de Saint-Jean et de Saint-Etienne. Fut également approuvée une transaction entre les héritiers Capplet et la Société industrielle, moyennant le versement à celle-ci d'une somme de 15.000 francs.

Une pénible nouvelle circula le jeudi 16 février. M. Jules-Louis-Eugène Doublet, maire d'Elbeuf et membre du conseil général, venait de mourir. Il était né à Bonneval (Eure-et-Loir) le 20 juillet 1836, et s'était fixé dans notre ville en 1855.

Ses funérailles eurent lieu le lundi suivant, avec beaucoup de solennité ; toute la population y assista, ainsi qu'une foule de personnes venues de tous côtés, dont plus de 200 de Rouen. La façade de l'hôtel de ville était traversée d'un large crêpe, et, sur tout le parcours que devait suivre le cortège funèbre, les becs de gaz avaient été allumés et recouverts d'un voile noir ; des drapeaux cravatés de noir étaient aux fenêtres de très nombreuses maisons particulières.

Au cimetière, des discours furent prononcés par M. Lucien Dautresme, ministre du Commerce ; Hendlé, préfet du département ; Laporte, conseiller général ; Duprey, adjoint ; Thézard, vice-président du conseil d'administration de l'hospice ; Dubois, président du Comité de l'Union républicaine ; Doubet conseiller d'arrondissement et maire de Saint-Pierre ; Angot, président de la Société des Tisserands. Commencée à 11 heures du matin, la cérémonie funèbre ne prit fin qu'à plus de trois heures du soir.

Vers le commencement de mars, l'Union des Femmes de France se constitua dans notre ville, sous la présidence de Mme veuve Bruyant-Desplanques.

Le choix d'un candidat pour succéder à M. Doublet au Conseil général fut assez laborieux. Le Comité de l'Union républicaine s'était arrêté sur le nom de M. O. Doubet, conseiller d'arrondissement, mais celui-ci déclina les offres qui lui furent faites.

Deux autres noms furent alors mis en avant : ceux de MM. Georges Beer et Isid. Maille. Les membres du Comité passèrent au vote ; la majorité se déclara pour M. Maille. Plusieurs des assistants, dépités, quittèrent la salle. Après leur départ, M. Maille proposa la candidature de M. Arthur Hulme, qui obtint l'unanimité des suffrages. Une députation, composée des maires et adjoints du canton présents, se rendit immédiatement chez M. Hulme, lequel déclina, à son tour, la candidature

Cependant, l'assemblée ne voulait point se séparer avant d'avoir désigné un candidat. Elle vota sur le nom de M Isidore Maille, qui obtint presque l'unanimité des voix. A la séance suivante, M. Maille donna lecture de sa circulaire au corps électoral, ainsi conçue :

« Mes chers Concitoyens,

« J'ai été désigné par le Comité de l'Union républicaine du canton d'Elbeuf, comme candidat au Conseil général, en remplacement de notre regretté M. Doublet, dont la perte a été si sensible pour le parti républicain. J'aurais désiré que d'autres, plus méritants, eussent bien voulu accepter cet honneur, qui est aussi une bien lourde tâche : car des hommes comme M. Doublet se remplacent difficilement. Il joignait, en effet, aux qualités du cœur, des connaissances très étendues, et un dévouement absolu aux intérêts qu'il était chargé de représenter.

« Si vous voulez bien m'honorer de vos suffrages, je m'efforcerai de m'en rendre digne, par le dévouement avec lequel je défendrai les intérêts généraux du canton et plus particulièrement ceux de la ville d'Elbeuf, dont l'industrie souffre d'une crise prolongée.

« Je serai heureux de mettre à la disposition de mes concitoyens l'expérience que j'ai acquise depuis que je m'occupe des affaires administratives.

« Je n'ai pas à vous faire de profession de foi. Vous me connaissez depuis longtemps. Vous savez que je suis dévoué aux institutions républicaines et que mes efforts tendront à les faire aimer de tous, en appuyant toutes les mesures ayant pour but l'amélioration et le développement de l'instruction primaire, aussi bien que celles tendant à l'amélioration du sort des ouvriers par l'extension des sociétés de secours mutuels et de prévoyance. »

L'Industriel combattit vivement cette candidature, que *l'Elbeuvien*, au contraire, soutint avec énergie. Les dissidents du comité de l'Union républicaine et *l'Industriel* posèrent la candidature de M. Paul Pion, que soutinrent le *Journal d'Elbeuf*, le *Nouvelliste*, le *Journal de Rouen* et le *Patriote*. Cette candidature, en raison des sympathies dont jouissait M. Pion, était la plus redoutable que l'on put opposer à celle de M. Maille. Quant au *Petit Rouennais*, il prit parti pour M. Maille et combattit son adversaire.

Le 15 mars, une réunion publique eut pour objet l'élection cantonale. M. Maille y développa son programme M. Paul Pion était absent. M. Olivier, maire de Caudebec, qui avait aussi posé sa candidature, la retira. L'assemblée se prononça à la presque unanimité en faveur de M Maille.

Le scrutin eut lieu le 18 mars. Il donna les résultats suivants :

Communes	Inscrits	Votants	Maille	Pion
Elbeuf	5.000	3.362	1.610	1.633
Caudebec	2.835	1.836	1.210	562
Cléon	166	117	88	27
Freneuse	143	79	52	26
La Londe	488	282	167	108
Orival	356	265	94	168
Saint-Aubin	862	677	509	160
Saint-Pierre	1.081	615	313	273
Sotteville	90	59	50	8
Tourville	235	127	87	39
Totaux	11.256	7.419	4.626	3.004

M. Maille fut donc élu ; mais la polémique se poursuivit dans les journaux locaux.

Le 12, était décédé M. Emile Marchand, directeur de l'Ecole primaire supérieure. Le défunt était né à Rémalard (Orne) le 13 février 1852. — Il eut pour successeur M. Martel, ancien professeur à cette Ecole, et en dernier lieu professeur à l'Ecole normale de Loches.

A la suite de la séance de la Chambre des députés du 30 mars, le ministère, dont faisait partie M. Lucien Dautresme, remit sa démission au président de la République.

On parlait de temps à autre de la possibilité de supprimer l'octroi d'Elbeuf. Cette question, dont la solution devait attendre encore bien des années, fut traitée dans l'*Elbeuvien*, à partir du 12 avril. *L'Industriel* contredit les données établies par le premier.

En avril, le *Journal d'Elbeuf* changea son titre en celui de l'*Indépendant*.

Vers ce même temps, le Comité de l'Union républicaine se donna des statuts, qui furent publiés par l'*Elbeuvien*.

Au Salon de 1888, quatre de nos concitoyens exposèrent dans la section de peinture : MM.

Haag, Georges Huet, Minet et Mlle Berthe Mouchel. M. Chrétien exposa dans la section de sculpture.

Le renouvellement intégral des conseils municipaux était fixé au 6 mai. A cette occasion, le comité de l'Union républicaine adressa l'appel suivant aux électeurs :

« Concitoyens électeurs,

« Demain, vous aurez à élire, pour quatre années, vos conseillers municipaux.

« Quoi que l'on vous dise et quoi que l'on vous affirme, n'oubliez pas que la loi donne aux délégués de ces conseils un véritable pouvoir politique en certaines occasions, notamment pour la nomination des sénateurs.

« Vous savez que, sauf une exception, les sénateurs de la Seine-Inférieure sont des réactionnaires. Il est donc urgent que notre conseil municipal soit essentiellement démocrate, afin de choisir et d'élire un de ses membres comme délégué républicain lors du prochain renouvellement de nos sénateurs. C'est à vous, habitants de la ville d'Elbeuf, centre et cœur du canton, cité essentiellement industrielle et ouvrière, qu'il appartient de donner l'exemple aux autres communes.

« Voilà pourquoi nous nous sommes adressés aux candidats que nous vous présentons.

« En outre, nous les avons choisis parce que tous sont dévoués aux intérêts de notre commune et que, si le nombre des représentants de notre haute industrie est un peu plus limité que nous l'aurions désiré en raison de nos démarches, les petits patentés et les ouvriers sont nombreux.

« Tous ont la ferme volonté d'apporter la plus grande économie possible dans nos finances ; ils ont le ferme espoir de restreindre largement nos dépenses et de préparer pour l'avenir un projet de budget qui, avec l'aide du gouvernement, nous permettra de supprimer nos octrois.

« Citoyens, nous ne pouvons entrer dans de plus amples détails ; ce serait, du reste, à peu près inutile.

« Les hommes que nous vous présentons ont l'intention de tout faire pour le bien de la commune, dans l'intérêt du travail et des travailleurs.

« Si, comme nous le croyons, telle est votre pensée, votez pour les candidats dont nous soumettons les noms à vos suffrages ».

Il y eut trois listes ; celle du Comité de l'Union républicaine, patronnée par *l'Elbeuvien*. Celle du Comité de *l'Industriel*, composée de « ralliés » et de noms pris sur la précédente, et celle de l'*Indépendant*, purement réactionnaire.

Le nombre des inscrits étant de 5.323 et celui des votants de 3.555, il fallait que les candidats eussent au moins 1.779 suffrages. Douze seulement parvinrent à ce chiffre, ainsi que le montre le tableau suivant : la lettre U s'applique à la liste de l'Union républicaine, l'R à celle des ralliés et l'M à la liste nettement anti-républicaine.

Elus : MM.   *voix :*

Langlois (J.-B.), conseiller sortant U R.. 2.303
Nivert (Emilien), manufacturier R M.... 2.237
Blin (Eugène), manufacturier U R....... 2.120
Harel (A.), conseiller sortant U R....... 2.118
Coquerel   id,   id.   2.116
Malfilâtre   id.   id.   2.103
Courtillet   id.   id.   2.070

Vautier (A.), brasseur de bière U R 2.050
Fossard (Louis), tisserand, anc. cons. U R. 2.037
Gouée (P.), négociant U R 1.940
Rident (H.), docteur en médecine R M... 1.934
Sallé, épicier U R 1.797

Non élus : MM.   *voix :*

Fossard (L.), ouvrier fileur 1.631
Duprey (D.), conseiller sortant.......... 1.626
Quidet (Léon)   id.   1.494
Descoubet (Jules)   id.   U   1.424
Berjonneau-Démar, manufacturier 1.334
Avenel (Charles), conseiller sortant..... 1.255
Dupont (F.),   id.   1.218
Delamare,   id.   1.216
Piperel,   id.   1.203
Auger (A.), négociant................... 1.193
Grosclaude, docteur en médecine 1.184
Pelletier (Xavier), manufacturier 1.172
Mouchel (Charles) professeur de math. U 1.156
Lefrançois (Henri), conseiller sortant.... 1.154
Rabier, architecte U.................... 1.146
Lecler, imprimeur lithographe U........ 1.131
Canivet (C.), manufacturier 1.128
Viot (A.), manufacturier 1.127
Loutrel, conseiller sortant.............. 1.122
Picard, tisserand, prud'homme U........ 1.118
Angot, ancien agréé 1.115
Maurel manufacturier................... 1.114
Flavigny (Ernest), rentier............... 1.112
Maille (Paul), rentier 1.111
Fiquet, bijoutier U 1.109
Schuhl, négociant en draperies......... 1.107
Delarue fils, teinturier................. 1.100
Brument, négociant.................... 1.093
Duvallet, entrepreneur................. 1.091
Coulon, ouvrier tisserand U............. 1.090
Parmantier, marchand de toiles........ 1.089
Hommais, manufacturier............... 1.088
Cartier, négociant en draperies U....... 1.066
Cabourg (G.), rentier 1.065
Mutel, négociant en liquides 1.061

Leprévost, comptable u	1.051
Dubois (A.), agréé	1.049
Picard-Fessard (Louis), march. de bois	1.044
Bourbonnel, coiffeur u	1.043
Leroux, bimbelotier u	1.041
Lacaille, négociant en liquides	1.037
Thuillier, agréé	1.029
Sulpice, anc. prud'h., scieur de pierres u	1.027
Oursel, agriculteur	1.025
Quimbel, menuisier	1.017
Delaplanche (Louis), rentier u	1.007
Boulanger, pharmacien	1.005
Montel, docteur en médecine u	992
Masselin (J.), architecte	991
Patallier, rentier	988
Weber, épicier u	964
Olivier, contremaître	932
Cavelier (Paul)	929
Delauné, employé	919
Scherding (L.), ouvrier tisseur u	890
Goubert, retordeur	859

Au deuxième tour, MM. Leprévost, Montel, Lecler et Cartier, déclinèrent toute candidature. Le comité de l'Union républicaine et celui des ralliés ou modérés composèrent une liste unique. Il y eut 3 299 votants ; leurs suffrages se portèrent en majorité sur cette liste de fusion, contre laquelle l'*Indépendant* et les monarchistes en dressèrent une autre ; celle-ci échoua totalement, malgré une division qui, ayant éclaté dans le parti républicain à propos de la fusion, engendra une troisième liste.

Pendant cette seconde partie de la période électorale, la polémique des journaux avait redoublé ; de nouvelles affiches avaient été apposées, et les circulaires et bulletins de vote jonchaient les rues.

Voici les résultats du scrutin de ballottage, qui eut lieu le 13 du même mois :

Elus : MM.

Duprey	2.026	Berjonneau-Démar	1.482
Picard, tisseur.	1.929	Coulon, tisseur	1.397
Descoubet	1.926	Dupont	1.396
Mouchel	1.832	Avenel	1.371
Rabier	1.832	Loutrel	1.266
Angot	1.775	Piperel	1.255
Grosclaude	1.770	Dubois	1.185
Quidet (Léon)	1.565		

Non élus : MM.

Pelletier	1.151	Lechêne D	912
Auger (Alex.)	1.102	Thuillier	890
Canivet	1.041	Fossard (Louis)	886
Viot (A.)	1.040	Lelong fils D	863
Flavigny (E.)	1.025	Bouvier, tiss. D	774
Maurel (L.)	1.006	Brocq (C.), D	739
Hommais	999	Bourbonnel D	631
Duvallet	978	Fiquet D	610
Delarue fils	977	Delaplanche D	562
Parmantier	965	Masselin D	355
Mutel	959	Olivier, maire Caud.	221
Cabourg	949	Devarenne	216
Picard-Fessard	943		

Les noms suivis d'un D appartenaient à la liste de l'Union républicaine dissidente.

Cette élection fut la dernière dans laquelle les monarchistes présentèrent des candidats ouvertement hostiles à la République.

Le nouveau conseil municipal se réunit le matin du dimanche 20 mai, afin de procéder à l'élection d'un maire et de deux adjoints. M. Malfilâtre, doyen d'âge, présida. M. Eugène Blin fut nommé secrétaire, fonction qu'il devait garder jusqu'à la fin de son mandat. Il y avait 26 présents.

M. Emilien Nivert, manufacturier, fut élu maire par 20 suffrages, contre 4 à son beau-frère, M. Berjonneau, 1 à M. Duprey et 1 à

M. Langlois. M. Nivert monta au bureau et prononça cette allocution :

« Messieurs ; je vous suis profondément reconnaissant du témoignage de sympathie et d'estime dont vous venez de me donner la preuve en m'appelant à la présidence du Conseil.

« C'est un grand honneur pour moi, Messieurs, mais c'est aussi une lourde tâche, et en vous remerciant de vos suffrages, permettez-moi de vous dire que je compte sur le concours éclairé de tous pour me la faciliter.

« En occupant ce fauteuil, je ne puis, sans une émotion profonde, jeter un coup d'œil sur le passé, en évoquant le souvenir du grand citoyen, de l'administrateur éminent, de l'ardent patriote, de Jules Doublet, enfin, qui siégeait à cette place, il y a quelques mois encore.

« Un tel homme ne se remplace pas, Messieurs ; il est seulement permis à son successeur de suivre sa trace, en vous affirmant que, si une volonté sincère, le dévouement le plus absolu pour les intérêts de la ville suffisent à sa tâche, il la remplira.

« Grâce à la remarquable gestion de nos prédécesseurs, nos finances sont en bon état. Il convient de les y maintenir en réalisant toutes les économies possibles, et en étudiant avec soin les améliorations et les réformes qui peuvent être apportées dans la perception de l'impôt communal.

« Ces questions si importantes méritent notre attention la plus soutenue. Il s'agit de l'avenir financier de notre ville ; nous avons le devoir de nous mettre à l'abri de toute critique ultérieure.

« Nous sommes tous partisans de la diffusion de l'enseignement et de l'instruction à tous les degrés. Nous serons unanimes pour la développer davantage, si c'est possible. Il me reste à vous parler, Messieurs, de ma modeste personnalité.

« Jusqu'à ce jour, je me suis tenu à l'écart des affaires publiques. Si j'ai l'honneur d'être connu de vous, soit comme industriel, soit comme homme privé, il n'en est pas de même au point de vue politique. Certains se demandent, peut-être, si je suis un défenseur de nos institutions légales, du gouvernement de la République, en un mot, ou si je suis son adversaire.

« Eh bien, Messieurs, je suis son défenseur.

« Libéral par caractère et par conviction, je laisse aux autres la liberté la plus complète, la plus absolue. Je réclame, en échange, l'entier exercice de ma liberté personnelle.

« Je place en première ligne le respect absolu de la loi, à laquelle tout citoyen, tout Français doit obéissance. Je suis, de plus, l'ennemi déclaré des révolutions et des coups d'Etat, qui sont des sources de troubles, de bouleversement et de guerre civile.

« Aussi, Messieurs, je vous le déclare, et je vous le déclare loyalement, en toute circonstance, je saurai remplir mon devoir, en respectant et en faisant respecter la forme légale de nos institutions, la forme légale du gouvernement que le pays s'est librement donnée, le gouvernement de la République ! »

On passa à la nomination des adjoints. Sur 27 votants, M. Duprey fut réélu par 26 voix. L'élection du second adjoint nécessita deux tours de scrutin. Au premier, M. Descoubet obtint 13 voix, M. Angot 12, M. Langlois 1 et il y eut un bulletin blanc. Au second, M. Descoubet fut élu par 14 suffrages, contre 12 à M. Angot et 1 à M. Langlois. — La candidature non justifiée de M. Angot fut commentée en ville : on vit là une tentative d'éloigner de l'administration le républicain éprouvé qu'était M. Descoubet.

Dans le courant de ce même mois, la Chambre de commerce prit une délibération ayant pour objet les marques de fabrique et de commerce, et proposa à la commission du Sénat d'ajouter à son projet de loi l'article suivant :

« Nul n'a le droit, dans ses prospectus, ni sur ses factures, de se dire fabricant ou commerçant dans une ville industrielle, s'il n'y possède aucun établissement, ou s'il n'y est pas patenté. »

Un incendie éclata vers trois heures et demie du matin, le 26 mai, chez MM. Dehan et Grubben, épailleurs, rue de Marignan ; les pertes furent évaluées à 250.000 fr. — Le même jour, vers huit heures et demie du soir, le feu prit encore dans les combles de l'hôtel de ville. — Le surlendemain un nouvel incendie se déclara chez M. Fouard, rue de la Barrière, au fond d'une cour, vers la place Lemercier.

La question de la suppression des octrois, qui avait déjà été traitée dans *l'Elbeuvien*, fut l'objet d'une proposition, à la séance municipale tenue le 1er juin, faite par M. Mouchel et plusieurs de ses collègues. Elle était ainsi formulée :

« Les conseillers municipaux soussignés ;

« Considérant que la presque totalité des dettes de la ville devant se trouver amortie d'ici à quelques années, il en résultera la possibilité, soit d'effectuer des dégrèvements importants, soit d'engager de nouvelles dépenses extraordinaires ;

« Considérant que, dans l'état actuel de l'industrie et du commerce elbeuvien, les dégrèvements paraissent préférables ;

« Considérant que, de toutes les taxes municipales, l'octroi est la plus coûteuse à percevoir et la plus vexatoire ;

« Considérant enfin que la suppression de cet impôt est réclamée par la grande majorité de la population elbeuvienne ;

« Proposent qu'il soit nommé, par le conseil municipal, une commission de onze membres, avec mandat de rechercher par quels moyens et dans quel délai minimum il serait possible de supprimer l'octroi municipal, en restant strictement sur le terrain des lois existantes.
— Suivaient les signatures de MM. Mouchel, Picard, Sallé, Coulon, Rabier, Fossard, Coquerel et Courtillet.

Cette proposition et une autre de même nature, présentée par M. Dubois, furent renvoyées à l'examen de la commission des finances.

M. Eugène Blin rappela que M. Sadi-Carnot, président de la République, devait se rendre prochainement à Rouen et au Havre, et proposa qu'une démarche fût faite auprès du chef de l'Etat pour le prier d'honorer aussi la ville d'Elbeuf de sa visite. Cette proposition fut adoptée.

M. Fossard proposa d'établir de petites cantines dans les écoles, pour les enfants pauvres.

A la séance suivante, tenue le 6, le Conseil discuta assez longuement à propos des « murs de feu » établis ou à établir à l'hôtel de ville, afin de prévenir l'extension des incendies qui pourraient éclater à l'avenir dans cet édifice.

Le président de la République reçut les délégués de la ville d'Elbeuf, le 13. Ils étaient en compagnie des députés de la Seine-Inférieure, du préfet, du sous-préfet du Havre et de délégués de cette dernière ville et de Rouen.

M. Carnot se montra touché de cette démarche, et dit qu'il acceptait l'invitation qui lui était faite de se rendre au Havre, à Rouen et à Elbeuf, lors de son voyage en Normandie.

En sortant de l'Elysée, les représentants de notre département se rendirent au ministère de l'Intérieur, afin d'inviter aussi M. Floquet, qui accepta également.

Le même jour, l'Union des Femmes de France, section d'Elbeuf, tint une réunion générale, présidée par le premier adjoint, représentant le maire, qui faisait partie de la délégation de Paris.

Le dimanche 24, on inaugura la Maison des Vieillards, tenue par les Petites Sœurs des Pauvres, édifiée dans le terrain de Mme Fouquier-Long, chemin de Saint-Cyr.

Le surlendemain, on s'entretint à Elbeuf d'un arrêté préfectoral suspendant M. Olivier de ses fonctions de maire de Caudebec.

Le même jour ferma une remarquable exposition de roses, ouverte le samedi précédent. Des prix nombreux avaient été décernés à la plupart des exposants.

Le conseil municipal se réunit le 29. Il s'occupa des logements d'employés existant à l'hôtel de ville, qui pouvaient, disait-on, devenir des causes d'incendie. La discussion, assez animée, fut soutenue par MM. Mouchel,

Coquerel, Quidet, Dubois, Angot, Fossard. L'évacuation de ces logements fut prononcée par 15 voix, contre 8 et 3 abstentions.

Elbeuf vit une première kermesse, le 1er juillet ; elle était installée dans le parc Lizé, près du Champ de foire. Le programme comportait une Foire aux plaisirs, un Concert tunisien, un Théâtre, un buffet-restaurant, etc. Il y eut une fête de nuit, avec feu d'artifice. Cette kermesse eut un très grand succès et produisit une somme nette de 10.200 fr., qui fut répartie entre nos divers établissements de bienfaisance.

Le 7, une réunion publique, organisée par M. Olivier, maire révoqué de Caudebec, se tint à l'Alcazar ; il s'y trouva environ deux mille auditeurs. M. Julien Goujon, avocat de Rouen, dont le nom avait figuré sur l'affiche, était présent, ainsi que M. Goussot, qui s'était déjà produit dans plusieurs réunions précédentes, et M. Henri Dubost, jeune avocat de Rouen, lequel se déclara anti-boulangiste. M. Goujon, plus Normand, parla pour et contre le général Boulanger. Quant à M. Goussot, il repoussait tout plébiscite.

Le lundi 9, vers midi et demie, un nommé Albert Lefebvre, âgé de 22 ans, ouvrier de collerie, se trouvait en état d'ivresse rue St-Jacques, où, tenant des propos maladroits, tout en gesticulant, il fut arrêté et conduit au violon municipal. Arrivé près du Théâtre, il refusa de marcher. Ce jour-là, l'usine de MM. Blin et Blin, où travaillait Lefebvre, avait suspendu son travail, à cause d'un deuil de famille. Il y avait donc plus de monde dans la rue que d'ordinaire et c'était à l'heure du repos pour le déjeuner que cette scène se produisait : il se forma donc un rassemblement nombreux, duquel partirent des voix en faveur de Lefebvre.

Les agents poussèrent leur prisonnier dans une voiture de place ; mais aussitôt des gens ouvrirent l'autre portière pour le faire sortir, pendant que d'autres commençaient à dételer le cheval. La foule ne fit que s'accroître et les cris qu'augmenter.

Néanmoins, les agents ressaisirent Lefebvre et le réintégrèrent dans le fiacre, en mettant sabre au clair, pour écarter la foule et permettre de réatteler le cheval, et la voiture partit pour l'hôtel de ville.

Une masse compacte les suivit au pas de course. On ferma la grille de la mairie donnant sur la place ; alors commença une série de lazzi contre la police.

M. Nivert, maire, qui assistait à l'inhumation de la parente de M. Blin, fut averti. Il se rendit tout de suite sur les lieux et chercha, mais en vain, à calmer la foule, qui réclamait l'élargissement de Lefebvre, et comme le flot grossissait toujours, M. Nivert télégraphia à la préfecture.

Toute l'après-midi, l'affluence se maintint et les cris continuèrent ; mais à sept heures, au moment de la sortie des fabriques, les rues Robert et Henry se couvrirent de monde, dans lequel on propageait des bruits ridicules. Quant à la place de l'hôtel de ville, elle avait été déblayée par la brigade de gendarmerie, qui essuya quelques poignées de gravier lancées sur elle.

Vers neuf heures, alors que le jour baissait, une voiture fut amenée devant l'hôtel de ville, et des gendarmes à cheval l'escortèrent vers la rue Saint-Jean. Supposant que c'était le prisonnier que l'on enlevait, une partie de la foule se jeta à sa poursuite ; mais ayant reconnu que le fiacre était vide, la masse revint devant l'hôtel de ville, en poussant de nouveaux cris.

Pendant cette manœuvre, deux autres gendarmes emmenaient Lefebvre, en sortant par la barrière donnant sur le quai.

A ce moment, une escouade de six hommes du 24e de ligne, formant la moitié de notre effectif militaire depuis le départ du bataillon pour le tir de Saint-Vigor, arrivait au pas de course, commandée par un lieutenant. Elle amenait un individu qui, lui aussi, avait tenu des propos inconvenants. La foule demanda la mise en liberté de cet homme, et comme sa faute n'était pas grave, le lieutenant le fit relâcher.

Les cris de « Vive l'armée ! Vive la ligne ! Vivent les gendarmes ! » accueillirent cette décision ; mais bientôt la foule recommença sa manifestation contre la police La place ayant été rendue libre, elle se couvrit de curieux.

Vers onze heures, on chanta *la Marseillaise* et cria : « C'est Laguerre qu'il nous faut ! » Des malavisés jetèrent des pierres dans les fenêtres du bureau de l'état-civil et du bureau de l'octroi de la mairie. Cependant, les gendarmes et la ligne montrèrent le plus grand sang-froid, espérant que la foule allait enfin se disperser.

En effet, à onze heures et demie, il n'y avait guère plus de deux cents personnes sur la place. A minuit et quart, vingt-quatre gendarmes, commandés par un capitaine, arrivèrent ; ils appartenaient aux brigades de Rouen, Couronne et Oissel. Un quart-d'heure après, le reste des curieux se dispersa, au moment où arrivait un escadron de chasseurs à cheval, envoyé de Rouen.

Cependant, la place de l'hôtel de ville fut encore assez animée le mardi 10 juillet. car le procureur de la République, le secrétaire général de la préfecture, le juge d'instruction et son greffier, vinrent procéder à une enquête. Lefebvre fut traduit en correctionnelle et condamné à 10 jours de prison et 5 fr. d'amende.

Ainsi se termina cette « émeute », dont on eut souvent l'occasion de reparler, par la suite, quand Lefebvre renouvela les incartades dont il était coutumier. — Il mourut en 1903.

A la séance municipale du 3 août, M. Nivert, maire, donna quelques renseignements sur la visite, annoncée, de M. Sadi-Carnot, président de la République, qui alors faisait une tournée dans plusieurs régions de la France. Le Conseil vota un crédit de 6.000 fr. afin de couvrir les dépenses nécessitées pour la réception du chef de l'Etat.

Un décret du président de la République, daté du 18, nomma M. Louis Henri Risselet receveur municipal spécial de la ville d'Elbeuf, en remplacement de M. Fauquet, démissionnaire. — M. Risselet était alors receveur municipal de Sotteville-lès-Rouen.

Ce fut le vendredi 14 septembre que le président Carnot vint à Elbeuf accompagné du général Brugère, du colonel Lichtenstein, du capitaine de frégate Cordier, du commandant Chamois et de M. Arrivière, secrétaire particulier ; de M. Floquet président du Conseil, de sénateurs, de députés et autres personnages.

Le président était parti de Fontainebleau le 10 septembre, avait couché à Caen, était allé à Cherbourg le 11, d'où il était parti, par mer, le 12 pour le Havre ; avait couché à Rouen le 13 et quitté cette ville le 14 à 6 heures de l'après-midi, pour arriver à Elbeuf à 6 h. 40, après s'être arrêté quelques instants à Grand-Couronne.

Le jour de son arrivée à Elbeuf, M. Sadi-Carnot avait assisté à une grande revue, terminant les manœuvres, sur le plateau de Boos, où une foule énorme s'était rendue.

Notre ville était en fête depuis le matin. Des comités de quartier s'étaient improvisés pour décorer brillamment nos rues, surtout celles par où devait passer le cortège et d'autres dont la population, patriotique et en grande partie alsacienne, avait saisi la visite présidentielle pour manifester son attachement au gouvernement de la République et à son président.

M. Carnot fut reçu à la gare d'Elbeuf-Ville par la municipalité, avec M Nivert en tête, accompagné de ses adjoints. Etaient également présents les officiers de la réserve et de la territoriale, et un grand nombre de notabilités. L'*Harmonie elbeuvienne*, rangée sur le quai, joua la *Marseillaise*, pendant que le canon tonnait et que les cloches des trois églises sonnaient à toute volée. La foule était grande ; les toits voisins étaient couverts de monde.

Le président de la République monta dans une voiture et se rendit chez M. Lucien Dautresme, accompagné de notre député et d'une suite nombreuse remplissant cinquante luxueuses voitures et attelées de chevaux de grand prix, fournies par de riches bourgeois elbeuviens, sans distinction d'opinion.

Une haie d'honneur était formée par la gendarmerie, les pompiers d'Elbeuf, de Caudebec, de Saint-Pierre et de Saint-Aubin ; la Société musicale alsacienne, le Comité de l'Union républicaine, un détachement du 39e de ligne, et autres corps.

Sur tout le parcours, le chef de l'Etat fut très chaleureusement acclamé ; des boulangistes tentèrent une contre-manifestation, qui échoua.

Après quelques instants passés chez M. Dautresme, le président remonta en voiture. La rue du Cours était superbement décorée. A la hauteur de la rue Deshayes, deux fillettes du quartier remirent un bouquet à M. Carnot.

A l'hôtel de ville le maire présenta au président les membres du conseil municipal, puis chacun prit sa place pour le banquet qui avait été organisé.

A droite de M. Carnot étaient M. Floquet, président du conseil des ministres, les premiers présidents MM. Goujon et Montaubin ; à gauche : le général du Guing, le préfet Hendlé et le général Lafouge. En face, se tenait M. E. Nivert, ayant à droite le général Brugère et M. Ricard, député ; à gauche. M Pouyer-Quertier, sénateur, le procureur de la République.

A d'autres tables étaient de nombreux sénateurs, députés, officiers généraux et supérieurs, sous-préfets, conseillers généraux et d'arrondissement, maires, adjoints, membres de différents corps constitués, industriels, plus de vingt représentants de la presse parisienne, etc. Pendant le repas, l'un des plus brillants de tous ceux donnés jusque-là dans notre ville, l'*Harmonie* se fit plusieurs fois entendre.

Au dessert, M. Nivert, maire, prit la parole et s'exprima ainsi :

« Monsieur le Président de la République, Messieurs ;

« En nous faisant l'insigne honneur de visiter notre ville, vous nous donnez un témoignage de la sollicitude que vous portez à notre industrie et aux populations si laborieuses, si franchement républicaines de la région. Nous sommes fiers de votre présence au milieu de nous, et, au nom de la cité tout entière, dont j'ai l'honneur d'être l'interprète, je vous en remercie.

« Nous n'avons pas, en vous recevant, la prétention de lutter d'éclat avec les grandes villes que vous venez de traverser ; mais les décorations que vous avez pu remarquer sur votre passage ont le véritable caractère d'une manifestation populaire. Elles sont dues à l'initiative privée des habitants, heureux de donner ainsi un témoignage de leur attachement et de leurs sentiments de respectueuse sympathie au chef de l'Etat, au premier magistrat de la République, au loyal président Carnot. »

Des applaudissements éclatèrent de toutes parts. M. Nivert continua son discours en ces termes :

« Au point de vue politique, nous sommes des républicains fermes et sincères, dévoués aux institutions qui nous régissent. Autant nous sommes amis du progrès, des réformes muries et d'une marche en avant, sagement élaborée, autant nous répudions les utopies et les menées des personnalités bruyantes, qui jetteraient sûrement le pays dans les aventures et le conduiraient à sa perte.

« Nous sommes, en un mot, des industriels ; nous sommes des ouvriers ; nous avons besoin de tranquillité : elle seule peut nous assurer du travail

« Notre ville, Monsieur le Président, a traversé des moments difficiles ; la concurrence étrangère nous fait une guerre acharnée. Nous ne reculerons cependant devant aucun sacrifice pour lutter contre elle.

« Grâce à l'appui personnel de notre député et ami, M. Lucien Dautresme, qui n'épargne ni son temps ni sa peine, quand il s'agit de soutenir nos intérêts, nous avons fondé une Ecole professionnelle, organisée spécialement en vue de notre industrie drapière. Nos usines, vous pourrez vous en convaincre, sont pourvues de machines puissantes et d'un outillage absolument perfectionné.

« Au point de vue commercial, nous avons créé, à grands frais, des agences à l'étranger, et un de nos représentants, chargé des intérêts de plus de vingt fabriques d'Elbeuf, parcourt, en ce moment, les Indes, la Chine et le Japon pour nous créer de nouveaux débouchés. Mais nous n'avons pas, comme nos concurrents les plus ardents, le charbon à nos portes, et nos charges sont élevées. Pour compenser ces désavantages nous demandons une protection équitable, qui, grevant les produits étrangers d'une partie des frais qui nous incombent, nous permette de lutter à armes égales contre nos adversaires.

« Actuellement, nous sommes liés par des traités ; mais tous vont expirer avant peu. Au nom de notre industrie menacée, au nom de nos ouvriers, je réclame votre bienveillant appui auprès des Chambres et auprès des ministres compétents, pour que ces traités ne soient pas renouvelés à leur expiration. Leur remplacement par des tarifs est une question de justice et d'équité.

« Ainsi cesseront ces anomalies fâcheuses, qui font que nos produits paient un droit considérable à leur entrée dans certains pays, alors que la draperie de ces mêmes pays acquitte des droits bien inférieurs à son entrée en France.

« En faisant appel à toute votre sollicitude, nous savons que nous serons entendus, et que nos vœux seront l'objet d'un examen attentif.

« A l'approche du centenaire de la Révolution française et de la grande manifestation industrielle qui s'organise, manifestation à laquelle Elbeuf prendra une large part, je vous demanderai, Messieurs, en vous remerciant de votre présence à ce banquet, de vous unir tous à moi dans un sentiment de vrai patriotisme et de lever nos verres au succès de l'Exposition de 1889, et à la santé du Président de la République; du Président Carnot. »

Ce discours fut très chaleureusement applaudi, et aussitôt après les dernières paroles de l'orateur, les cris de « Vive Carnot ! Vive la République ! » éclatèrent de toutes parts.

M. Carnot répondit en ces termes :

« Monsieur le Maire, Messieurs,

« L'accueil que rencontrent les représentants du gouvernement de la République, en arrivant dans notre ville, couronne dignement le magnifique voyage que nous venons de faire dans les départements normands.

« Nous avons trouvé partout des populations dévouées aux institutions républicaines et aux libertés qu'elles ne veulent pas laisser compromettre. Nous avons vu une belle marine, digne de la confiance que le pays a placée en elle. Nous avons vu une armée, bien commandée, à la hauteur de sa patriotique mission.

« Aujourd'hui, nous sommes heureux de saluer une population laborieuse, une cité, qui porte la ruche dans ses armes.

« Vous savez avec quelle passion le gouvernement de la République s'intéresse au travail et aux travailleurs. M le maire vient de parler de l'Exposition, à laquelle votre cher député, M. Lucien Dautresme, a apporté une heureuse impulsion. Cette grande œuvre se poursuit avec activité et succès. Au 14 juillet dernier, plusieurs d'entre vous, sans doute, ont pu se convaincre de l'état d'avancement des travaux. Ce que j'annonçais, il y a deux mois, je le répète aujourd'hui : Tout sera prêt à l'heure dite.

« Alors, Messieurs, la France saura faire à ses hôtes un accueil digne d'eux et digne d'elle. La ville d'Elbeuf, comme vous le promettiez tout à l'heure, Monsieur le Maire, saura prendre sa large part dans cette manifestation solennelle, grâce aux efforts de sa laborieuse population.

« Aussi, c'est à elle que je veux lever mon verre : au travail et aux travailleurs ! »

Inutile d'ajouter que ce discours fut applaudi par l'assemblée tout entière ; il le fut même à plusieurs reprises.

A la suite de ce banquet, il y eut réception à l'hôtel de ville.

Au dehors, une splendide retraite aux flambeaux parcourait les rues de la ville, presque toutes illuminées. Un très grand nombre de nos concitoyens attendirent jusqu'à minuit le retour de M. Carnot chez M. Dautresme, où le président de la République coucha.

Le lendemain, samedi 15 septembre, au matin, M. Carnot se rendit à Caudebec, accompagné de la municipalité d'Elbeuf et de diverses notabilités. A la mairie, M. Ledran lui adressa un discours, lui présenta son conseil municipal, les notabilités, les fonctionnaires et les sociétés de la commune, et enfin le pria de signer, sur un registre, le procès-verbal de sa visite.

Le cortège revint à Elbeuf ; le président se rendit à l'établissement de MM. Blin et Blin, où il fut reçu par M. Théodore Blin, en présence de tout son personnel.

Pendant cette visite, une plaque de marbre fut posée sur une des faces de l'usine. Elle porte ces mots : « Le 15 septembre 1888, M. Carnot, président de la République, a honoré de sa visite notre établissement ». En présentant au président un coffret en ébène, M. Albert Blin le pria de le transmettre à Madame Carnot : cette boîte contenait un spécimen de drap de dame fabriqué dans cette importante manufacture, et résumant, pour la maison, une victoire de l'industrie française sur l'industrie étrangère.

M. Carnot visita ensuite l'établissement de MM. Nivert et Boulet, où M. Nivert fils remit au Président, au nom de la Jeunesse d'Elbeuf, un coussin aux armes de la Ville.

Il se rendit ensuite à notre hôpital-hospice, où il laissa une marque de sa générosité, et, de là, retourna chez M. Dautresme, et y déjeuna.

Après ce repas, le Président partit pour St-Aubin, où un arc-de-triomphe avait été élevé

et au fronton duquel était cette inscription :
« Saint-Aubin-Jouxte-Boulleng à Carnot ! »

A la gare, M. Maille présenta son conseil municipal, puis plusieurs sociétés musicales exécutèrent différents morceaux, jusqu'à deux heures, moment où le train emporta M. Carnot et nos visiteurs, sauf M. Floquet, parti à huit heures et demie du matin, pour aller présider le conseil des ministres.

M Carnot, après de courts arrêts à Oissel, à Gaillon et à Vernon, arriva à Fontainebleau à cinq heures du soir.

Nous allions oublier de mentionner que durant sa visite à deux de nos manufactures, il avait remis diverses médailles d'honneur à de vieux ouvriers et autres méritants. Il y eut aussi une distribution de palmes académiques.

Toute la presse de Paris et des départements, en rapportant la visite faite à Elbeuf par le président Carnot, ne manqua pas de féliciter notre population du zèle qu'elle avait apporté pour la décoration de nos rues et qui fut vraiment merveilleuse. Nous reproduirons, comme exemple, une partie d'article de M. Fernand Xau, publié dans le *Gil Blas*:

« ... L'accueil reçu à Elbeuf est indescriptible. Ça surpasse tout ce qu'on peut dire ou imaginer.... Toutes les rues sont décorées avec un luxe, une profusion et un goût que je n'ai jamais trouvés dans les nombreuses excursions présidentielles ou ministérielles que j'ai faites jusqu'ici. Les arcs-de-triomphe, les tentures étaient d'une richesse merveilleuse...

« ... C'est égal, jamais, je ne saurais trop le répéter, je n'aurais jamais rêvé un coup d'œil aussi magnifique que celui que nous a offert cette jolie petite ville, si industrieuse, si féconde en œuvres utiles et si dévouée à nos institutions. »

Le conseil municipal, réuni le 28 septembre, vota une concession perpétuelle pour feu M. Bruet, bibliothécaire, qui avait fait don à la ville de ses collections. On discuta ensuite sur la baisse des eaux dans le lit du Puchot, puis sur la transformation de l'Ecole primaire supérieure en Ecole d'apprentissage. Sur un rapport de M. Eug. Blin, le Conseil décida que les choses resteraient en l'état.

Les dépenses pour la réception du président de la République ayant dépassé les prévisions, l'assemblée vota un crédit supplémentaire de 4.500 fr. pour acquitter les frais.

La séance solennelle annuelle de la Société industrielle eut lieu le dimanche 30 et fut présidée par M. Emilien Nivert, maire.

Le Théâtre rouvrit ses portes, le jeudi 4 octobre, sous la direction de M. Gaston Lejolivet.

La commission municipale de l'octroi se réunit le 24. Elle admit en principe la suppression de cet impôt à la date du 31 décembre 1892. M. Charles Mouchel fut nommé rapporteur.

Le conseil municipal, dans sa séance du 9 novembre, examina une proposition de M. Fossard, tendant à ce que l'administration ordonnât, à bref délai, une enquête pour découvrir les auteurs de la baisse des eaux dans le bassin de la Rigole, afin de requérir contre eux des poursuites légales.

M. Duprey dit que des recherches avaient été faites, mais sans résultats. MM. Nivert, Dubois, Coquerel, Rabier prirent successivement part à la discussion, qui se termina par une déclaration du maire, promettant qu'une enquête sérieuse serait faite et avec autant d'activité qu'une précédente, ayant eu pour résultat le nettoiement des eaux du bassin de la Rigole.

Un rapport de M. Quidet, ayant pour objet le vote d'un crédit de 5 000 fr. pour la création de six bouches d'eau dans l'enceinte de l'hôtel de ville, donna lieu à une longue discussion. Les conclusions de ce rapport furent votées par 17 voix sur 26 membres présents.

Le Conseil donna un avis favorable sur l'acceptation, par l'Hospice, d'un legs d'environ 15.000 fr. fait par M. Vimont.

Vers ce temps, M. Carnot, président de la République, accorda à la chapelle de l'hospice d'Elbeuf un tableau de M. Le Bihan : le *Christ en croix*, d'après Philippe de Champagne, qui lui fut envoyé par l'administration des Beaux-Arts.

Lors du voyage de M. Carnot à Elbeuf, il lui avait été parlé des griffons de M. Boulet, associé de M. Nivert, manufacturier et maire de notre ville, et les détails qui lui avaient été donnés sur l'élevage de ces chiens par notre concitoyen l'avaient intéressé. Le 20 novembre, M. Boulet porta à M. Carnot une étoffe faite avec le poil de *Marco*, champion de la race, destinée à la confection d'un gilet de chasse. Ce tissu était renfermé dans un riche écrin portant la photographie de *Marco* et contenant également dix-huit boutons représentant la tête de ce chien célèbre.

Le 24, mourut Mme Augustine Moron, supérieure des sœurs de l'hospice de notre ville ; elle était âgée de 56 ans et dirigeait le service intérieur de l'établissement depuis près de 15 ans.

Le 22, M. Félix Hément fit une conférence au Théâtre, devant une assemblée compacte.

Le projet de budget de l'Hospice fit l'objet d'une discussion au conseil municipal, le 28 du même mois, à propos de certaines observations de M. Fossard, qui, entre autres choses, réclama la suppression de l'aumônier. Ce budget s'élevait en prévision de dépenses pour l'année suivante, à 118.287 fr.

Le Conseil délibéra ensuite sur son nouveau réglement, qui fut adoptée par 15 voix contre 10, après une lutte oratoire plutôt comique.

Suit un relevé des actes de l'état-civil pendant l'année 1888 :

Elbeuf: 619 naissances, 175 mariages, un divorce, 602 décès.

Caudebec : 258 naissances, 99 mariages, un divorce, 295 décès.

Saint-Pierre : 73 naissances, 23 mariages, 99 décès.

Saint-Aubin : 68 naissances, 35 mariages, 3 divorces, 63 décès.

D'après les déclarations faites à l'hôtel de ville, le 31 décembre, il y avait à Elbeuf, 58 Allemands, 11 Anglais, 3 Autrichiens, 68 Belges, 11 Hollandais, 29 Italiens, 3 Luxembourgeois, 30 Russes, 9 Suédois, 9 Suisses, au total : 231 étrangers.

Année 1889   249

CHAPITRE XII

(Janvier-Août 1889)

Le boulangisme ; conférences.— La suppression des octrois ; rapport de M. Ch. Mouchel. — Le Centenaire du 5 mai ; fête a Elbeuf. — Un tremblement de terre. — Vote unanime du conseil municipal pour la suppression de l'octroi. — Election au Conseil général ; M. Maille réélu, contre M. Goussot. — M. Yves Guyot, ministre, passe par Elbeuf.

Le 14 janvier 1885, mourut M. Théodore-Norbert Gueroult, à l'âge de 88 ans. Il était président honoraire du conseil de fabrique de Saint-Jean, avait fait longtemps partie de la commission administrative du Bureau de bienfaisance et était président de la Société de secours-mutuels de la Saussaye. Il était frère de M. Constant Gueroult, le littérateur bien connu, comme lui originaire d'Elbeuf.

Vers ce temps, le Comité cantonal de l'Union républicaine d'Elbeuf, alors présidé par M. Maille, conseiller général, adressa à M.

Anatole de la Forge, député, président du Comité central républicain de la Seine, une lettre de félicitations au sujet de l'accord qui s'était fait entre tous les républicains contre le boulangisme.

Le 15, il fut procédé à l'installation de MM. E. Hennebert, L Fraenckel, A. Perré et L. Quidet, membres réélus à la Chambre de commerce.

Le lendemain, on procéda à l'installation des membres élus au Tribunal de commerce, MM. Lebret et Regnault. A cette occasion, M. Perré, président, prononça un discours duquel voici quelques extraits :

Le Tribunal avait enregistré 383 affaires nouvelles pendant l'année 1887 et 365 en 1888. Le nombre des faillites avait été de 24 en 1887 et de 21 en 1888. Le président applaudit à la nouvelle loi sur les liquidations judiciaires, qui auront, dit-il, pour premier mérite de laisser l'honneur au débiteur malheureux.

Dans la séance du conseil municipal, tenue le 25 janvier, une discussion assez vive s'éleva à propos d'une construction additionnelle à la caserne.

Vint ensuite la question d'achat d'un terrain pour y établir un dépotoir, situé à la limite de la forêt d'Elbeuf au lieu dit le Chêne-Fourchu, près le chemin de Saint-Cyr ; il s'étendait sur 57.138 mètres carrés, mais était situé à une altitude de 137 mètres.

M. Quidet, rapporteur, fit observer que, par l'achat de ce terrain, on verrait disparaître une sorte de dépotoir flottant qui avait pris le quai d'Elbeuf pour port d'attache. La dépense pour disposer les accès et établir les bassins était estimée à 4.000 fr., somme à ajouter à celle d'environ 8.000 fr., prix du terrain. Cette dernière somme fut seulement votée, après un échange assez long d'observations. — Une enquête fut ouverte, quelques jours après, pour la création de ce dépotoir.

Le tirage au sort eut lieu le 2 février. Le canton fournit 361 conscrits, dont 166 d'Elbeuf, 94 de Caudebec, 29 de Saint-Pierre, 25 de Saint-Aubin, 24 de la Londe et 11 d'Orival.

Les membres du conseil communal se réunirent de nouveau le 15 février. Il y fut question de la construction d'un cirque-théâtre, par une Société privée ; de l'achat d'une étuve à désinfecter, et de la construction d'un kiosque pour « l'Harmonie elbeuvienne ».

Pendant les premiers mois de 1889, il y eut une série de conférences au Théâtre, faites sous le patronage de la Société industrielle, par MM. Talbot, professeur ; Bonvallot, voyageur ; Félix Hément, Coquelin cadet, G. Richard et Renard, professeur au Lycée de Coutances.

En mars, Mme Louise Michel fit aussi une conférence à Caudebec, où se rendirent beaucoup d'Elbeuviens.

En ce même mois, M. Fourcand, sous-préfet de Dieppe, fut nommé percepteur à Elbeuf.

En avril, M. Théodore Westmarck, voyageur suédois, fit une conférence dans notre ville, sur son voyage au Haut-Congo.

Il y eut aussi, le dimanche 7, une conférence boulangiste à l'Alcazar de Caudebec, faite par M. Laguerre, député, venu à Elbeuf en compagnie de MM. Thiessé, député de la Seine-Inférieure ; Léon Sevaistre, député de l'Eure, ancien maire d'Elbeuf. L'orateur parla de la conversion de son ami Sevaistre, « qui

venait à la République par le boulangisme. »
L'attitude de la salle lui ayant fait comprendre
qu'il venait de se fourvoyer, M. Laguerre lâ-
cha son ami et se posa sur un autre terrain.
La fin de son discours fut accueillie par des
applaudissements suivis immédiatement d'une
bordée de sifflets. M. Julien Goujon, qui alors
cherchait sa voie, était monté sur l'estrade ;
il jugea prudent de ne point parler.

L'orateur et ses amis partirent pour Rouen,
où, le soir, il y eut quelques désordres ; le
sang coula même.

Vers le milieu du mois, on publia le remarquable rapport fait par M. Ch. Mouchel, au
nom de la commission nommée pour examiner
la question de suppression des octrois. Nous
n'en relèverons que quelques extraits :

« Le chiffre élevé des frais de perception est
le vice principal et irrémédiable de l'octroi.
Dans le budget de 1889, les recettes prévues
de l'octroi figurent pour une somme totale de
454.000 fr., dont il y a lieu de retrancher
3.200 fr. pour remboursements aux Compagnies du Gaz et des Eaux, ce qui ramène la
recette brute à 450.800 fr. ; et les dépenses de
ce service sont évaluées à 71.000 fr., sans y
comprendre le traitement du facteur à la criée,
qui est cependant chargé de recouvrer annuellement 23.000 fr. de droits d'octroi

« Pour 450.000 fr. de recettes. 71.000 fr.
de frais d'encaissement, près de 16 pour 100
du produit brut ! Voilà pour le présent ; mais
nous pouvons prévoir mieux encore pour l'a-
venir. Lorsque, dans quelques années, la dernière annuité de l'emprunt de 2.500.000 fr.
aura été soldée, 98.000 fr de taxes actuellement en vigueur deviendront inutiles, et les

frais de perception s'élèveront à plus de 20 pour 100 !

« En présence de tels chiffres, alors même que l'octroi serait le meilleur des impôts et le plus supportable pour la population, nous croyons que sa suppression et son remplacement par un impôt moins coûteux à percevoir s'imposerait à tout conseil désireux de gérer avec économie les finances de la commune....

« ... La gêne qui résulte, pour le commerce de notre ville avec les communes avoisinantes, de l'existence des barrières d'octroi, n'est plus à démontrer. L'obligation de subir, à l'entrée de la ville, une véritable perquisition, est également vexatoire pour toutes les classes de la population. L'existence de droits élevés, obligeant les campagnards qui approvisionnent nos marchés, à des débours préalables assez importants, leur fait préférer la fréquentation des bourgades rurales. Enfin, certains droits, comme ceux sur les bois, les fers, etc., constituent un véritable protectionniste à rebours.

« Le boulanger urbain subit, du fait du droit sur les cotrets, une charge que la loi de 1816 interdit à la ville de faire supporter égale au boulanger forain. Il en est de même pour les menuisiers, etc., qui voient entrer ouvrés, sans payer aucun droit, les objets qu'ils ne peuvent confectionner eux-mêmes qu'après avoir acquitté une taxe assez élevée sur la matière première. Enfin, tous les commerçants qui vendent des produits soumis à l'octroi en trop faible quantité pour réclamer la faciliter d'entrepôt, ne peuvent lutter qu'avec un désavantage évident, pour la vente aux consommateurs du dehors, contre les concurrents suburbains

« Il serait assez difficile de chiffrer les avantages qui résulteraient, pour le commerce de notre ville et pour les consommateurs, de la suppression de toutes ces entraves. Nous croyons cependant que leur importance dépasserait de beaucoup la somme, déjà considérable, qui se trouverait économisée sur les frais de perception de nos taxes communales... »

Le rapport démontre ensuite l'injustice de l'octroi, frappant d'une taxe unique tous les objets de même nature, sans tenir compte de leur valeur respective.

Puis il passe en revue les objections opposées à la suppression de l'octroi, qui n'avaient pas arrêté la commission, dont tous les membres, sans exception, s'étaient déclarés favorables à cette suppression.

Le rapporteur rappela qu'aux dernières élections municipales, les deux comités qui avaient présenté, chacun, une liste de candidats, étaient d'accord, au moins en principe, sur la suppression de l'octroi, ce qu'ils avaient exprimé dans leurs circulaires aux électeurs, répondant ainsi aux vœux de la population elbeuvienne.

Une autre objection avait été présentée : « Les villes ayant un octroi, disait-on, sont obligées à concourir gratuitement à la perception des droits sur les boissons que prélève l'État à l'entrée des villes. Si une ville supprime ses octrois, l'obligation de concourir à cette perception de l'Etat ne subsiste-t-elle pas pour elle ? »

Dans le but de lever ce doute, l'administration municipale avait procédé à une enquête. Des réponses avaient été adressées par des villes sans octroi, qui, toutes, déclarèrent être affranchies de la charge de percevoir les droits sur les boissons pour le compte de l'Etat.

D'autres villes, interrogées sur le point de savoir quelles étaient les taxes auxquelles elles avaient eu recours, pour fournir des ressources suffisantes à leur budget, depuis qu'elles avaient supprimé l'octroi, répondirent qu'elles avaient créé des centimes additionnels aux quatre contributions directes.

Il était évident que la suppression de l'octroi, à Elbeuf, causerait un déficit d'environ 240.000 fr. Cependant, il y avait lieu de remarquer, d'abord, que cette somme était suffisante pour balancer celle beaucoup plus importante fournie par l'octroi.

Le rapport établit ensuite comment la ville pourrait se procurer annuellement cette somme de 240.000 francs.

Trente-sept centimes devaient prochainement tomber ; en maintenant ces centimes, on trouverait d'abord 170.000 fr. Quant aux 70.000 fr. manquant, on continuerait à les demander à l'alcool, par l'octroi, mais sans laisser subsituter les barrières, c'est-à-dire les frais de perception.

Nous abrégeons, ce rapport ayant été inséré en entier à cette époque par le journal *l'Elbeuvien* et publié sous forme de plaquette. Il se terminait ainsi :

« La commission est d'avis que la suppression des octrois, à partir du 1er janvier 1893, est possible et désirable. Elle prie l'Administration de continuer, d'accord avec le Conseil, l'étude des voies et moyens nécessaires à la réalisation de cette réforme, en affectant de préférence au remplacement de l'octroi, les ressources actuellement inscrites au budget extraordinaire, lorsqu'elles deviendront disponibles. »

En ce même mois d'avril, il se fonda une « Union commerciale » entre des commerçants de notre ville. Cette association ne put fonctionner utilement, à cause du trop petit nombre de ses adhérents.

Le conseil municipal se réunit le 3 mai. Il renvoya à une séance ultérieure la discussion du rapport de M. Mouchel, afin de donner à tous ses membres le temps de l'étudier.

M. Blin proposa d'envoyer trois ouvriers et des délégués des chambres syndicales à l'Exposition universelle de Paris.

M. Mouchel présenta un autre rapport sur une demande, faite par des commerçants de la ville, d'éloigner d'Elbeuf les déballeurs et camelots ne payant point d'impôts municipaux.

Le dimanche 5 mai, la population de notre ville fut appelée à fêter le centenaire de l'ouverture des Etats généraux, prélude de la grande Révolution française. L'administration composa un programme comprenant : distribution de viande aux indigents, inspection du matériel des pompiers, défilé de plusieurs sociétés, courses nautiques, lâcher de pigeons, exercices de gymnastique et d'escrime, courses vélocipédiques, illuminations, concert au Jardin, danses publiques, etc.

Le matin, le conseil municipal s'était assemblé en réunion extraordinaire, et M. Nivert, maire, avait prononcé ce discours :

« Messieurs ; c'est un grand honneur pour nous, les élus du suffrage universel, de nous trouver assemblés ici, afin de célébrer le centenaire de la réunion solennelle des Etats généraux, tenue à Versailles, le 5 mai 1789.

« Cette date est mémorable à bien des titres.

« Aux abus, aux castes, aux privilèges d'autrefois, elle a fait succéder un courant d'idées généreuses auxquelles nous devons : l'égalité des citoyens devant l'impôt comme devant la loi, l'égalité de partage dans les successions, l'unité de législation, l'admissibilité de tous aux emplois publics et tant d'autres libertés dont nous jouissons maintenant, C'est, en un mot, l'assemblée de 1789 qui nous a faits ce que nous sommes, c'est-à-dire des hommes libres.

« Le gouvernement de la République, en développant largement l'instruction, en ouvrant ainsi toutes les carrières aux plus laborieux, aux plus méritants, a continué cette œuvre. Il nous appartient, à nous enfants du peuple, fils ou petits-fils d'artisans ou de laboureurs, d'honorer hautement le souvenir de cette grande journée, prélude de la nuit du 4 août.

« Je vous propose, en conséquence, de sanctionner notre réunion d'aujourd'hui par l'inscription suivante, insérée sur les registres de nos délibérations :

« Les membres du Conseil municipal d'El-
« beuf, s'associant à la solennité nationale que
« célèbrent, à Versailles, à cette date mémo-
« rable du 5 mai, le président de la Républi-
« que, les représentants de la France et les
« grands corps de l'Etat, en commémoration
« de l'ouverture des Etats Généraux,

« Se font un devoir d'exprimer, au nom de
« la ville d'Elbeuf, les sentiments de recon-
« naissance dont ils sont pénétrés pour les
« élus de 1789, qui, par leurs efforts persévé-
« rants et leur énergie, ont réalisé les réformes

« basées sur les principes de droit, de justice
« et d'équité, qui sont l'honneur de la société
« moderne, et nous ont conquis et légué tous
« les droits politiques et sociaux dont nos
« pères étaient privés. »

Cette proposition fut adoptée à l'unanimité, et l'assemblée se sépara au cri de : « Vive la République ! », poussé d'abord par le maire.

Le soir, à la distribution des prix, M. Nivert eut l'occasion de prononcer un second discours, patriotique et républicain, tout en remerciant les sociétés qui avaient concouru à la célébration de la fête, véritablement belle, bien qu'un peu contrariée par quelques averses, qui cessèrent vers huit heures du soir et ne gênèrent nullement les belles illuminations, officielles ou privées, que l'on remarqua en ville.

A Caudebec, à Saint-Pierre, à Saint-Aubin, à Orival et à La Londe, le centenaire fut également fêté avec enthousiasme par les populations ; il y eut bien quelques boudeurs, mais l'ensemble fut très satisfaisant au point de vue républicain.

Le dimanche suivant, 12 mai, conformément à une circulaire ministérielle, le commandant d'armes de la place d'Elbeuf passa en revue les militaires de la garnison, sur la place de l'Hôtel de Ville, et, le soir, il y eut une retraite aux flambeaux dans les principales rues de la ville.

Un décret présidentiel, daté du 28 mai, donna la composition du jury des récompenses à l'Exposition universelle. Dans la classe 32 (tissus de laine) figuraient au nombre des jurés trois de nos concitoyens : MM. Théodore Blin, déjà membre du jury en 1878 ; Emilien Nivert, médaillé en 1878, et Thézard, vice-président de la Chambre de commerce. membre du jury à l'exposition d'Anvers en 1885.

Le conseil municipal s'assembla le lendemain 29, et discuta sur l'envoi d'ouvriers à l'Exposition. Il vota une somme de 1.000 fr. à cet effet.

Le Cercle nautique elbeuvien donna de belles régates le jeudi 30 mai, jour de l'Ascension, qui furent contrariées par le mauvais temps.

Le soir de ce même jour, à huit heures trente cinq minutes, un tremblement de terre se fit sentir à Elbeuf et dans tout le canton. Des personnes furent secouées dans leur fauteuil ; deux enfants d'une même famille furent réveillés en sursaut et pris de tremblements nerveux ; une tourterelle, tombée de son perchoir, refusa de rentrer dans sa cage ; des vaisselles s'entrechoquèrent ; le pont de la rue de Paris trembla très sensiblement, bien qu'aucun véhicule ne s'y trouvât en circulation ; bref, le mouvement sismique fut parfaitement constaté, et l'on put compter sept secousses en quelques secondes. Les journaux de Rouen, du Havre et de Paris signalèrent le même événement dans leur région.

Le 8 juin, le président de la République et Mme Carnot visitèrent l'exposition de draperie d'Elbeuf, installée au Champ-de-Mars, à Paris.

Ce fut le 21 juin que le conseil municipal discuta sur le rapport de M. Ch. Mouchel, fait au nom de la commission, sur la suppression des octrois.

M. Quidet, tant en son nom qu'en celui de la minorité, reconnut que la réforme serait bonne, mais qu'il fallait attendre le vote d'une loi présentée, par M. Yves Guyot, à la Chambre des députés. Il trouvait donc le travail de la commission prématuré et le repoussait, tout en déclarant qu'il s'associerait à la continuation de l'étude sur la suppression de l'octroi.

M Dubois dit que le principal argument que l'on rencontrait chez les adversaires était qu'on n'avait pas trouvé le moyen de supprimer l'octroi. « Il me semble cependant, ajouta-t-il, que le rapport présenté par M. Mouchel vous donne cette solution. Vous dites qu'il ne faut pas toucher aux centimes additionnels ; mais les centimes additionnels ont précisément pour objet de fournir aux villes un moyen de se procurer les ressources dont elles ont besoin ; le moyen de l'octroi ne vient qu'après et subsidiairement. Cela est si vrai qu'il n'y a pas d'octroi partout, et je ne crois pas qu'on puisse citer de localité qui n'ait ses centimes additionnels.

« La commission vous donne un moyen très pratique de supprimer l'octroi ; si les adversaires en ont un meilleur à proposer, qu'ils le disent ! »

MM. Duprey, Angot, Rabier, Fossard, Sallé et Piperel prirent successivement la parole, pour ou contre la suppression, que M. Mouchel soutint par de nouveaux considérants tirés des exemples donnés par d'autres villes.

« On a invoqué, dit-il, un argument en faveur de la propriété foncière, qui n'est pas sérieusement soutenable. Le système des centimes est modéré, et comme la suppression de l'octroi dégrèvera les contribuables de 10 fr. par tête, soit 40 fr. par famille de quatre personnes, les propriétaires en profiteront aussi. »

M. Nivert, maire, résuma les débats et donna ses vues personnelles. On pouvait adopter le principe de la suppression et étudier les moyens d'y parvenir, sans avoir recours à de nouveaux centimes, par des taxes sur les chevaux, etc.

Alors, M. Harel donna lecture d'une proposition ainsi conçue :

« Le conseil municipal, considérant que la suppression des octrois, déjà réalisée dans les pays voisins, est actuellement proposée dans le nôtre par des pouvoirs publics.

« Considérant que cette réforme est, en elle-même, bonne et avantageuse, et que l'extinction prochaine des dettes de la ville d'Elbeuf la place dans des conditions exceptionnellement favorables pour l'effectuer.

« Invite la commission à préparer, dès maintenant, de concert avec l'administration, le tableau détaillé des taxes qui devront être établies en remplacement de l'octroi, aussitôt qu'il sera possible de le supprimer. »

Cette proposition fut votée à l'unanimité.

Une pétition de fabricants de notre place, adressée, vers ce temps, à la Chambre de commerce, avait pour objet une demande de tarifs spéciaux et communs pour le transport, par chemin de fer, des draps et autres tissus d'Elbeuf, avantage que d'autres villes industrielles possédaient.

Le 24, l'archevêque de Rouen vint bénir deux chapelles reconstruites à l'église Saint-Etienne. A cette occasion, M. Paul-Victor Gouel, curé de la paroisse, fut nommé chanoine honoraire de la cathédrale.

Dans une réunion ouvrière tenue le 30 juin à l'hôtel de ville, il fut décidé que les ouvriers conserveraient le droit de nommer eux-mêmes leurs délégués à l'Exposition universelle. L'assemblée émit le vœu que l'allocation accordée à chacun des délégués ne fût pas inférieure à 100 francs.

Le 10 juillet, le Tribunal civil de Rouen rendit son jugement sur une affaire qui intéressait presque autant la population de notre ville que celle de Caudebec. Mme Zouin, veuve d'un médecin ancien maire de Caudebec, fut condamnée, sous contrainte de 50 000 francs, à restituer à la ville de Caudebec cent obligations frappées d'opposition, avec les revenus par elles produits depuis le décès de Mme Lécallier-Leriche, fondatrice de l'hôpital de cette commune.

La fête nationale fut célébrée avec éclat, malgré un temps à averses. On commenta le discours patriotique et républicain prononcé par M. Nivert, sur la place de l'Hôtel-de-Ville, devant les instituteurs et les sociétés assemblées.

Les électeurs cantonaux avaient été convoqués à nommer un membre du Conseil général, et le Comité de l'Union républicaine avait adressé cet appel au corps électoral :

« Citoyens ; en votant librement, au mois de mars 1888, pour M. Isidore Maille, candidat au Conseil général, vous avez voulu surtout affirmer votre confiance dans un républicain, bon administrateur de sa commune.

« Ce que le maire de Saint-Aubin-Jouxte-Boulleng avait déjà prouvé, votre conseiller général l'a poursuivi dans une plus haute sphère, autant que la courte durée de son mandat le lui a permis. Sa conduite, sa parole et ses votes dans notre assemblée départementale nous autorisent à le proposer de nouveau à vos suffrages.

« Son programme contient toutes les revendications populaires :

« Compte-rendu annuel de son mandat aux électeurs ;

« Dénonciation du Concordat, et des traités de commerce, lorsque ces derniers arriveront à expiration ;

« Dévouement effectif de tous les employés de l'Etat, à quelque rang qu'ils soient placés et quelles que soient leurs fonctions ;

« Réforme de la procédure et réduction des frais de justice ;

« Répartition plus équitable des impôts ;

« Laïcisation réelle de l'instruction publique ;

« Revision du cadastre et des tarifs de chemins de fer ;

« Suppression des octrois et du travail dans les prisons ainsi que dans les maisons qui font concurrence aux artisans libres des deux sexes ;

« Réduction des heures de travail ;

« Protection de l'agriculture et de l'industrie nationales contre l'étranger, ainsi que du petit commerce contre les grands magasins accapareurs et les camelots errants ;

« Défense énergique de la République contre une faction turbulente qui l'attaque sans cesse par la parole et par des écrits, par des insinuations perfides et des calomnies ;

« En un mot, revendication de toutes justes demandes populaires, trop nombreuses pour être insérées ici.

« Tel est, citoyens, le programme de M. Maille ; c'est celui du parti républicain, qui n'en réclame nullement le monopole, mais qui en poursuit sincèrement la réalisation dans l'intérêt de tous.

« Vous n'ignorez pas, citoyens, que notre législation actuelle limite fort strictement les attributions des conseillers généraux ; mais ceux-ci ont du moins le droit d'émettre des vœux, dont le Parlement et les pouvoirs publics ont le devoir de tenir grand compte.

« En outre, dans une circonstance exceptionnelle, mais fort importante, notre assemblée départementale est appelée à élire les sénateurs.

« Dans toutes ces circonstances, vous pouvez compter sur le républicanisme éprouvé de M. Maille, qui a toujours vécu parmi nous. Sa conduite antérieure nous répond de ses actes pour l'avenir .. »

M. Goussot, de Blainville-Crevon, ancien attaché à la préfecture de la Seine, boulangiste, qui posait aussi sa candidature, bien que complètement étranger à notre circonscription, avait fait organiser une grande réunion publique à l'Alcazar, où il s'était présenté, en compagnie de MM. Le Veillé et Olivier, celui-ci ancien maire de Caudebec, sans le moindre succès.

Un socialiste, le citoyen Montier, avait eu les honneurs de la soirée, par un discours dont nous avons retenu ce passage :

« Vous tous, boulangistes, vous n'êtes que de simples copistes de la réaction de 1851 et du coup d'Etat. Vous prétendez que vous n'avez que peu de libertés, soit ; nous n'avons pas encore toutes celles que nous désirons ; mais le jour où vous seriez au pouvoir, nous n'en aurions plus du tout !

« Citoyens, rappelons-nous tous les généraux dictateurs du passé : Monck, Cromwell, Bonaparte. Nous ne voulons pas plus d'un général qui manie une canne que d'un général qui brandit un sabre. Nous avons la République, gardons-la, et faisons tous nos efforts pour l'améliorer. Si nos hommes d'Etat ne représentent pas franchement nos idées, les boulangistes n'en personnifient aucune, et nous nous refusons à servir de marche-pied à cette faction, qui parle quelquefois, mais n'a jamais rien fait ni voté en faveur des travailleurs. Leurs alliés, monarchistes ou cléricaux, leurs inconnus bailleurs de fonds ne seront jamais nos amis politiques. Mettons à profit les leçons du passé. Quoi que disent ces messieurs, tous les journaux qui les combattent ne sont pas vendus et les véritables républicains ne sont pas dans leurs rangs. »

La salle frissonna sous le bruit des bravos, et une soixantaine de mains seulement se levèrent pour approuver un ordre du jour en faveur de M Goussot, pendant qu'un éclat de rire immense parcourait la salle, où plus de deux mille personnes étaient réunies. Les journaux réactionnaires prétendirent néanmoins que l'ordre du jour avait été voté à la presque unanimité.

Une autre réunion publique, de 1.200 électeurs, avait eu lieu au Cirque de la rue Lefort quatre jours avant la date du scrutin. MM. Maille et Goussot avaient pris la parole, et la soirée avait été assez mouvementée, au point que le tumulte n'avait pas permis de lire un ordre du jour quelconque. Il était toutefois fort clair que la grande majorité des assistants était antipathique à M. Goussot et favorable à M. Maille, qui avait été acclamé à plusieurs reprises. Après la réunion, le candidat boulangiste avait même été conspué jusqu'au Grand-Hôtel, dont le commissaire central dut faire fermer les portes.

D'autres réunions publiques avaient eu lieu aussi à la Londe, à Saint-Pierre, où M. Doubet prononça un discours fort applaudi, et ailleurs encore, mais sans plus de succès pour M. Goussot, combattu en outre par *l'Elbeuvien*, *l'Industriel*, *le Petit Rouennais* et le *Journal de Rouen* qui, à cette époque encore, suivait une politique républicaine, et par M. Ch. Périnelle, dans le *Mot d'Ordre*. Par contre, *l'Indépendant*, le *Nouvelliste de Rouen* et *la France* faisaient campagne pour lui.

La lutte fut extrêmement vive de part et d'autre, au point que le maire dut prendre un arrêté au sujet des rassemblements nocturnes sur la voie publique.

Les journaux, les circulaires et les affiches boulangistes se multiplièrent jusqu'après l'ouverture du scrutin, qui eut lieu le dimanche 28 juillet, dans le plus grand calme cependant, et donna ces résultats :

Communes	Inscrits	Votants	Maille	Goussot
Elbeuf........	5.192	3.678	2.629	899
Caudebec.....	3.154	2.192	1.365	744
Cléon........	172	121	102	14
Freneuse.....	150	91	72	19
La Londe.....	474	326	193	125
Orival.......	360	267	196	64
Saint-Aubin..	897	718	591	109
Saint-Pierre..	1.076	771	481	270
Sotteville....	84	65	50	15
Tourville.....	228	137	119	16
Totaux.....	11.787	8.366	5.798	2.275

Dans les cantons voisins furent élus : MM. Laporte, à Couronne ; Charité, à Boos ; Thorel, à Louviers ; Picard, au Neubourg, tous républicains ; et MM. Bisson, à Pont-de-l'Arche ; Feugère, à Amfreville-la-Campagne, et Gruel, à Bourgtheroulde, tous trois conservateurs.

Le mercredi 31 juillet, M. Yves Guyot, ministre des Travaux publics, qui descendait par le vapeur *l'Aigle*, de Vernon à Rouen, s'arrêta à Elbeuf, et accosta le quai vers quatre heures et demie du soir

Il fut reçu par M. Nivert, en tête du conseil municipal, les conseillers cantonaux, les présidents des corps constitués, diverses sociétés, la gendarmerie, le clergé de Saint-Jean, les maires de plusieurs communes du canton et autres notabilités. Le ministre était accompagné de MM. Pouyer-Quertier, sénateur, Ricard et Milliard, membres de la Chambre des députés.

M. Nivert, dans le discours qu'il adressa à M. Yves Guyot, appela son attention sur plusieurs demandes de la Chambre de commerce. Le ministre lui répondit en ces termes :

« Monsieur le maire ; je vous remercie, je remercie le conseil municipal et toute la population pour les assurances que vous venez de me donner, en son nom, de son amour du travail et de sa fidélité aux institutions républicaines. Si je lie ces deux mots dans une même phrase, comme vous les avez liés dans votre discours, c'est parce qu'il est évident que tous ceux qui fondent leur destinée, celle de leurs enfants et de leurs familles sur le travail, doivent d'abord condamner la politique d'aventures, qui est la négation même du culte auquel ils ont voué leur vie.

« Je ne suis donc pas étonné si, parmi ces populations, la politique qu'on a préconisée comme devant sauver la France — à moins qu'elle ne la perde — n'a pas rencontré l'écho sur lequel comptaient certains chevaliers d'industrie politique.

« Quant aux vœux dont vous avez parlé dans votre discours, permettez-moi de vous dire qu'en ce qui concerne les tarifs de chemin de fer, c'est aux Chambres de commerce, c'est aux municipalités d'exprimer leurs réclamations ; je les transmettrai rapidement au comité consultatif du chemin de fer. Quant à la question des traités de commerce, elle se posera aux prochaines élections. C'est encore là une preuve évidente de la supériorité des institutions républicaines sur les autres ; elles font appel à la discussion, à la libre manifestation des opinions des électeurs. C'est à eux de les faire prévaloir dans la nouvelle Chambre, et, de la composition de la majorité, dépendra la solution à intervenir.

« La République est un gouvernement qui ne ferme la porte à aucune idée, à aucune inspiration. Elle les laisse toutes se produire librement ; mais elle est aussi un gouvernement qui entend faire respecter la légalité ; un gouvernement qui sait se défendre contre les complots. Ce gouvernement l'a montré depuis quelque temps ; il le montrera encore dans l'avenir. Il saura assurer l'ordre basé sur la légalité. Tant pis pour ceux qui la violeront !... Vive la République ! »

Après les présentations d'usage, le ministre remonta sur *l'Aigle*, aux accords de la *Marseillaise*, jouée par « l'Harmonie ».

CHAPITRE XIII

(Août-Décembre 1889)

Les elections législatives ; MM. Dautresme, Cahu, Dulac et Dumontier, candidats ; professions de foi, programmes et réunions publiques ; lutte très vive. — Mort de M. Isidore Lecerf. — Elbeuf a l'Exposition universelle ; récompenses aux exposants. — Affaires diverses.

Le dimanche 18 août, le préfet vint à Elbeuf, accompagné de MM. Dautresme et Ricard, députés ; de conseillers généraux et autres, qui, avec la municipalité de notre ville et plusieurs autorités locales, se rendirent à Caudebec, où l'on allait inaugurer l'hôpital Lécallier-Leriche.

Au grand banquet des maires de France, qui eut lieu à Paris, notre canton fut représenté par MM. G. Blay, d'Orival ; Bocquet, de Tourville ; Cavelier, de la Londe ; Doubet, de Saint-Pierre ; Duprey, adjoint, remplaçant le maire d'Elbeuf ; Fréret, de Freneuse ; Fréret, de Sotteville-sous-le-Val, et I. Maille, de Saint-Aubin.

Le conseil municipal s'assembla le 30. Il décida d'envoyer à l'Exposition une délégation ouvrière, composée de trois tisseurs, deux fileurs, deux laineurs ou tondeurs ou teinturiers, trois mécaniciens ou ouvriers du bâtiment, un de profession quelconque et deux ouvrières de fabrique ; chaque délégué recevrait une somme de 75 francs. Il décida également que les droits sur les raisins secs pour la fabrication du vin seraient perçus à l'entrée de la ville.

Les élections générales législatives approchaient. Dans notre circonscription électorale, formée des cantons d'Elbeuf, Grand-Couronne et Boos, les comités républicains avaient décidé de renouveler à M. Dautresme son mandat de député. Un moment, on avait cru qu'il n'aurait pas de compétiteur, mais on apprit bientôt que M. Lucien Dumoutier, rentier à Saint-Aubin, posait aussi sa candidature. En même temps, il fut question de celle de M. Hamelin, de Pont-l'Evêque, fils de l'amiral, annoncée par le *Figaro*, mais elle ne se produisit pas.

Quant à M. Dumoutier, il était fort connu à Elbeuf, où il avait été établi comme menuisier-mécanicien ; il se disait ingénieur, membre de l'Académie nationale, agricole et manufacturière, membre du Syndicat des inventeurs de France, membre de la Société des inventeurs et industriels, etc. Sa candidature n'était pas considérée comme sérieuse.

M. Lucien Dautresme adressa l'appel suivant au corps électoral :

« Chers Concitoyens ; il y aura bientôt quatorze ans que, pour la première fois, vous m'avez fait l'honneur de m'élire député. Depuis, trois élections successives ont eu lieu, et la majorité que m'a donnée chacune d'elles prouve que j'avais rempli mon mandat à votre satisfaction.

« Aujourd'hui je viens de nouveau solliciter vos suffrages.

« Vous connaissez mes opinions, elles n'ont pas changé. Ardemment attaché à la République, je la considère non seulement comme la forme nécessaire de la souveraineté du peuple, et mais aussi comme l'instrument le plus puissant du progrès social.

« Les partis qui voudraient lui arracher le pouvoir redoublent d'efforts, en ce moment, pour la renverser. Unis à l'homme qu'ils couvraient d'injures quand il se disait républicain, bonapartistes et monarchistes réclament à grands cris la revision.

« Certes, la Constitution n'est pas parfaite ; — j'ai voté, dans les Congrès antérieurs, pour qu'on en modifiât certaines dispositions, et il conviendra assurément de les modifier — mais la reviser dans les circonstances actuelles, à l'heure choisie par nos adversaires, ce serait jouer, sur un coup de scrutin, l'existence de la République et les destinées de la Démocratie française.

« Vous ne tomberez pas dans le piège.

« Aussi bien, le Pays n'attache-t-il qu'une importance secondaire aux discussions de métaphysique constitutionnelle qu'on agite autour de lui. Ce qu'il demande, avant tout, à ses représentants, c'est de s'occuper activement des questions qui touchent à ses intérêts vitaux et d'où procèdent sa grandeur et sa force.

« Rechercher les moyens propres à faciliter les rapports du capital avec le travail et à améliorer la condition des travailleurs.

« Diminuer, autant qu'il est possible, sans nuire aux services publics, les dépenses budgétaires, et répartir l'impôt d'une manière plus équitable.

« Rendre la justice plus rapide et moins coûteuse.

« Substituer aux traités de commerce, que nous a légués l'empire, un régime douanier qui frappe les marchandises étrangères de droits assez élevés pour qu'elles ne viennent pas faire concurrence aux nôtres et provoquer le chômage ou l'abaissement des salaires.

« Voilà, pour ne parler que des principales, les réformes qui dominent toutes les autres ; voilà l'œuvre qu'il est urgent d'accomplir

« Chers concitoyens, deux politiques s'offrent à vous : l'une tend à détruire la République, l'autre à la consolider.

« La première, de l'aveu de ses partisans, ouvrirait une longue période de crises violentes, de conflits redoutables, qui auraient pour effet de paralyser les affaires, d'aggraver la situation des classes laborieuses et d'amener, avec la guerre civile, la guerre étrangère et le démembrement de la Patrie.

« La seconde, en infligeant aux factieux de toute sorte une défaite définitive, rétablira la paix intérieure et permettra au pays de travailler sans crainte de l'avenir, et de reprendre vers le progrès sa marche interrompue.

« Cette politique, j'ai la conviction que c'est la vôtre. C'est aussi la mienne ; si vous m'accordez vos suffrages, je m'y dévouerai avec l'énergie dont je suis capable.

« Vive la France ! Vive la République ! »

Tant que l'accord subsista entre les républicains, il ne fut point davantage question de la candidature Hamelin ou autre ; mais par suite d'un mouvement ouvrier, parti de Sotteville-lès-Rouen, qui, à cette époque, votait avec Elbeuf, et dont le résultat fut la candidature de M. Dulac, conseiller municipal à Sotteville, les réactionnaires se décidèrent, à chercher aussi un candidat, espérant profiter de la division républicaine.

Le mercredi 11 septembre, dans une grande réunion publique présidée par le citoyen Moulard, le citoyen Gahineau, de Sotteville, prit la parole pour le citoyen Dulac, lequel se contenta d'exposer son programme et de donner lecture de la circulaire de son comité, que, malgré son extension, nous reproduirons en entier, comme nous le ferons pour d'autres documents, cette élection ayant eu une extrême importance aux points de vue général et elbeuvien. Voici cette circulaire :

« Le Comité républicain d'initiative électorale de Sotteville-lès-Rouen, aux électeurs :

« Citoyens ; le Pays est las des luttes passionnées et infécondes des partis ; il est fatigué des batailles parlementaires à grand fracas, dont le résultat unique est l'élévation ou la chute d'une personnalité ou d'un groupe, sans profit pour ses grands intérêts matériels ou moraux.

« Ce n'est pas d'un ou de plusieurs maîtres, c'est d'elle seule, de sa persévérance, de sa solidarité, que la démocratie française peut et doit attendre le triomphe des idées qui lui sont chères. Qu'elle reste maîtresse d'elle-même pour achever l'œuvre commencée il y a cent ans, par le Tiers-Etat.

« Qu'ont fait à la Chambre nos Députés opportunistes, depuis dix ans qu'ils sont maîtres du pouvoir ? Rien ou presque rien, malgré le long crédit que nous leur avions accordé.

« Ainsi que M. Dautresme, nous considérons la République comme l'instrument le plus puissant du progrès social ; mais, où nous différons, c'est dans la manière de nous servir de cet instrument.

« M. Dautresme croit-il que le progrès social dont il parle dans sa circulaire aux Electeurs puisse s'obtenir en restant dans l'inaction ? Il avoue que la Constitution n'est pas parfaite, mais il refuse de la reviser dans les circonstances actuelles : « Ce serait jouer, dit-il, sur un coup de scrutin, l'existence de la République. » Or, le danger n'existe plus aujourd'hui : les élections aux Conseils généraux n'ont-elles pas prouvé que la France entière entendait conserver la République. A ce moment, nous avons su faire notre devoir tout en réservant notre programme. M. Dautresme a eu, à un moment favorable, l'occasion de voter la revision de la Constitution : lorsqu'elle fut proposée par le ministère Floquet. Il a préféré, lui qui prétend ne pas être opportuniste, voter le renversement de ce premier ministère radical.

Nous combattons l'opportunisme, parce que c'est aux opportunistes de la Chambre, c'est aux opportunistes du Sénat que nous devons le retard apporté aux réformes sociales, et c'est quand le besoin de ces réformes est incontestable que M. Dautresme nous demande quatre ans encore pour s'en occuper. Eh bien ! le peuple est pressé, parce que ses besoins sont impérieux Il n'y aura pas que les déshérités qui voteront pour la revision de la Constitution, il y aura aussi des privilégiés car parmi eux, se trouvent des hommes justes qui veulent que l'on accorde à chacun suivant son travail ; qui veulent que le droit à l'existence soit reconnu. Tous ceux-là voteront pour la revision parce que, devant la gravité du mal, les personnalités disparaissent.

« Ce que demandent les électeurs, dit notre
« député, ancien ministre, c'est de s'occuper
« activement des questions qui touchent ses
« intérêts vitaux et d'où procèdent sa gran-
« deur et sa force »

« Voilà qui est vrai ! Pourquoi alors M. Dautresme n'a-t-il pas, depuis 14 ans qu'il est député, rempli son mandat dans ce sens ? Aujourd'hui, il est encore à rechercher les moyens propres à faciliter les rapports du capital avec le travail et à améliorer la condition des travailleurs.

« Electeurs, retenez et pesez cet aveu. Depuis 14 ans que M. Dautresme, opportuniste, est député d'une population ouvrière, il n'a pas trouvé opportun d'étudier ces questions: n'est-ce pas vraiment se moquer d'elle ?

« Que M. Dautresme aille chercher ses moyens. Au train qu'il va, il n'aura pas trop de 14 nouvelles années pour les trouver. En attendant, nous confierons à un des nôtres le soin de défendre nos intérêts méconnus.

« Diminuer autant qu'il est possible, sans
« nuire aux services publics, les dépenses bud-
« gétaires et répartir l'impôt d'une manière
« plus équitable. »

« Comment M. Dautresme entend-il diminuer les charges ? Comment entend-il répartir l'impôt d'une manière plus équitable ? Voilà ce que nous serions heureux de savoir.

« Nous connaissons, nous, certains moyens de diminuer les charges, et que nous lui indiquerons tout de suite :

« La suppression du Sénat : Multipliez 12.000 par le nombre des Sénateurs ; ajoutez-y la somme destinée à l'entretien de ces invalides de la politique et vous verrez qu'il y a là une notable économie à réaliser. En attendant cette suppression, qu'on fixe à 9.000 fr. au lieu de 12.000 francs le traitement de ces obstructionnistes.

« La suppression du budget des cultes, et ce serait là pas mal de millions économisés.

« Et beaucoup d'autres encore qu'il trouvera dans notre programme.

« Rendre la justice plus rapide et moins « coûteuse. »

« Certes, voilà qui est bien, mais cela ne devrait plus être à faire.

« Substituer aux traités de commerce, etc

« Vous parlez d'élever les droits sur les marchandises étrangères. Le résultat que vous avez obtenu par vos lois des 28 mai 1885 et 29 mai 1887 ne vous suffit donc pas ?

« En surélevant de 0 fr. 60 à 3 fr. le droit sur le blé et de 1 fr. 20 à 6 fr. le droit sur les farines, vous avez procuré aux ouvriers boulangers 50 000 journées de chômage, sans profit aucun pour l'agriculture, puisque ces denrées, au lieu d'entrer en France sous la forme de blé et de farine y entrent sous la forme de pain. — Que voilà encore une combinaison bien réussie !

« M. Dautresme fait valoir le vote de certaines lois : sur les accidents du travail, les syndicats professionnels, les sociétés de secours mutuels, etc., mais, en les votant, il savait que ces lois resteraient à la porte du Sénat dont il veut le maintien.

« Citoyens électeurs ; il est temps, grand temps, que le parti du travail soit représenté comme le sont tous les autres, et non par voie de délégation à des députés des autres partis, ainsi que cela s'est fait jusqu'ici.

« La candidature ouvrière doit entrer dans nos mœurs si nous voulons nous débarrasser de l'opportunisme qui nous opprime et qui nous ronge.

« C'est conformément au principe de la souveraineté du peuple que nous avons introduit dans notre programme le mandat impératif, qui seul peut en garantir l'exercice.

« Le citoyen Dulac accepte notre programme et le remplira fidèlement si vous lui donnez vos suffrages ; il restera attaché aux principes et aux traditions qui font l'honneur et la force de notre parti.

« Sa candidature a été acclamée dans toutes les réunions publiques que nous avons faites dans la circonscription.

« Citoyens électeurs, votez tous, votez en masse pour le citoyen Dulac Jean-Baptiste, ajusteur, conseiller municipal de Sotteville-lès-Rouen, candidat républicain ouvrier.

« Vive la République démocratique ! Vive le peuple ! Vive le travail !

« Le Comité.

« Programme imposé au candidat par le Comité :

« République française. — Liberté vraie ; Egalité des droits et des devoirs ; Fraternité sincère.

« Revision de la Constitution dans le sens le plus démocratique et le plus libéral.

« Suppression du Sénat.

« Renouvellement de l'Assemblée législative par tiers tous les deux ans.

« Incomptabilité entre le mandat législatif et les fonctions de ministre.

« Assimilation du mandat législatif au mandat civil.

« Vote personnel des députés.

« Séparation des Eglises et de l'Etat.

« Suppression du budget des cultes.

« Retour des biens dits de main-morte à la Nation.

« Gratuité de la justice et simplification de la procédure.

« Extension de la compétence des juges de paix.

« Suppression de la formule religieuse du serment.

« Impôt unique proportionnel et progressif sur le capital et le revenu.

« Transitoirement : Revision de la loi sur les patentes pour la défense efficace du petit commerce contre la concurrence des grands magasins.

« Remaniement des tarifs de douane en vue de l'échéance des traités de commerce en 1892.

« Suppression des octrois.

« Organisation démocratique du crédit agricole et du crédit aux syndicats des corporations ouvrières.

« Limitation de la journée de travail et fixation d'une législation internationale du travail.

« Suppression de la concurrence faite au travail libre dans les prisons, les maisons religieuses et les établissements subventionnés par l'Etat. Le travail dans les ouvroirs et tous les établissements religieux soumis aux mêmes lois que dans les autres ateliers.

« Création d'une caisse de retraite pour les vieillards et les invalides du travail, obligatoire pour tous.

« Droit absolu d'association.

« Gratuité absolue de l'enseignement à tous les degrés. L'enseignement secondaire et supérieur rendu accessible à chacun, suivant ses aptitudes constatées par voie de concours.

« Service militaire obligatoire et égal pour tous les hommes valides.

« Les séminaristes et les membres du clergé soumis au droit commun

« Libertés municipales complètes.

« L'exécution du présent programme garantie par l'acceptation du mandat impératif.

« Vu et accepté :

« Le candidat, Dulac. »

Ainsi que l'on a pu en juger, le programme de M. Dulac ne différait guère de celui de l'Union républicaine.

Le vendredi 13 — M. Dautresme n'était pas superstitieux — notre député convoqua ses électeurs au Cirque, rue Lefort ; 1.800 personnes purent s'entasser dans la salle, mais 400 durent rester dehors, faute de place. M. Moulard présida encore cette réunion.

M. Dautresme rendit compte de son mandat et donna son appréciation sur le boulangisme. MM. Gahineau et Dulac prirent aussi la parole. Un ordre du jour fut lu en faveur de M. Dautresme, mais le bureau en contesta le résultat. Au moment où le vote allait recommencer, le commissaire de police trancha le différend, en déclarant qu'il était onze heures et en invitant le public à évacuer la salle.

Le dimanche 15 au matin, les électeurs purent lire des affiches annonçant la candidature de M. Théodore Cahu, boulangiste, ancien lieutenant de remonte au Bec-Hellouin, où il avait eu des difficultés avec l'administration, ce qui l'avait fait démissionner et jeter dans le parti des mécontents, tout en consacrant ses loisirs à des œuvres de littérature... légère, récits d'alcôves et légendes de trottoirs. qu'il signait du pseudonyme Théo-Critt. Il était à peu près inconnu à Elbeuf.

Un moment, il avait d'abord posé sa candidature à Evreux, mais sur les plaintes de M. Olry, candidat réactionnaire, il s'était effacé. Or, M. Hamelin ayant définitivement abandonné ses projets chez nous, M. Cahu venait le remplacer. Il avait l'appui officiel du général Boulanger, lequel lui écrivit une lettre d'apostille qui fut publiée. Voici le texte de sa circulaire, imprimée chez M. Crepel, qu'il adressa au corps électoral :

« Electeurs ; Dans le but de faire échec à ma candidature, les amis de M. Lucien Dautresme me traitent dédaigneusement de candidat exotique.

« Ils savent pourtant qui je suis.

« Electeurs, ils veulent vous tromper.

« Je suis un des vôtres, j'habite depuis sept années la commune de Bec-Hellouin, située à quelques lieues d'Elbeuf, j'y ai mon domicile politique.

« Par alliance, je suis devenu Normand comme vous. Ma famille est d'Elbeuf, où je compte de nombreux amis et des parents. Mon beau-père était fabricant à Elbeuf.

« Les amis de M. Lucien Dautresme, envers lequel je garderai, malgré la polémique, la plus grande courtoisie, m'appellent un écrivain pour rire.

« Ils n'ignorent pourtant pas que par mes écrits, par mes efforts, je suis parvenu à obtenir du général Campenon et du général Boulanger de favoriser les petits éleveurs de nos campagnes et de leur réserver la priorité à tous les achats des commissions de remonte.

« Ils n'ignorent pas, je veux le croire, que je me suis occupé de la revision du cadastre et d'une répartition plus équitable de l'impôt foncier.

« Ils n'ignorent pas non plus ce que j'ai fait, dans ma modeste sphère, pour mieux cimenter la seule alliance qui peut nous assurer la paix. L'alliance avec la Russie, à laquelle ils préfèrent, eux les amis de Ferry, la honteuse alliance allemande.

« Ils m'accusent de connaître des conservateurs. N'ai-je donc pas le droit, moi, républicain, d'estimer des hommes qui n'ont pas la même opinion que moi ?

« Voilà bien la liberté des opportunistes, tracassière, mesquine, sans dignité. Ce n'est pas la mienne.

« A l'heure actuelle, il ne s'agit pas de déployer son drapeau. Notre seul cri de ralliement doit être : guerre à l'opportunisme.

« Ouvriers, qui voulez du travail pour vivre,

« Républicains et radicaux, qui voulez une France grande et forte,

« Conservateurs qui voulez l'ordre et la liberté, je fais appel à vous tous Vous m'aiderez à renverser l'opportunisme dans cette circonscription, vous m'aiderez à obtenir la Revision.

« Le temps me manque pour aller dans chaque commune, comme c'est mon devoir, j'adresse mes excuses aux électeurs devant lesquels je ne pourrai me présenter.

« Je serai mercredi soir à Oissel.

« Jeudi : matin, à La Bouille ; soir, à Caudebec.

« Vendredi : matin, à Boos ; soir, à Petit-Quevilly.

« Samedi : matin, canton de Boos ; soir, à Elbeuf.

« Electeurs, ennemis de l'opportunisme, de Ferry et de sa politique maudite, marchons unis, c'est le seul moyen de vaincre.

« Théodore Cahu,
« candidat républicain national. »

M. Cahu entreprit, ainsi qu'il l'avait annoncé, une tournée électorale, qui dut le fixer sur le sort de sa candidature. De son côté, M. Dautresme alla à Sotteville-lès-Rouen, où, devant une foule compacte, il rendit, de nouveau, compte de son mandat Le Comité de l'Union républicaine du canton d'Elbeuf adressa une seconde circulaire aux électeurs, accompagnée d'un programme concordant, presque d'un bout à l'autre, avec celui de M. Dulac, qui, lui aussi, ne restait pas inactif et multipliait les réunions dans les communes ouvrières

L'Elbeuvien, *l'Industriel*, et le *Petit Rouennais* naturellement, soutinrent la candidature de M. Dautresme, combattue surtout par le *Patriote* et *l'Indépendant*. Il y eut, dans la circonscription, une véritable débauche d'affiches au nom de M. Cahu ; les passants éprouvaient, à certaines heures, des difficultés pour circuler à travers les distributeurs de proclamations, de profession de foi, de portraits du général Boulanger, d'images façon Epinal, de numéros de l'*Intransigeant*, le tout prônant la candidature du boulangiste. » Qui paye tout cela ?» se demandait-on.

On connut le nom de quelques-uns des bailleurs de fonds de M. Cahu, ce qui fixa tout de suite les républicains sur l'origine de cette candidature.

Enfin, après une lutte acharnée, le jour du scrutin arriva ; c'était le 22 septembre. Voici quels en furent les résultats :

Communes	Dautresme	Cahu	Dulac	Dumont
Elbeuf	2.137	1.174	496	35
Caudebec	1.069	719	455	17
Cléon	62	52	10	1
Freneuse	41	48	2	1
La Londe	141	197	28	3
Orival	121	99	71	0
Saint-Aubin	408	237	59	20
Saint-Pierre	387	346	103	1
Sotteville-s. l.-Val	41	24	0	0
Tourville-la-Riv...	72	14	48	0
Totaux	4.479	2.910	1.272	78
Canton de Boos	1.393	657	138	7
Canton de Gd-Couronne	3.278	1.579	1.577	44
Totaux généraux	9.150	5.146	2.987	129

Le canton d'Elbeuf comptait 11.765 inscrits, et il y avait eu 8.896 votants. — Le nombre des inscrits dans le canton de Boos était de 2.994, et dans celui de Grand-Couronne de 9.224 ; soit, au total, 24.092 inscrits.

M. Dautresme fut donc réélu avec une forte majorité, bien que beaucoup d'électeurs, en raison du nombre des concurrents, croyaient à son ballottage.

Dans la Seine-Inférieure, MM. Duvivier, Waddington, Félix Faure, Siegfried et Lechevallier, députés républicains sortants avaient aussi été réélus ; mais M. Lesouef était en ballottage. Trois nouveaux députés républicains avaient également été élus : MM. Gervais, Breton et Legras. Un seul député réactionnaire, M. Piérard, avait pu passer, contre M. Delaunay, républicain ; mais cette perte était compensée par la non-réélection de M. Thiessé, devenu boulangiste.

Dans l'Eure, quatre anciens députés n'avaient pas été réélus : MM. Papon et Milliard, républicains, et deux réactionnaires : MM. Léon Sevaistre, battu par M. Thorel, et Gaultier de la Ferrière, battu par M. Loriot. MM. Passy et Fouquet, réactionnaires, conservèrent leurs positions.

On estima que la nouvelle Chambre se composerait de 366 républicains, 161 réactionnaires et 39 boulangistes. Ainsi se termina cette mémorable campagne électorale, dans laquelle s'était joué le sort de la République.

Le 24 septembre, on inhuma M. Pierre-Isidore Lecerf, décédé le 20, à l'âge de 77 ans. Le défunt, chevalier de la Légion d'honneur, était président de la Société de secours mutuels des Ouvriers d'Elbeuf ; c'était un ancien membre du conseil municipal et de la Chambre de commerce, et un ancien président du Tribunal de commerce. — Par son testament, il avait légué à la ville d'Elbeuf une somme de 50.000 fr., dont les revenus devaient être répartis à divers établissements de bienfaisance, et une autre de 2.000 fr. à la Société qu'il présidait. — Plus tard, on donna son nom à la rue qu'il habitait.

L'Exposition universelle battait alors son plein et, chaque dimanche, des trains de plaisir emportaient une multitude de voyageurs vers la capitale. La distribution des récompenses se fit le 29, devant M. Carnot, président de la République. Voici la liste des lauréats habitant notre région :

Hors concours dans la draperie, comme membres du jury : MM. Nivert, Thézard, Blin et Blin.

Sociétés de secours mutuels : médaille d'argent, MM. Blin et Blin.

Cercles d'ouvriers ; médaille de bronze : « La Ruche », d'Elbeuf.

Sculpture ; médailles de bronze : MM. Ernest Chrétien, d'Elbeuf (*Le Printemps, Guerrier blessé, le Prisonnier de guerre*) ; Victor Huet, de Saint-Pierre (*le Pottier*).

Education de l'enfant ; médaille de bronze ; les Ecoles de garçons, à Elbeuf.

Enseignement technique ; médaille d'or : la Société industrielle d'Elbeuf. — Médaille d'argent : l'Ecole manufacturière.

Horlogerie ; mention honorable : M. Florent Gaucher, à Elbeuf (montres)

Tissus de laine peignée et cardée ; grand prix, MM. E. Bellest et Cie. — Médailles d'or: MM. Berjonneau-Démar ; Elie, Franchet et Cie ; Fraenckel-Blin ; Goujon et Bourgeois ; Lecorneur et Olivier ; Reynald Prinvault. — Médailles d'argent : MM. Bisson-Savreux et Fromont ; G. Boulet et H. Lecerf ; A. Canthelou ; Clarenson et Lebret ; Albert Cottereau ; Gasse frères ; Geoffroy, Castanet et Cie ; Vve Lécallier et fils ; Aimé Lefebvre et Cie ; Philogène Olivier ; Jules Richard. — Médaille de bronze : S. Lepesqueur fils.

Fils de laine cardée ; médaille d'or : MM. R. Tassel et Georges Blay. — Médaille d'argent : M. Désiré Chedville. — Médaille de bronze : MM. Legrix père, fils et Maurel.

Laines artificielles ; mention honorable : M. Jules Voisin.

Produits chimiques ; médaille d'or : MM. Perré et fils (bougies, acide tartrique). — Médaille de bronze : M. A. Pinchon (procédés et instruments divers).

Procédés de teinture ; médailles d'or : MM. MM. Tassel et Blay ; A. Monpin et H Saint-Rémy

Matériel de filature ; médaille d'argent : M. Camille Ledran (rubans de cardes).

Matériel d'architecture ; médaille de bronze, MM. Liorel frères et Cie (briques).

Des récompenses furent aussi décernées à divers collaborateurs des exposants ; nous citerons :

Médaille d'or : M. Turpin, de la maison Prinvault.

Médailles d'argent : MM. Borschneck, maison Blin et Blin ; Breichessen, maison Fraenckel-Blin ; Léguillier, maison Nivert et Boulet ; Quesné, maison Berjonneau-Démar ; Redon, maison Nivert et Boulet ; Thibaut, maison Bellest et Cie.

Médailles de bronze : MM. Démouche, maison Fraenckel-Blin ; Grisel, maison Elie, Franchet et Cie ; François et Julien Ramet, maison Blin et Blin.

Mentions honorables : Desmarres, maison Berjonneau-Démar ; Doutté, maison Fraenckel-Blin ; Jeunechamp, maison Blin et Blin ;

Longuemare, maison Aimé Lefebvre et Cie ; Malzard, maison Nivert et Boulet.

A la suite de cette exposition, M. Théodore Blin fut nommé chevalier de la Légion d'honneur.

Le 20 octobre, M. Ollendorf, directeur de l'enseignement technique au ministère du Commerce et de l'Industrie, vint présider la séance solennelle de la Société industrielle, à laquelle assistèrent aussi M. Dautresme, député, et M. Hendlé, préfet.

A la séance municipale du 25 octobre, M. Quidet donna un compte rendu moral sur l'Ecole manufacturière, qui n'avait eu que six élèves en 1887, treize en 1888, et en avait alors vingt. Les dépenses pour cet établissement s'étaient élevées à 34.000 fr. pendant l'année.

Le Conseil décida de repaver à neuf la rue du Maurepas ; la dépense était évaluée à 11.500 fr. — Il fut ensuite question du tarif d'occupation des trottoirs par les déballeurs et marchands ambulants.— Enfin, il repoussa à l'unanimité toute subvention pour le Théâtre et vota, également à l'unanimité, la résiliation du traité passé avec M. Lejolivet, directeur, qui n'avait pas encore commencé la saison. L'administration traita avec M. Ch. Egrot, ancien éditeur de musique à Paris.

On parla beaucoup, en ville, du banquet offert, le samedi 9 novembre, par M Théodore Blin à ses ouvriers, à l'occasion de sa nomination dans la Légion d'honneur. On compta 1.300 couverts, servis sur 22 tables, dans l'ancien établissement Ph. Decaux, rue Notre-Dame.

Le lendemain, un autre banquet fut offert à M. Noury, par ses amis et ses élèves, et auquel assistaient toutes les notabilités de notre région.

Le 20, une réunion publique se tint au Cirque, rue Lefort, pour établir les statuts d'une société coopérative de consommation, qui prit, plus tard, le nom de *l'Elbeuvienne*.

Le conseil municipal, réuni le 22, abandonna son nouveau réglement et fit retour à l'ancien Il s'occupa ensuite d'une question de principe et de fait relative aux alignements. Le Conseil fut saisi, le même jour, d'une pétition des habitants de la place Lemercier, tendant au rétablissement de marchés sur cette place.

Le dimanche 1er décembre, la Compagnie de pompiers se réunit sur la place de l'Hôtel-de-Ville, pour reconnaître ses officiers, sous-officiers et caporaux nouvellement nommés.

Assemblé de nouveau, le 11, le conseil municipal apprit, par M. Nivert, que M. et Mme Leforestier, anciens habitants d'Elbeuf, avaient légué à notre hospice une somme nette de 10.000 fr. — Le budget pour l'année suivante fut établi par 577.077 fr. en dépenses ordinaires et 319.932 en dépenses extraordinaires.

Un arrêté préfectoral, en date du 18, nomma M Georges Védie receveur de l'Hospice et du Bureau de bienfaisance, en remplacement de M. Fauquet, démissionnaire.

Aux élections consulaires du 19 décembre, furent élus juges : MM. H. Blanchet et S. Lebret ; juges suppléants: MM Henri Fraenckel, Charles Avenel et A. Monpin

Le 28, mourut M. Jules-Louis-Robert Flavigny, ancien manufacturier et ancien membre de l'administration de l'Hospice ; il était âgé de 65 ans.

Les conférences au Théâtre, pendant les deux derniers mois de l'année, furent faites par MM. Janet, agrégé de philosophie; G. Tissandier; Vilain, de la Comédie-Française, et Edouard Cuyer, professeur d'anatomie, professeur au Lycée de Rouen.

Pendant le courant de l'année 1889, il avait été enregistré :

A Elbeuf : 575 naissances, 169 mariages, 7 divorces, 639 décès.

A Caudebec : 286 naissances, 106 mariages, 272 décès.

A Saint-Pierre : 78 naissances, 35 mariages, 69 décès.

A Saint-Aubin : 85 naissances, 20 mariages, 69 décès.

CHAPITRE XIV

(Année 1890)

Epidémie d'influenza. — On réclame la dénonciation des traités de commerce. — Les marchés Lemercier et Saint-Louis — La suppression de l'octroi est votée. — Le dépotoir du Chêne-Fourchu. — Le projet de Paris port de mer. — La Commission du Travail vient a Elbeuf. — Les délégués sénatoriaux. — Un terrible hiver.

Le 11 janvier, mourut M. Ludovic-Michel Béquet ; il laissa la somme nécessaire pour la fondation d'un lit à l'hôpital de notre ville, en faveur d'une personne de Saint-Pierre, qu'il habitait et où il était décédé.

Vers ce temps également, une épidémie d'influenza, qui sévissait un peu partout depuis plusieurs mois, entra, au moins à Elbeuf, dans une période de décroissance ; mais à cette date des familles entières en étaient encore atteintes. Il y avait des ateliers dont le personnel s'était trouvé réduit du quart, du tiers et même de la moitié.

On remarqua que, depuis 1871, jamais les fêtes du commencement de l'année n'avaient été plus tristes et, dès les premiers jours de mars, le Théâtre dut fermer ses portes, vu l'insuffisance des recettes, malgré les efforts de M. Egrot et de M. Pélin, son successeur, pour attirer le public.

Le 18, mourut M. Charles Bucaille, négociant en soies, ancien juge au Tribunal de commerce ; il était âgé de 61 ans.

Le jeudi 23, un terrible ouragan passa sur notre ville et atteignit son maximum d'intensité vers trois heures et demie de l'après-midi. A ce moment, la cheminée de l'établissement d'épaillage de laine situé entre la rue de Marignan et la Seine, exploité par M. André Hennebert, fut renversée, par le vent, sur l'une des quatre travées de l'atelier. Cinq ouvriers furent gravement atteints.— On ouvrit une souscription publique en faveur des victimes.

La question de la dénonciation des traités de commerce était l'une des plus importantes du moment. Une commission de 55 membres, dite commission des douanes, fut élue par la Chambre des députés. M. Lucien Dautresme en faisait partie, avec 37 de ses collègues, protectionnistes comme lui.

Avant cette élection, M. Dautresme avait déclaré, aux autres députés de son bureau, qu'il était opposé à la conclusion de nouveaux traités de commerce et voulait des tarifs douaniers protégeant efficacement l'agriculture et l'industrie nationales.

Il basait sa façon de voir sur les changements considérables qui s'étaient produits, surtout depuis dix ou quinze ans, dans les échanges internationaux. Chaque jour, dit il, les industries subissent, par suite du progrès, des transformations qu'il est impossible de prévoir. Comment, dès lors, les enchaîner dans des droits qu'on ne pourra modifier qu'à une échéance plus ou moins longue ?

« Les circonstances qui peuvent surgir à l'improviste et nous obliger à chercher dans les droits de douane des ressources ; les charges que l'industrie devra forcément s'imposer pour donner satisfaction aux vœux répétés et légitimes des ouvriers, qui réclament une moindre durée de travail, ainsi que l'application de mesures propres à améliorer leur condition ; les avantages que possèdent certains pays autour de nous sous le rapport des transports et qui leur permettent de constituer, au profit de leurs nationaux, une sorte de prime d'exportation : toutes ces raisons doivent nous empêcher de contracter à l'avenir des traités pareils à ceux qui nous régissent aujourd'hui.

« L'application d'un tarif général, soigneusement étudié, tel est le système qu'il convient de substituer au régime actuel. »

Il termina en exposant que la protection avait fait ses preuves, en France même, avant 1860, et, depuis, en Allemagne et surtout aux États-Unis, où les grandes catastrophes prédites par les économistes ne s'étaient pas produites et où l'on avait pu, en peu d'années, payer la dette formidable que ce pays avait contractée pendant la guerre de sécession.

La Chambre de commerce de notre ville, de son côté, eut à répondre à un questionnaire élaboré par le Conseil supérieur des Chambres de commerce et d'industrie. Elle fit sa réponse en ce sens :

Les traités de commerce avaient causé le plus grand préjudice à l'industrie drapière ; depuis 1861, on constatait l'existence d'une importation considérable de tissus étrangers, dont l'industrie s'était beaucoup développée. En conséquence, la Chambre émettait ces vœux :

Que les traités de commerce ne fussent pas renouvelés ; qu'il fût établi un tarif minimum suffisamment élevé pour réserver à notre industrie le marché national ; que ce tarif minimum fût majoré d'un *quantum* à déterminer envers les pays qui n'accorderaient pas au nôtre la réciprocité.

La Chambre proposait un droit moyen de 1 fr. 50 par kilogramme, plus 15 pour 100 *ad valorem*, soit 25 pour 100 environ.

Elle repoussait tout droit sur les laines et autres matières premières ; mais au cas où le droit de 15 centimes par kilog de laine en suint, demandé par les agriculteurs, serait voté, la Chambre de commerce réclamerait une surtaxe de 60 centimes par kilog. de draperie à l'entrée en France et un drawback d'égale importance à la sortie.

Peu après, la Chambre syndicale des filateurs de laine cardée de la Seine-Inférieure, de l'Eure et du Calvados, réclamèrent aussi la dénonciation des traités de commerce et la création d'un droit de douane sur les filés et tissus de laine.

Vers ce temps, le ministre du Commerce et de l'Industrie fut officiellement informé de la création d'un syndicat de l'Industrie drapière elbeuvienne, composé de quarante-cinq fabricants. Son siège était situé rue du Neubourg, 81.

Le conseil municipal s'entretint de la Caisse d'épargne, dans sa séance du 7 février, et examina s'il était possible de lui faire payer un loyer quelconque pour le logement qu'elle occupait à l'hôtel de ville. Il fut ensuite parlé des déjections que portait l'eau de la Rigole, et l'on vota la construction d'un lavoir couvert sur ce bassin ; la dépense était évaluée à 2.800 francs.

Le Conseil décida ensuite de donner le nom de M. Isidore Lecerf à la partie inférieure de la rue de la Justice ; mais émit le vœu que, dans l'avenir, on ne perpétuât le nom des bienfaiteurs de la ville qu'au moyen de plaques de marbre, le changement de nom des rues présentant des inconvénients.

Une loterie de bienfaisance, qui venait d'être tirée, avait donné un produit net de 7.997 fr.

Le 15, ouvrit la Société coopérative de consommation *l'Elbeuvienne* ; ses magasins furent d'abord rue de la Barrière, en face la rue Robert ; puis rue du Maurepas, et enfin rue Robert.

Le Conseil adopta, le 28, après une discussion assez plaisante, une proposition de notre concitoyen, **M. Chrétien**, statuaire, de céder à la ville son groupe en marbre, *Amour maternel*, dont il était l'auteur. Cette œuvre valait 10.000 fr. Pour l'acquérir, on débourserait 5.000 fr., sur laquelle somme M. Dautresme, député, obtiendrait 1.500 fr. du ministre des Beaux-Arts ; les 3.500 fr. restant seraient payables en sept annuités de 500 fr.

Le 7 mars, **M. Emile Duret**, ancien greffier du Tribunal de Commerce à Pont-Audemer, fut nommé agréé à Elbeuf, en remplacement de M. Frappier.

Le 14, mourut M. Léopold-Benoît Samuel, ancien négociant et homme de bien ; il était âgé de 79 ans.

Deux conférences furent faites au Théâtre, vers ce temps, par MM. Texcier, professeur au Lycée Corneille, et Trufflier, de la Comédie-Française.

Le 27, quatorze délégués de Chambres de commerce ou consultatives, représentant l'industrie du drap, se réunirent à Paris, au siège de l'Association de l'Industrie française. Les places d'Elbeuf, Mazamet, Tourcoing, Lisieux, Vienne et Louviers étaient représentées. M. Paul Pion, d'Elbeuf, fut élu président, et M. Dannet, de Louviers, secrétaire. L'assemblée examina la question des tarifs concernant les tissus de laine, les effilochages et les déchets de laine, et émit des vœux à ce sujet.

En ce même temps, la Chambre de commerce eut à s'occuper de deux bandes de colporteurs-déballeurs, se disant fabricants à Elbeuf, qui vendaient des étoffes de qualités très inférieures comme étant d'origine elbeuvienne.

Notre ville fut mise en émoi, le mercredi 26, par un incendie qui détruisit la filature de M. Lhomme fils aîné, à Caudebec, rue de Louviers. Les pertes furent estimées à 125.000 francs, malgré le travail empressé des pompiers d'Elbeuf, qui étaient allés assister leurs confrères de Caudebec.

La séance municipale tenue le 28 fut d'abord marquée par une longue discussion portant sur le remboursement du cautionnement précédemment versé par MM. Empain et de Ridder, concessionnaires des tramways, dont la construction fut encore retardée.

M. Quidet lut ensuite un rapport relatif à des pétitions adressées à la municipalité au sujet des marchés. Il concluait au maintien de l'arrêté municipal du 6 avril 1881 ; on discuta longtemps ; enfin, les conclusions du rapport furent adoptées.

Un nouveau marché ouvrit, le 5 avril, sur la place Lemercier, par les soins d'un comité. Ce marché se tenait les mardi, jeudi samedi et dimanche ; il s'y fit d'assez nombreuses affaires dans les premiers temps, grâce au zèle du Comité et surtout à M. Buisson, son président, qui recueillit des primes pour être distribuées aux approvisionneurs, mais les ventes déclinèrent par la suite.

Vers ce temps, la Chambre des députés fut saisie du projet de canal, de M. Bouquet de la Grye, ayant pour objet de mettre Paris en communication directe avec la mer, en coupant plusieurs boucles de la Seine, dont celle de Criquebeuf à Oissel.

Le vendredi 2 mai, le conseil municipal tint une séance importante, qui attira beaucoup de monde à l'hôtel de ville.

Il fut d'abord donné lecture de lettres adressées à M. Nivert, maire, par les comités des places Lemercier et Saint-Louis, tendant à fixer le jour de vente des bestiaux sur chacune. La place Saint-Louis avait choisi le jeudi et la place Lemercier le mardi.

Le maire ajouta qu'il avait donné satisfaction aux deux comités ; mais, depuis, il avait reçu, de la préfecture, l'ordre d'interdire le marché du jeudi, non autorisé. Cet ordre avait causé une certaine émotion chez les intéressés.

M. Nivert s'était alors rendu auprès du préfet, et lui avait montré une pièce mentionnant l'existence d'un marché aux bestiaux à Elbeuf, en 1834 ; en outre, un arrêté de 1847 faisait transporter le marché aux porcs, qui se tenait le jeudi, de la place Lécallier sur la place Bonaparte. En présence de ces pièces, le préfet n'avait pas insisté pour l'exécution immédiate de son ordre d'interdiction. L'affaire en était là.

M. Dubois donna ensuite lecture d'une proposition signée par dix-sept membres du Conseil, dont voici les conclusions :

Art. 1er. — L'octroi de la ville d'Elbeuf est supprimé à partir du 31 décembre 1891, jour auquel les barrières et les bureaux d'octroi cesseront d'exister.

Art. 2. — L'administration est autorisée à traiter, au mieux des intérêts de la ville, pour la perception des droits sur les alcools et les vins, qui sont maintenus.

Art. 3. — Indépendamment des droits sur les alcools et les vins, l'administration est autorisée à vendre le poisson publiquement, aux mêmes conditions que par le passé.

Art. 4. — L'administration est autorisée à passer, avec les bouchers et charcutiers de la ville, un abonnement dont le total, réparti sur ces marchands selon l'importance de leur commerce, s'élèvera à 30.000 fr.

Art. 5. — L'administration est autorisée à percevoir un droit de 0 fr. 25 par mètre courant sur les façades de toutes les propriétés bâties ou non bâties se trouvant sur les places et voies publiques.

Art. 6. — Ces nouvelles perceptions auront lieu à partir du 1er janvier 1892.

Art. 7. — D'ici au 31 décembre 1891, l'administration est invitée à obtenir les délibérations du Conseil général et les arrêtés préfectoraux ou ministériels qui seront nécessaires.

Art. 8. — L'administration est autorisée à contracter, dès à présent, un emprunt de 434.000 fr., qui sera gagé sur les centimes additionnels. Elle est autorisée à faire, auprès des pouvoirs publics, la procédure nécessaire pour obtenir le renouvellement de l'allocation des centimes dont le maintien permet la suppression de l'octroi.

Cette proposition était signée de MM. Malfilatre, Harel, L. Fossard, P. Gouée fils, Dr Grosclaude, A. Coquerel, Ch. Mouchel, F. Coulon, Sallé, A. Vautier, A. Dubois, A. Courtillet, Eugène Blin, Rabier, Dr Rident, Ch. Avenel et Picard.

M. Nivert, maire, observa que ce travail se présentait dans des circonstances particulières et qu'il tenait à dégager l'administration. « Une commission d'onze membres, dit-il, a été nommée pour examiner la question des octrois et même pour préparer le tableau des taxes qui pourraient être proposées pour remplacer cet impôt. Or, j'ai été informé, hier, qu'un projet complet avait été conçu et signé par dix-sept membres ; c'est-à-dire qu'il est voté à l'avance. L'administration ne saurait accepter ce nouveau mode de traiter les affaires municipales ; en conséquence, je demande le renvoi à la commission. »

M. Dubois répondit qu'il était très peiné de voir la rigueur avec laquelle M. le maire accueillait la proposition. « Mais, dit-il, il y a deux ans que nous discutons, et si l'on ne prend point un parti, nous discuterons longtemps encore. L'administration ou la commission aurait dû trouver une solution ; mais, ne voyant rien venir, et dans la crainte que le Conseil, malgré ses promesses, arrivât a l'expiration de son mandat sans avoir supprimé l'octroi, M. Mouchel et l'orateur ont étudié ensemble : de leurs travaux est sortie la proposition que l'on connaît. M. le maire, l'administration, le conseil municipal tout entier veut la suppression de l'octroi ; nous croyons lui avoir facilité la tâche par le travail qui vient d'être lu. »

MM. Duprey, Fossard, Quidet et Mouchel parlèrent successivement. M. Dubois résuma le débat en ces termes :

« Les dix-sept signataires, bien que représentant la majorité du Conseil, ne sont pas obstinés jusqu'à ne rien vouloir changer au projet. M. Quidet a d'excellentes idées qui pourront être acceptées, car nous ne nous interdisons pas le droit de mieux faire ; ce que nous demandons, c'est que la question soit menée rapidement, et c'est pour la rendre plus facile que nous avons travaillé. »

La proposition des dix-sept fut renvoyée à la commission.

Le Conseil vota ensuite une somme de 6.800 fr. pour la création d'urinoirs aux carrefours du Bout-du-Couvent, du Coq et du Calvaire.

Sur cette question de suppression de l'octroi, une polémique s'ouvrit entre *l'Elbeuvien* et *l'Industriel*. Celui-ci se disait partisan de la réforme, mais dès qu'elle semblait vouloir faire un pas, il faisait son possible pour l'arrêter. C'est ainsi qu'il fit valoir, pour tenter d'enrayer le mouvement, l'utilité de construire un pont de pierre sur la Seine, en remplacement du pont suspendu, de construire également un cirque-théâtre, et même des cités ouvrières.

Réuni de nouveau, le 6 juin, le Conseil décida d'acheter cent chaises en fer, pour le jardin de l'hôtel de ville, et de repaver la petite section de la rue Robert.

La discussion porta ensuite sur la question du marché aux bestiaux à établir, sur la place Saint-Louis ou sur celle Lemercier, le mardi ou le jeudi. On renvoya cette affaire à la commission.

Le Conseil vota 17.000 fr. pour faire participer la ville à la construction d'une salle de bains à l'hospice, travaux évalués à 39.500 fr.

M. Dubois lut un long rapport concluant à supprimer les octrois le 31 décembre 1891, mais la discussion fut renvoyée à la séance suivante.

En ce mois, la Cour de cassation rejeta le pourvoi formé par les héritiers Flavigny, contre un arrêt de la cour d'appel de Rouen rendu le 30 novembre 1887, en faveur de la ville d'Elbeuf, au sujet d'écoles à créer dans le quartier de la Cerisaie.

Une belle exposition horticole eut lieu les samedi 28, dimanche 29 et lundi 30 juin. Des prix furent décernés aux nombreux exposants, après des discours prononcés par M. Nivert. maire, et M. Georges Cabourg, président de la Société d'Horticulture.

Le rapport de la commission nommée pour étudier la suppression des octrois différait un peu, dans ses conclusions, de la proposition dite des « dix-sept ».

Il consistait à unifier toutes les dettes communales et à maintenir les centimes additionnels qui étaient près de tomber, afin d'en employer le produit à détaxer tous les objets soumis aux droits d'octroi, sauf les viandes, qui ne devaient être déchargées que d'environ 60 pour 100, et les vins et eaux-de-vie.

Les détaxes porteraient sur tous les autres comestibles, ainsi que sur les fourrages, grains, matériaux et objets divers, et s'élèveraient à plus de 320.000 fr par an. A dater du 1er janvier 1892, les treize bureaux et les quarante-cinq employés d'octroi auraient disparu, laissant la circulation libre à toutes les marchandises arrivant en ville de jour et de nuit.

La foule se porta, le 11 juillet, à la séance municipale, mais l'exiguité de la salle ne permit qu'à un petit nombre de personnes d'entrer.

M. Dubois relut le dispositif de son rapport, après quoi M. Nivert, maire, déclara qu'il avait lui-même élaboré un projet de suppression des octrois, dont il donna lecture et que *l'Elbeuvien* reproduisit en entier, et dont voici les conclusions :

« Article 1er. — Sont supprimées toutes les taxes inscrites au tarif d'octroi, présentement en vigueur, à l'exception de celles-ci : Alcools 18 fr., Alcool dénaturé 5 fr., Vins 3.60, Bières 5 francs.

« Art. 2. — Sera maintenue la surtaxe de 7 fr. sur les alcools, pour le service du budget extraordinaire.

« Art. 3. — Sont établies les taxes directes ci-après désignées :

« 1º 6 pour 100 sur les loyers des maisons d'habitation sises dans le rayon actuel de l'octroi, cet impôt à la charge de l'occupant ; les loyers de 200 fr. et au-dessous seront exempts de toute taxe. — 1 et demi pour 100 sur les loyers des locaux affectés au commerce et à l'industrie. situés dans le rayon actuel de l'octroi, également à la charge des occupants ;

« 2º Sur les chevaux, ânes et mulets, en remplacement de la taxe sur les fourrages, et, en cas d'insuffisance, sur les voitures servant au transport des personnes ;

« 3º Sur chaque construction nouvelle ou grosse réparation, en remplacement de la taxe sur les matériaux ;

« 4º Sur les propriétés situées dans le rayon actuel de l'octroi, en prenant pour base la longueur de la façade, la nature de la voie et la valeur de la propriété ;

« Art. 4. — L'application des taxes énumérées à l'article précédent se fera graduellement, dans une période de trois années, à partir du 1ᵉʳ janvier 1892, pour se terminer au 31 décembre 1894, date du complet remboursement des emprunts ;

« Le Conseil déterminera les taxes d'octroi qui seront supprimées d'année en année, en commençant, de préférence, par les denrées apportées sur les marchés ;

« Les droits sur les charbons seront supprimés aussitôt après la modification du traité qui lie actuellement la Ville à la Compagnie du gaz ;

« Dans le cas où les taxes sollicitées ne pourraient être appliquées en 1892, le Conseil fixerait la quantité de centimes tombant fin 1891, dont il conviendrait de solliciter le maintien, pour faciliter la transition du régime des taxes d'octroi à celui de l'application directe ;

« Art. 5. — L'administration est invitée à solliciter.... toutes les autorisations...., pour que la présente délibération reçoive son plein et entier effet, afin que les taxes d'octroi, à l'exception des droits sur liquides, soient supprimées entièrement au 31 décembre 1894. »

MM. Dubois, Mouchel et Angot prirent la parole, ce dernier pour combattre le projet de la commission, sans se prononcer sur celui du maire.

M. Dubois compara les deux projets. « En résumé, dit-il, la différence sensible entre eux, c'est que le nôtre supprime l'octroi en 1891 et celui de M. le maire dans trois ans seulement. Or, d'ici à trois ans, l'âne, le roi ou moi sera mort ».

M. Nivert demanda au Conseil sa préférence pour le projet de l'administration. M. Mouchel combattit pour celui de la commission, contre lequel se déclara M. Quidet. Puis M. Vautier présenta une observation sur les bières, que le projet de l'administration considérait comme boissons de luxe.

A ce moment, M. Harel lut un papier par lequel il déclarait en son nom personnel et en celui de MM. Gouée, Malfilâtre, Blin, Avenel, Rident, Grosclaude et Vautier, que, devant les explications qui venaient d'être données, lui et ses sept collègues se ralliaient à la proposition du maire.

La surprise fut très grande dans le nombreux public présent, qui savait que cette déclaration n'était pas le résultat de la discussion, et comprenait qu'elle avait été écrite avant la séance ; aussi, un éclat de rire partit-il du fond de la salle quand M. Mouchel demanda comment ses huit collègues avaient pu prendre cette résolution sans s'être concertés.

On vota par article et par appel nominal sur le projet de l'administration, dont les cinq articles furent votés par la majorité. M. le maire en présenta un sixième, supprimant les taxes d'octroi, à partir de fin 1891, sur les volailles lapins, beurres, fromages et œufs, qui fut voté à l'unanimité.

Ainsi se termina cette séance, dans laquelle on prononça d'intéressants discours et qui, en somme, porta le premier coup à l'octroi de notre ville, par l'acceptation de l'article sixième du projet de l'administration, qui, par cela même, était devenu à peu près l'équivalent de celui qu'avait conçu le groupe des dix-sept.

La presse parla beaucoup, à partir de ce moment, de la réforme votée à Elbeuf. L'un des premiers, *le Petit Rouennais*, s'exprima ainsi :

« Cet heureux résultat est dû à la prudente gestion des affaires municipales depuis de longues années, à l'initiative et à la persévérance particulière de quelques membres du Conseil, au premier rang desquels il faut placer M. Mouchel, enfin au bon vouloir et à la prévoyance éclairée du maire actuel, M. Nivert.

« Nous ne pouvons, à Rouen, qu'envier une ville à laquelle ses finances et l'intelligence de ses administrateurs élus ont permis de réaliser si promptement ce qui, pour nous, restera longtemps encore dans le domaine du rêve. Nous sommes persuadé que l'exemple donné par Elbeuf aura en France beaucoup de retentissement et pèsera d'un grand poids dans les délibérations que les Chambres vont être appelées à prendre en matière de suppression d'octroi »

Par un décret du 15 juillet, le receveur des

Postes de notre ville, M. Du Chesne, fut nommé à Caen.

Le 27, une kermesse fut organisée, dans les jardins de l'hôtel de ville, au profit des sinistrés de la Martinique et de la Guadeloupe. MM^{elles} Blanche Toutain et Biana Duhamel furent grandement applaudies dans un concert faisant partie de la fête, qui laissa un produit net d'environ 2.000 fr., dont la moitié fut distraite au profit des victimes d'une catastrophe survenue dans le département de la Loire.

A la séance municipale du 6 août, M. le maire rappela que la ville, après avoir tenté inutilement d'ouvrir un dépotoir dans la forêt de Bord et à Orival, avait été obligée, pour se conformer à la loi, d'acquérir un terrain au Chêne-Fourchu et que la préfecture avait approuvé la délibération du Conseil prise à ce sujet.

Des négociations s'étaient engagées avec M. Clouet, pour l'aménagement de ce dépotoir. Des plans et devis, présentés par cet entrepreneur de vidanges, évaluaient la dépense à 46.000 fr., somme exagérée, puisque l'architecte de la ville n'estimait les frais nécessaires qu'à 14.000 fr.

C'était alors que M. Clouet avait introduit une demande d'ouverture de dépotoir à la Mare-Asse, qui avait été favorablement accueillie. A la suite d'un nouveau devis de l'architecte de la ville, les dépenses d'aménagement au Chêne-Fourchu avaient été réduites à 6.800 fr. Le Conseil veut-il en poursuivre l'ouverture ? demanda M. Nivert, aux membres du Conseil.

La question fut renvoyée à la commission.

Un incident se produisit ensuite entre MM. Quidet et Angot, au sujet des pauvres honteux et des secours donnés par le Bureau de bienfaisance. Un second s'éleva, un instant après, entre MM. Nivert et Angot, à propos d'une porte fermée donnant accès à l'école de filles du passage Dubuc ; un troisième incident surgit, entre MM. Quidet et Angot, sur la de création d'une Maternité, demandée par M. Fossard.

Vint ensuite un rapport de M. Harel, ayant pour objet le transfèrement de la halle de la place Bonaparte sur celle Lécallier, et l'établissement du marché aux bestiaux sur la place Saint-Louis. Sur le premier point, neuf voix se prononcèrent dans un sens et neuf dans l'autre : c'était le maintien du *statu quo*. Le second fut voté par dix-sept voix.

L'ordre du jour n'étant pas épuisé, la séance reprit le lendemain,

Le Conseil vota la pose de vitraux peints aux cinq fenêtres de la salle des fêtes donnant sur la place de l'Hôtel-de-Ville. — Il fut ensuite question de l'agrandissement de l'Asile des vieillards. — A la suite de ces séances, M. Descoubet donna sa démission d'adjoint au maire ; elle avait pour motif apparent le refus du transfèrement de la halle sur la place Lemercier.

Le 29, la Société industrielle composa ainsi son bureau : MM. Xavier Pelletier, président ; Léon Quidet et Louis Simon, vice-présidents ; Ch. Avenel et P. Desbois-Grard, secrétaires ; S Lepesqueur, trésorier ; E. Manchion, bibliothécaire.

A la séance municipale tenue le 19 septembre, il fut parlé du projet de Paris port de mer. On observa que, d'après les plans, Elbeuf serait complètement mis de côté, le canal projeté coupant la presqu'île de Tourville à Freneuse. Le chemin de fer serait également modifié, mais encore en négligeant Elbeuf.

M. Nivert remontra que les transports par eau avaient une grande importance pour notre ville, puisque les arrivages par voie fluviale se chiffraient annuellement par près de 60.000 tonnes. « Si le projet était adopté, ajouta-t-il, il jetterait une profonde perturbation dans notre industrie. Il est donc utile que chacun s'occupe de cette affaire et aille protester sur le registre d'enquête ouvert à la préfecture. Je crois même nécessaire de nommer une commission municipale spécialement chargée de défendre les intérêts de notre ville, gravement menacés en cette circonstance. »

Le Conseil, à l'unanimité, partagea l'opinion du maire, et nomma MM Avenel, Sallé, Berjonneau, Mouchel, Eug. Blin, Vautier et Quidet membres de cette commission.

M. Nivert rappela, ensuite, que la question de la halle n'avait pas été tranchée. « Mais, dit-il, comme il est nécessaire d'en finir, et que, d'un côté, il y a des droits acquis que l'on ne peut méconnaître ; de l'autre, une initiative qu'il faut encourager et des cultivateurs qui demandent à porter leurs grains sur la place Lemercier, je propose au Conseil de voter la liberté, pour les cultivateurs, d'exposer leurs grains en vente sur la place Bonaparte ou sur celle Lemercier. »

Le vote par appel nominal ayant été demandé, votèrent pour : MM. Langlois, Rabier, Berjonneau, Blin, Descoubet, Malfilâtre, Vautier, Dubois, Grosclaude, Dupont, Coulon,

Nivert, Mouchel et Avenel ; votèrent contre, MM. Angot, Picard, Fossard, Coquerel, Rident et Sallé. M. Quidet s'abstint.

On revint sur le projet de dépotoir au Chêne-Fourchu. La discussion ne manqua pas de gaieté. On décida d'aménager les lieux ; la dépense était estimée à 3.300 fr ; elle portait sur l'établissement d'un bassin et la création d'un chemin d'accès, long de 300 mètres sur 4 de largeur.

Le Théâtre, sous la direction de M. Laclaindière, rouvrit le 9 octobre.

Le 17, M. Lucien Dautresme rendit compte de son mandat, à Sotteville-lès-Rouen, dans une réunion publique qui fut assez mouvementée.

Le lendemain, il en fit autant à Caudebec, salle de l'Alcazar, devant une salle comble et dans laquelle se trouvaient un grand nombre de boulangistes et de réactionnaires Cependant la majorité des auditeurs lui fut favorable.

La commission cantonale d'hygiène avait pris une délibération contre le projet de Paris port de mer, se basant sur ce que la coupure de la boucle enserrant Saint-Aubin aurait pour résultat l'abaissement du niveau de l'eau devant notre ville, dont le bassin fluvial deviendrait un réceptacle d'eaux et de matières contaminées, d'où naîtraient des épidémies typhoïques, et ensuite sur ce que la réalisation du travail projeté porterait un coup mortel à la plupart des industries de la circonscription elbeuvienne.

Le 22, le conseil municipal se réunit pour, à son tour, délibérer sur cette importante question. Il fut d'abord donné lecture du rapport rédigé par M. Avenel, au nom de la commission :

Le rapporteur ajouta que son collègue M. Mouchel avait étudié longuement et attentivement le projet, et qu'il résultait de ses observations que la déviation de la voie ferrée de Paris à Rouen serait très préjudiciable à notre ville, car elle ne serait mise en communication avec cette ligne qu'au moyen de trains spéciaux, dont les Compagnies ne sont jamais prodigues. Le projet aurait donc pour effet d'augmenter les frais d'exploitation de la compagnie de l'Ouest, qui, à son tour, augmenterait le prix des transports. En outre, la plupart des chemins de la presqu'île de Saint-Aubin aboutiraient au canal et n'iraient pas plus loin.

Il fut donné lecture de la proposition de protestation suivante, rédigée par M. Eugène Blin :

« Le Conseil ; considérant que la réalisation du projet présenté par la société d'études « Paris port de mer » aurait pour effet :

« 1º De causer un préjudice considérable aux riverains de la Seine, en apportant les plus grandes perturbations dans le régime fluvial de la région d'Elbeuf ;

« 2º De compromettre les communications par eau de la ville d'Elbeuf avec Rouen, Paris, la région du Nord et la Belgique, par suite du détournement du fleuve, opéré entre Sotteville-sous-le-Val et Oissel, par la coupure de Tourville ;

« 3º De menacer la salubrité des communes situées entre ces deux points sur le cours de la Seine, puisqu'il résulterait des travaux proposés un abaissement sensible du plan d'eau, qui mettrait à découvert, pendant la sécheresse, les bords et hauts fonds du fleuve.

« 4° De porter atteinte aux communications par voie ferrée de la ville d'Elbeuf avec Paris et Le Havre, par suite de la déviation et la surélévation des lignes prévues vers Tourville;

« 5° D'augmenter, ainsi qu'il résulte du rapport des ingénieurs de la navigation de la Seine et de l'avis du Conseil général des Ponts et Chaussées, le coût des transports pour Paris même, alors que le projet promet, au contraire, une diminution dans le fret.

« Proteste énergiquement, pour les raisons ci-dessus, contre l'exécution d'une entreprise préjudiciable aux intérêts industriels, commerciaux et agricoles du département de la Seine-Inférieure, ainsi qu'à l'hygiène de la région elbeuvienne. »

Après quelques observations, M. Nivert résuma la question. puis, à l'unanimité, les conclusions du rapport furent adoptées.

Les communes de Saint-Pierre et Saint-Aubin avaient déjà pris des résolutions dans le même sens, et le conseil municipal de Caudebec devait se réunir le lendemain pour le même sujet, car le délai pour déposer à l'enquête devait bientôt expirer.

L'étude de cette question, par notre conseil municipal, avait été égayée par M. Fossard, le reste de la séance le fut davantage encore, par le même membre et M. Angot, à propos de la pose d'une lanterne à gaz sur la place du Marché aux fleurs, près la sacristie de l'église Saint-Jean.

M. Hendlé, préfet, vint présider la grande séance annuelle de la Société industrielle, le 26 octobre.

Le 29, cette même Société prit aussi une délibération contre le projet de Paris port de mer, sur un intéressant et remarquable rapport de M. Léon Quidet, qui fut publié.

La commission parlementaire du Travail vint à Elbeuf le 13 novembre, et tint une séance qui dura plus de quatre heures, dans laquelle se présentèrent quatorze groupes de déposants : tisserands à la main, tisseurs à la mécanique, les membres du bureau de la Chambre de commerce, le bureau des Prud'hommes, des membres de la Société industrielle, l'Union syndicale des tisseurs, des patrons boulangers, des épinceteuses, des fabricants de draps, des tondeurs, des laineurs, le Syndicat des entrepreneurs de bâtiments, des ouvriers teinturiers.

Environ 250 ouvriers et ouvrières furent entendus dans cette séance ; ils étaient presque tous délégués par des camarades d'atelier, et l'on remarqua que les minorités étaient représentées dans plusieurs de ces délégations.

La plupart des déposants demandèrent la fixation de la journée de travail à dix heures, sans heures supplémentaires. Très peu d'ouvriers se prononcèrent en faveur du maintien de la journée à douze heures. Les ouvriers étaient, pour la plus grande partie, favorables à la réduction à huit heures, avec heures supplémentaires facultatives rétribuées.

Le Patriote remarqua que la commission avait été frappée de l'esprit de modération et de sagesse dont avaient fait preuve tous les déposants à l'enquête, ainsi que de leur esprit de solidarité les uns envers les autres.

M. Dautresme, par une circonstance fortuite, n'ayant pu recevoir ses collègues de la commission, avait prié M. le maire d'Elbeuf de le remplacer. Les députés dînèrent, le soir, chez M. Nivert, en compagnie du préfet ; de M. Maille, conseiller général, et de M. D. Démoulins, président du Conseil des Prud'hommes.

Le conseil municipal s'assembla le 14, MM. Coquerel et Fossard demandèrent la suppression de l'aumônier de l'hospice, en appuyant cette demande de raisons qu'ils développèrent. Le vote ne donna que six voix pour la suppression, contre dix pour le maintien et trois abstentions.

La discussion porta ensuite sur la location de la Poissonnerie et la consommation du poisson à Elbeuf, qui avait diminué

Le 19, M. Sadoulet, venant de Besançon, fut nommé commissaire central à Elbeuf, en remplacement de M. Bardoul, nommé commissaire à Bordeaux.

Une tentative de meurtre commise, le 22, à Rouen, par un ancien négociant elbeuvien, sur sa femme et ses enfants, fit une profonde impression dans notre ville.

Le 25, mourut M. Edmond His, négociant, président de « l'Harmonie Elbeuvienne » et de la Société chorale d'Elbeuf ; le défunt n'était âgé que de 49 ans.

Le 30, les conseils municipaux de toute la Seine-Inférieure se réunirent à l'effet de nommer des délégués pour des élections sénatoriales.

A Elbeuf, il se produisit une petite manœuvre qui eut pour but et pour résultat d'empêcher de figurer sur la liste des élus les trois conseillers ouvriers, ce qui froissa vivement une notable partie de la population.

Voici quels furent les délégués de notre canton :

Elbeuf : MM. Nivert, Descoubet, Dubois, Blin, Langlois, Duprey, Malfilâtre, Quidet, Harel, Grosclaude, Avenel, Vautier. — Suppléants, MM. Berjonneau, Dupont, Sallé.

Caudebec : MM. Lion, Lehec, Beaumer, Fouquer, Boilet, Désormeaux, Lesueur, Mouchard, Nicolas, Gaubout, H. Langlois, Hébert. — Suppléants, MM. Levavasseur, Angot, Crictot.

Saint-Pierre : MM. Hellouin, Langlois, Delalonde, Heurteaux, Dufour, Goujon, Lesage, Heullant, Lucas. — Suppléants, MM. Macaire, Lemoine.

Saint-Aubin : MM. Hédouin, Guiborel, Berthe, Huvet, Dauvergne, Regnault. — Suppléants, MM. G. Hédouin, Auzoux.

Orival : MM. Ursin, Leloup, Delbarre. — Suppléant, M. Taurin.

La Londe : MM. Vitcoq, Franqueville, Couturier. — Suppléant, M. Cavelier.

Freneuse : M. Lefebvre. — Suppléant, M. Bourdet.

Cléon : MM. Hurrier, Lenormand. — Suppléant, M. Lemarié.

Sotteville : M. Fréret. — Suppléant, M. Démare.

Tourville : MM. Lefrançois, Bocquet. — Suppléant, M. Fréret.

MM. Lucien Dautresme, Isidore Maille et Onésime Doubet, étaient électeurs de droit.

Les élections à la Chambre de commerce, du 10 décembre, donnèrent ces résultats : élus : MM. Paul Pion, Berjonneau Démar, Desplanques, Prinvault.

A l'ouverture de la séance municipale qui

eut lieu le 17, M. Picard demanda la parole et s'exprima ainsi :

« Messieurs, pour la première fois, le conseil municipal a été appelé, le 30 novembre, à faire acte de politique, le seul que lui permette la loi ; il s'agissait de désigner des délégués pour prendre part à l'élection sénatoriale du 4 janvier prochain.

« Il existe, dans le Conseil un groupe représentant plus particulièrement la classe ouvrière : on pouvait espérer que des membres de ce groupe seraient choisis pour entrer dans la délégation, et qu'ainsi une part de représentation serait attribuée aux travailleurs. Vous ne l'avez pas voulu.

« Nos opinions républicaines ne pouvaient cependant pas être mises en doute, car nous sommes des républicains de la veille : c'est peut-être même à cette cause que nous devons notre exclusion systématique de la délégation. Aussi protestons-nous, au nom de la représentation ouvrière, contre la manœuvre qui nous a exclus. »

Un profond silence suivit ces paroles de M. Picard : le Conseil avait certainement conscience de la faute qu'il avait commise. — Nous verrons plus tard que, dans une même circonstance, les ouvriers étant en majorité au Conseil, exclurent à leur tour leurs collègues bourgeois de la liste des délégués sénatoriaux, en s'appuyant sur ce précédent. — Nous revenons à la séance du 17 décembre.

Le Conseil discuta et vota le budget pour l'année suivante, qui s'élevait, en dépenses, à la somme de 881.715 fr. — Le budget spécial à l'École manufacturière se chiffrait par 35.000 fr.

L'assemblée vota ensuite l'agrandissement de la crèche Saint-Jean. Les travaux devaient s'élever à environ 18.000 fr., sur laquelle somme les dames patronesses fourniraient 7.500 fr. ; il ne restait donc à la charge de la ville qu'une somme de 10.500 fr., qui fut également votée.

Le Conseil vota des subventions aux comités des places Lemercier, Saint-Louis et Bonaparte, qui s'étaient imposé des sacrifices pour attirer les vendeurs et les acheteurs.

Ce fut en décembre de cette année que s'ouvrit le Cercle militaire catholique de la rue Hervieux, où le clergé attira les soldats de la garnison — Il fut question, un peu après, de fonder un Cercle militaire anti-clérical, mais le projet n'eut pas de suite.

Le 24, M. Blanchet fut élu président du Tribunal de commerce ; MM. Sauvage et Regnault, juges ; MM. Monpin et Legrix, suppléants.

Vers la fin de cette année, deux jeunes filles, de neuf et dix ans, furent traitées à l'hospice de notre ville, par M. le docteur Buffet, par l'emploi de la « lymphe de Koch » ; elles étaient atteintes de carie vertébrale. Le résultat fut tel que l'on décida de ne plus employer ce traitement.

Dans la séance municipale du 29 décembre, le Conseil donna pouvoir au maire de défendre dans une action intentée à la Ville par Mme Fouquier-Long, au sujet de l'établissement d'un dépotoir au Chêne-Fourchu.

L'hiver de 1890-1891 fut l'un des plus rigoureux dont la génération présente ait gardé le souvenir. Deux navires cuirassés, le *Surcouf* et la *Lance*, et deux torpilleurs, étaient dans le port de Rouen, qu'ils devaient quitter pendant la nuit du 26 novembre. Beaucoup d'Elbeuviens se rendirent au chef-lieu, mais un certain nombre d'entre eux dûrent renoncer à les visiter à cause d'une tempête de neige, par laquelle l'hiver commença ce jour-là.

La Seine qui, depuis quelques jours, charriait une grande quantité de glaçons, se congela pendant la nuit du 18 au 19 décembre, et malgré le dégel survenu ce même jour 19, la glace ne fondit que le 23, et devant Elbeuf seulement. En aval de la Roche-Fouet, le fleuve fut pris pendant six semaines.

Pendant la nuit du 2 au 3 janvier 1891, la Seine gela de nouveau devant notre ville et resta en cet état pendant deux jours.

Enfin elle reprit, pour la troisième fois, le 8 janvier au matin, et ce ne fut que le 24 que la glace se brisa, à la suite du relèvement subit de la température à 10° et d'une pluie abondante.

Cet hiver causa de grands dégâts dans nos campagnes. Toutes les avoines semées à l'automne furent perdues ; il en fut de même des colzas et de la plupart des légumes.

Le mouvement de la population en 1890 se résuma comme suit : 542 naissances, 156 mariages, 5 divorces, 761 décès. L'influenza du mois de janvier avait contribué beaucoup à l'élévation du nombre des décès.

A Caudebec, il y avait eu 240 naissances, 71 mariages et 323 décès.

A Saint-Pierre, on avait compté 87 naissances, 19 mariages, 1 divorce et 100 décès.

CHAPITRE XV

(Janvier-Mai 1891)

ELECTIONS SÉNATORIALES ; M. LUCIEN DAUTRESME EST ÉLU. — ELECTION LÉGISLATIVE ; VIVE CAMPAGNE ÉLECTORALE, MM. DAVID DAUTRESME, CAUBERT, GAHINEAU, LYONNAIS ET JULIEN GOUJON, CANDIDATS ; CE DERNIER EST ÉLU. — LIGNES TÉLÉPHONIQUES. — PROJET DE TARIF DOUANIER ; M. GOUJON A L'HOTEL DE VILLE. — LES HEURES DE TRAVAIL.

Des élections sénatoriales eurent lieu le 4 janvier 1891. Les républicains de toutes nuances, le *Journal de Rouen*, *l'Industriel* et *l'Elbeuvien* soutenaient MM. Lesouef, ancien député ; Casimir-Perrier, ancien député ; Lucien Dautresme, député, et Waddington, député. — Les conservateurs présentaient M. Ancel, sénateur sortant ; de Bagneux, conseiller général ; Leconte, conseiller général, et Pouyer-Quertier, sénateur sortant. — Les Havrais avaient aussi porté M. Cazavan, républicain.

Le nombre des inscrits était de 1.498, et celui des votants de 1.492. Il y eut deux tours de scrutin. Le premier donna les résultats suivants :

MM. Lesouef, 863 voix, élu ; Casimir Périer, 854 voix, élu ; Lucien Dautresme, 809 voix, élu. — MM. Pouyer-Quertier, 727 voix ; Waddington, 687 ; Ancel, 621 ; de Bagneux, 598 ; Leconte, 582 ; Cazavan, 197.

Le deuxième tour assura la victoire au quatrième candidat républicain, M. Waddington, qui obtint 785 voix, contre 702 à M. Pouyer-Quertier.

Le scrutin du 4 janvier renforça considérablement le parti républicain au Sénat, car la série de départements appelés à renouveler leur représentation nomma 75 républicains et seulement 6 conservateurs.

Cependant, à Elbeuf, beaucoup de républicains désapprouvèrent M. Lucien Dautresme d'avoir accepté une candidature au Sénat ; ils auraient désiré qu'il restât à la Chambre, ainsi qu'il l'avait, du reste, en quelque sorte promis.

A l'occasion de son élection au Sénat, M. Dautresme donna 1.000 francs à l'hospice de Caudebec, commune qui avait été le berceau de sa fortune politique.

Le lundi 12, M. Nivert, maire, délégué par le préfet, procéda à l'installation des membres de la Chambre de commerce, nouvellement élus : MM. Paul Pion, P. Desplanques, Berjonneau-Démar, Albert Blin et R. Prinvault. Dans cette même séance, l'ancien bureau fut réélu.

Le froid n'avait pas cessé d'exercer ses rigueurs ; la Seine était encore prise quand, le soir de ce même jour, survint le dégel que chacun souhaitait depuis longtemps.

Dans le courant de ce mois, le ministre de l'Instruction publique envoya à notre bibliothèque municipale 134 gros volumes, la plupart d'un très grand intérêt au point de vue historique.

M. Charles-Pierre-Joachim Hurrier, notaire, fut nommé, le 15, suppléant du juge de paix, en remplacement de M. Compagnon, démissionnaire.

A l'installation des juges nouvellement élus au Tribunal de commerce, qui eut lieu le 16, le président sortant, M. Perré, fit le relevé des travaux du Tribunal pendant les deux années précédentes.

294 affaires nouvelles avaient été inscrites ; il avait été déclaré 7 faillites en 1889 et 10 en 1890 ; on avait ouvert 12 liquidations judiciaires (loi du 4 mars 1889) en 1889 et une en 1890.

Vers le milieu de février, on apprit que, par suite de la revision de l'impôt foncier, la ville d'Elbeuf paierait 95.552 fr. de moins en 1891, pour ses contributions directes, qu'en 1890.

Dans la séance municipale du vendredi 20 février, M. Nivert, maire, annonça que le directeur des Postes et Télégraphes demandait une subvention pour relier la ligne téléphonique d'Elbeuf à Louviers et Paris. D'accord avec le président de la Chambre de commerce, on solliciterait des souscriptions parmi les intéressés, et, si la somme recueillie était insuffisante, il serait fait appel au Conseil pour la compléter.

Dans cette même séance, on reparla de la

construction d'une Maternité et de l'agrandissement de l'hospice des vieillards.

La direction du Théâtre municipal fut confiée, à partir de Pâques, à MM. Talier frères, l'un baryton, qui avait déjà joué à Elbeuf, dans la troupe Lejolivet, l'autre, ténor d'opéra, qui s'était également fait entendre dans notre ville.

Par suite de l'élection au Sénat de M. Lucien Dautresme, son siège de député devint libre. En conséquence, les électeurs de la 2e circonscription de l'arrondissement de Rouen (cantons d'Elbeuf, de Grand-Couronne et de Boos) avaient été convoqués pour élire un nouveau député.

M. Julien Goujon, avocat à Rouen posa tout de suite sa candidature Des républicains songèrent à M. Goblet, mais celui ci fit publier une lettre disant qu'il n'acceptait aucune candidature pour le moment.

Le Comité de l'Union républicaine ouvrit la campagne électorale par une réunion tenue rue Th.-Chennevière, le dimanche 1er février, et dont nous allons parler.

MM. E. Laporte et Charité, conseillers généraux des cantons de Grand-Couronne et de Boos, se firent excuser par lettre. Ce dernier ajouta que, dans une réunion tenue à Boos, la candidature de M. David Dautresme avait été acceptée et que, de plus, on s'y était énergiquement prononcé contre toute candidature exotique.

Le Comité de l'Union républicaine, dirent deux de ses membres présents, s'était prononcé pour la candidature de M. Isidore Maille, conseiller général, maire de Saint-Aubin.

Des délégués de Saint-Etienne-du-Rouvray et de Petit-Quevilly, ainsi que M. Knieder, déclarèrent réserver leur opinion jusqu'à ce que les divers candidats se fussent fait entendre ; mais, dès lors, M. Knieder repoussait ceux qui avaient été boulangistes : c'est M. Goujon qui était ainsi visé.

M. Nonorgues, au nom des ouvriers socialistes de Sotteville-lès-Rouen, présenta la candidature de M. André Lyonnais, ancien député de la Seine-Inférieure.

Plusieurs citoyens présents se prononcèrent en faveur de M. David Dautresme, neveu de M. Lucien Dautresme, et ancien auditeur au Conseil d'Etat, ancien chef de cabinet au ministère du commerce, et fils de M. David Dautresme, directeur du *Petit Rouennais*.

A noter qu'on annonçait encore deux autres candidatures : celle de M. Fernand Primois, avocat à Bernay, et celle du gendre de l'ancien ministre Lefebvre-Duruflé, M. Caubert, ancien juge au Tribunal civil de Rouen.

L'assemblée s'ajourna à huitaine pour prendre une décision.

A la réunion du dimanche suivant, constituée en Congrès, étaient présents MM. David Dautresme fils, Isidore Maille, Lyonnais, Primois et Caubert. Mais ces deux derniers, voyant que le Congrès ne leur était pas favorable, se retirèrent bientôt. Le sort désigna dans quel ordre les trois autres candidats parleraient : il serait accordé vingt minutes à chacun d'eux pour son discours.

M. Lyonnais, puis M. Maille et enfin M. David Dautresme exposèrent successivement leurs programmes, qui ne différaient que sur des nuances.

Une partie de l'assemblée déclara alors que la réunion ne pouvait être considérée comme un Congrès, attendu que deux comités seulement sur neuf y étaient représentés. L'autre partie voulut néanmoins procéder à un vote, auquel prirent part 48 délégués sur 65 présents. M. Maille obtint 25 voix, M. Dautresme 13 et M. Lyonnais 8.

Entre temps, une réunion publique avait eu lieu à Caudebec, dans laquelle M. Crespin, avocat, s'était fait entendre et avait déclaré qu'il n'y avait pas lieu de discuter la candidature de M. David Dautresme.

M. Julien Goujon avait ensuite pris la parole et déclaré qu'il était d'accord avec le parti socialiste sur tous les points de son programme, sauf en ce qui concernait la suppression des armées permanentes et la tarification du salaire de l'ouvrier.

A une nouvelle et grande réunion électorale, qui eut lieu au Cirque de la rue Lefort, étaient présents MM. Maille, David Dautresme, Caubert et Gahineau, ce dernier comptable à Sotteville-lès-Rouen, avait également posé sa candidature. M. Lyonnais était absent. M. Goujon, qui avait organisé une seconde réunion à Caudebec, se présenta assez tôt à celle d'Elbeuf pour se faire entendre.

M. David Dautresme exposa son programme, puis M. Goujon dit dans quelles conditions sa candidature avait été inscrite ; M. Maille fit également une déclaration de principes, et enfin M. Gahineau, porté par le parti socialiste ouvrier de Sotteville-lès-Rouen, se déclara l'adversaire des candidats bourgeois.

Dans son programme, M. David Dautresme se disait partisan de la revision de la Constitution dans un sens démocratique, de l'élection du Sénat par le suffrage universel, de la séparation des Eglises et de l'Etat, de la réglementation du travail dans les prisons, de la diminution des frais de justice ; de lois sur les accidents du travail, sur les assurances contre les maladies, et sur la surveillance du travail des enfants et des femmes. Il réclamait également la réforme du régime des boissons, la suppression des octrois, un impôt général sur le revenu pour remplacer d'autres impôts ; l'instruction gratuite à tous les degrés, après concours ; la dénonciation des traités de commerce et la revision, dans un sens protecteur, du tarif général des douanes.

Quant à M. Goujon, il n'avait pas de programme ; il trouvait que ceux de ses compétiteurs étaient bons et qu'il pouvait les accepter, sauf la séparation de l'Eglise et de l'Etat, dont il était partisan aussi, mais qui ne pouvait se faire, suivant lui, que lorsque l'Etat aurait rendu au clergé actuel ce que la Révolution avait enlevé au clergé du XVIIIe siècle. Il se défendait surtout d'être encore boulangiste.

M. Maille annonça, le 13 février, qu'il retirait sa candidature.

Les réunions se multiplièrent dans notre circonscription, mais nous ne rappellerons que celles qui se tinrent dans le canton d'Elbeuf.

Il y en eut trois le jeudi 19 : à Elbeuf, à Caudebec et à Saint-Aubin, et une le lendemain 20 à Saint-Pierre.

Dans celle de Saint-Aubin, M. Goujon dit que si un industriel d'Elbeuf, M. Nivert, par exemple, eût brigué les suffrages des électeurs, il ne se serait pas présenté ; de même, si **M.** Maille avait tout d'abord posé sa candidature, il se serait retiré devant lui.

Le nombre des inscrits, dans le canton d'Elbeuf, était de 5.235 ; il y eut 3.580 votants, dont les voix se répartirent ainsi :

Communes	Dautresme	Gabineau	Goujon	Lyonnais
Elbeuf.......	1.241	505	1.007	536
Caudebec....	638	661	536	116
Cléon........	4	13	42	23
Freneuse.....	11	4	33	26
La Londe....	75	28	118	45
Orival.......	42	71	84	38
Saint-Aubin..	99	48	222	175
Saint-Pierre..	160	133	268	75
Sotteville....	13	4	18	14
Tourville.....	16	4	45	35
Totaux....	2.299	1.474	2.373	1.083
Cant. Couron.	1.359	1.478	2.611	236
Cant. de Boos	878	58	897	48
Totaux généraux	4.536	3.010	5.881	1.367

Le nombre des inscrits, pour toute la circonscription, était de 11.726, et celui des votants avait été de 7.776.

M. Caubert avait obtenu, dans le canton d'Elbeuf, 190 voix, 58 dans celui de Grand-Couronne et 76 dans le canton de Boos ; au total : 324 suffrages.

Il est certain que, dans le chiffre de 5.881 voix obtenu par M. Goujon, il s'en trouvait un assez grand nombre provenant d'électeurs républicains, ayant voté sur l'étiquette prise par ce candidat ; mais il est non moins certain que la majorité de ces suffrages qu'il avait étaient ceux des réactionnaires et cléricaux, tandis que les 8.513 voix réunies par

MM. Dautresme, Gahineau et Lyonnais étaient exclusivement républicaines.

M. Lyonnais se désista, mais M. Gahineau maintint sa candidature. *Le Patriote* et le *Nouvelliste de Rouen* favorisèrent M. Goujon. Quant au *Journal de Rouen*, on pourra juger de sa tendance par cet extrait du compte-rendu qu'il publia de la réunion publique tenue à Saint-Pierre-lès-Elbeuf :

« M. Gahineau fait l'éloge de M. Goujon et de son dévouement aux travailleurs. M. Goujon fait remarquer qu'il a beaucoup d'estime pour M. Gahineau. »

M. Goujon exploita habilement la situation pendant la quinzaine qui sépara les deux scrutins. A vrai dire, nul, dans aucun parti, ne prenait au sérieux ses affirmations. C'est ainsi que *le Patriote* et le *Nouvelliste*, journaux monarchistes, heureux de combattre indirectement le *Petit Rouennais*, publièrent une nouvelle circulaire de M Goujon, de laquelle nous relevons ces passages :

« Je vous le répète une dernière fois, je suis et je n'ai jamais été que républicain.

« Je n'admets point cependant certains points du programme de mes adversaires, parce que je les considère comme susceptibles de compromettre la République elle-même.

« C'est ainsi que je ne puis adopter le principe de la suppression des armées permanentes, utopie dangereuse, qui livrerait la France à la discrétion de nos ennemis coalisés et armés jusqu'aux dents.

« Je ne veux pas de la suppression de l'héritage, qui rendrait inutiles les efforts des pères de famille prévoyants et enlèverait tout stimulant au travail.

« Je ne veux pas du système d'impôt préconisé par M. David Dautresme, système injuste et arbitraire, qui nécessiterait la création d'une armée nouvelle de fonctionnaires. »

Il est à remarquer que la suppression des armées permanentes et la suppression des héritages ne figuraient point sur le programme de M. Dautresme, mais sur celui de M. Gahineau.

Quand M. Goujon se trouvait avec des socialistes, il tenait leur propre langage, renchérissant sur certains points même, ce qui lui permettait de faire une réserve sur quelques autres. Aussi quand, un soir, M. Goujon tint ce propos en réunion publique : « Si vous me nommez, j'irai m'asseoir à côté de Millerand », beaucoup de socialistes crurent réellement en sa parole et firent de la propagande en sa faveur.

Mais quand son auditoire était composé de cléricaux, il changeait de langage : Il était pour la sanctification du dimanche et l'abstinence de toute viande les jours indiqués par l'Eglise. Dans une réunion tenue à Boos, il dit : « Je voudrais que le dimanche fût le dimanche, et le vendredi le vendredi. »

La Tribune Elbeuvienne, organe des républicains boulangistes, et *l'Indépendant* patronnèrent la candidature de M. Goujon. *Le Soleil*, de son côté, le recommandait aux électeurs royalistes, car, disait-il, « M. Goujon fera au gouvernement actuel une opposition énergique ». *La Presse*, dirigée par M. Laguerre, était aussi en sa faveur.

Les trois journaux républicains de la circonscription, le *Journal de Sotteville*, *l'Industriel* et *l'Elbeuvien*, combattaient M. Goujon et patronnaient la candidature de M. Dautresme ; il en était de même des six comités radicaux et démocratiques des trois cantons.

La campagne fut extrêmement vive ; mais on sentait qu'il y avait une hostilité personnelle contre M. David Dautresme, auquel on faisait grief d'être le neveu de M. Lucien Dautresme, sénateur, et de vouloir transformer notre circonscription en fief électoral ; aussi, les socialistes principalement, firent d'actives démarches en faveur de M. Gahineau, se doutant, cependant, qu'agir ainsi c'était faire le jeu de M. Goujon.

Quant à M. Caubert, il égaya la quinzaine par plusieurs réunions publiques, qui eurent des succès de fou rire.

Le scrutin de ballottage eut lieu le 8 mars. Dans le canton d'Elbeuf, les voix se répartirent ainsi :

Communes	Caubert	Dautresme	Gahineau	Goujon
Elbeuf	56	1.352	533	1.458
Caudebec	52	663	544	811
Cléon	2	17	7	57
Freneuse	1	33	4	56
La Londe	3	120	33	160
Orival	11	53	77	107
Saint-Aubin	11	158	73	318
Saint-Pierre	16	251	91	384
Sotteville	0	22	1	34
Tourville	6	23	8	62
Totaux	158	2.692	1.371	3.447
Cant. Couronne	87	1.311	1.307	3.045
Canton de Boos	66	821	31	1.059
Totaux généraux	311	4.824	2.709	7.551

Quand ces résultats furent proclamés, on cria « Vive le Roi ! » sur la place de l'Hôtel-de-Ville. On y répondit par des sifflets Les monarchistes répliquèrent : « Nous pouvons acclamer le roi, puisque notre candidat est élu ! »

Cette élection fut commentée par la presse. Le *Radical* s'exprima ainsi :

« A Elbeuf, M. Dautresme, républicain, nommé sénateur en janvier, est remplacé par M. Goujon, qui s'intitule républicain revisionniste.

« Nos lecteurs qui, comme nous, ont été revisionnistes probablement avant que M. Goujon ne fût républicain, savent ce que signifie cette étiquette. Depuis que le boulangisme ne compte plus, elle correspond à un état d'esprit et à un mouvement d'opinion que M. Boulanger, du reste, n'a pas inventés et qui lui survivront malheureusement, car il y aura toujours des violents, des déclassés, des découragés, des naïfs et des farceurs pour constituer en France un noyau de césariens...

« .... Mais ce qui nous paraît particulièrement fâcheux, c'est que ce candidat ne doive sa réussite qu'à l'indiscipline du corps électoral républicain... »

L'*Indédendant*, le *Nouvelliste*, le *Patriote*, le *Gaulois*, le *Soleil* et autres journaux anti-républicains, célébrèrent à l'envi le succès de M. Goujon.

Le chemin de fer d'Elbeuf à Rouen, par Couronne, avait porté un si terrible coup aux bateaux à vapeur que ceux-ci durent cesser leur service. A partir de mars, l'ancien quai de notre ville, qui avait eu de si grands mouvements d'activité, devint presque désert, plus même qu'au moyen âge, et l'herbe poussa bientôt entre ses pavés.

Un bal de bienfaisance, avait eu lieu à l'hôtel de ville, et laissé une somme nette de 4.800 fr. qui fut divisée au profit des divers établissements de bienfaisance de notre cité.

Les membres de la Chambre de commerce étant réunis le 9 mars, M. Paul Pion, président, les informa que la Commission des douanes de la Chambre des députés venait de voter une surtaxe d'entrepôt de 3 fr. 60 par 100 kil. sur toutes laines importées d'ailleurs que des pays d'origine ; cette surtaxe frappait surtout les Australie et les Cap, dont le grand marché était Londres, où des ventes périodiques de laines coloniales avaient lieu. La mesure avait pour objet de favoriser les ports du Havre et de Dunkerque, qui recevaient des laines du Sud-Amérique.

La Chambre de commerce protesta contre la surtaxe et réclama l'entrée en franchise de toutes les laines étrangères.

Pendant l'hiver qui finissait, les Fourneaux économiques, en raison de la longueur et de l'extrême rigueur du froid, avaient distribué 102.000 portions gratuites, contre 75.000 l'année précédente.

A la séance municipale du 13 mars, M. Nivert, maire, annonça qu'il avait eu une entrevue avec le directeur des Postes et Télégraphes pour l'établissement d'un nouveau circuit téléphonique entre Dieppe, Le Havre, Rouen, Elbeuf, Louviers et Paris. L'avance à faire pour Elbeuf était de 12.000 fr., remboursables en quatre années sur les recettes. — La Chambre de commerce avait organisé une souscription, à laquelle la Ville prit part, après délibération du Conseil.

Dans cette même séance, le Conseil décida

d'acheter un immeuble dans l'impasse Chefdrue, contigu à l'école de garçons.

Il décida également de faire construire un kiosque, dans le jardin de l'hôtel de ville, pour remplacer celui existant, lequel ne mettait pas les musiciens à l'abri de la pluie et était trop petit Le nouveau kiosque devait avoir une surface de 65 mètres carrés ; le plancher serait établi sur maçonnerie ; la couverture serait en bois et zinc. La dépense était évaluée à 8.000 fr.

Enfin, le Conseil vota la construction d'un aqueduc partant de l'ancienne entrée de la caserne, rue Isidore-Lecerf. La dépense devait se monter à 13.700 fr.

M. Alfred Pinchon, pharmacien, mourut subitement le 26, à l'âge de 57 ans. Ancien interne des hôpitaux de Paris, il s'était établi à Elbeuf vers 1857. Quatre ans après, il fut nommé professeur de chimie à la Société industrielle, suppléant à M. Houzeau, et, en 1875, professeur titulaire. Il inventa un aréomètre thermique, qui lui valut une médaille d'or de la Société. Officier d'académie en 1877, il fut promu au grade supérieur en 1883. M. Pinchon avait présenté de nombreux mémoires rapports et notes à la Société industrielle, qui les publia dans ses bulletins.

Une nouvelle troupe dramatique, formée sous la direction de MM. Talier frères. donna une série de représentations au Théâtre, à partir du 29.

Au commencement d'avril, on discuta, dans *l'Elbeuvien*, sur le point de savoir où l'on édifierait le nouveau kiosque dans le jardin de l'hôtel de ville. Il y eut même un commencement de « referendum » à ce sujet.

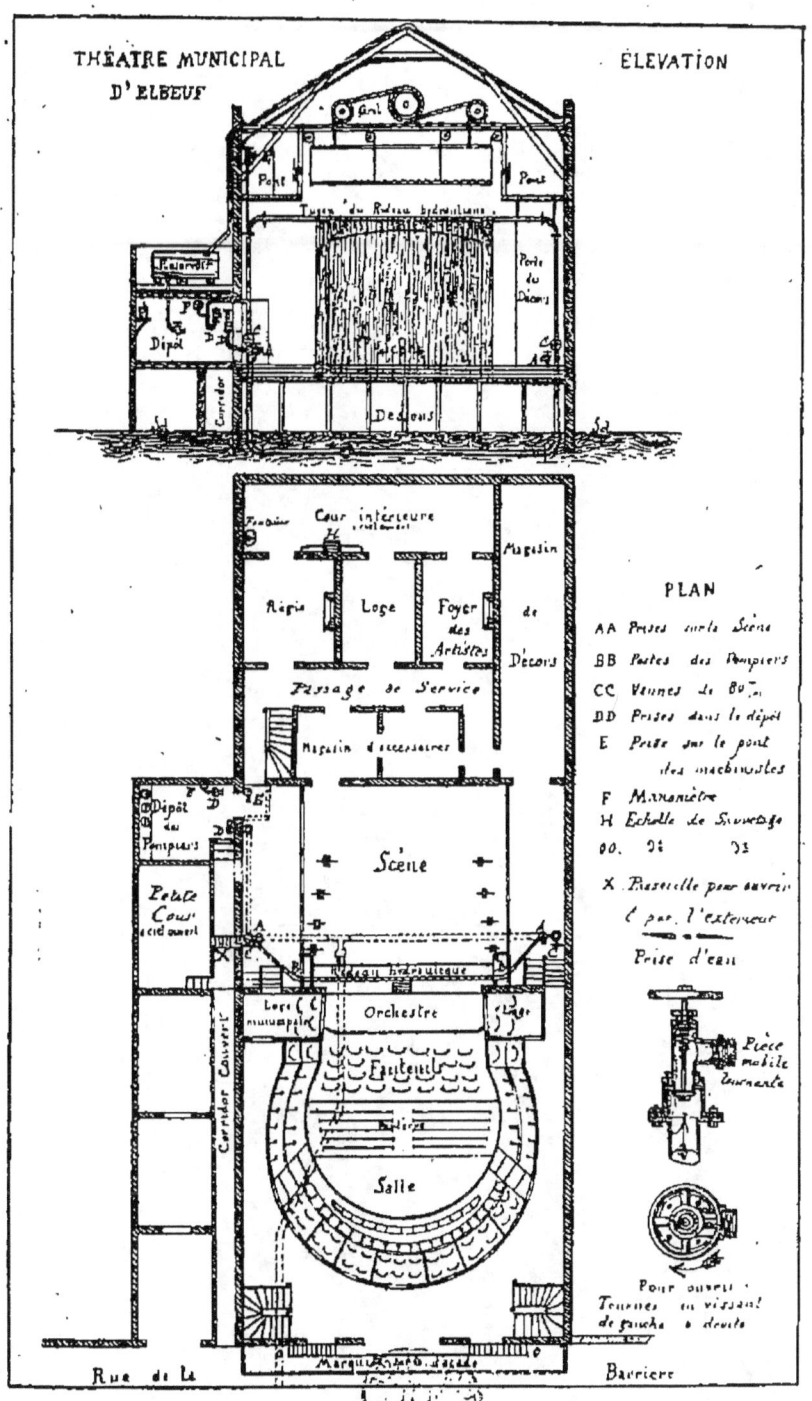

Le recensement de la population se fit le 12. Le nombre des personnes ayant passé la nuit du 11 au 12 à Elbeuf fut de 21.326. On avait compté 6.902 ménages et 2.283 maisons.

Un banquet de 150 couverts, par souscription, fut offert à M. Goujon, député, le 19 avril, au Château-Baubet, à Rouen. La presse de la circonscription était représentée par des rédacteurs du *Journal de Rouen*, du *Nouvelliste de Rouen*, du *Patriote de Normandie*, de l'*Indépendant Normand* et de... l'*Industriel Elbeuvien*. M. Louis Fossard, conseiller municipal d'Elbeuf, présida ce banquet.

Une réunion importante eut lieu le mercredi 22, salle des Prud'hommes à l'hôtel de ville, sous la présidence de M. Julien Goujon, à l'effet de s'entendre sur les mesures à prendre en vue de la discussion, devant le Parlement, du nouveau tarif douanier.

Etaient présents, MM. Paul Pion, Démoulins, Thézard, Desplanques, E. Nivert, I. Maille, O. Doubet, X. Pelletier, Léon Quidet, Blanchet, Ch. Mouchel, et un certain nombre de manufacturiers.

M. Pion exposa qu'à la rentrée des Chambres, on aborderait la discussion du tarif des douanes. L'orateur et M. Lucien Dautresme avaient pu obtenir une légère amélioration, 3 ou 4 pour 100, en ce qui concernait les tissus de laine cardée, mais il fallait demander que les produits étrangers payassent au fisc autant de droits que les tissus français en payaient eux-mêmes, sous toutes formes, directement ou indirectement.

Mais notre industrie avait à lutter contre fortes parties, principalement contre les ports de mer et plusieurs centres commerciaux. Le rapporteur de la Chambre syndicale des confectionneurs parisiens prétendait que la Commission des douanes avait porté les droits sur la draperie étrangère de 30 à 50 pour 100 de la valeur du tissu, et avait conclu qu'une protection de 15 pour 100 était suffisante.

« Cette protection de 15 pour 100, ajouta M. Paul Pion, nous voudrions bien l'avoir, mais nous en sommes loin. Il résulte du travail de statistique de la Chambre de commerce qu'avec le tarif conventionnel actuel, nous avons 8 pour 100 environ, et qu'avec les droits nouveaux proposés par la Commission des douanes, nous aurons 11 1/2 pour 100 en moyenne. Ce ne sont pas là des droits exagérés.

« Les étrangers à notre industrie qui consultent les tableaux des Douanes nous disent : « Comment, vous vous plaignez, vous, indus-« trie de la laine, et votre exportation se chif-« fre par 150 millions, alors que votre im-« portation n'est que de 23 millions ! »

« Ceci est incontestable ; mais ce que l'on n'ajoute pas, c'est que, dans le tarif actuel, sous la dénomination de draps, casimirs et autres tissus, les genres de Reims et de Roubaix sont confondus avec les nôtres. Nous nous trouvons noyés dans la quantité, et je considère comme un des succès de la mission que j'ai remplie au Conseil supérieur, au nom de la Chambre de commerce d'Elbeuf, d'avoir pu parvenir à faire admettre la séparation de ces tissus d'avec les nôtres...

« Il importe donc que tous, patrons et ouvriers, nous nous réunissions dans une action commune pour demander au gouvernement et aux Chambres de maintenir les tarifs proposés par la Commission des douanes... Notre situation est aussi celle de toutes les villes drapières : Sedan, Louviers, Vienne, Mazamet, etc., font entendre les mêmes plaintes que nous, et il n'est pas vraisemblable que, dans toutes ces localités, situées aux points les plus opposés, on soit resté en arrière du mouvement industriel.

« Nos adversaires mettent en avant l'intérêt du consommateur. Eh bien ! nous pouvons établir que les droits proposés sont assez peu élevés pour que la marchandise ne subisse aucune augmentation. La concurrence intérieure suffit bien pour empêcher toute élévation de prix. Ce que nous demandons, c'est de pouvoir travailler davantage ; c'est de faire consommer, par conséquent, plus de tissus français et, par suite, de ne plus voir autour de nous ces chômages fréquents, qui rendent la situation de l'ouvrier si triste et si précaire...

« ... Nous avons enfin à réclamer, au nom de notre industrie, l'exemption des droits sur la laine, à cause de l'impossibilité de l'établissement du drawbach...

« Le droit sur les laines serait non seulement préjudiciable à notre industrie, mais encore il ne rapporterait rien à l'agriculture. Les laines de France sont de moins en moins employées dans la draperie, et nous croyons être logiques en demandant qu'au lieu de droits sur les laines, on accorde à l'agriculture des primes spéciales, prises sur la plus-value des douanes et qui parviendront directement et plus sûrement aux intéressés

« En demandant l'exemption des droits sur les laines, notre député aura également à combattre la surtaxe d'entrepôt de 3 fr. 60 sur les laines d'Australie et du Cap, importées d'un port européen. Le grand marché des laines coloniales anglaises est Londres ; en arrivant dans ce vaste entrepôt, elles ne changent pas de nationalité. Si l'Algérie produisait de la laine comme l'Australie, changerait-elle de nationalité si le marché se trouvait à Marseille ou à Bordeaux ?. »

M. Goujon prit ensuite la parole. Il dit avoir visité les agriculteurs du canton de Boos et leur avoir démontré l'inanité de leurs préventions contre la franchise des laines ; puis il déclara qu'il protesterait contre la surtaxe d'entrepôt proposée par la commission des douanes, et enfin qu'il ferait tous ses efforts pour le maintien des droits sur les tissus de laine pure et se servirait de tous les moyens pour obtenir même une augmentation.

Pour terminer, il proposa un vaste pétitionnement par tous les ouvriers et patrons de la circonscription d'Elbeuf, afin de lui donner plus de forces dans ses réclamations.

Une commission, composée du maire et des présidents de la Chambre de commerce, du Tribunal de commerce et des Prud'hommes, avait rédigé la pétition suivante :

« Messieurs les Députés,

« Les soussignés, industriels, ouvriers et habitants de la ville et de la circonscription d'Elbeuf,

« Considérant la nécessité absolue, au point de vue de l'existence de l'industrie drapière, de maintenir les droits compensateurs votés par la Commission des douanes ;

« Considérant que la faible augmentation sur le tarif conventionnel (3 pour 100 environ) qui leur a été accordée, ne peut avoir aucune influence sur le prix du tissu, et que, par suite, l'intérêt du consommateur ne doit pas être invoqué :

« Que l'adoption des nouveaux tarifs aurait pour résultat un accroissement de la production elbeuvienne. et par conséquent le relèvement d'une vieille industrie française.

« Prient instamment Messieurs les Députés d'adopter la classification et les droits proposés par la Commission des douanes, et dont la moyenne est de 11 1/2 pour 100 de la valeur. »

Le 23, M. Monpin fut élu juge au Tribunal de commerce, et M. Alfred Delandre nommé juge suppléant.

Une pièce de cette époque établit que, dans notre région, il y avait 168 actionnaires ou obligataires intéressés pour environ cinq millions dans la malheureuse affaire du canal de Panama.

A la séance municipale du 8 mars, M. Nivert informa le Conseil qu'un legs de 10.000 francs fait par M. Roze, ancien manufacturier à Elbeuf, en faveur des pauvres du canton, avait été approuvé par les autorités supérieures.

Le maire fit aussi connaître que M. Emile Durupt de Baleine, d'Elbeuf, ingénieur à Paris, se proposait d'utiliser, comme force motrice, les barrages de Poses et de Martot, pour produire de l'électricité. Le Conseil donna un avis d'encouragement.

M. Nivert avait reçu, le 1er mai, des délégués ouvriers venant lui apporter l'expression de leurs désirs tendant à la réduction des heures de travail. M. Fossard, membre du Conseil, lui en exprima sa satisfaction. A l'issue de la séance, les membres du Conseil, réunis hors session, émirent les vœux suivants :

« 1° Que la durée normale de la journée de travail, dans l'industrie drapière, soit réduite à dix heures, par voie législative

2° Qu'il soit établi simultanément une surtaxe de 0 fr. 25 par kilogramme, en moyenne, sur les articles draperie, en plus des droits actuellement proposés par la commission des douanes, droits qui ne constituent qu'un *minimum* applicable à la situation actuelle de cette industrie. »

M. le docteur Rident rappela à ses collègues, ce même jour, ses demandes d'agrandissement de l'asile des vieillards, de création d'une gésine et d'amélioration de la salle d'asile de la rue Tournante. Il réclama également l'achat d'une étuve à désinfection.

Le Conseil discuta longuement sur la subvention théâtrale de 4.000 fr. plus l'éclairage de la salle — qui, finalement, fut votée par 17 voix contre 2.

Le 16 mai, dans une petite sente des coteaux d'Orival, au-dessus du bâtiment nommé « la Providence », on trouva mort M. Gustave-Charles-Alexandre Grandin, qui avait quitté son domicile de l'île de la Bastide trois jours auparavant. Il était né le 8 mai 1831 et était fils de M. Victor Grandin, ancien député, neveu de M. Grandin de l'Eprevier et frère de l'ancien adjoint au maire d'Elbeuf. M. Gustave Grandin était un lettré. Il avait composé un dictionnaire de la langue basque, pendant les séjours qu'il avait faits chez son oncle maternel, M. Fouquier-Long, qui habitait les Basses-Pyrénées.

En mai 1867, un jugement avait autorisé les fils de M. Victor Grandin à ajouter à leur nom celui de l'Eprevier, ainsi que le faisait leur cousin de Martot. Le fief de l'Eprevier, sis à Hauville-en-Roumois, était entré dans la famille Grandin un peu avant la Révolution, par le mariage de Marie-Anne de Flavigny, qui tenait ce domaine de son frère, avec Michel Grandin, écuyer, sieur de Morainville, maire d'Elbeuf de 1782 à 1785.

Le 25 mai 1891, plusieurs artistes de la Comédie française donnèrent une représentation de *Gabrielle*, d'Emile Augier, au Théâtre municipal. Les interprétateurs étaient MM. Coquelin aîné, Jean Coquelin, Melle Blanche Pierson, Melle du Minil et M. Leitrier.

CHAPITRE XVI

(Juin-Décembre 1891)

Elbeuf a l'exposition de Moscou. — Vote de droits de douane sur la draperie. — Inauguration du kiosque du Jardin. — M. E Nivert, décoré. — Le peintre Th. Ribot. — M. Millerand, puis MM. Magnin et Le Royer a Elbeuf. — Inauguration du service d'hydrothérapie a l'hospice. — M. Jules Ferry vient étudier la situation de l'industrie elbeuvienne. — Mort de M. Albert Blin.

Les 1er et 2 juin, la Chambre des députés discuta les articles relatifs aux laines étrangères. Par 398 voix contre 131, elle décida leur franchise. C'était un succès pour notre industrie, et particulièrement pour M. Paul Pion, président de la Chambre de commerce, dont le zèle et les efforts pour arriver à ce résultat ne s'étaient pas un instant démentis. Quant à M. Goujon, député, son intervention pendant ces deux journées s'était bornée à deux interruptions.

Vers ce temps, on ouvrit le Musée commercial et le Musée de la Société industrielle, installés dans l'ancien hôtel de ville, où avaient été réunis, entre autres curiosités, une infinité d'échantillons de nouveautés de la fabrique d'Elbeuf, dont les premiers remontaient à 1835.

Le dimanche 7 juin, il y eut des régates organisées par le Cercle nautique elbeuvien.

Un rapport présenté au conseil municipal, le 12 de ce même mois, concluait au vote de 8 centimes additionnels, pour insuffisance de revenus communaux en 1892, provenant de la suppression des taxes d'octroi sur les volailles, lapins, œufs, beurres et fromages. Ces 8 centimes ne constituaient pas une charge nouvelle ; ils remplaçaient une partie des centimes tombant au 31 décembre 1891.

A partir du 15, des communications téléphoniques purent être échangées entre Elbeuf, Paris, Le Havre et Dieppe.

Une grande exposition internationale eut lieu à Moscou cette année-là. Plusieurs industriels de notre ville y prirent part, sous le patronage de la Chambre de commerce ; ce furent MM. Berjonneau-Démar, Blin et Blin, Fraenckel-Blin, Lemonnier et Laignel, Aimé Lefebvre et Cie, Nivert et Boulet, Prinvault, A. Perré, et Vve Vallès et Bulard.

Cette exposition fut cause d'un incident qui s'éleva entre M. David Dautresme et son heureux compétiteur M. Julien Goujon, auquel le premier réclama une satisfaction par les armes. M. Goujon ayant exprimé le regret des attaques qu'il avait dirigées contre M. Dautresme, il n'y eut pas de rencontre pour le moment; mais à la suite d'un procès-verbal dressé le 3 juillet, des appréciations différentes donnèrent lieu à un duel dans lequel M. Goujon fut légèrement blessé à la main.

Une réunion publique eut lieu le dimanche 5 à l'Alcazar de Caudebec. Les députés Laur, Ernest Roche, Granger et Gabriel, tous anciens boulangistes, se firent entendre, mais pas du tout applaudir. Des mesures avaient été prises pour éviter des troubles : ce fut peine inutile, la séance conserva un calme parfait.

Durant l'été, la compagnie des Bateaux-Omnibus de Rouen organisa plusieurs excursions en Seine, jusqu'à Pont-de-l'Arche et même Poses.

Le lundi 6 juillet, la Chambre vota les tarifs douaniers sur les tissus de laine, mais pas conformément aux désirs exprimés par la Chambre de commerce d'Elbeuf et aux espérances des manufacturiers.

Le tableau comparatif ci-dessous permettra d'apprécier la différence existant entre les chiffres et les classifications du tarif spécifique, alors en vigueur, et ceux du tarif voté par les députés :

Tarif conventionnel :

Tissus de laine, moins de 400 gr. au m. c.		140
— de 400 à 550 gr.	—	123
— au-dessus de 550 gr.	—	106
— pour robes, m. de 250 gr.	—	140

	Conseil supérieur	Comm. des Douanes	Chamb. des Députés
251 à 400 grammes ...	200	220	200
401 à 550 grammes ...	170	180	170
550 à 700 grammes ...	140	140	140
Au-dessus de 750 gr ..	100	110	110

Le 10, on inaugura le kiosque du jardin de l'hôtel de ville. De 4.000 à 5.000 personnes étaient massées autour et sur le quai. Le jardin était illuminé dans toutes ses parties : la fête fut charmante. A partir de ce jour, les concerts donnés par l'*Harmonie Elbeuvienne* furent beaucoup plus suivis.

M. Emilien Nivert fut nommé chevalier de la Légion d'honneur, à l'occasion de la Fête nationale On lut, à ce sujet, dans l'*Elbeuvien :*

« Nous estimons que la plus belle récompense qu'un citoyen puisse ambitionner est la satisfaction du devoir accompli. Mais puisque le gouvernement républicain, suivant en cela les errements des monarchies, distribue des croix, le maire d'Elbeuf, autant que le grand industriel elbeuvien, méritait la distinction dont il est l'objet.

« Quand M. Nivert s'est présenté aux élections municipales, nous l'avons vigoureusement combattu. Nous ne le connaissions pas alors ; mais comme il était recommandé aux électeurs par les réactionnaires et par les journaux qui repoussaient la suppression de l'octroi, cela nous suffisait pour le considérer comme un adversaire.

« Cependant, M. Nivert était à peine placé à la tête de notre ville, qu'il étudia consciencieusement cette question d'octroi. Il se demanda s'il était de bonne administration municipale de maintenir un impôt dont les frais de perception coûtaient chaque année 70.000 francs aux contribuables et représentaient environ 17 pour 100 du capital encaissé.

« Le fruit de ses études fut la condamnation de l'octroi municipal, et il arriva, par un singulier revirement, que nous dûmes applaudir à l'administration de M Nivert, tandis que ceux qui l'avaient porté aux affaires publiques critiquaient et critiquent encore ses actes en matière de tarifs.

« M. Nivert a donc rendu un grand service à notre ville en portant la hache dans l'octroi municipal. Nous ne doutons pas qu'il persévérera dans l'œuvre entreprise et voudra conserver le poste qu'il occupe, au moins jusqu'au jour où cette vieille baraque monarchique de l'octroi sera totalement anéantie. »

Le 15, M. D. Demoulins, manufacturier, fut réélu président du Conseil des prud'hommes, et M. Alexandre Picard, ouvrier tisseur, vice-président.

Le 16, le ministre approuva la convention téléphonique passée entre le groupe d'Elbeuf, représenté par M. Paul Pion, et le directeur des Postes et Télégraphes, au sujet d'une ligne nouvelle entre Rouen, Elbeuf et Paris, pour relier les villes d'Elbeuf, Louviers et Dieppe à Paris. La dépense était fixée à 44.000 fr., pour laquelle le groupe d'Elbeuf devait verser 12.500 fr., remboursables sur les recettes à effectuer.

Quelques jours après, la Chambre des députés repoussa, par 280 voix contre 179, le projet de surtaxe d'entrepôt de 3 fr. 60 par 100 kilog sur les laines coloniales anglaises, contre lequel on s'était vigoureusement prononcé à Elbeuf.

Vers ce temps on établit les comptes du Comité des fêtes de bienfaisance et de la loterie organisée par ce même comité. Le produit pour les pauvres fut d'environ 10.000 fr.

Le 29, mourut presque subitement à l'âge de 60 ans. M. Philogène-Théodule Olivier, manufacturier, — A l'occasion de la mort de son mari, Mme Philogène Olivier remit une somme de 15.000 fr., qui fut répartie entre les divers établissements de bienfaisance de la ville.

Le jeudi 30, M. Emilien Nivert, maire, fut l'objet de plusieurs manifestations de sympathie, à l'occasion de sa nomination comme chevalier de la Légion d'honneur.

Dans la séance municipale du 19 août, M. Nivert informa ses collègues que Mme Defrémicourt venait de fonder un lit à l'hospice.

Ce même jour, le Conseil vota l'agrandissement de la bibliothèque municipale, et l'affermage des droits de place à 22.500 fr. par an. La location des étaux de la Poissonnerie était de 1.600 fr.

Une commission du Conseil général vint à Elbeuf, le mardi 25, pour examiner l'installation et l'organisation de l'Ecole manufacturière. — Le lendemain, le Conseil général vota 4.000 fr. de subvention à cet établissement et la création de cinq bourses de 200 fr. chacune.

Le 30, il fut procédé à la remise du drapeau de l'Alsacienne-Lorraine, société de gymnastique de fondation récente, dont M. Jules Blin, manufacturier, était le président. « La Ruche », les « Chevaliers de Saint-Georges », la « Fraternelle », la « Française », de Caudebec, et des délégations des sociétés de gymnastique d'Oissel et de Louviers, assistèrent à la cérémonie. La Société de cette dernière ville comptait dans sa délégation son président, M. Ernest Thorel, maire et député de Louviers.

A dater des vacances d'août, par suite de l'application de la loi, l'école des Frères de la

Justice cessa d'être école municipale. — Il se forma immédiatement un comité catholique pour subvenir à l'avenir aux besoins des Frères et à ceux de l'école libre qu'ils allaient ouvrir, dans les mêmes locaux.

Un peintre de grand talent, qui passa plusieurs années de sa jeunesse à Elbeuf, Théodule Ribot, mourut vers le milieu de septembre. Il était né en 1823, dans le département de l'Eure, à Saint-Nicolas-d'Attez. M. Ribot, ayant perdu ses parents, vint à Elbeuf pour gagner son pain. Il y trouva un emploi dans la fabrique qui lui permit, tout en se livrant à son goût pour la peinture, de faire quelques économies au moyen desquelles il se maria, mais pas dans notre ville. Il n'avait alors que vingt ans. M. Ribot était considéré comme l'un des maîtres de l'art français.

L'Ecole manufacturière ne cessait d'augmenter son matériel. Pendant les vacances de 1891, on y monta une dynamo de Gramme ; elle fut actionnée par un moteur à gaz. Par suite, l'Ecole fut éclairée à la lumière électrique. Vers ce même temps, on monta également une doubleuse mécanique et un bobinoir Ryo-Catteau, offerts par ce constructeur.

Dans la soirée du 30 septembre, un télégramme parvenu à Elbeuf annonça que le général Boulanger s'était suicidé, le matin, à Bruxelles.

Dans les premiers jours d'octobre, M. Lhuillier, commissaire de police, fut nommé à Boulogne-sur-Mer, et M. Navaux, ancien secrétaire du commissaire central et alors commissaire de police à Petit-Quevilly, le remplaça à Elbeuf. — M. Parissot de Sainte-Marie, venant de Boulogne, fut nommé commissaire de police à Caudebec, en remplacement de M. Vaels, qui partait à Aire (Pas de Calais).

Le 3 octobre, on inhuma à Elbeuf, M. Clovis Hue, mort à Paris à l'âge de 72 ans. Le défunt avait débuté dans la maison Th. Chennevière, puis s'était mis à son compte. Ce fut un des plus habiles manufacturiers de son époque. Il avait fait partie, comme juge, du Tribunal de commerce.

Le lendemain, M. Magnin gouverneur de la Banque de France, et M. Le Royer, président du Sénat, vinrent à Elbeuf et descendirent chez M. Lucien Dautresme, où M. Paul Pion se rendit pour remercier M. Magnin d'avoir compris la ville d'Elbeuf dans les nouvelles succursales à créer. M Pion était accompagné des membres de la Chambre de commerce, de M. Nivert, maire, et autres notabilités.

Le 8, on inaugura les nouveaux travaux et l'installation des bains à l'hospice. A cette occasion, M. Rident, médecin en chef, prononça un petit discours, établissant que le nouveau service d'hydrothérapie « était le complément de notre charmant hôpital, si bien tenu, si bien organisé, si bien dirigé.

« Je n'hésite pas à dire, ajouta le docteur, que l'hospice d'Elbeuf est un des mieux tenus que j'aie vus, et où les succès en médecine et en chirurgie dépassent les statistiques les meilleures qui aient été faites dans les hôpitaux de province et surtout ceux de Paris. Nous le devons à la situation topographique excellente de l'établissement, à la propreté parfaite, à la salubrité des salles et aussi à l'antiseptie bien faite dans les soins donnés aux malades.

« Dans une récente épidémie de fièvre typhoïde, les succès ont été vraiment très beaux ; les décès ont à peine atteint le chiffre de huit pour cent.

« ... A cet état aussi excellent de notre hopital, il manquait l'hydrothérapie, il manquait une salle d'opérations, enfin une organisation nouvelle. Ces desiderata viennent d'être comblés... »

M. Julien Goujon, député, convoqua à l'hôtel de ville, le maire, les présidents de la Chambre de commerce, du Tribunal de commerce, des divers syndicats locaux et les membres du Conseil des prud'hommes, afin de connaître leur avis sur le projet de loi, alors soumis à la Chambre des députés, concernant la juridiction des prud'hommes.

En terminant, M. Goujon annonça que « dans une prochaine réunion, il demanderait à l'assemblée de se prononcer sur divers projets intéressant les travailleurs et notamment sur le projet de loi relatif aux accidents du travail ». — Cette réunion n'eut pas lieu.

Le lundi 12, M. Jules Ferry, ancien ministre, président de la Commission des douanes au Sénat et rapporteur pour les tissus de laine, vint dans notre ville étudier la fabrication drapière et se rendre compte du bien-fondé des réclamations de nos industriels, à propos du régime douanier.

Accompagné de MM. Lucien Dautresme, sénateur, et Paul Pion, président de la Chambre de commerce, il visita les établissements de MM. Nivert et Boulet, Fraenckel-Blin, et Blin et Blin, dans lesquels il remarqua les multiples opérations nécessitées par la fabrication des tissus de laine cardée.

Il se rendit ensuite, toujours avec M. Dautresme, à l'hotel de ville, où la Chambre de commerce tenait une séance. Là, M. Jules Ferry recueillit tous les renseignements pouvant l'édifier sur l'importance de notre production et l'insuffisance des droits concernant les étoffes de laine cardée.

M. Paul Pion lui tint ce langage, que M. Ferry écouta avec une vive attention :

« Ainsi que vous avez pu vous en convaincre, M. le Président, et ainsi que l'a répété maintes fois M. Lucien Dautresme au sein des commissions parlementaires, le reproche que l'on nous a adressé de ne pas être outillés suffisamment et de ne pas être à la hauteur des progrès modernes, est un vieux cliché qui n'a pas sa raison d'être et qu'il importe de détruire.

« Le véritable motif de nos revendications n'est pas notre infériorité industrielle ; il consiste, comme pour tous les centres similaires de draperies, dans l'infériorité de nos conditions de production.

« Depuis l'application du traité de commerce de 1881, notre chiffre d'affaires a diminué. Au contraire, depuis ce traité, la production de Roubaix et de Reims a présenté un accroissement considérable.

« Or, en 1879, lors de la réunion des industriels du Nord et de l'Ouest à la Chambre de commerce de Rouen, et au Grand-Hôtel à Paris, M. Delfosse, président de la Chambre de commerce de Roubaix, n'était pas un des moins ardents pour la défense du travail national. En toutes circonstances, il lutta pour obtenir des augmentations de droits avec le tarif spécifique.

« Le premier traité, qui servit de base aux autres, fut signé avec la Belgique, avec une tarification moyenne de 1 fr. 22. Les tissus de Reims et de Roubaix, ainsi que les nôtres, au-dessous de 400 grammes au mètre carré, figurèrent dans la première catégorie, taxée à 1 fr. 40.

« La main-d'œuvre nécessaire pour la fabrication de la draperie est, à cause du grand nombre d'opérations que subit l'étoffe, bien plus considérable que pour des tissus qui ne demandent qu'un apprêt sommaire après le tissage.

« Il en est résulté ce fait incontestable que les tissus pour robes, qui, avec l'ancien traité, avaient, comme les nôtres, un droit *ad valorem* de 10 pour 100, se sont trouvés, avec l'application des droits spécifiques, avoir une protection moyenne de 12 à 20 pour 100. Pour nous, le nouveau tarif ne changeait rien à notre situation, puisqu'il ne nous donnait qu'un droit de 8.42 pour 100 au lieu de 10 pour 100 *ad valorem*.

« Lorsque l'on examine l'article du tableau général des douanes intitulé : « Draps, casimirs et autres tissus », on constate que l'importation diminue chaque année d'importance; mais il est bien facile de reconnaître, par ces tableaux mêmes — puisque les tissus mélangés sont comptés dans la quantité — que la diminution a surtout porté de ce côté, ainsi que sur les tissus légers pour robes, tandis que nos articles, insuffisamment protégés, sont restés sous le coup de la concurrence étrangère.

« Aussi les petits fabricants n'ont pu supporter la lutte et ont presque tous disparu, non seulement à Elbeuf, mais dans tous les centres drapiers. Seuls, les fabricants dont la production était relativement importante ont pu résister. Le temps des bénéfices, avec un petit chiffre d'affaires, est passé. La grande quantité permet seule aujourd'hui d'atteindre l'extrême limite du bon marché.

« Il y a aussi un fait important à noter, c'est le changement radical apporté par la mode dans la consommation des tissus.

« Le fabricant de nouveautés, habitué à produire des articles de goût dans lesquels le dessin dominait, ne pouvait appliquer la force mécanique à une production où l'originalité formait tant de dispositions diverses. Il devait fabriquer spécialement des articles de mode, dont le débouché est toujours restreint, et qui ne deviennent quantité que par la variété infinie présentée à l'acheteur.

« De là cette hésitation, parfaitement justifiée, à s'outiller mécaniquement, hésitation que l'on rencontre chez tous les fabricants de hautes nouveautés, aussi bien à Roubaix que partout ailleurs. C'est parce qu'ils savent que la fabrication de la haute nouveauté ne peut se faire sans mortes-saisons, et que, dans toute usine fonctionnant mécaniquement, le chômage est un désastre. L'outillage ne permet de produire bon marché que s'il est entièrement et continuellement occupé.

« Les industriels étrangers, et surtout les Anglais, avec leurs grands débouchés aux colonies, se spécialisant dans un petit nombre d'articles, mais les produisant en grande quantité, ont amené sur le marché français toute une révolution et un changement complet de la mode On ne voit plus aujourd'hui de ces tissus originaux qui rendaient un vêtement impossible d'une saison sur l'autre, et l'on peut dire que le bon marché a tué l'invention.

« Il n'est donc plus resté sur la brèche que ceux qui ont pu se spécialiser, et qui ont réussi à produire, en grandes quantités, des tissus d'un genre simple, présentant la condition indispensable aujourd'hui : le bon marché.

« Ces explications, relatives au fabricant de nouveautés, répondent au reproche qui nous a été fait, de ne pas nous être outillés assez pour le tissage mécanique ; mais le même reproche ne peut pas être adressé aux fabricants de draperie unie, draps militaires d'administration, de lycées etc , qui, depuis longtemps déjà, tissent mécaniquement, et dont la production est restée sans rivale.

« Il ne faut pas oublier non plus que le marché français est le meilleur et le plus sûr de tous les marchés, et que les efforts de l'étranger tendent à s'en emparer, toutes les fois qu'ils ne sont pas arrêtés par des droits suffisamment protecteurs.

« Le tarif que nous avons demandé, Monsieur le Président, est loin d'être un tarif prohibitif : c'est un tarif de défense. Il n'entre dans la pensée d'aucun de nous de vouloir être les seuls maîtres du terrain et d'empêcher la lutte ; nous ne demandons, au contraire, qu'à la continuer, mais à la condition d'avoir des armes égales.

« Les droits inscrits au tarif de la Commission des douanes, pour la draperie, n'atteignent pas, malgré les apparences, ceux qui ont été accordés à Reims et à Roubaix par les traités de 1881, et nous pensons que notre industrie, bien que moins considérable, a

A l'issue de cette conférence, les délégués des chambres syndicales décidèrent d'adresser un appel à l'effet de convoquer un Congrès pour examiner la création d'une Fédération des syndicats du département.

A la séance municipale du 20, M. Nivert, maire, informa le Conseil que M. Ch. Levavasseur, concessionnaire du pont suspendu, avait l'intention de réclamer une prolongation de sa concession, alléguant dans ce but l'interruption du service en 1870 1871. L'assemblée prit la délibération suivante :

« Le Conseil, estimant que le réclamant a reçu une indemnité de 17.000 fr. pour l'interruption de circulation pendant six mois et demi, bien qu'il prétende qu'elle lui ait été donnée pour la reconstruction du pont ; qu'il ne serait pas fondé à réclamer après vingt ans, au moment où la concession arrive à expiration alors qu'il eût pu produire ses réclamations dans les délais réglementaires ; que la perte des droits de péage pendant un certain temps a été largement compensée, dans la suite, par l'augmentation des recettes résultant de l'interruption du passage par le pont de la rue de Paris, et cela pendant trois années ; qu'il ne peut justifier d'aucun préjudice ; qu'Elbeuf supporte depuis 49 ans ce droit de péage.... etc. Le Conseil émet le vœu que la liberté de circulation soit établie aux clauses et conditions du cahier des charges »

Dans cette même séance, des membres se plaignirent du faible débit des fontaines alimentées par le puits artésien de la place Saint-Louis, créé autrefois à grands frais par la ville.

On vota 300 fr. pour concourir à la réparation des vitraux de l'église Saint-Etienne, monuments historiques.

Le 25, mourut Mme Irénée Defrémicourt, née Lesage-Maille, âgée seulement de 40 ans. — A l'occasion de son décès, la famille répartit une somme d'environ 4 à 5.000 fr. aux divers établissements de bienfaisance de notre cité.

Le matin du 2 décembre, la population de notre ville fut vivement impressionnée, en apprenant la mort subite de M. Albert-Auguste Blin, décédé la veille au soir, âgé seulement de 39 ans. Le défunt avait succédé à son père, M. Maurice Blin, en 1879, et partageait depuis cette époque, avec M. Théodore Blin, son oncle, la direction de la très importante manufacture que la maison avait fondée à Elbeuf après la guerre franco-allemande. C'était un homme remarquablement doué, fort instruit et d'une activité incessante. Les ouvriers de l'établissement l'aimaient beaucoup et ce fut les larmes aux yeux qu'ils s'entretinrent de cette perte, qui les frappait si vivement dans leurs affections. — M. Albert Blin faisait partie de la Chambre de commerce, de la Caisse d'épargne, du Conseil d'administration de l'Ecole primaire supérieure, et était capitaine au 17e territorial.

Le 5, les « Prévoyants de l'Avenir » d'Elbeuf tinrent une grande réunion, présidée par M. Nivert, et à laquelle assistèrent M. Goujon, député, M. P. Pion et autres notabilités. Le but de cette réunion était de recruter de nouveaux adhérents à la Société, qui en comptait déjà 150.000 en France.

Le 7, M. Zevort, recteur de l'Académie de Caen, le proviseur du Lycée de Rouen et l'inspecteur d'académie vinrent à Elbeuf pour conférer avec le maire, au sujet du projet de création d'un petit lycée dans notre ville.

Le lundi 14, le Sénat, malgré l'opposition du gouvernement, après les observations de M. Jules Ferry, vota les droits sur la draperie qui avaient été proposés par M. Lucien Dautresme à la commission des douanes de la Chambre des députés et que celle ci n'avait pu faire adopter. La nouvelle de ce vote causa une vive satisfaction dans notre ville.

Le 20, M. F. Angot, président de l'Union républicaine, adressa, au nom de ce comité, ses félicitations à plusieurs membres des deux Chambres « pour leur énergique attitude dans les débats ayant trait à la séparation des Eglises et de l'Etat, et aussi contre l'empiètement et les menées cléricales... tramées contre le gouvernement de la République française, par ceux-là mêmes qui n'ont pas honte d'émarger au budget... »

Le 23, MM. Stanislas Lebret et Auguste Monpin furent élus juges au Tribunal de commerce, et MM. Henri Fraenckel et Charles Avenel, juges suppléants.

Ce même jour, on apprit à Elbeuf, que la préfecture avait rejeté la demande faite par M. Levavasseur, propriétaire du pont suspendu, tendant à obtenir une prorogation de jouissance de six mois.

Le froid était alors très vif, — 11°.

Le dénombrement de la population, que l'on avait opéré au printemps de 1891, avait donné les chiffres suivants :

Elbeuf : 21.326 habitants ; Caudebec-lès-Elbeuf : 10.288 habitants.

L'état-civil enregistra pendant l'année 1891 :

Elbeuf, 607 naissances, 182 mariages, 7 divorces, 726 décès.

Caudebec, 240 naissances, 88 mariages, 3 divorces, 287 décès.

Saint Pierre, 76 naissances, 23 mariages, 83 décès, 5 morts-nés.

Les recettes de l'octroi s'étaient élevées, pendant l'année, à 458.306 fr., contre 455.294 francs l'année précédente.

On sait que le 31 décembre 1891 fut le dernier jour qu'il fut perçu des droits d'octroi sur les volailles, lapins, fromages secs, beurres et œufs. Dans l'année qui venait de finir, il était entré en ville : 64.710 kil. de coqs et canards ; 14.582 kil. de dindes et oies ; 10.283 pigeons ; 310 cailles, etc. ; 189 faisans, etc. ; 875 lièvres ; 23.412 lapins : 1.454 perdrix etc.; 68 bécasses, etc. ; 7 548 alouettes, etc. ; 1 million 130.045 kilog. de beurre ; 13.741 kil. de fromages secs, et 125.035 kilog. d'œufs.

CHAPITRE XVII

(Année 1892)

Suppression du péage du pont suspendu. — Création du Petit Lycée — Mort de M. Lucien Dautresme. — Le travail des femmes dans les manufactures. — Election sénatoriale. — Elections municipales. — Election au Conseil d'arrondissement. — Epidémie cholérique. — Inauguration du Cirque-Théatre. — La fête nationale du 22 Septembre. — Un sermon sensationnel.

Le budget municipal de 1892 avait été établi ainsi : recettes 846.980 fr. ; dépenses 846.871 francs.

M. Paul Pion, président de la Chambre de commerce, fut nommé chevalier de la Légion d'honneur le 1er janvier 1892.

La 49e et dernière année de la concession du pont suspendu, faite à M. Levavasseur, étant expirée, le droit de péage cessa d'être perçu à partir du 6 janvier. — A cette occasion, le préfet prit un arrêté concernant surtout la circulation, sur ce pont, des chevaux et voitures.

Dans les premiers jours du mois mourut, à Maisons Laffite, M. Jules Dupuy, âgé de 77 ans. Ancien agréé à Elbeuf, où il s'était mêlé aux événements politiques et avait fondé un journal, il avait quitté notre ville et même dû se soustraire aux recherches des agents bonapartistes Depuis, il était devenu conseiller à la Cour d'appel de Paris, et il y avait sept ans qu'il avait sa retraite quand la mort le surprit.

Vers ce temps, la Compagnie elbeuvienne d'éclairage par le gaz commença des études dans le but de fournir aussi au public l'éclairage électrique à domicile.

Ce fut également en janvier que le maire passa un compromis avec Mme Vve Mary, pour la location de son immeuble de la rue de la Barrière, où la Ville désirait établir le petit Lycée Corneille projeté.

Vers le 20, mourut, à Saint-Aubin, M. Eugène Foliot, ancien manufacturier à Elbeuf, vice-président de la Compagnie du gaz, ancien maire de Saint-Aubin.

Le 31, M. Paul Lafargue, député socialiste de Lille, vint à Elbeuf, puis, en compagnie de son ami Jules Guesde, se rendit à Caudebec, où il avait déjà parlé, en 1881.

Pendant la conférence que fit M. Lafargue, à l'Alcazar, M. Julien Goujon, député, lui cria qu'il avait ramassé son mandat dans le sang. Sommé de monter à la tribune, M. Goujon s'y rendit, mais bientôt, prétextant qu'il avait été injurié par un membre du bureau, il renonça à la parole.

Si cette réunion ne fut pas un succès pour M. Goujon, suivant l'opinion même du *Journal de Rouen*, deux autres, qui eurent lieu les jours suivants à Quevilly et à Sotteville, lui furent encore moins favorables.

Au tirage au sort, le 1er février, on compta 307 conscrits seulement, dont 150 d'Elbeuf, 72 de Caudebec, 35 de Saint Pierre, 19 de Saint-Aubin, 12 d'Orival et 7 de la Londe.

La ville d'Elbeuf gagna un procès que Mme Fouquier-Long lui avait intenté au sujet du dépotoir du Chêne-Fourchu.

A la séance municipale du 5, il fut parlé des mesures à prendre pour un nouveau dégrèvement de taxes d'octroi.

L'assemblée prit une délibération à l'effet d'abaisser le prix du gaz consommé par les moteurs, à 24 centimes le mètre cube, soit une différence de 5 centimes sur l'ancien prix.

Dans cette même séance, M. Avenel donna lecture de son rapport sur la création d'une succursale du Lycée Corneille à Elbeuf. Il concluait à la location provisoire de l'ancien établissement A. Mary, rue de la Barrière, moyennant un loyer de 3.000 fr. La ville d'Elbeuf devait fournir, en outre, le matériel scolaire et s'engager à emprunter la somme nécessaire pour le cas où l'Etat voudrait plus tard faire construire un établissement suivant des plans donnés par la ville.

MM. Angot et Courtillet firent quelque opposition aux conclusions de ce rapport, qui furent néanmoins adoptées par 17 voix contre quatre.

Vers le 17, mourut M. Félix-Henri Simon, ancien manufacturier et ancien membre du conseil municipal ; il était âgé de 74 ans.

Le lendemain 18, notre ville et toute la région fut vivement impressionnée par la mort de M. Lucien Dautresme, sénateur, décédé à

Paris d'une affection cardiaque, à l'âge de 65 ans. Ce fut une très grande perte pour notre région et notre industrie.

Le drapeau de l'hôtel de ville d'Elbeuf fut mis en berne, et le conseil municipal se réunit d'urgence, afin d'envoyer une délégation aux obsèques à Paris. Après cette cérémonie, le corps fut rapporté à Elbeuf.

M L. Dautresme avait manifesté le désir qu'aucune lettre d'invitation fût adressée et qu'aucun discours fût prononcé à son inhumation, mais comme il s'était tu sur la question religieuse, son corps passa par l'église, contrairement à ce que beaucoup de ses amis et de ses électeurs supposaient.

Une députation de sénateurs, désignée par le sort, vint assister, à Elbeuf à la cérémonie funèbre, qui eut lieu le lundi 22. Les sénateurs et députés de la Seine-Inférieure et de l'Eure étaient presque tous présents, ainsi qu'un très grand nombre d'autres notabilités venues des deux départements, mais principalement de Rouen. La population entière d'Elbeuf et de Caudebec était sur pied, et grossie d'affluences venues des communes rurales. Le char funèbre était couvert de couronnes, dont une envoyée par Mme Sadi Carnot, les autres par les villes et communes du canton, les corps constitués, les Sociétés, les Ecoles, les Comités, etc.

Le numéro de *l'Elbeuvien* qui précéda l'inhumation publia une longue notice biographique, sur le regretté M. Lucien Dautresme, qui nous dispense d'entrer ici dans des détails sur le rôle utile qu'il remplît.

Le 14 mars, la Chambre de commerce prit cette délibération :

« Considérant que la durée du travail des femmes, dans les manufactures, ne peut, sans avoir de graves conséquences, être abaissée au-dessous du temps de travail des hommes ;

« Que la place de la femme est au foyer de la maison, et que le travail de nuit doit, par conséquent, lui être interdit ;

« La Chambre émet le vœu :

« 1° Que la durée du travail, dans les manufactures, soit généralement fixée, sauf les exceptions, à onze heures ;

2° Que le travail de nuit soit interdit aux femmes et aux filles mineures ;

« 3° Que la nuit soit limitée entre neuf heures du soir et six heures du matin ;

« 4° Que la division du travail, en deux équipes de huit heures, fonctionnant alternativement de quatre heures du matin à dix heures du soir, ne soit pas autorisée pour les femmes. »

Les conseils municipaux furent convoqués, le dimanche 15, pour nommer des délégués sénatoriaux en vue d'une élection fixée au 1er mai, afin de donner un successeur à M. Lucien Dautresme.

A Elbeuf, les membres du Conseil désignèrent ceux d'entre eux qui, l'année précédente, n'avaient pu l'être, plus le maire et un adjoint pour compléter la délégation, qui se composa de MM. Coulon, Rident, Nivert, Berjonneau, Angot, Coquerel, Mouchel, Courtillet, Picard, Sallé, Dupont, Duprey. — Suppléants : MM. Langlois, Rabier, Fossard.

Suit le tableau des délégués pour les autres communes du canton :

Caudebec : MM. Lion, Fouquer, Lehec, Lesueur, Mahut, Beaumer, Honoré Langlois,

Charles Langlois, Gaubout, Désormeaux, Nicolas, Chauvin.

Saint-Pierre : MM. Langlois, Maquaire, Dufour, Meslin Lesage, Fromont, Lucas, Delleux, Goujon.

Saint-Aubin : MM. Augustin Hédouin, Guiborel, Hazet, Huvet, Auzoux, Bayeux.

Orival : MM. G. Blay, Désiré Leloup, Hip. Plantrou.

La Londe : MM. Franqueville, Vidcoq, Couturier.

Sotteville : M. Gustave Fréret ;

Cléon : MM. Hurrier, Lenormand ;

Freneuse : M. Lefebvre.

Une assez vive discussion s'éleva au conseil municipal, le 16 mars, au sujet du renouvellement du bail de l'immeuble occupé, rue de Caudebec, par l'Ecole professionnelle, laquelle suivant plusieurs membres de l'assemblée, n'avait donné jusque-là que des résultats peu appréciables, tout en coûtant 14.000 fr. par an à la ville. M. Léon Quidet répondit :

« Si l'Ecole professionnelle eût été fondée plus tôt, nous recueillerions maintenant des avantages qui ne viendront que plus tard. Jusqu'ici, les fruits n'ont pas été merveilleux ; mais il faut savoir attendre, car on ne peut demander des effets extraordinaires après quelques années seulement de fonctionnement. L'Ecole primaire supérieure a eu aussi des débuts peu satisfaisants ; mais maintenant elle fonctionne admirablement : il en sera de même pour l'Ecole professionnelle, qui est en bonne voie et dont les élèves travaillent. »

M. Nivert, maire, ajouta que l'Ecole était assurée des subventions de l'Etat et du Département pour au moins deux ans. « Il a été fait, dit-il, dans cet établissement, pour 12 ou 15.000 fr. de dépenses, qu'il serait très regrettable de perdre. Quant à la ville, elle n'est engagée que pour un an, par des centimes spéciaux ; mais cette Ecole ne peut disparaître faute d'avoir renouvelé un bail. »

Dans le cours de la discussion, il fut établi que l'Ecole ne comptait que trente-un élèves. On parla aussi de la fusion de cet établissement avec l'Ecole primaire supérieure, ce qui fut combattu par M. Quidet :

« Les exemples de fusion que nous avons, dit-il, ne sont pas encourageants ; car, passant dans les mains de l'Académie, l'Ecole professionnelle perdrait son caractère technique et nous resterions sans autorité sur les professeurs. L'instruction primaire supérieure répond à un besoin général, et celle que l'on donne dans l'Ecole professionnelle a un besoin spécial. Par la fusion, l'enseignement dégénèrerait fatalement. »

Le renouvellement du bail fut voté par la majorité.

Le 21. M. Paul Harel, le poète aubergiste d'Echauffour, fit une conférence, au Théâtre municipal, qui eut un grand succès. La salle était plus que bondée d'auditeurs.

Le mercredi 30, M. Maille, conseiller général, convoqua les délégués sénatoriaux du canton en réunion générale, afin qu'ils pussent s'entendre sur la désignation du candidat à soutenir, et de nommer une délégation pour représenter le canton d'Elbeuf à une réunion générale des délégués du département, qui devait avoir lieu le dimanche suivant.

Il fut convenu, suivant une proposition de M. Ch. Mouchel, qu'à défaut de candidat local, les voix du canton d'Elbeuf iraient de préférence à celui des candidats du dehors qui s'engagerait formellement à défendre les intérêts économiques de notre circonscription industrielle.

Le jeudi 14 avril, M. Guerrand, du Havre, candidat au Sénat, vint à Elbeuf, où il assista à une nouvelle réunion des délégués sénatoriaux de notre canton, également présidée par M. Maille. M. Rouland, de Dieppe, son compétiteur, qui avait été convoqué aussi, s'excusa par lettre de ne pouvoir venir. Dans cette réunion, M. Guerrand exposa son programme économique.

Le dimanche 17, jour de Pâques, fut marqué par un terrible accident qui causa la mort de trois jeunes gens d'Elbeuf. MM. Castille, Hétroy et Martel, noyés en Seine, devant Freneuse, en faisant une promenade en canot à voile.

La séance du 22 fut l'avant-dernière que tint le conseil municipal élu en 1888. A l'occasion des comptes administratifs présentés par M. Nivert, maire, M. Ch. Mouchel, rapporteur, fit un court parallèle de la situation financière de notre ville en 1892 et en 1888.

« Ces résultats remarquables, dit-il, ont été obtenus sans gêner ou restreindre le fonctionnement des services municipaux... De tels progrès ont, en outre, rendu possible l'exécution d'une réforme impatiemment attendue par la population : la suppression totale des octrois. Votée par vous, à l'unanimité, pour le 31 décembre 1894, elle pourra certainement, grâce à l'excellente administration et aux efforts sincères et loyaux de notre maire, M. Nivert, être réalisée à la date fixée... »

Le Conseil vota des félicitations à M. Nivert, pour le soin et le dévouement qu'il avait apportés, pendant les quatre années qui venaient de s'écouler, dans la gestion des affaires municipales.

Sur la proposition de M. Nivert, le Conseil vota, également à l'unanimité, des félicitations à M. Mouchel, rapporteur de la commission des finances, pour avoir contrôlé dans tous leurs détails et avec un soin minutieux, les divers comptes municipaux.

Le résultat de l'élection sénatoriale du 24 avril donna ces chiffres :

Inscrits : 1.498 ; votants : 1.485

MM. Rouland, républic. modéré, 978 v. *Elu*
Guerrand, républicain 416 v.

Ce résultat était prévu, M. Rouland étant assuré de la presque totalité des voix réactionnaires, qui devaient s'ajouter à celles des républicains modérés des arrondissements de Dieppe et de Neufchatel.

Dans une courte séance municipale, tenue le 25, M. Nivert, maire, prononça un discours, dans lequel il rappela, à grands traits, les travaux du Conseil pendant la durée de son mandat ;

« ... Notre programme a été rempli. Des économies ont été réalisées, nos budgets mis en équilibre et des dégrèvements ont été opérés. Le boni du dernier exercice accuse une situation financière vraiment prospère.

« Nous avons préparé et voté un projet de suppression des taxes d'octroi, dont l'application a commencé le 1er janvier dernier. Nos successeurs auront toute facilité pour continuer la réalisation de cette réforme, en tenant compte, toutefois, des lois actuellement soumises aux Chambres... »

Vers la fin d'avril, mourut au Thil-Manneville, M. Henri Lebourgeois, ancien manufacturier à Elbeuf, où il avait rempli diverses fonctions publiques.

En ce même temps mourut, à Rouen, M. Didier Prudent, chevalier de la Légion d'honneur, ancien commissaire de police à Elbeuf.

Des élections, pour le renouvellement du conseil municipal, eurent lieu le 1er mai.

Le Comité de l'Union républicaine et le journal l'*Elbeuvien* avaient proposé de réélire en bloc tous les membres de l'ancien Conseil, dont chacun reconnaissait la bonne gestion, et invité le groupe dit de l'*Industriel* à désigner en commun les six nouveaux candidats devant compléter la liste. Mais, malgré des démarches réitérées, aucune réponse n'avait été obtenue : le groupe des modérés, que représentait l'*Industriel*, désirant éliminer quelques-uns des sortants, sans toutefois se déclarer ouvertement. En conséquence le Comité de l'Union républicaine opéra seul et présenta une liste de six candidats.

La veille de l'élection, les journaux locaux publièrent une lettre de M. Nivert annonçant qu'il n'acceptait pas le programme du Comité de l'Union républicaine en ce qui pouvait toucher la laïcisation des services hospitaliers. En outre, l'*Industriel* inséra un violent article contre les six nouveaux candidats, qui « pourraient tout bouleverser au nom de la propagande par le fait. » — On sait qu'à cette époque on était sous l'impression des crimes commis par plusieurs malfaiteurs se qualifiant d'anarchistes.

Le corps électoral, qui avait suivi les travaux du « bloc » et désirait renouveler le mandat de tous ses membres, accueillit mal les insinuations de l'*Industriel*.

Il était d'ailleurs trop tard, et le groupe modéré ne pouvait constituer une nouvelle liste; il décida de provoquer un ballottage, et, à cet effet, l'*Industriel* fit distribuer à profusion, dans l'après-midi du samedi, la circulaire suivante :

« Aux Electeurs. — Si vous désirez le maintien de notre administration municipale ; si vous ne voulez pas que nos services publics soient successivement désorganisés ; si vous tenez à conserver les sœurs de Saint-Vincent-de-Paul au Bureau de bienfaisance, à l'Hospice, à l'Ecole maternelle, votez seulement pour MM. E. Nivert, D. Duprey, J.-B. Langlois, A. Harel, A. Vautier, H. Rident, E. Sallé, A. Grosclaude, L. Quidet, E. Berjonneau, F. Dupont, Ch. Avenel, F. Angot, A. Morel ». - Ce dernier était le seul nouveau candidat que l'*Industriel* avait pu recruter.

Cette liste de quatorze noms, si elle était élue, devait donc former la majorité du futur Conseil; mais l'Union républicaine ne demeura pas inactive et y répondit, le dimanche matin, par une liste de laquelle étaient exclus presque tous les candidats dont les noms figuraient sur celle des quatorze, dite « des Bonnes-Sœurs ». Cette contre-liste obtint plus de 500 voix, qui annihilèrent la manœuvre des modérés et assura le succès complet des candidats proposés par l'Union républicaine et soutenus par l'*Elbeuvien*.

Voici, du reste, les résultats de cette élection :

Inscrits : 5.311. — Votants : 3.608
Majorité absolue, 1.782. — Bulletins blancs, 45

Angot..........	3.053	Aubry.....	2.160
Sallé..........	2.979	Lafosse....	2.162
Duprey........	2.783	Lechêne...	2.090
Langlois	2.740	Delaplanche..	2.021
Dupont........	2.696	Leroux....	1.985
Berjonneau....	2.696	Weill.....	1.920
Vautier	2.695	*Tous élus*	
Harel.........	2.676	Venaient ensuite M.	
Nivert.........	2.668	Morel.........	1.015
Mouchel.......	2.584	Puis les candidats de	
Quidet........	2.561	la contre liste : MM.	
Grosclaude....	2.559	Bourbonnel....	560
Picard........	2.517	Godebin.......	526
Avenel........	2.514	Revert........	523
Courtillet	2.499	Simson.......	519
Rident........	2.478	Diot fils......	517
Coquerel......	2.468	Schmidt.......	516
Fossard	2.466	Rigout........	508
Rabier........	2.463	Weber........	503
Coulon........	2.442	Prevost........	502
Dubois........	2.162	Labbé........	497

(Colonne de droite : NOUVEAUX)

MM. Angot et Sallé, qui venaient en tête des élus, figuraient sur la liste dite « des Bonnes Sœurs » et sur celle du Comité de l'Union républicaine ; mais le premier, pour s'assurer cette majorité, avait joué double jeu.

Les membres du nouveau conseil municipal se réunirent le dimanche 15 mai, afin de procéder à l'élection de l'administration.

M. Em. Nivert fut réélu maire, par 26 voix ; M Duprey, adjoint, par 23 voix, et M. Dupont, adjoint également, par 15 voix, contre 11 obtenues par M. Angot.

Le printemps de 1892 fut extrêmement sec ; depuis plus d'un siècle et demi que l'on possédait des observations régulières, pareille

Église et rue Saint-Jean

sécheresse ne s'était pas produite. En juin, à Elbeuf, le thermomètre monta jusqu'à 34°

A la séance municipale du 20 mai, on parla de la création d'une Maternité à l'hospice, de la division en deux cantons du canton d'Elbeuf, de la réforme de l'impôt sur les boissons, et d'autres choses encore. A l'issue, les membres du Conseil adoptèrent, à l'unanimité, une proposition de vœu, faite par M. Mouchel, tendant à la suppression des bouilleurs de crû et au dégrèvement total des boissons hygiéniques.

Il y eut des régates, en Seine, le 29 mai.

Le conseil municipal, dans sa séance du 17 juin, nomma une commission pour étudier le projet de suppression des taxes d'octroi à partir du 1er janvier suivant.

Le Conseil entendit ensuite un rapport de M. Rabier sur des travaux à faire à l'église Saint-Jean, comprenant la réfection de la couverture et surtout la consolidation de trois contre-forts du côté Nord, et concluant à l'avance, par la Ville, des fonds nécessaires, s'élevant à environ 3.150 fr., que la fabrique paroissiale rembourserait par annuités.

M. Dubois se demanda d'abord si les conclusions du rapport étaient exécutables, en fait. La fabrique rembourserait-elle la somme avancée ? « D'ailleurs, ajouta-t-il, si nous nous mettons à réparer les églises, on devrait nous inviter à mettre ordre aux dépenses des fabriques, et non pas à les enregistrer comme nous le faisons actuellement .. Je ne voterai pas les conclusions du rapport. »

Néanmoins, ces conclusions furent adoptées.

Dans cette même séance, M. Lejolivet fut

nommé directeur du Théâtre pour la saison suivante.

Une nouvelle réunion du Conseil eut lieu le 1ᵉʳ juillet.

M. Nivert informa l'assemblée que Mme veuve Devin, décédée à Saint-Aubin, avait légué 10.000 fr. à la ville d'Elbeuf, à condition que le revenu de cette somme serait annuellement délivré à la jeune fille, de notre ville. la plus méritante tant par sa conduite que par son travail.

Le maire annonça également que la Ville, dans le procès Saint-Pierre, avait eu gain de cause sur le point principal : le droit de passage par la cour donnant de la rue Saint-Jean à l'Ecole de filles de la rue de Seine.

Le Conseil vota la détaxe des droits d'octroi sur les pommes et poires, les cidres et poirés, à partir du 31 décembre suivant.

A propos du vote du projet, M. Coquerel présenta quelques critiques concernant les employés de la mairie, et M. Fossard fit voter un vœu pour la suppression d'un commissariat de police.

Le samedi 23 juillet, sur une convocation de M. Goujon, député, les corps constitués de notre canton se réunirent à l'hôtel de ville, pour examiner les projets de loi sur les accidents du travail.

Un membre de syndicat pria M. Goujon de donner lecture des articles du projet qui avaient sa préférence. Le député n'ayant point répondu à ce désir, plusieurs assistants quittèrent la salle.

M. Paul Pion dit que le projet de loi comptait beaucoup trop d'articles, créant ainsi une confusion.

M. Goujon annonça qu'il soumettrait prochainement les amendements qui lui auraient été suggérés ; mais comme il avait peu brillé dans cette réunion, il jugea à propos de n'en point provoquer une seconde.

L'élection au Conseil d'arrondissement, qui eut lieu le 31 de ce même mois, avait été précédée d'incidents que nous allons rappeler.

M. O. Doubet, qui représentait notre canton depuis neuf années, fut de nouveau le candidat proposé par le Comité de l'Union républicaine, et appuyé par *l'Elbeuvien*. Quant à *l'Industriel*, après avoir recommandé aussi cette candidature, il l'abandonna tout à coup.

Voici ce qui s'était passé :

Nous avons vu que M. Angot était arrivé premier aux élections municipales par une « habileté » qui lui était assez coutumière : celle de flatter tous les partis. Tablant sur ce succès, qu'il avait préparé de longue main, et croyant que ses fonctions de président du Comité de l'Union républicaine, auxquelles il était parvenu, lui assureraient l'appui au moins d'une fraction de ce Comité et le recommanderaient auprès du corps électoral, il se présenta contre M. Doubet, qui avait accepté le programme élaboré par les comités républicains, lequel contenait les revendications suivantes :

Loi sur les accidents du travail, basée sur l'assurance, obligatoire pour les patrons, par les soins de l'Etat, ainsi que pour les maladies en général ;

Loi sur l'hygiène des ateliers, fabriques et maisons d'habitation ;

Loi sur la surveillance du travail des femmes et des enfants ;

Loi sur l'instruction publique, afin de la rendre gratuite à tous les degrés, après concours ;

Réforme des frais de justice ;

Impôt général et progressif sur le revenu ;

Création d'une caisse de retraites pour la vieillesse, rendue obligatoire et garantie par l'Etat ;

Abolition des privilèges accordés aux bouilleurs de cru ;

Suppression des octrois et de la plupart des impôts indirects ;

Amélioration du traitement des facteurs ruraux ;

Suppression ou proportionnalité des timbres à quittances ;

Suppression des sous-préfectures ;

Création d'hospices cantonaux.

En outre, M. Doubet, s'associant aux comités, réclamait l'application stricte du Concordat, en attendant sa dénonciation. — Les autres groupements républicains étaient alors le Comité cantonal démocratique et le Comité démocratique de Caudebec.

M. Angot, lui, se présenta sans programme et crut pouvoir renouveler en sa faveur la manière de faire qui avait réussi à son modèle, M. Julien Goujon.

Il commença par démissionner du Comité de l'Union républicaine, qui refusa sa démission et l'exécuta publiquement par une affiche apposée sur tous les murs.

Après la publication de cette excommunication, M. Angot fit annoncer des poursuites contre ses auteurs et contre *l'Elbeuvien*, en même temps qu'il commandait des milliers d'exemplaires du journal de M. Goujon, *le*

Travailleur Normand, lesquels furent distribués dans tout le canton.

Entre temps, une troisième candidature était posée, celle de M. Lemieux, de la Londe, candidat ouvrier.

Le scrutin donna les résultats qui suivent :

Communes	Doubet	Angot	Lemieux	Divers
Elbeuf	1.617	530	455	10
Caudebec	943	229	325	2
Cléon	31	14	6	1
Freneuse	29	14	1	2
La Londe	100	126	5	2
Orival	136	29	26	5
Saint-Aubin	288	90	49	17
Saint-Pierre	358	243	38	9
Sotteville	33	1	0	0
Tourville	53	10	0	0
Totaux	3.588	1.286	805	48

Le nombre des inscrits, pour le canton entier, était de 11.740, et celui des votants de 5.797.

Dans les cantons voisins furent élus :

A Grand-Couronne, M. Knieder, conseiller général ; il y eut ballottage pour le conseiller d'arrondissement ; M. Lefebvre fut élu au second tour.

A Sotteville, MM. Laporte, conseiller général, et Gaudel, conseiller d'arrondissement.

A Boos, M. Louis Hubert, conseiller d'arrondissement.

A Bourgtheroulde, M. Bataille, conseiller général.

A Louviers, MM. Godard et Levigneron, conseillers d'arrondissement.

A Amfreville, M. de Boury, conseiller général.

A Pont-de-l'Arche, MM. Seguier et de Cairon, conseillers d'arrondissement ; ce dernier au second tour.

Un décret du 4 août incorpora dans le réseau d'intérêt général les lignes d'Evreux à Louviers et de Louviers à Elbeuf.

Ce même jour, on inhuma, à Paris, M. Alexandre Grandin de l'Eprevier, de Martot, décédé à l'âge de 77 ans. Il avait fait don à la ville d'Elbeuf de l'asile des Vieillards, rue Saint-Jean. C'était un cousin de feu M. Victor Grandin.

Le même jour également, qui était un jeudi, les membres des trois Comités républicains du canton d'Elbeuf se réunirent pour célébrer l'anniversaire du 4 août 1789.

A la réunion municipale du 12 août, M. Dubois réclama le prolongement de la rue Desmonts jusqu'à celle des Traites; M. Rident parla en faveur de la création d'une Maternité et d'un matériel de désinfection. Le Conseil vota un crédit supplémentaire de 10.000 fr., portant l'allocation totale à 22.000 fr., pour l'aménagement du petit Lycée.

Le Cirque-Théâtre fut inauguré le 1er septembre, par la troupe Sam Lockhart. — Le diamètre du Cirque est de 37 mètres ; il est octogonal et surmonté d'une coupole haute de 22 mètres. La piste a une largeur de 13 mètres.

Une épidémie cholérique s'étant déclarée dans des cantons voisins, la Commission cantonale d'hygiène se réunit le 7 septembre, pour s'entretenir de la situation et prendre les mesures qui seraient nécessaires. Par la suite, il se déclara 28 cas de choléra à Elbeuf, dont 11 furent mortels.

A l'occasion de la fête nationale du 22 septembre, l'administration municipale arrêta

Le Cirque-Théâtre

un programme composé d'une revue de la garnison, d'un goûter pour les enfants des écoles, d'un lâcher de pigeons, d'une représentation gratuite donnée au théâtre Becker, de courses vélocipédiques, d'un concert et de danses publiques.

De leur côté, les membres des trois comités républicains du canton organisèrent une réunion dans l'établissement Thibout, alors monté sur le Champ-de-Foire.

Tous les établissements chômèrent, sauf quelques-uns dirigés par des adversaires de la République.

A neuf heures du matin, le conseil municipal se réunit au lieu habituel de ses séances. MM. Duprey, adjoint, et Louis Fossard, seuls, étaient absents. M. Nivert, maire, prit la parole et prononça ce discours :

« Messieurs ; Les Chambres ont décrété que la journée du 22 septembre 1892, centenaire de la proclamation de la République, serait déclarée fête nationale.

« Nous sommes réunis, à cette occasion, pour exprimer les sentiments que nous font éprouver, à un siècle de distance les événements mémorables qui ont créé la société moderne.

« Déjà, le 20 septembre 1792, dans les plaines de la Champagne, à Valmy, l'armée française, commandée par Kellermann, arrêtait l'ennemi envahisseur, en marche sur Paris, et le battait aux cris de : « Vive la Nation ! »

« Le 22 septembre, la République était proclamée, et cette journée, où furent affirmées d'abord l'obéissance à la loi, puis les théories sociales les plus libérales, et les doctrines qui consacrent la liberté individuelle et le respect de la propriété ; cette journée, dis-je, ne fut marquée par aucune de ces scènes de désordre qui, trop souvent, sont venues attrister les pages les plus fameuses de nos annales.

« D'autre part, le rapporteur du projet de loi devant la Chambre des députés s'exprimait ainsi, dans la séance du 10 mars 1892 :

« Ce que nous demandons, c'est de vous
« unir dans un sentiment exclusif et commun
« de patriotisme ; c'est de vous souvenir que,
« si le 20 septembre 1792, à Valmy, l'armée
« nationale, l'armée française, repoussait l'en-
« vahisseur entré par la frontière de l'Est,
« au même moment, sur notre frontière Sud-
« Est, deux provinces devenaient spontané-
« ment françaises, qui devaient, il est vrai,
« nous être reprises plus tard, mais pour re-
« venir définitivement à nous, de leur libre
« consentement.

« Ce sont ces souvenirs que nous vous de-
« mandons de fêter en commun, en les ratta-
« chant à la République, qui était alors pro-
« clamée pour la première fois, et qui est au-
« jourd'hui la forme constitutionnelle et in-
« contestée du Gouvernement de la Nation
« française, »

« En souvenir de la fête nationale du 22 septembre 1892, ajouta M. Nivert, et en commémoration des événements que je viens de rappeler, je vous demande, Messieurs, d'adopter le procès-verbal suivant, qui serait transcrit au registre de nos délibérations :

« Le Conseil, considérant que la date du 22 septembre 1792 rappelle l'avènement de la République, qui est devenue la forme constitutionnelle et incontestée du gouvernement de notre pays ;

« Qu'en outre, elle évoque la mémoire glorieuse de notre première victoire remportée par l'armée nationale sur l'envahisseur étranger ;

« Et qu'enfin, elle consacre le souvenir de la réunion volontaire de la Savoie à la Patrie française ;

« Que cette date, qui ne réveille aucun souvenir pénible, mérite d'être célébrée par tous les Français, unis dans un sentiment commun de patriotisme ;

« S'associe aux grands corps de l'Etat, réunis au Panthéon, et à tous les citoyens français, pour fêter, à un siècle de distance, la proclamation de la République, qui a ouvert l'ère de la Société moderne, et exprime sa reconnaissance envers les soldats de 1792, qui, en sauvant l'indépendance de la France, ont fondé la liberté et la grandeur de la Patrie. »

Ce projet de délibération fut adopté à l'unananimité, et on leva la séance aux cris répétés de : « Vive la République ! »

Un nouveau discours patriotique fut prononcé par le maire, sur la place de l'Hotel-de-Ville, devant diverses sociétés réunies, les présidents des Tribunal et Chambre de commerce, des Prud'hommes, le commandant de la garnison et autres notabilités.

A la réunion patriotique du Champ-de-Foire environ 800 personnes, les seules qui avaient pu pénétrer sous la tente Thibout, se trouvèrent réunies, sous la présidence de M. I. Maille, conseiller général, assisté de M. O. Doubet, conseiller d'arrondissement, et autres notabilités républicaines.

M. Lyonnais, ancien député de la Seine-Inférieure, fit une belle conférence historique, qui se termina par un tonnerre d'applaudissements.

M. David Dautresme fils prononça également un discours, dont voici la péroraison :

« Il y a cent ans que la Révolution a inscrit sur son drapeau ces trois mots sacrés : Liberté, Egalité, Fraternité, et cependant nous n'en avons encore que la formule.

« La liberté ! Est-ce que l'ouvrier est réellement libre de ses actions, de ses votes ?

« L'égalité ! Est-ce que l'aristocratie de l'argent, pire que celle du nom, n'opprime pas les malheureux privés des biens de la fortune ?

« La fraternité ! Est-ce que l'assistance publique, telle qu'elle est établie, n'est pas une aumône avilissante pour celui qui en est l'objet ?

« Unissons-nous donc pour obtenir enfin la réalisation du programme républicain : Liberté, Egalité, Fraternité. Il y a trop longtemps que nous attendons : Il faut aboutir ! comme disait Gambetta »

Ensuite un citoyen monta à la tribune où il chanta les trois couplets et le refrain suivants, de notre concitoyen M. Louis Lecomte, que nos petits-enfants et arrière-neveux pourront chanter à leur tour en 1992 :

Fêtons ce jour à jamais mémorable,
Pendant lequel, las de la royauté,
Las d'être un peuple esclave et misérable
Nos pères ont conquis la liberté.
Un siècle a fui depuis l'instant sublime
Qui vit la France entière s'avancer
Dans un élan superbe et magnanime
Contre le trône infâme... et le briser !

Républicains, dans un chœur énergique,
Que notre voix célèbre ces Titans,
Et buvons tous à notre République,
Qui vient de prendre aujourd'hui ses cent ans !

> Manants courbés sous un joug séculaire,
> Longtemps sujets de despotiques rois,
> Ils ont levé le front, et leur colère
> A balayé les tyrans pleins d'effrois.
> Nous leur devons d'être ce que nous sommes ;
> Si nous vivons libres nous leur devons ;
> Nous leur devons d'être vraiment des hommes;
> Nous leur devons et nous en souvenons !
>
> C'est pour fêter un tel anniversaire
> Que nous avons, républicains d'Elbeuf,
> Fait un appel chaleureux et sincère
> Pour honorer ceux de Quatre-vingt-neuf.
> Du fond des cœurs pleins de reconnaissance,
> En souvenir de ces temps glorieux,
> Buvons à la République, à la France,
> A la mémoire auguste des aïeux !

Nous ne nous étendrons pas davantage sur cet e réunion, dont un procès-verbal fut dressé et déposé aux archives municipales.

Le groupe en marbre, le *Bonheur mate nel*, de M. Chrétien, notre concitoyen, que l'on voit au musée municipal, arriva à Elbeuf le 3 octobre.

A la séance municipale du 14, il fut question de la création d'un bureau de placement gratuit pour les ouvriers et d'une Bourse du travail.

Le 23, l'Alsacienne-Lorraine donna sa première fête annuelle.

Le vendredi 28, notre ville reçut MM. Zevort, recteur de l'Académie de Caen, le préfet Hendlé et de nombreuses notabilités venues de Rouen. Il s'agissait de l'inauguration du petit Lycée d'Elbeuf. Plusieurs discours furent prononcés à cette occasion.

La première installation, à Elbeuf, d'accumulateurs pour l'éclairage électrique fut faite le 3 novembre, à la Société industrielle

Par décret daté du 12, M. Sadoulet, commissaire central, fut nommé au Havre. — M.

de Maulmont, commissaire spécial à la gare Montparnasse, lui succéda à Elbeuf.

M. Nivert, maire, informa ses collègues, à la séance municipale tenue le 18, que Mme Noël Curé, de Longuyon, avait légué une somme de 8.700 fr. en faveur de la ville.

Dans cette même réunion, le Conseil entendit les propositions faites par la Compagnie du Gaz, pour l'éclairage public par l'électricité.

Le P. Babonneau, dominicain du Havre, prêcha dans l'église Saint-Etienne de notre ville, le mardi 22, à l'occasion de la Sainte-Cécile.

Son discours fut vivement commenté, même par les catholiques, à cause d'une vigoureuse attaque de l'orateur contre les gens du monde, qui, dit-il, ne savent faire le bien qu'en s'amusant, et ne soulagent la misère qu'en dansant sur les tombes et en étouffant les sanglots sous les rires.

L'orateur fit le procès des fêtes et ventes dites de charité, où l'on distille des sourires pour faire monter la recette ; il s'éleva contre les souscripteurs à une œuvre quelconque qui font publier leurs noms par les journaux ; il protesta contre l'emploi du plat, qui, dans les quêtes, avait remplacé l'antique bourse, afin que tout le monde pût voir la somme donnée. Vanité et réclame !

L'église même ne peut se défendre de suivre le mouvement, ajouta-t-il ; on y admet maintenant des artistes qu'on ne voudrait pas recevoir chez soi.

Au surplus, le P. Babonneau ne paraissait pas doué d'un caractère évangélique, car il apostropha directement, du haut de la chaire, diverses personnes de l'assistance.

Le 7, on vota pour le renouvellement partiel de la Chambre de commerce. Furent élus MM. Théodore Blin, Emm. Boulet, E. Bouchet, Aug. Perré et Evariste Clarenson.

A la dernière séance municipale de l'année, qui eut lieu le 23, on repoussa les conditions faites par la Compagnie des Eaux, pour l'établissement de nouvelles bornes-fontaines.

Le Conseil repoussa une demande des héritiers Lizé, tendant à les dispenser de l'obligation d'ouvrir des rues dans leur propriété sise entre le Champ de Foire et la rue du Port.

Il y avait eu dans le courant de l'année :

A Elbeuf, 539 naissances, 166 mariages, 4 divorces et 600 décès.

A Caudebec, 269 naissances, 95 mariages, 5 divorces et 282 décès.

CHAPITRE XVIII

(Année 1893)

ELECTION AU CONSEIL D'ARRONDISSEMENT. — REJET DU PROJET D'UNE BOURSE DU TRAVAIL. CONGRÈS SCIENTIFIQUE ; M. DE MORTILLET. — UN PAVILLON D'ISOLEMENT A L'HOSPICE. — M. HUREL ET SA « STÉPHANIE » A ELBEUF. — COMICE ET CONCOURS AGRICOLES. — LE DERNIER BUDGET DE 800.000 FR. — ELECTION LÉGISLATIVE : MM. GOUJON, DAUTRESME, MANGEOT ET GAHINEAU, CANDIDATS.— ECOLE D'APPRENTISSAGE POUR JEUNES FILLES. — FÊTE FRANCO-RUSSE. — M. MÉLINE A ELBEUF. — FIL TÉLÉPHONIQUE DIRECT SUR PARIS.

MM. E. Bouchet, Th. Blin, E. Boulet, E. Clarenson et A. Perré furent installés, le 9 janvier 1893, dans les fonctions de membres de la Chambre de commerce.

Le 13, on procéda à l'installation des nouveaux juges du Tribunal de commerce, ainsi composé : MM. Blanchet, président ; Lebret, Ch. Avenel, Henri Fraenckel, A. Delandre, Ed. Legrix, A. Monpin, Regnauld, R. Aubé, membres.

On vota, le 22, pour un membre du Conseil d'arrondissement. Une question concernant la réforme du régime des boissons hygiéniques divisa les républicains en deux groupes, représentés chacun par un candidat : M. Victor Mangeot et M. Anthime Coquerel ; en outre, le parti socialiste présenta un troisième candidat : M. Lemieux, ouvrier tisserand, habitant la Londe.

Sur 11.607 électeurs inscrits, il n'y eut que 5.098 votants, sur lesquels 2.288 votèrent pour M. Mangeot, 1.568 pour M. Coquerel et 791 pour M. Lemieux.

Au second tour, M. Coquerel s'étant retiré, le dépouillement du scrutin donna, sur 3.999 votants, 2.491 voix à M. Mangeot et 1.064 à M. Lemieux.

Le 30, on inaugura la cantine scolaire de la rue du Tapis-Vert.

Le tirage au sort eut lieu le 1er février ; on compta 347 conscrits, dont 193 d'Elbeuf, 70 de Caudebec, 28 de Saint-Pierre, 26 de Saint-Aubin, 14 de la Londe et 6 d'Orival.

A cette époque, il était question d'un projet de bains et lavoirs municipaux, qui n'eut pas de suite.

A la séance municipale du 3 février, M. Nivert donna connaissance de plusieurs lettres adressées à l'administration par les syndicats ouvriers, tendant à la création d'une Bourse du travail à Elbeuf et se résumant par la demande de diverses allocations formant au total une somme de 3.600 fr. Ces lettres mettaient, en quelque sorte, le Conseil en demeure de se prononcer.

Le maire avait répondu à ces lettres que le Conseil était toujours maître de son ordre du jour et qu'il ne pouvait le modifier sur des injonctions venant du dehors.

Il lui avait été répondu, par les syndicats, que le Conseil devait donner des preuves de son affection pour la classe ouvrière. Cependant, il avait été demandé aux syndicats un projet de budget basé sur ceux établis dans les villes où existaient déjà des Bourses ; aucun état n'avait été fourni.

Une courte discussion eut lieu entre MM. Picard et Fossard, d'une part, MM. Nivert et Dubois, de l'autre ; mais aucune décision ne fut prise.

Une nouvelle discussion s'engagea entre M. Fossard et M. Dubois, à propos de la création de Caisses de retraites pour les ouvriers.

Ensuite. M. Picard interpella l'administration au sujet d'un projet de concours musical avorté.

On examina ensuite une proposition du Comité de protestation de Rouen contre la réforme de l'impôt sur les boissons.

M. Mouchel rappela le vœu émis antérieurement par le Conseil, tendant à la suppression du privilège des bouilleurs de cru et la suppression de tous les droits sur les boissons hygiéniques. Il ajouta que, depuis, la Chambre avait voté un projet de loi dégrevant les boissons hygiéniques et reportant une partie de l'impôt supprimé sur les alcools. Il conclut en demandant le renouvellement de ce vœu, par le Conseil.

Une nouvelle discussion s'éleva et se termina par le vote de ce vœu, amendé par M. Dubois. La pétition des négociants de Rouen fut donc repoussée.

Le 11 mars, mourut M. Pierre-Guillaume

Gosselin, curé de l'Immaculée-Conception ; il était âgé de 74 ans.

Les artistes que M. Lejolivet, directeur du Théâtre, avait abandonnés, s'étaient constitués en Société pour donner des représentations ; la dernière eut lieu le 23 mars. — A partir du 5 avril, M. Astruc-Rafelli prit la direction du Théâtre, mais il l'abandonna quelques jours après.

Le 25, la troupe du Théâtre-des-Arts vint donner, au Cirque-Théâtre, une représentation de la *Juive*.

Ce même jour 25 mars, on placarda, sur les murs d'Elbeuf et de Caudebec, une affiche ainsi conçue :

« A MM. Bazille et Hubbard. — Quelques membres du clergé se proposant de se rendre à la convocation que leur avaient adressée les citoyens Bazille et Hubbard, regrettent beaucoup de voir les orateurs se dérober à la dernière heure.

« Ils se feront un devoir d'assister à la réunion, renvoyée à une date ultérieure, pourvu que ces Messieurs aient la bonne foi de ne pas choisir un samedi, un dimanche, un jour de fête, où le clergé est appelé, par ses occupations, ailleurs que dans un « Alcazar ». Ils défendront alors leurs *prétendus* privilèges et montreront au Peuple que le parti catholique, loin d'être un danger, sera une sauvegarde pour la France et la République. »

Dans une intéressante conférence que M. Henri Dehérain fit le 11 avril, au Théâtre, il rappela le rôle joué par Si Amed, iman de la principale mosquée de Kairouan, la ville sainte, qu'il fit soumettre aux Français par un stratagème.

Si-Amed n'était autre qu'un ancien Elbeuvien, fils de M. Lefebvre-Duruflé, converti à l'islamisme. Pendant la guerre de Kabylie, il s'était mis en rapport avec M. Roustan, ambassadeur de France à Tunis. A l'approche des troupes françaises, Si Amed parcourut Kairouan et persuada à ses habitants de ne pas s'émouvoir, mais seulement de chercher à connaître les volontés du Prophète.

Un illuminé avait inscrit les révélations de Mahomet sur des lames de sabre enfermées dans la mosquée. Après les avoir consultées, Si Amed proclama qu'à cause des crimes sans nombre qui se commettaient à Kairouan, trois grands serpents s'abattraient sur la ville. Ces serpents étaient les colonnes des généraux Forgemol, Logerot et Etienne ; de sorte qu'à l'arrivée du corps commandé par ce dernier, le drapeau blanc flottait sur Kairouan, dans laquelle nos troupes entrèrent librement.

Le 23 avril, on procéda à l'installation de M. Jomart, curé de l'Immaculée-Conception, en présence de MM. Duprey et Dupont, adjoints au maire. M. Jomart avait été précédemment directeur de l'externat Saint-Joseph du Havre.

Le printemps de cette année fut extrêmement sec. Pendant les mois de mars et d'avril, il ne tomba pour ainsi dire pas d'eau. On n'eut de la pluie qu'au milieu de mai, après 73 jours de sécheresse.

A la séance municipale du 10 mai, M. Nivert fit connaître que M. Cyrille Philippe, ancien manufacturier, décédé quelques jours auparavant, avait laissé, par testament, 20.000 fr. à l'Hospice de notre ville, 10.000 fr. au Bureau de bienfaisance, 20.000 fr. à une autre administration de bienfaisance et 50.000 francs à la Société industrielle.

Le Conseil renouvela son vœu contre le projet dit de Paris-port-de-mer.

La grosse affaire de cette séance fut le projet de création d'une Bourse du travail La minorité de la commission à laquelle avait été renvoyée cette question, avait proposé comme locaux, des bureaux et une salle de réunion à l'hôtel de ville, et le Théâtre pour les réunions générales. La majorité avait repoussé cette proposition et conclu au vote d'un crédit municipal de 3.600 fr. pour la première année et de 3.000 fr. pour les suivantes.

MM. Dubois, Picard, Courtillet, Aubry et Fossard prirent successivement la parole.

M. Nivert, maire, dit que le meilleur moyen d'aider les ouvriers, c'était de leur donner du travail. Si l'on voulait un bureau de placement, il serait installé aux frais de la ville et, avant quinze jours, il remplirait le but désiré.

Les conclusions de la majorité de la commission, présentées par M. Aubry, furent repoussées par 12 voix contre 5 ; ces dernières étaient celles de MM. Aubry, Courtillet, Fossard, Coulon et Picard. M. Sallé s'était abstenu, et M. Angot avait quitté la salle avant le vote.

Ce même jour. M. Thomas, archevêque de Rouen, avait assisté à la pose de la première pierre de la chapelle des Petites Sœurs des Pauvres, à Elbeuf.

La conférence Hubbard ne put avoir lieu que le samedi 13 mai. On en fixa l'ouverture à 9 heures, afin de permettre aux personnes assistant au Mois de Marie et aux ecclésiastiques de s'y rendre. La séance n'ouvrit même qu'à 9 heures et demie. Aucun ecclésiastique ne se présenta.

Le 26 mai, la Chambre des députés adopta la formation de la nouvelle circonscription électorale de l'arrondissement de Rouen. En conséquence, les cantons d'Elbeuf et de Grand-Couronne formèrent la 2e circonscription de l'arrondissement.

Le dimanche 28, un grand nombre de savants se trouvèrent à Elbeuf, à un Congrès scientifique présidé par M. Gabriel de Mortillet, et auquel assistèrent MM. Abel Hovelacque, député de la Seine ; Isambard, député de l'Eure ; Charles Letourneau, Hervé, Adrien de Mortillet, le docteur Capitan, Weissgerber, Emile Colin, Fourdrignier, A. Bigot, Féray, Hembert, de Vesly, Henri Gadeau de Kerville, Thaurin, vingt-un membre de l'Ecole d'anthropologie, un ecclésiastique et beaucoup d'autres érudits.

Le conseil municipal, réuni le 31, donna un avis favorable au projet de construction, à l'Hospice, d'un pavillon d'isolement pouvant compter dix-huit lits, avec participation par la ville dans les dépenses, évaluées à 23.000 francs.

L'assemblée résolut de poursuivre, devant les tribunaux administratifs, MM. Joly et Delafoy, d'Argenteuil, constructeurs du pavillon de la Poissonnerie, pour cause de malfaçons dans cet édifice.

Elle vota également 4.400 fr. pour l'organisation de fêtes pendant la durée du Comice agricole, qui devait avoir lieu prochainement.

Le 8 juin, mourut presque subitement M. le docteur Rident, membre du conseil municipal, médecin en chef de l'Hospice et président de la Société des médecins du canton d'Elbeuf ; il n'était âgé que de 49 ans.

Ce même jour, qui était un jeudi, un mouvement extraordinaire se produisit sur plusieurs points de la ville, mais surtout sur le quai, vis-à-vis la place du Champ-de-Foire. Il était provoqué par l'annonce de l'arrivée du fameux bateau-voiture inventé et construit par M. Hurel, du Theillement.

Ce ne fut qu'à sept heures du soir que la *Stéphanie* fit son entrée, triomphale, à Elbeuf, traînée par quatre chevaux. Une foule considérable accompagna le bateau sur la place du Champ-de Foire, en acclamant M. Hurel.

Le lendemain dès quatre heures du matin, les curieux affluèrent de nouveau, au point que la police dut protéger la *Stéphanie* contre la curiosité publique, qui se continua le samedi.

Le vapeur-voiture *Stéphanie* portait cinq pavillons, tous faits avec la robe de mariage de feue Mme Stéphanie Hurel, femme de l'inventeur, détail qui intéressait les curieux autant que la forme éliptique du bateau, long de 6 mètres et large de 2 m. 40, construit en bois tissé, muni de deux roues à palettes agissant indépendamment, mais dépourvu de gouvernail et de quille. Il devait faire la traversée de l'Océan en deux jours.

On voyait à bord une pièce d'artillerie, des haches, des échelles d'abordage, des grappins, des sabres et autres instruments.

L'équipage se composait de trois ou quatre matelots, habillés en drap de plume, et commandés par le capitaine-inventeur Hurel, qui, du jeudi soir au samedi soir, fit une conférence, cent fois recommencée, devant le public, enthousiasmé ou gouailleur, mais enchanté de la parfaite urbanité de celui que l'on nommait « l'homme ovoïde. »

L'administration municipale vint en aide à M. Hurel en lui envoyant une dizaine d'ouvriers, qui enlevèrent la vase se trouvant dans le chemin que devait suivre le bateau avant son lancement, annoncé par le journal *La Risle* dans le Roumois, contrée où l'inventeur était extrêmement populaire et aimé, et par *l'Elbeuvien*.

Il arriva ce que ces journaux désiraient : une foule énorme venue du dehors ; mais ce qui n'avait pas été prévu, c'est que le pain manqua chez les boulangers et la viande chez les charcutiers le dimanche 10.

Ce jour-là, à 7 heures du matin, 6 à 7.000 personnes étaient sur les quais ; il y en eut 10.000 quelques heures après, quoique beaucoup de spectateurs fussent retournés chez eux. Au bas mot, 40.000 curieux se rendirent sur les bords du fleuve dans cette journée.

A huit heures, M. Renaud, curé de Saint-Jean, procéda à la bénédiction du bateau, suivant le rite accoutumé. Pendant cette cérémonie, un enfant faillit être étouffé par la foule.

A partir de ce moment, M. Hurel n'eut que des déboires. Déjà, il avait dû scier les brancards de son « amphibie », cet appendice faisant trop plonger l'arrière du bateau. La pompe alimentaire ne fonctionnant pas, il fallut remplir la chaudière au moyen de seaux.

A neuf heures, une file de vapeur et péniches agita la surface de l'eau au point que l'on eut quelques craintes pour la *Stéphanie*. Mais des barques la prirent à la remorque et la descendirent doucement jusqu'au pont suspendu.

A dix heures et demie, on vit enfin un peu de fumée sortir du bateau. La foule cria de nouveau « Vive Hurel ! » Mais la cheminée avait été bouchée par des bouquets et un paquet de chiffons, et il fallut la vider.

Un peu avant midi, la *Stéphanie* se mit en marche... à la dérive. Des barques la ramenèrent au quai.

Enfin, vers trois heures et demie, devant une foule plus compacte encore que le matin, la *Stéphanie* navigua en amont et fit le tour de l'île de l'Epinette, sous un tonnerre d'acclamations

Les régates qui eurent lieu le 18, se passèrent sans incident et sans le concours de la *Stéphanie*, malgré les promesses et le désir de son inventeur.

Le pèlerinage au monument du Mobile se fit le 2 juillet, avec beaucoup de solennité. M. Emilien Nivert le présidait ; il était accompagné de MM. de Montgolfier et Gallix, députés de l'Ardèche ; Thorel, député de Louviers, et Goujon, député d'Elbeuf.

Un Comice agricole se tint à Elbeuf le 9 du même mois, pour la zone de Boos Elbeuf, Grand-Couronne et Sotteville-lès-Rouen.

Grâce à des comités particuliers, plusieurs quartiers de la ville furent décorés. Un assez grand nombre d'étrangers vinrent visiter l'exposition agricole établie au Champ-de-Foire. Dans l'après-midi, un ballon s'éleva de cette place, emportant M. Besançon, aéronaute, et une seconde personne, qui atterrirent à Rouvray, près Forges-les-Eaux. Un feu d'artifice termina la fête.

A la séance de la Chambre de commerce tenue le lendemain 10, M. Léon Quidet donna lecture d'un rapport sur le projet de loi proposant la suppression de l'impôt sur les portes et fenêtres, et son remplacement par une taxe représentative sur le revenu net de la propriété bâtie.

A la séance municipale, le 21, M. Coquerel, rapporteur du budget de l'année suivante, observa que la dernière annuité de l'emprunt de 2.500.000 fr. serait payée en 1894, et qu'alors Elbeuf n'aurait plus de dettes.

M. Mouchel ajouta : « Nous devons éprouver une vive satisfaction de cet exposé. En effet, après avoir eu un budget qui dépassait le million, nous avons à saluer aujourd'hui le dernier budget de 800.000 fr. L'an prochain celui qui nous sera proposé présentera une nouvelle réduction de 200.000 fr., conséquence de la suppression de l'octroi que l'administration et le Conseil poursuivent depuis plus de cinq années. Nous devons nous féliciter de voir notre ville diminuer ses dépenses, alors que presque partout ailleurs elles augmentent. Ce fait est assez remarquable pour être particulièrement signalé. »

Une demande pour retarder de quinze ans l'alignement d'une maison de la rue Saint-Jean fut ensuite l'objet d'un débat.

Enfin, le Conseil émit un vœu en faveur de la conservation du pont d'Oissel, à l'effet de le livrer à la circulation publique.

Le vendredi 18 août, le thermomètre atteignit 35°5 à Elbeuf ; jamais il n'avait été constaté de chaleur aussi forte dans notre ville. — Cette année fut d'ailleurs exceptionnelle sous le rapport de la sécheresse et de la haute température. En juin, on vendait des pêches, des prunes et même des pommes. Le brassage des fruits à cidre commença avant le 15 août. Jamais non plus on ne les avait vus à des prix plus bas ; les premières pommes à brasser furent vendues de 50 à 75 centimes le demi-hectolitre.

L'approche des élections législatives avait engagé M. David Dautresme fils à faire des conférences. M. Goujon, député, en fit également, notamment une, contradictoire, au Cirque de la rue Lefort, le dimanche 30, devant un millier de personnes.

La campagne électorale fut marquée par divers incidents qui se produisirent au Cirque d'Elbeuf et à Grand-Couronne, et une ardente polémique de presse, dans laquelle l'*Industriel*, le *Journal d'Elbeuf*, le *Journal de Rouen* et le *Nouvelliste de Rouen* prirent parti pour M. Goujon, député sortant. *L'Elbeuvien*, seul, soutint la candidature de M. David Dautresme. Quelques jours avant l'élection, M. Victor Mangeot, maire de Caudebec, et M. Gahineau, de Sotteville-lès-Rouen, se mirent aussi sur les rangs.

Le premier tour de scrutin donna les résultats qui suivent :

Canton d'Elbeuf	Goujon	Dautresme	Mangeot	Gahineau
Caudebec....	529	376	671	375
Cléon........	70	14	21	4
Elbeuf.......	1.646	883	489	677
Freneuse.....	47	17	6	4
La Londe....	136	65	51	10
Orival.......	77	66	63	22
Saint-Aubin..	325	105	165	55
St-Pierre-l.-El.	425	177	67	65
Sotteville....	25	12	11	1
Tourville.....	72	13	34	3

Cant. de Couronne	Goujon	Dautresme	Mangeot	Gahineau
La Bouille....	66	17	5	1
Gd-Couronne.	194	68	11	2
Gd-Quevilly..	153	72	15	21
Hautot.......	...	..	..	..
Moulineaux..	24	10	6	2
Oissel........	221	151	18	246
Pet.-Couronne	105	44	4	1
Petit-Quevilly	842	288	75	440
Sahurs.......	83	21	2	25
St-Pierre-Mannev.	74	9	3	1
Val-d.-l.-Haye	..	..	..	..
Tot. des 2 cant.	5.277	2.434	1.917	1.750

Les voix exclusivement républicaines données à MM. Dautresme, Mangeot et Gahineau formaient donc un total de 6.057 et permettaient de croire au succès de M. Dautresme au scrutin de ballottage.

La campagne recommença, plus ardente encore qu'avant le premier tour de scrutin, et chacun des deux partis en présence fit une propagande fort active ; mais on sentait que la personnalité de M. Dautresme, bien que seul candidat de la démocratie, ne réunirait point toutes les voix républicaines du premier tour.

M. Goujon fut élu à 610 voix de majorité, ainsi que le démontre ce second tableau :

Canton d'Elbeuf	Inscrits	Votants	Goujon	Dautresme
Caudebec	2.891	1.951	784	1.102
Cléon........	155	111	78	32
Elbeuf.......	5.078	3.699	1.787	1.737
Freneuse.....	137	81	52	27
La Londe	442	303	178	118
Orival	303	231	82	144
Saint-Aubin..	868	632	355	269
St-Pierre-l.-El.	1.444	715	437	269
Sotteville	78	46	27	17
Tourville	200	110	70	38

Cant. de Couronne	Inscrits	Votants	Goujon	Dautresme
La Bouille....	126	99	71	25
Gd-Couronne.	384	281	194	87
Gd-Quevilly..	404	272	174	95
Hautot.......	50	45	36	9
Moulineaux ..	77	44	30	14
Oissel	1.019	653	225	420
Pet.-Couronne	206	155	108	46
Petit-Quevilly	2.446	1.656	937	717
Sahurs	164	111	89	22
St-Pierre-Mannev.	137	95	84	11
Val-d.-l.-Haye	102	71	41	30
Tot. des 2 cant.	16.311	11.362	5.841	5.230

Il y avait eu en outre 71 voix données à divers.

Le conseil municipal étant réuni, le 13 octobre, M. Courtillet donna lecture de son rapport tendant à la création, à titre d'essai, d'une École d'apprentissage et ménagère pour les jeunes filles ayant obtenu le certificat d'études, qui serait jointe à l'établissement dirigé par Mlle Chevalier, rue de Seine. On y enseignerait la coupe et la couture des vêtements de femmes et d'enfants ; en outre, les élèves suivraient les cours de dessin et de comptabilité de la Société industrielle. Le Conseil vota à cet effet une somme de 1.000 fr.

Dans cette même séance, le maire informa ses collègues que M. Auguste Olivier venait de donner 10.000 fr. au Bureau de bienfaisance.

Le lendemain, M. Nivert, maire, adressa cette proclamation aux habitants de notre ville :

« Chers concitoyens ; la visite de l'escadre russe, à Toulon, est un événement d'une haute portée, de nature à réjouir tous les Français.

« De toutes parts, des manifestations s'organisent, et les villes qui auront l'honneur de recevoir les représentants de la nation russe, luttent d'émulation pour que nos hôtes remportent un souvenir ineffaçable de l'hospitalité française.

« Le Conseil municipal, dans sa séance d'hier, a décidé à l'unanimité d'associer la ville d'Elbeuf à ces manifestations.

« Une subvention a été votée en faveur du Comité de la presse, chargé de l'organisation des fêtes franco-russes à Paris, et la ville y sera représentée.

« Les établissements municipaux seront pavoisés du 17 au 26 octobre.

« Le dimanche 22, si le temps le permet, à 3 heures de l'après-midi, deux concerts seront donnés, l'un par « l'Harmonie Elbeuvienne », au jardin de l'hôtel-de-ville, et l'autre par la « Fanfare Alsacienne », sur la place Lécallier.

« Dans la soirée, les monuments publics seront illuminés.

« Je vous invite, mes chers concitoyens, à vous unir à l'administration et au conseil municipal pour témoigner votre sympathie envers la Nation russe, en pavoisant vos habitations et en les illuminant le dimanche 22 octobre, date des grandes fêtes que la ville de Paris offrira à ses visiteurs. »

Le programme municipal des fêtes franco-russes ne fut pas exécuté le dimanche 22, à cause des funérailles nationales du maréchal de Mac-Mahon, ancien président de la République. Des courses organisées par le Veloce-Club furent également ajournées.

Ce même jour, on inaugura, à l'église de l'Immaculée-Conception, la chapelle Saints-Pierre et Adrien, ainsi nommée en souvenir de feus MM. Adrien Poulain, ancien curé-doyen de Saint-Jean, et Pierre Gosselin, curé de l'Immaculée, fondateur de la paroisse. M. Cayez, chapelain du pape et curé de Saint-Patrice de Rouen, officia.

La séance solennelle de la Société industrielle eut lieu le 19 et fut présidée par M. Méline, accompagné de MM. Waddington, sénateur, et Hendlé, préfet.

Le député des Vosges, qui avait déjà et a toujours eu une grande autorité dans le monde industriel fit un discours sur le protectionnisme et la nécessité, pour l'industrie elbeuvienne, de continuer à fabriquer du beau.

Le soir, à un banquet qui lui fut offert, il prononça un second discours. M. Waddington prit également la parole.

Dans sa réunion tenue le 24 du même mois, le conseil municipal vota l'établissement d'un fil téléphonique direct entre Elbeuf et Paris, moyennant une souscription de 25.000 francs dans laquelle notre ville prendrait part pour 3.000 fr Cette somme ne devait être qu'une avance qui serait remboursée sur les produits de l'exploitation.

Une discussion s'engagea ensuite sur une proposition faite par le directeur du Théâtre-Français de Rouen de venir donner, pendant quatre mois, deux représentations par semaine au Théâtre d'Elbeuf, moyennant une subvention de 6.000 francs.

M. Lafosse demanda un scrutin public. Votèrent pour : MM. Lafosse, Angot, Fossard, Rabier et Coulon. Votèrent contre : MM. Nivert, Duprey, Dupont, Sallé, Berjonneau, Harel, Vautier, Mouchel, Quidet, Avenel, Coquerel, Dubois et Lechêne. S'abstinrent : MM. Courtillet et Aubry.

Pendant la nuit du 29 au 30, le courrier d'Elbeuf fut volé à la station d'Oissel ; on estima que la totalité des sommes enlevées dépassait 300.000 fr., appartenant à 80 déposants de notre ville.

Le 20 décembre, MM. Charles Avenel et Jules Goué furent élus juges au Tribunal de commerce, et MM. Eugène Lechêne et Constant Beaumer, juges suppléants.

On vota, en séance municipale le 22 du même mois, une subvention de 1.000 fr. pour un mois, en faveur de M. Talier, qui demandait la direction du Théâtre.

Les bureaux de l'état-civil enregistrèrent durant l'année 1893 :

A Elbeuf, 592 naissances, 150 mariages, 3 divorces 704 décès.

A Caudebec : 233 naissances, 69 mariages, 5 divorces, 329 décès.

A Saint-Pierre : 76 naissances, 24 mariages, 1 divorce, 75 décès.

CHAPITRE XIX

(Année 1894)

Affaires diverses.— L'étuve a désinfecter. Assassinat du président Carnot. — Une kermesse. — La question des octrois ; un recul. — Démission du maire et des adjoints. — Elections municipales complémentaires. — M. Ch. Mouchel, 30° maire d'Elbeuf. — Séances municipales mouvementées. — Mort de M. P. Noury. — Les tramways. — Suppression de nombreuses taxes d'octroi. — La Maternité.

A la séance municipale du 26 janvier 1894, le Conseil autorisa l'administration à entrer en pourparlers avec les autorités militaires pour l'agrandissement de la caserne, afin que la garnison put se composer d'un bataillon entier.

Dans cette même séance, l'assemblée ouvrit un crédit de 1.500 fr. pour fournir des bourses aux enfants des écoles primaires qui, après examen, seraient déclarés admissibles au Petit Lycée.

Les conscrits tirèrent au sort le 31 du même mois; Elbeuf en comptait 204, Caudebec 96, Saint-Aubin 34, Saint-Pierre 29, La Londe 15 et Orival 13.

Le 6 février, les élèves et anciens élèves de la Société industrielle fêtèrent l'anniversaire de la naissance de M. P. Noury, professeur à cette Société.

Le lendemain, M. Henri Gadeau de Kerville fit une belle conférence dans la grande salle de l'hôtel de ville.

En ce même temps, la ville reçut une somme de 7.500 fr. provenant des fonds du pari mutuel et destinée à l'acquisition d'une étuve locomobile à désinfecter.

En ce mois également, le préfet prit un arrêté concernant la circulation sur les ponts suspendus d'Elbeuf et de Saint-Aubin.

Le 14, M. Alfred Delandre et M. Réné Aubé furent élus, le premier juge, le second juge suppléant, au Tribunal de commerce.

Le 22, le vicomte Melchior de Vogué, membre de l'Académie française, fit une conférence au Théâtre, sur la Russie. — Une autre conférence fut faite par M. Gustave Larroumet, membre de l'Institut, ancien directeur des Beaux-Arts, professeur à la Sorbonne.

Le 3 mars, mourut M. Charles Hurrier, notaire, suppléant du juge de paix et maire de Cléon ; il était âgé de 55 ans.

A la séance du 13 avril, le conseil municipal repoussa une demande d'établissement de bateau-citerne en Seine, faite par un entrepreneur de vidanges.

Dans la même séance, l'assemblée vota la construction d'un pavillon de W. C. au champ-de foire ; la dépense fut évaluée à 8.000 fr.

Année 1894 401

Il vota également une subvention de 4.000 francs pour le directeur du Théâtre, qui devait donner trois représentations par semaine pendant quatre mois.

Il y avait alors beaucoup d'ouvriers sans travail. A la séance municipale du 9 mai, M. Nivert, maire, informa le Conseil qu'il avait reçu deux lettres de la chambre syndicale « La Fourmi », la première tendant à la création immédiate de chantiers communaux et à la réduction de la journée de travail à huit heures. La seconde avait pour objet une demande de subvention, à l'effet d'envoyer des délégués ouvriers aux expositions de Lyon et d'Anvers.

Le Conseil renouvela son vœu de réduction de la journée à dix heures et, pour le surplus, renvoya les lettres aux commissions compétentes.

Au concert de la Société chorale, donné le 27, deux artistes de l'Opéra se firent entendre : Melle Chrétien et notre concitoyen M. Albert Vaguet.

Une belle kermesse eut lieu le dimanche 10 juin, dans la propriété Lizé, contigüe au Champ-de-Foire, avec le concours de « l'Harmonie » et de « la Ruche ».

Elle comprenait un Concert Touareg, un Salon des merveilles, un Théâtre, une Arène athlétique, des chevaux de bois, des bazars, boutiques de fleurs, débits de tabac, pavillons de patisserie et de confiserie, buvette, petits chevaux, loterie, jouets d'enfants, voitures aux chèvres et poneys.

Cette fête eut beaucoup de succès, bien que le temps s'y fût peu prêté ; on la continua le lendemain.

Le conseil municipal devait se réunir le 22, pour délibérer sur la suppression des octrois et leur remplacement par différentes taxes, mais une indisposition de M. Nivert fit reporter la séance à plus tard.

L'Elbeuvien publia le rapport de M. Dubois, sur les octrois, qui causa une certaine surprise, car il invitait le Conseil à se déjuger, en ne supprimant que 54.000 fr. de taxes au lieu de 400.000 fr. Les taxes maintenues, pour quatre ans, par le rapporteur, portaient sur des boissons et liquides, comestibles, combustibles, fourrages et matériaux divers.

Notre ville fut douloureusement affectée le matin du lundi 25 juin par la nouvelle que M. Carnot, président de la République, avait été assassiné la veille au soir, à Lyon, où il s'était rendu à l'occasion d'une exposition. L'assassin était un Italien du nom de Caserio.

Vers midi, une affiche bordée de noir fut apposée sur les murs de notre ville ; elle était ainsi conçue :

« RÉPUBLIQUE FRANÇAISE. — VILLE D'ELBEUF.

« Le maire d'Elbeuf a la profonde douleur d'informer ses concitoyens que M. CARNOT, président de la République, frappé par le poignard d'un assassin, est mort à Lyon, à minuit et demie.

« Ce crime odieux, qui plonge la France entière dans le deuil, sera particulièrement flétri par les habitants d'Elbeuf, qui ont tous conservé le souvenir de la visite du président CARNOT.

« Le maire a adressé, au nom de la ville d'Elbeuf, un télégramme exprimant ces sentiments au président du Conseil des ministres, ainsi qu'un télégramme de condoléances à Madame CARNOT.

« Elbeuf, en l'hôtel de ville, le 25 juin 1894.

« Le maire de la ville d'Elbeuf, chevalier de la Légion d'honneur.

« E. Nivert. »

Les édifices publics et un grand nombre de maisons particulières arborèrent les couleurs nationales cravatées d'un crêpe. Les navires montant ou descendant la Seine avaient leur pavillon en berne.

Le conseil municipal se réunit le lendemain mardi, et décida qu'une couronne serait déposée, au nom de la ville, sur le cercueil du président Carnot et qu'une délégation du Conseil, composée de trois membres, assisterait à ses obsèques.

La Chambre de commerce et le Conseil des prud'hommes envoyèrent également à Mme Carnot une adresse de condoléances, et la plus prochaine séance du Tribunal de commerce fut levée en signe de deuil.

Le conseil municipal donna le nom de Cours Carnot à la rue du Cours.

Le 27, le Congrès des sénateurs et députés, réuni à Versailles, nommèrent président de la République M. Jean-Pierre-Paul Casimir-Périer.

Le conseil municipal repoussa, le 3 août, par 12 voix contre 8, la suppression de la 2e distribution de lettres et journaux les dimanches et fêtes. — La Chambre de commerce s'était également montrée hostile à cette suppression.

Le Conseil n'avait pas délibéré sur la question des octrois, portée à l'ordre du jour de la séance précédente, mais qui ne figurait plus à celle du 3 août. Le public s'en étonna beaucoup.

A l'issue de cette séance, M. Nivert annonça à ses collègues que son intention était d'adresser sa démission de maire au préfet, à cause de son état de santé. — Ses deux adjoints, MM. Duprey et Dupont, démissionnèrent également.

Ce fut vers cette époque que l'on commença à s'entretenir de l'érection d'un monument à la mémoire de M. Lucien Dautresme, ancien député, ancien ministre, sénateur.

Dans la séance municipale tenue le 28, il fut parlé des exigences de la Cour des Comptes à propos de l'Ecole manufacturière, et du procès Saint-Pierre relatif à l'école de la rue de Seine.

On parla également de l'agrandissement de l'asile des vieillards et des incurables à l'hospice et de la création d'une Maternité. Suivant les devis, la dépense devait s'élever à 150.000 francs, dont les deux tiers étaient disponibles ; mais à cause de l'interprétation qu'il fallait donner aux donations de plusieurs bienfaiteurs, on ne put prendre de décision ce jour-là.

Le Parlement ayant voté qu'une fête nationale serait célébrée le 23 septembre, la municipalité de notre ville composa un programme comportant une revue de Pompiers et Sociétés diverses, des courses nautiques, un lâcher de pigeons, des courses vélocipédiques, des courses pédestres, des courses aux échasses, des courses à âne, un concert, un lancement de ballon monté par M. Besançon, des danses publiques et enfin un feu d'artifice.

Au moment où le cortège officiel, revenant de la revue, se trouvait réuni devant la façade de l'hôtel de ville, M. Nivert, maire, prononça ce discours :

« Messieurs,

« Au 14 juillet dernier, la France était en deuil, le premier magistrat de la République, le président Carnot, venait d'expirer, frappé par un étranger fanatique et réfractaire aux lois de son pays, qui, abusant de l'hospitalité française, venait ainsi jeter chez nous la douleur par le plus criminel des attentats.

« Par un sentiment de profonde tristesse et de regrets, en souvenir du digne citoyen frappé dans l'exercice de ses fonctions, en souvenir aussi de l'homme affable entre tous, que nous acclamions ici même, il y a quelques années, les réjouissances publiques qui sont les conséquences du 14 juillet, étaient ajournées.

« Dans sa séance du 3 août, le conseil municipal rendait un hommage public au présinent Carnot, en attribuant son nom à la rue du Cours ; puis, il décidait que des fêtes auraient lieu le 23 septembre, en commémoration de la proclamation de la République.

« Nous sommes donc réunis, aujourd'hui, en l'honneur de la journée du 22 septembre 1792, de cette journée mémorable où, en même temps qu'ils proclamaient la République, nos pères affirmaient la liberté individuelle du citoyen, l'obéissance à la loi et le respect de la propriété, qui sont les bases de la Société moderne.

« D'autre part et à la même époque, on apprenait que l'ennemi envahisseur était repoussé à Valmy, et deux provinces devenaient spontanément françaises.

« Je vous rappellerai, de nouveau, à cette occasion, les paroles du rapporteur chargé du projet de loi décidant que la journée du 22 septembre 1892 serait déclarée fête nationale. Après avoir énoncé les faits que je viens de citer, il s'exprimait ainsi :

« Ce sont ces souvenirs que nous vous demandons de fêter en commun, en les rattachant à la République, qui était alors proclamée pour la première fois. et qui est aujourd'hui la forme constitutionnelle et incontestée du Gouvernement de la Nation française.

« Il y a deux ans, nous célébrions le centenaire de ces grands événements ; aujourd'hui encore nous évoquons leur mémoire.

« Ce sont, en effet, les journées du 14 juillet 1789 et du 22 septembre 1792 qui nous ont faits ce que nous sommes, c'est-à-dire des hommes libres.

« Je termine sur ces mots, Messieurs, en vous conviant à vous unir à moi, dans un même sentiment de reconnaissance pour nos ancêtres de 89 et de 92, en poussant, comme ces derniers, le cri de : « Vive la République ! »

A la suite de ce discours, M. Léon Quidet, capitaine des pompiers, fit procéder à une série de projections d'eau, au moyen d'une prise faite à l'une des bouches voisines. Ces expériences intéressèrent beaucoup le public, qui reconnaissait la puissance de nos moyens d'action contre les incendies.

Des fêtes de quartier avaient aussi été organisées et partout l'animation fut grande dans la ville toute la journée, malgré un temps peu favorable.

La fête se prolongea jusqu'au lendemain soir, bien que fort contrariée par des ondées.

Par suite de la démission de l'administration municipale, il fallut procéder à des élections pour compléter le Conseil, dont quatre sièges étaient vacants.

Le Comité de l'Union républicaine proposa MM. Jean Catignon, tisseur ; Antoine Gardet, commerçant ; Joseph Lalouel, limonadier, et Clovis Manot, marchand tailleur.

Un groupe modéré présenta M. Léon Taupin, fabricant ; Joseph Stackler, échantillonneur ; Paul Fraenckel, manufacturier, et Maris, vétérinaire.

Un neuvième candidat, M. Charles Autin, négociant en draperies, se présentait seul.

Le scrutin donna ces résultats : électeurs inscrits, 4.955 ; votants, 2.915. MM.

Taupin.....	1.312 v.	Catignon...	1.210 v.
Lalouel.....	1.269 »	Fraenckel..	1.167 »
Maris	1.269 »	Stackler....	982 »
Gardet.....	1.269 »	Autin	357 »
Manot......	1.228 »	Divers autres..	282 »

Il y avait donc ballottage pour tous les candidats ; mais M. Fraenckel se retira de la lutte et les modérés supprimèrent le nom de M. Stackler, qui n'était ni électeur, ni éligible. Ces deux noms furent remplacés par ceux de M. Thomas, ouvrier, et Popelin, marchand tailleur. Quant aux candidats de l'Union républicaine, ils se représentèrent tous.

La lutte fut plus chaude pour le second tour de scrutin. Le Comité de l'Union républicaine fit distribuer cette circulaire :

« Citoyens ; Les résultats du scrutin de dimanche dernier ont prouvé que, pour réussir, une attitude franche et nette est toujours la meilleure Nous avons clairement fait connaître notre programme, et notre liste a obtenu une majorité de 246 voix sur la liste adverse.

« La question est aujourd'hui circonscrite. Il s'agit, dans la présente élection complémentaire, de susciter un grand mouvement d'opinion en faveur de la suppression des octrois. Telle est la plate-forme électorale actuelle.

« Un projet de suppression a été présenté par l'administration municipale elle-même, et voté à l'unanimité par le Conseil municipal dans sa séance du 11 juillet 1890. M. le Maire s'exprimait ainsi dans le préambule de ce projet :

« D'après notre système, les taxes, à l'ex-
« ception des droits sur les liquides, seraient
« supprimées progressivement dans un délai
« de trois années, à partir du 1er janvier 1892.
« La suppression complète serait effectuée au
« 31 décembre 1894, date du complet rem-
« boursement de nos emprunts. »

« Nous ne savons par suite de quelles influences une partie des conseillers qui, dans cette séance, avaient montré un tel ensemble de vues, est aujourd'hui hésitante. Le vote de dimanche prochain aura raison de leurs hésitations, et, comme ils sont des hommes de bonne foi, nul doute qu'une manifestation imposante des électeurs leur dira où est la vérité et le véritable intérêt de la Ville. Elbeuf aurait ainsi l'honneur de préluder à une réforme qui s'impose à l'esprit démocratique, et qui est à l'ordre du jour des délibérations du gouvernement.

« L'état de notre budget nous permet de la réaliser, dans les conditions prévues en 1890, par le fait seul de l'extinction de nos emprunts, qui rend disponibles les ressources importantes qui leur étaient affectées. La presque unanimité du Conseil actuel l'a reconnu. »

Le Comité des modérés fit, de son côté, répandre cet autre appel :

« Citoyens ; Les élections complémentaires du 30 septembre n'ont pas donné de résultat.

« Un second tour de scrutin est nécessaire ; il aura lieu dimanche prochain 7 octobre.

« Le grand nombre de suffrages obtenus par deux de nos candidats : MM. Taupin et Maris, les engage à se présenter à nouveau devant vous.

« Nous vous proposons de leur adjoindre MM. Popelin, marchand tailleur, rue de la Barrière, et Achille Thomas, débitant, route de Rouen, que vous connaissez tous.

« Citoyens ; L'assemblée municipale, que avez à compléter, a comme mission de s'occuper exclusivement des intérêts de la Ville.

« C'est sur ce terrain que nous nous plaçons, sans compliquer notre programme par des questions étrangères aux attributions du Conseil.

« Nous nous bornons à vous demander d'envoyer au Conseil municipal des citoyens partisans de l'ordre et de l'économie dans les finances de la Ville, des citoyens qui aient sans cesse pour objectif l'amélioration du sort des Travailleurs, en créant des Etablissements de Maternité, de Protection pour l'Enfance, en agrandissant les Asiles qui servent de refuge à la Vieillesse, et en supprimant les taxes d'octroi qui frappent surtout les petites bourses.

« Nos candidats sont en outre les fermes partisans de la suppression totale, réelle et effective de l'octroi, c'est-à-dire de tous les droits d'octroi ; et cela dans le plus bref délai possible, tant avec les ressources de la ville qu'avec les lois que nous attendons avec impatience.

« Ce programme est assez complet pour occuper les dix-huit mois qui nous séparent des élections générales.

« Nous sommes convaincus que les idées que nous venons de développer sont les vôtres, et que vous enverrez siéger au Conseil municipal les honorables citoyens que nous vous proposons :

« MM. Léon Taupin, fabricant de draps ; Maris, membre de la commission d'hygiène du canton d'Elbeuf ; J. Popelin, marchand tailleur ; A. Thomas, débitant.

« Aux urnes et pas d'abstentions ! !

« Vive la République !

« Le Comité républicain. »

Les deux comités réclamaient donc la suppression des octrois ; la différence consistait en ce que le premier la voulait tout de suite, c'est-à-dire au 31 décembre 1894, et le second le plus tôt possible, disait-il.

On revota le 7 octobre. Les voix se répartirent ainsi : MM.

Lalouel	1.687	Taupin	1.235
Gardet	1.643	Maris	1.166
Manot	1.601	Popelin	1.003
Catignon	1.521	Thomas	808

Cette élection déplaça la majorité du Conseil qui devint minorité. C'était la première fois, depuis le rétablissement des conseils municipaux élus, que les radicaux se trouvèrent être les plus nombreux dans l'assemblée communale.

Il n'y avait jamais eu une foule plus grande aux séances du conseil municipal que le mercredi 17 octobre, et jamais, depuis, pareille affluence se reproduisit. Des centaines de personnes attendaient l'ouverture des portes, dont l'une fut tordue en aile de moulin par la pression exercée contre elle. Le compartiment de la presse fut lui-même envahi. Une masse de personnes était restée dans le couloir et dans l'escalier.

M. Delaplanche, doyen d'âge, devait présider, mais ayant invoqué le mauvais état de sa santé, le siège présidentiel fut occupé par M. Harel, sur la proposition de M. Nivert, maire démissionnaire.

On procéda à l'élection du maire. M. Mouchel obtint 14 voix et M. Dubois 13. C'était bien à quoi l'on s'attendait, par suite des pointages auxquels beaucoup s'étaient livrés avant la séance ; mais on sut plus tard qu'un des membres du Conseil, compté comme partisan de M. Dubois, avait voté pour M. Mouchel, et que, par contre, un autre, supposé être favorable à celui-ci, avait inscrit sur son bulletin le nom de son compétiteur. On donna même les raisons de cette double et imprévue manœuvre.

M Mouchel, quelque peu ému, prit la présidence et remercia l'assemblée: « Nous avons, dit-il, de grands travaux à accomplir, et c'est la seule raison qui m'ait engagé à accepter la mairie. L'œuvre sera facile cependant, grâce à la préparation qui en a été faite depuis six ans par l'administration de M. Nivert. Je suis heureux des voix qu'une partie de mes collègues ont portées sur moi ; mais j'espère mériter également la confiance de ceux qui ne m'ont pas donné la leur. »

On vota ensuite pour un premier adjoint, M. Emile Lafosse fut élu par 14 voix, contre

11 à M. Sallé, une à M. Dupont et une à M. Rabier.

M. Rabier fut nommé second adjoint par 15 voix, contre 10 à M. Harel, une à M. Dupont et une à M. Sallé.

Avant de lever la séance, M. Mouchel dit :

« Messieurs, l'objet de la convocation est rempli. Mais avant de nous séparer, permettez-moi encore une fois de remercier Monsieur le Maire et Messieurs les Adjoints qui nous ont précédés, car ce sont eux qui ont commencé le travail que nous aurons à finir. »

C'était évidemment, de la part de M. Mouchel, de la modestie, car il était le grand ouvrier de la réforme sur laquelle l'élection complémentaire avait été faite et qu'il devait mener à bien.

L'Industriel, qui n'avait rien dit de la suppression des octrois avant le premier tour de scrutin, s'y était rallié, avant le ballottage. Après l'élection de la nouvelle administration, il écrivit :

« Bien que dix-huit mois seulement nous séparent des élections générales de mai 1896, il y a place pour la réalisation des réformes urgentes, depuis longtemps réclamées et sans cesse ajournées. Nous n'aurons cette satisfaction qu'avec M. Mouchel ; il ira droit devant lui et ne prendra pas des chemins de traverse pour atteindre au but qu'il se propose. Toutes les questions pendantes ont été mûrement et sûrement étudiées, au point de vue où il se place. Il a sur l'administration municipale des idées personnelles qu'il va certainement mettre à exécution dès le début, car il n'est pas homme à remettre au lendemain quoi que ce soit, ni à reculer devant la responsabilité des actes qui lui incombent. Nous l'attendons à l'œuvre, prêt à l'approuver si son radicalisme tourne au profit de l'intérêt général, et à le combattre si, par une fausse conception des modifications à opérer dans l'état des choses actuel, il venait à le compromettre. »

Le Théâtre avait un nouveau directeur, en la personne de M A. Febvre, qui donnait des représentations depuis le 8 octobre.

Le lancement du nouveau pont d'Oissel commença le vendredi 19 du même mois.

La première guérison du croup, à Elbeuf, par le sérum, date de ce même temps.

Il y eut encore beaucoup d'auditeurs, le 26 octobre, à la séance municipale, au point même que plusieurs vitres de la salle d'attente volèrent en éclats.

M. Mouchel, maire, dit qu'à la suite des dernières élections, qui avaient indiqué le vœu de la population, l'administration avait pensé que la question la plus pressante était de présenter un projet tendant à la suppression des taxes d'octroi. « Ce que nous vous proposerons pour le moment n'est pas une suppression totale ; nous serons obligés de garder temporairement un petit nombre de taxes, mais l'économie opérée sur les frais de perception sera assez sensible, car elle se chiffrera par plus de 40.000 francs. »

Le maire déposa un projet pour les taxes maintenues, et déposa également le projet de budget pour l'année suivante.

« Ce projet, dit-il, est établi sur le terrain naturel vers lequel nous tendions depuis six ans ; il comporte la suppression de tous les droits d'octroi autres que ceux sur les liquides et le poisson, par le maintien des centimes qui tomberont à la fin de l'année et le vote de 8 nouveaux. A ce moyen, la population sera dégrevée pour l'année prochaine de 275.000 fr. de taxes d'octroi... »

M. Dubois, auteur du précédent rapport sur la suppression des octrois et compétiteur malheureux de M. Mouchel, présenta diverses observations et prédit que le nouveau maire allait jeter la ville dans l'embarras. « Laissez-nous encore deux ans, comme je l'ai demandé dans mon rapport; pendant ce temps-là, vous caserez les employés de l'octroi. »

Sur la proposition de M. Mouchel, le projet de M. Dubois fut renvoyé, au même titre que celui de l'administration, à la commission spéciale.

La séance municipale fut presque entièrement consacrée au projet de suppression des octrois, la grosse question du moment.

M. Lechêne, rapporteur, exposa que le projet de la nouvelle administration donnerait, à la fin de 1894, un dégrèvement de 250.000 fr. de taxes d'octroi et réaliserait une économie de 45.000 fr. de frais de perception. Pour faire face à cette suppression, on conserverait les recettes rendues libres par la cessation du service de l'emprunt de 2.500.000 francs et la création de 8 centimes nouveaux ; l'économie faite sur les frais de perception des taxes d'octroi fournirait le complément La régie percevrait temporairement les droits d'octroi maintenus et établis au profit de la ville.

M. Fossard, bien que se disant partisan de la suppression de l'octroi, fit un discours tendant à contrecarrer cette réforme.

M. Quidet prit aussi la parole. Quoique désirant également la suppression depuis bien des années, il s'abstiendrait de voter, le projet de l'administration ne lui convenant pas : la réforme, suivant lui, ne devant point profiter aux ouvriers.

M. Nivert n'approuvant pas non plus le projet, déclara qu'il s'abstiendrait.

Nous ne pouvons nous étendre sur la discussion qui se produisit dans cette intéressante et mémorable séance, dans laquelle parlèrent encore successivement MM. Dubois, Angot, hostiles au projet de l'administration, et M. Mouchel.

On vota par appel nominal. Il fut précisé que les *oui* seraient pour le projet de l'administration, et les *non* pour celui de M. Dubois.

Votèrent pour. MM. Mouchel, Lafosse, Rabier, Harel, Courtillet, Coquerel, Coulon, Aubry, Lechêne, Lalouel, Gardet, Manot, Catignon, au total 13 voix ;

Votèrent contre. MM. Angot, Berjonneau, Fossard, Dubois, Grosclaude, soit 5 voix ;

S'abstinrent, MM. Sallé, Nivert, Dupont, Avenel, Quidet et Delaplanche. — Le projet de l'administration était donc adopté

Les nouvelles taxes et le réglement de l'octroi pour l'année suivante furent votés par 13 voix, contre 11 abstentions.

On vota ensuite, par 16 ou 17 voix, une surtaxe sur les alcools, pour deux années, dont le produit serait affecté à la création d'une Maternité.

Les conférences de fin d'année furent faites par M. Lintillac, professeur de rhétorique au lycée Saint-Louis, et Paul Rognon, docteur ès-lettres.

On vota, le 9 novembre, le budget pour l'année suivante. De plus d'un million, peu d'années auparavant, il était ramené à 595.609 francs.

M. Pierre-François-Richard Noury, professeur à la Société industrielle, mourut ce même jour vendredi 9 novembre. Il était né au Fresne (Eure), le 5 février 1818, et habitait Elbeuf depuis 1856. C'est à M. P. Noury, créateur du musée municipal, que beaucoup d'Elbeuviens doivent en partie leurs connaissances en dessin et en histoire naturelle. Il jouissait d'une popularité générale et sa mort causa en quelque sorte un deuil public. — Une souscription fut ouverte, au moyen de laquelle on érigea un monument sur sa tombe, dont la ville fournit le terrain.

Les 17 et 18 du même mois, notre ville fut visitée par un groupe de dames et de jeunes filles salutistes, détaché d'une compagnie de l'armée du Salut qui se trouvait alors à Rouen. Les efforts pour la propagation de ce nouveau culte demeurèrent sans résultat appréciable, malgré l'aménité et la gentillesse des jeunes personnes chargées du rôle d'apôtres.

Dans sa réunion du 27, le conseil municipal s'occupa de diverses questions se rapportant à la suppression de l'octroi, notamment d'un projet de traité avec la Compagnie du Gaz, par lequel celle-ci consentait à abaisser d'un demi-centime le prix du mètre cube de gaz, si, de son côté, la ville la dégrevait, pendant quinze années, des taxes d'octroi sur les charbons, huiles et autres matières employées dans son industrie.

Le 5 décembre, un autoclave fit explosion dans l'usine de M. Perré, à Saint-Aubin. Le bruit en fut perçu à Elbeuf et même à Caude-

PIERRE-FRANÇOIS-RICHARD NOURY

NÉ AU FRESNE (EURE) LE 5 FÉVRIER 1818

bec. Il n'y eut que des dégâts matériels, s'élevant à environ 50.000 fr.

Les séances municipales se multipliaient, surtout à cause de la suppression des octrois, qui fut encore le principal objet de celle tenue le 7 décembre.

Mais il fut aussi, ce jour-là, reparlé des tramways, à cause d'une lettre de M. Empein, qui proposait de réduire le réseau à une seule ligne, bien qu'il eût une concession pour cinq branches. Le maire se fit autoriser à reprendre les pourparlers, sans rien abandonner du privilège que la ville avait sur le cautionnement de 100 000 fr. versé par M. Empein. On s'attacherait surtout à l'exécution d'une ligne d'Orival à Saint Pierre et d'une autre de la gare de Saint-Aubin à celle d'Elbeuf-Ville.

Ce fut M. Goujon, député, qui présida, le 9 décembre. la séance solennelle de la Société Industrielle.

Ce mois-là, une épidémie de variole sévit sur notre région. A l'hospice, on dut installer une tente provisoire supplémentaire, les lits faisant défaut dans la section des varioleux. L'administration municipale prit tous les soins et les précautions désirables pour enrayer les ravages de l'épidémie. Un très grand nombre d'habitants de notre ville, conformément à un avis municipal, se firent vacciner ou revacciner.

Le 26 décembre, aux élections du Tribunal de commerce, M. Pierre Regnaud fut élu président, MM. Réné Aubé et Henri Fraenckel, juges, et MM. Menut-Gallet et Nestor Huet, juges suppléants

Pendant l'année 1894, les bureaux de l'étatcivil avaient enregistré :

A Elbeuf, 573 naissances, 142 mariages, 5 divorces, 706 décès.

A Caudebec. 206 naissances, 71 mariages, 3 divorces, 285 décès.

A Saint-Pierre, 54 naissances, 22 mariages, 70 décès.

A Saint-Aubin, 71 naissances, 26 mariages, 2 divorces, 81 décès.

A Orival, 33 naissances, 11 mariages, 36 décès.

TOME XII. — CHAPITRE XX

(Année 1895)

Effets de la suppression des octrois. — M. Félix Faure, président de la République. — L'affaire Girard. — L'Asile des vieillards rattaché a l'Hospice — Le Génie a Elbeuf ; manœuvres de ponts — Les tramways. — Election au Conseil général. — Une cavalcade historique. — Le crocodile de Caumont. — L'éclairage public ; les becs Auer.

Par suite de la suppression des taxes d'octroi sur les objets de consommation, des commerçants annoncèrent, par prospectus, une baisse de prix sur différents articles, notamment sur la viande, les conserves, l'huile, la bougie, la graisse, le pétrole, le charbon et le coke. Des huîtres furent mises en vente à raison de 25 centimes la douzaine ; aussi, beaucoup d'ouvriers en achetèrent à partir de ce moment. Dans la seule journée du 1er janvier 1895, on en vendit 40.000.

A propos de ce dernier article, du coke et de plusieurs autres, on nota que la baisse des prix était plus importante que le montant de la détaxe d'octroi. Pareille remarque avait été faite, deux ans auparavant, au sujet des poulets, lapins, beurres, œufs, etc., quand ces objets avaient été détaxés.

A cette époque, les contribuables elbeuviens payaient 56 centimes 35 additionnels. Dix ans auparavant, le nombre de ces centimes était de 57.66. En d'autres termes, malgré la suppression de 350.000 fr. de taxes d'octroi, le nombre des centimes additionnels était moins élevé, bien que les dépenses pour les divers services municipaux de bienfaisance eussent augmenté de plus de 10 pour 100 pendant les dix dernières années. On sait comment ce résultat avait pu être obtenu.

La réforme eut son contre-coup à Caudebec, où beaucoup de denrées alimentaires et autres baissèrent de prix ; et comme la viande de boucherie y payait une taxe d'octroi, un certain nombre de consommateurs de cette commune s'approvisionnèrent à Elbeuf.

Mais la routine est si forte que, malgré les avis publics, beaucoup de personnes s'arrêtaient encore devant le bureau d'octroi et demandaient à payer les droits ; on nota même des détails amusants.

La réforme opérée eut un grand retentissement par toute la France ; Elbeuf était, en effet, la première ville de son importance ayant supprimé ses octrois de par sa seule volonté. Chaque jour, des maires écrivaient à celui de notre ville pour connaître par quels moyens Elbeuf était arrivé à cet heureux résultat ; les questions devinrent même si nombreuses que M. Mouchel dut faire imprimer une plaquette pour répondre à toutes.

Le 7, on inaugura les cantines dans les trois écoles qui n'en avaient pas encore.

Le conseil municipal se réunit le lendemain 8. Le maire entretint d'abord l'assemblée de l'épidémie de variole qui, à Elbeuf, avait causé 13 décès sur 80 cas. On avait espéré 13 ou 14.000 vaccinations ; il n'y en avait eu jusquelà que 4 ou 5.000.

L'assemblée vota une somme de 650 fr. pour concourir aux travaux de recouverture de l'église Saint-Etienne, puis discuta sur la liberté des marchés.

Le mercredi 16 janvier, on sut, par les journaux du matin, que M. Casimir-Périer, président de la République, avait démissionné la veille au soir.

Le lendemain 17, l'Assemblée nationale, composée du Sénat et de la Chambre des députés, se réunit à Versailles pour l'élection d'un nouveau président. Un premier tour de scrutin donna 344 voix à M. Henri Brisson, 240 à M. Félix Faure et 187 à M. Waldeck-Rousseau. Au second tour, M. Félix Faure fut élu par 430 voix, contre 361 à M. Brisson.

Le nouveau président de la République, autrefois tanneur, puis employé et enfin négociant au Havre, était assez souvent venu à Elbeuf faire des offres de service à des industriels de notre place.

La Chambre de commerce d'Elbeuf envoya une adresse de félicitations au président Félix Faure.

Mme veuve Trinité-Maille mourut vers la fin de janvier. Entre autres dons, elle légua à l'hospice une somme de 10.000 fr.

Les opérations du tirage au sort se firent le 30. Elbeuf comptait 183 conscrits, Caudebec 92, Saint Pierre 39, Saint Aubin 31, Orival 14, la Londe 11 ; le total pour le canton était de 383.

Il faisait alors extrêmement froid. Le 1er février, le thermomètre était descendu à — 14° sur le plateau du Roumois, alors couvert de neige, et la Seine charriait des glaçons. Le dimanche 3, le fleuve en fut entièrement couvert ; ils s'arrêtèrent devant Elbeuf et Caudebec. Le lendemain, plusieurs personnes traversèrent la Seine en marchant sur la glace. Quelques jours après le thermomètre descendit à — 18° à Elbeuf et à — 22° à la Londe.

En ce même temps, on jouait au Théâtre une revue locale : *Elbeuf-sur-Scène*.

Le 7 février, on apprit à Elbeuf que M. Girard, directeur de la maison de banque G. Girard et Cie, chevalier de la Légion d'honneur, s'était suicidé à Paris Il était âgé de 47 ans. Personne n'ignore les causes de cette mort, dont il fut parlé bien des fois à propos du retentissant procès Humbert-Daurignac.

Le 19, vers dix heures du soir, plusieurs salles de l'hôtel de ville furent inondées, par suite de la rupture d'un tuyau sous l'action de la gelée.

Dans la séance tenue le 22, par le conseil municipal, il fut parlé des octrois, de l'asile des vieillards, d'une loterie, de l'inondation de l'hôtel-de-ville, de l'élargissement de la rue Saint-Etienne et des tramways.

Le 24, mourut M. Louis-Marie Allœend-Bessand, ancien négociant ; il était âgé de 62 ans, et avait été vice-président de la Caisse d'épargne et président de la Caisse des écoles.

Des conférences furent faites au Théâtre, vers cette époque, par MM. Parigot et Coquelin cadet.

Le 22 mars, le conseil municipal discuta sur le projet d'agrandissement de l'asile des vieillards, comportant la création de 60 lits nouveaux ; l'emplacement préféré par la commission municipale se trouvait côté du nord de la rue Petou, mais il n'était point accepté par la commission administrative de l'hospice.

MM. Coquerel, Nivert, Mouchel, Dubois, Courtillet et Léon Quidet prirent la parole. M. Mouchel, maire, proposa l'amendement suivant :

« Le Conseil, désireux de voir agrandir, dans le plus bref délai, l'asile des vieillards ;

« Désirant obtenir le maximum d'efficacité avec les ressources disponibles ;

« Considérant que ce résultat serait atteint de la manière la plus avantageuse par une construction dans le jardin de l'Hospice, rue Petou ;

« Fait offre à l'Hospice d'une subvention de 50.000 fr, reliquat de l'emprunt de 2.500.000 francs, pour la construction d'une annexe de l'asile des vieillards, rue Petou, et prend l'engagement d'assurer les ressources nécessaires à l'entretien de 40 vieillards... »

M. Mouchel ajouta : « Si vous votez cet amendement, je proposerai à l'Hospice une nouvelle délibération, afin d'éviter un conflit ». L'amendement fut voté par 14 membres, contre 5 opposants et 5 abstentions.

M. Xavier Pelletier mourut le 20 avril, à l'âge de 39 ans seulement. Il était membre de la Chambre de commerce, président de la Société industrielle et officier d'académie ;

M. Mouchel, maire, avait demandé à M. Hendlé, préfet, une sorte d'arbitrage officieux, ou plutôt une conférence, en sa présence, entre les membres de l'administration de l'Hospice et ceux de la municipalité, au sujet de l'agrandissement de l'asile des vieillards.

Devant le préfet, MM. Paul Pion et Thézard, délégués de l'Hospice, déclarèrent que leur administration adoptait les plans de construction dressés par l'architecte de la ville, mais qu'ils tenaient à construire dans le quartier dit Patallier, tout en reconnaissant que la dépense s'élèverait à 20.000 fr. de plus, somme que l'Hospice ne possédait pas ; mais les délégués assuraient la trouver sous peu.

En présence de cette proposition, les délégués de la ville déclarèrent que si l'Hospice s'engageait fermement à commencer les travaux tout de suite, le but de l'administration serait atteint, puisqu'elle aurait obtenu la construction immédiate et 60 lits nouveaux sans augmentation de dépenses pour la ville, considération qui avait, en partie, décidé le conseil municipal à porter sa préférence sur le terrain de la rue Petou.

Depuis, la commission administrative de l'Hospice s'était mise en devoir de chercher la somme qui lui manquait, et, à la date du 23 avril, le maire put annoncer au conseil municipal que l'affaire était en bonne voie.

A la suite d'observations qui lui furent présentées par des membres du Conseil, ce même jour, M. Mouchel répondit :

« Si l'Hospice trouve les 20.000 fr., sa part contributive dans la construction projetée étant de 73.000 fr. et celle de la ville de 53.000 seulement, il aura plus de droits pour soutenir son projet d'agrandissement du quartier Patallier. Nous sommes toujours néanmoins plus partisans d'une construction rue Petou ; mais si, pour faire vite, nous devons nous rallier au projet de l'Hospice, nous nous y rallierons. Du reste, la Ville n'entrera pas dans les 20.000 francs qu'il coûtera de plus ; on ne nous demande rien d'ailleurs. »

Le maire parla ensuite de la création, à Elbeuf, d'un centre d'instruction pour l'exercice des ponts de bateaux des troupes du génie et des propositions faites à ce sujet par l'administration militaire, représentée par le commandant Drouhez, chargé de rechercher un endroit favorable pour les manœuvres des pontonniers.

Le commandant s'était arrêté à l'emplacement situé en aval du barrage de Martot ; il avait demandé si la ville d'Elbeuf voudrait contribuer au cantonnement d'un bataillon du génie pendant deux mois et si, dans le cas où les exercices se renouvelleraient chaque année, la ville consentirait à participer aux frais de magasinage de matériel.

En résumé, il était demandé à la ville une somme d'environ 1.200 fr pour frais de cantonnement et une seconde de 700 fr. pour magasinage.

Le Conseil accepta à l'unanimité la proposition qui lui était faite.

A cette époque, la circulation des voitures automobiles, de récente création pourtant, était déjà si importante que le préfet prit un arrêté pour la réglementer.

Le dimanche 19, les Elbeuviens étaient restés à Elbeuf et de nombreux étrangers étaient venus grossir notre population, qui, ce jour-là, recevait les premières troupes du génie, qui arrivaient par la gare d'Elbeuf-Ville, venant d'Arras.

Cette première portion se composait d'une compagnie du 3e régiment, commandée par M. Migollet, capitaine. Le commandant Couianceau était arrivé la veille. Elle fut reçue par la municipalité, accompagnée des officiers de notre garnison, de l'Harmonie, de la Fanfare alsacienne et des trompettes de l'Alsacienne-Lorraine et de la Ruche.

Le cortège se mit en marche pour se rendre à son cantonnement, rue de la Porte-Rouge accompagné d'une foule énorme Sur tout le parcours les maisons étaient pavoisées. Les soldats prirent alors un repas qui leur avait été préparé. Le soir, les troupes du génie se rendirent à un bal improvisé rue Camille-Randoing.

Le lendemain, le génie commença ses exercices sur la Seine et les continua les jours suivants, pendant lesquels les curieux et promeneurs ne cessèrent d'affluer dans les parages occupés par ces troupes, où des tentes foraines furent installées.

Vers ce même temps, on sut que Mme Humbert-Daurignac offrait à titre de transaction, à la liquidation Girard et Cie, une somme de 4.500.000 fr. Cette nouvelle, qui intéressait un assez grand nombre d'Elbeuviens, leur causa naturellement beaucoup de plaisir.

Le 8 mai, une foule considérable, venue de tous les points de la ville, se massa devant les établissements Fraenckel-Blin, à l'occasion d'une manifestation sympathique causée par la nomination de M. Louis Fraenckel dans l'ordre de la Légion d'honneur.

Pont de bateaux établi par le Génie

M. Fleury-Ravarin, député de Lyon, fit une conférence au Théâtre, le 26 du même mois, sur les sociétés de secours-mutuels.

Le lundi 3 juin, la foule se porta vers la rue du Port, au-dessous de laquelle les soldats du génie établirent un pont de bateaux, qui fut livré à la circulation du public pendant la plus grande partie de la journée.

Le mercredi suivant, un autre pont fut établi, en 55 minutes, en présence du général Bouvier, venu de Lille, et du colonel du 3e régiment du génie, ce qui attira encore une fois la curiosité générale.

Dans l'après-midi, le bataillon d'infanterie de la garnison d'Elbeuf arriva sur les lieux. Une compagnie traversa la Seine et alla prendre position à l'extrémité du pont, dans une île, d'où, à travers les osiers, elle ouvrit le feu contre les autres compagnies qui, elles, tentaient de passer la Seine par le pont ; ce à quoi elles réussirent, naturellement ; mais il était évident qu'en guerre bien peu d'hommes y seraient parvenus, les défenseurs du pont étant invisibles et leur feu très meurtrier.

Le pont fut démonté pendant que la troupe d'infanterie était encore dans l'île. Des portières de trois bateaux reliés et pontonnés allèrent les reprendre.

Le vendredi 9, un nouveau pont fut construit en présence du général Giovanninelli, commandant du 3e corps d'armée, et du général Bouvier.

Le premier bataillon venu pour ces manœuvres repartit le 10 et fut immédiatement remplacé par un autre de la même arme, venu également d'Arras.

Des bataillons du génie se succédèrent ainsi

pendant deux mois pour exécuter les mêmes manœuvres.

Pendant ces exercices, le 7 juin, un détachement du 7e chasseurs, comptant 420 chevaux, arriva à Elbeuf. La présence simultanée de troupes d'infanterie, du génie et de cavalerie donna une très grande animation à notre ville en en modifiant considérablement l'aspect.

Le 7 juin, au conseil municipal, M. Coquerel donna lecture d'un nouveau rapport sur l'agrandissement de l'asile des vieillards, cette fois dans l'enclave de l'hospice, par suite de l'acquisition de deux immeubles dont la surface s'ajouterait à celles d'autres propriétés déjà achetées par l'établissement hospitalier.

Le rapport concluait à la participation, par la Ville, pour une somme de 60.000 fr. Le bâtiment qui serait construit, parallèlement à la rue de l'Hospice, serait aménagé pour 60 lits gratuits de vieillards et 8 à 10 lits payants nouveaux. Les conclusions du rapport furent votées à l'unanimité.

On s'occupa ensuite du rattachement, à partir du 1er janvier suivant, du service des vieillards à l'Hospice, de la liquidation complète du Bureau de bienfaisance en ce qui concernait ce service, et la remise à l'Hospice, par le Bureau de bienfaisance, des biens meubles et immeubles de l'asile des vieillards.

Les immeubles se composaient de la propriété sise rue Saint-Jean, donnée par M. Grandin de l'Eprevier, en 1851, et de la propriété Mignard, acquise en 1876. Les biens meubles étaient : une rente de 9 fr. donnée par le docteur Lesaas, une rente de 374 fr. donnée par Mlle Maria Poussin, une somme de 30.000 fr. provenant de la succession Lebailly, un reliquat de 56.862 fr. provenant de diverses donations, le mobilier et le matériel de la rue Saint-Jean.

Après un incident soulevé à propos des sœurs, le Conseil vota les conclusions de ce second rapport, également à l'unanimité.

Dans cette même séance, M. Mouchel, maire, rappela que deux propositions de construction de tramways avaient été faites à la Ville.

Une, présentée par MM. Caudray et Dupuis, était appuyée par un cautionnement de 100.000 francs versé quelques jours auparavant dans la caisse municipale ; ses auteurs désiraient commencer immédiatement les travaux.

Il y aurait quatre lignes, partant toutes de la place du Calvaire pour se rendre aux gares d'Elbeuf-Ville et de Saint Aubin, à Saint-Pierre et à Orival. Une cinquième, allant de Saint-Aubin à la place du Champ de-Foire, serait affectée au service des marchandises et posséderait une gare sur le quai. La traction des quatre premières lignes se ferait par l'électricité et celle de la cinquième au moyen de chevaux.

La proposition fut renvoyée pour examen aux commissions compétentes.

Le 12, M. de Mahy, député de la Réunion, ancien ministre, fit une conférence, au Théâtre, sur Madagascar.

La question des tramways revint devant le conseil municipal, le 21. M. Lechêne donna lecture de son rapport concluant : 1° à solliciter des pouvoirs publics le retrait de la concession accordée le 29 mars 1877 à M. de Ridder, restée sans effet, et 2° à solliciter du Département la concession d'un réseau de tramways, avec rétrocession à M. Cauderay.

Après quelques observations présentées par M. Nivert, le Conseil vota les conclusions du rapport et approuva le traité de rétrocession passé par M. Mouchel, maire, au nom de la ville.

Vers cette même époque, on apprit qu'un industriel belge, M. de Clermont, allait fonder, à Elbeuf, une usine pour le secrétage des peaux de lapin, dans les anciens établissements Victor Grandin, rue Notre-Dame.

Dans les derniers jours de juin, s'ouvrit, à Rouen, un Congrès départemental des Chambres syndicales ouvrières de la Seine-Inférieure, auquel furent représentées l'Union des Tisseurs et la Fourmi d'Elbeuf.

La fête nationale, la première célébrée par un conseil municipal en majorité républicain, fut très belle. Devant les notabilités, les sociétés et la foule, assemblées place de l'hôtel de ville, M. Mouchel, maire, prononça ce discours, qui fut très remarqué :

« Messieurs,

« La fête qui nous réunit aujourd'hui dans un sentiment commun d'allégresse républicaine, peut faire vibrer d'autant plus profondément nos cœurs que l'événement qu'elle rappelle touche par ses causes morales, à ce qu'il y a de plus élevé dans l'évolution de l'humanité, et que ses suites matérielles ont, chaque jour, leur répercussion sur notre destinée.

« C'est en 1789 que nous avons vu, en effet, affirmer hautement, par la nation française, le droit de ne reconnaître pour bases des rapports nécessaires entre les hommes que les nécessités mêmes de leur existence collective, et que le sentiment des devoirs réciproques de l'individu et de la société s'est substitué nettement, pour la première fois, aux traditions brumeuses qui, jusque-là, servaient de base à la morale, à la justice et aux lois.

« Non seulement nos pères de la grande époque eurent l'intuition claire du principe nouveau, mais ils surent sacrifier à son développement leurs biens et leurs vies, et le 14 Juillet fut la première date de l'épopée géante qui, à travers des gloires et des désastres sans précédents, se termina par l'affermissement, dans l'ensemble des nations européennes du principe fondamental de l'égalité des individus

« De même que, dans la science, chaque découverte amène une découverte nouvelle, de même, à l'état d'équilibre social créé par la Révolution succèdent, pour les générations qui la suivent, de nouvelles conditions nécessaires d'équilibre, et, chaque jour, nous voyons s'affirmer la tendance vers un état de choses meilleur où le dévouement des forts et des puissants au bien-être de tous sera considéré par eux comme le suprême bien sans l'accessoire obligé des jouissances matérielles qui leur semblent aujourd'hui un droit primordial.

« Tel est, tout au moins, notre espoir, et, si ceux qui partagent cette foi la servent avec désintéressement, peut-être vivront-ils assez pour constater, dans les esprits et dans les mœurs, une transformation heureuse.

« Messieurs, je vous remercie bien cordialement du concours que vous avez prêté de si bonne grâce, malgré la fatigue qu'il vous imposait, à la belle fête d'aujourd'hui, et je souhaite pour nous tous qu'elle ait pu raffermir dans nos cœurs l'esprit de sacrifice.

« Vive la République ! »

Les élections au Conseil général furent assez mouvementées.

Les comités de l'Union républicaine Démocratique Radical, d'Elbeuf et du canton ; les comités de Propagande socialiste de Caudebec. Républicain de Caudebec et Démocratique d'Orival, avaient choisi M. Isidore Maille, conseiller sortant, maire de Saint Aubin, pour candidat.

De leur côté, les réactionnaires et les politiciens « esprit nouveau », dans une réunion tenue à l'Alcazar de Caudebec en présence de M. Goujon député, avaient désigné M. Blanchet, également de Saint Aubin.

L'Industriel qui avait combattu la candidature de M. Maille quand elle s'était produite une première fois, puis soutenue la deuxième fois, la recombattit au profit de M. Blanchet. — Inutile d'ajouter que M. Maille était le candidat de *l'Elbeuvien*.

M Blanchet organisa de nombreuses réunions publiques ; M. Maille ne se rendit qu'à une seule.

Le scrutin eut lieu le 28 juillet et donna ces résultats :

Communes	Inscrits	Votants	Maille	Blanchet
Elbeuf........	4.9?2	3.342	?.381	9 5
Caudebec.....	2.897	1.672	1.295	351
Cléon	155	102	66	35
Freneuse.....	124	89	69	20
La Londe.....	422	246	173	68
Orival.......	278	208	172	35
Saint-Aubin..	867	699	464	222
Saint-Pierre..	984	596	313	273
Sotteville	81	48	37	10
Tourville.....	189	111	96	14
Totaux.....	10.919	7.113	5.068	1.943

La Cavalcade historique

Le jeudi 8 août, la musique du 1er régiment du génie donna un dernier concert, celui d'adieu, au jardin de l'hôtel de ville. Un objet d'art fut remis à M. Meister, son chef. Le soir, un punch fut offert, par la municipalité, aux officiers de ce régiment et à ceux de la garnison. La population de notre ville assista avec regret, le lendemain matin, au départ des troupes du génie, dont le matériel resta à Elbeuf, pour être utilisé l'année suivante.

Une splendide cavalcade historique, organisée par souscription, eut lieu le 25. Elle se composait de différents groupes représentant les passages, à Elbeuf, de l'empereur romain Adrien, de Richard Cœur-de-Lion, de Charles VIII, accompagné de Réné de Lorraine, baron d'Elbeuf. A la suite de ce groupe, était la meute royale de Cléon, dirigée par Camille Doucet, dont le portrait est peint sur un vitrail de l'église Saint-Etienne

On vit ensuite le passage du roi Henri IV, avec Sully et la belle Gabrielle ; le passage du duc et de la duchesse de Longueville, accompagnés des seigneurs de la Londe, de Bourgtheroulde et autres ; l'entrée de Bonaparte à Elbeuf, avec ses généraux et ses ministres. Suivaient des groupes fantaisistes.

Cette fête eut un succès énorme, dû en grande partie à son excellente organisation et à la multitude d'étrangers venus, surtout du Roumois, pour applaudir à nouveau M. Hurel, du Theillement, chargé d'un numéro fantaisiste dont l'effet est encore dans toutes les mémoires. Les chars étaient au nombre de seize, dont plusieurs de musiciens, les types comiques fort amusants, et tous les costumes d'une parfaite fraîcheur.

Le soir, il y eut une grande fête de nuit et plusieurs bals, dont un à l'hôtel de ville.

On estima à 100.000 le nombre des personnes qui se trouvèrent ce jour-là à Elbeuf ; jamais la ville n'avait vu pareille foule.

Cette belle fête eut cette particularité : au lieu d'avoir pris sur les finances municipales, elle rapporta environ 3.000 fr. aux pauvres.

Vers la mi septembre, le *Journal de Rouen* annonça qu'un crocodile pétrifié venait d'être découvert dans les souterrains de Caumont. Sur la foi de ce journal et de *l'Industriel*, qui, naïvement, réclama l'animal pour le musée de notre ville, beaucoup de personnes d'Elbeuf firent le voyage aux célèbres et curieuses carrières et revinrent convaincues d'avoir vu un énorme saurien, ne mesurant pas moins de trois mètres de longueur. En fait, c'était tout simplement un bloc de pierre calcaire, dont la forme pouvait, très vaguement, rappeler celle d'un caïman. Néanmoins, de nos jours encore, il ne manque pas de gens qui croient à l'existence d'un crocodile fossilisé dans ces carrières, fait scientifiquement impossible dans les conditions où il se trouve.

A la séance municipale du 20 septembre, un rapport proposa la suppression de tous les droits d'octroi existant encore, sauf ceux sur le vin et l'alcool, l'Etat n'ayant pas encore indiqué de taxes de remplacement pour ces deux articles.

La suppression devait entraîner celle des bureaux et des employés. La perception des droits conservés se ferait par l'administration de la régie, à un bureau central, moyennant une somme de 9.600 fr. par an, pour une recette de 96.000 fr. environ.

Les conclusions du rapport furent votées, ainsi que le budget primitif pour l'année suivante, s'élevant à 596.142 fr.

Le mois de septembre fut extrêmement chaud, plus chaud que les mois de juillet et d'août.

Les nouveaux ponts du chemin de fer entre Oissel et Tourville, qui venaient d'être construits, furent soumis aux épreuves réglementaires du 3 au 6 octobre.

M. Mary Marcell, directeur du Théâtre, ne tint pas les engagements qu'il avait pris envers la ville et abandonna cette entreprise.

Le 22 octobre, un tube de la chaudière à vapeur de MM. Monpin et Saint-Rémy, teinturiers rue de Rouen, fit explosion et causa la mort de deux ouvriers et en blessa un troisième. Cette chaudière à vapeur avait cependant été visitée, quelques mois auparavant, par un inspecteur.

Le 29, le conseil municipal rejeta une réclamation de la Compagnie française de transports fluviaux au sujet des droits d'attache aux quais d'Elbeuf, propriété municipale, puisque c'était la ville qui les avait fait construire.

M. Mouchel, maire, qui avait étudié avec beaucoup de soin les différents procédés d'éclairage, proposa au conseil municipal, qui accepta, de faire un essai des becs Auer, à gaz, dans les réverbères publics.

Le 1er novembre, la place de l'Hôtel-de-Ville et une section de la rue de Paris furent éclairées par ces nouveaux becs. Les jours suivants, en période de pleine lune, on continua les expériences ; la conclusion générale fut que, pour une moindre dépense, la lumière fournie par le nouveau brûleur était de 2 1/2 à 3 fois plus intense. Les becs Auer ne brûlaient, en effet, que 75 litres de gaz à l'heure, tandis que la consommation des anciens était de 120 litres.

Le 17, M. Paul Pion, président de la Chambre de commerce, présida la séance solennelle de distribution des prix de la Société industrielle.

M. Mouchel, maire, informa les membres du conseil municipal, le 29, que l'administration de l'Hospice s'occupait activement de la Maternité, dont la construction et l'installation coûteraient environ 50.000 fr., et le fonctionnement 8.000 fr. par an.

Le maire dit aussi que les droits de place sur les marchés avaient été adjugés au prix de 20.550 fr. ; que la compagnie de l'Ouest repoussait le service des bagages et messageries à la halte des Rouvalets, et que le projet de tramways était en bonne voie.

Il fut ensuite parlé de la fontaine du Sud, dont les eaux baissaient dans la journée au point que les laveuses ne pouvaient travailler ; leur niveau remontait à partir de sept heures du soir.

Une commission spéciale, composée de trois délégués du Conseil et de trois naturalistes, fut établie pour le musée municipal.

Le même soir, M. Rognon, qui s'était fait entendre l'année précédente, fit une conférence au Théâtre, sur Victor Hugo.

Au commencement de décembre, les survivants des anciens engagés volontaires de la guerre de 1870-1871, dont les noms furent publiés par *l'Elbeuvien*, se constituèrent en Société.

Le 24, mourut Mme Marguerite Schmalz, dite sœur Hélène, directrice de la Crèche et de l'Asile depuis plus de trente ans. Elle était âgée de 73 ans.

Le 25, MM. Alfred Delandre et Charles Avenel furent élus juges au Tribunal de commerce, et MM. Constant Beaumer et Eugène Lechêne, juges suppléants.

Le mouvement de la population, en 1895, se résuma comme suit :

Elbeuf : 500 naissances 135 mariages, 9 divorces, 747 décès.

Caudebec : 239 naissances, 79 mariages, 5 divorces, 321 décès.

Saint-Pierre : 61 naissances, 27 mariages, 159 décès.

Orival ; 28 naissances, 13 mariages, 1 divorce, 31 décès.

Saint-Aubin : 75 naissances, 33 mariages, 1 divorce, 89 décès.

CHAPITRE XXI
(Janvier-Mai 1896)

Projet de caserne. — Eclairage public par becs Auer. - Le vapeur « Good-News ». — Toujours les tramways. — Le comité « Justice-Egalité » et les écoles congréganistes ; une pétition. — Le Génie a Elbeuf. — M. Dèvenoge prédicateur méthodiste, et « l'Elbeuvien ». — Mort de M. Léon Quidet. — Elections municipales ; le programme radical.

Dans la séance du 3 janvier 1896, M. Mouchel, maire, informa ses collègues du Conseil que le ministre des Travaux publics avait prononcé, le 31 décembre précédent, la déchéance de l'ancienne compagnie des Tramways et que les 100.000 fr. déposés par M. de Ridder étaient devenus la propriété de l'Etat, conformément aux termes du décret de concession. La ville d'Elbeuf recouvrait sa liberté, et, déjà, une nouvelle compagnie avait fait des offres de construction d'un réseau.

A cette époque, il y avait trois ans que la municipalité était en pourparlers pour la construction d'une caserne. Pendant l'année qui venait de finir, les plans présentés par la ville avaient été rejetés, et l'on parlait de 5 à 600.000 fr. pour l'exécution de ceux adoptés par l'autorité militaire.

Mais M. Mouchel était entré en relations avec M. le commandant du génie Drouhez, lequel offrait de traiter d'une façon plus accommodante par l'intermédiaire de son général. Un projet avait même été établi ; il consistait dans l'édification d'un bâtiment neuf, en façade sur la rue Isidore-Lecerf, sur l'emplacement de celui existant alors. La ville n'entrerait que pour environ 250.000 fr. dans les dépenses. Le Conseil renvoya cette question à l'étude de sa commission.

Dans cette même séance, le Conseil autorisa le maire à formuler toute demande en faveur de la réduction de la taxe unique sur les boissons, imposée arbitrairement à la ville par l'administration des contributions indirectes ; cette augmentation reposant sur des bases erronées et étant établie précisément au moment où la ville supprimait ses octrois et dans un temps où le gouvernement s'occupait de la réforme du régime des boissons.

L'assemblée approuva ensuite les mesures prises par l'administration municipale pour affirmer les droits de la ville sur l'attache des bateaux au quai.

Ce même soir, le Conseil entendit la lecture d'un rapport de M. Fossard, sur le nouvel éclairage public, au moyen des becs Auer. La consommation de gaz, de 120 litres à l'heure, était descendue à 75 litres, et la lumière obtenue était trois fois plus grande. La dépense annuelle, qui était de 36 000 fr., se trouverait diminuée de 13.500 fr., si le bec Auer était appliqué partout

Des membres ayant présenté diverses observations, M Mouchel, maire, fut amené à faire une véritable conférence scientifique et économique, à propos de plusieurs procédés d'éclairage dont on parlait alors. A la suite de son discours, écouté avec beaucoup d'intérêt par le Conseil et le public, le rapport fut adopté à l'unanimité, et, quatre jours après, on commença à poser des manchons Auer aux brûleurs municipaux.

Les Volontaires de 1870-1871 du canton d'Elbeuf, alors au nombre de 137, se rendirent en corps à Bourgtheroulde, le dimanche 5, pour déposer une couronne sur le monument élevé à la mémoire des Français tués dans cette commune, pendant la guerre franco-allemande.

Vers ce temps, on fit, à Elbeuf, les premières applications du sérum pour la guérison du croup.

Le nouveau service de l'octroi, par bureaux centraux, commença à fonctionner le 16. A partir de cette date, le public ne fut tenu à une déclaration que pour les articles devant être déchargés en ville ; le simple transit ne nécessitait plus de déclaration. En conséquence, les poteaux et barrières d'octroi placés aux entrées d'Elbeuf furent enlevés. Les seuls articles restant soumis aux droits de la ville étaient les alcools, vins et liqueurs spiritueuses ; mais l'Etat continuait à percevoir une taxe sur les cidres, et les pommes et poires destinées au brassage.

Au tirage au sort, qui eut lieu le 29, il se présenta 366 conscrits, dont 177 d'Elbeuf. 73 de Caudebec, 49 de Saint-Pierre, 20 de Saint-Aubin, 15 d'Orival et 13 de La Londe.

Dans une seconde réunion, tenue le 31, le conseil municipal adopta les conclusions de divers rapports relatifs à la suppression des octrois ; l'un d'eux concernait la liquidation des indemnités accordées aux employés supprimés.

M. Mouchel, maire, parla ensuite sur la taxe unique touchant les cidres, puis entretint le onseil du projet de caserne.

Le ministre de la guerre, par l'intermédiaire de M. le commandant Drouhez, avait demandé à la ville une somme de 270.000 fr., pour sa participation dans les frais de construction ; il n'avait rien voulu rabattre de cette somme, et tout ce que la commission municipale et le maire avaient pu obtenir, c'était l'abandon d'une somme d'environ 1.000 fr. que la ville inscrivait à son budget annuel pour l'ordinaire de la troupe.

A cet exposé, M. Lechêne, membre du Conseil, opposa que la ville avait déjà dépensé 115.000 fr. pour la caserne, plus 8 à 10.000 fr. par an, et que l'on demandait encore 270.000 francs, en attendant de nouvelles demandes, qui ne pouvaient manquer de se produire. Il conclut en proposant de construire une caserne neuve, mais sur un autre emplacement

M. Mouchel reconnut que le projet n'était pas satisfaisant mais tel que, il était encore préférable, car il en coûterait 550.000 francs pour déplacer la caserne, sans compter le prix du terrain.

M. André Lebon, député, ancien ministre

du Commerce, président du Conseil supérieur du travail, vint à Elbeuf le 5 février.

Depuis quelques jours, le bateau à vapeur *Good-News*, battant pavillon britannique, stationnait au quai de notre ville, où des groupes se formaient, surtout le soir, en attendant le lancement d'une passerelle, par laquelle le public pénétrait sur le navire.

Ce steamer était affecté à la célébration du culte protestant, par des pasteurs étrangers, avec le concours de plusieurs de leurs collègues de notre région. Précédemment, il avait avait stationné à Criquebeuf.

Vers ce même temps, un décret supprima la réserve de pêche établie, par un précédent décret du 22 décembre 1894, sur la Seine, en aval des ouvrages de la retenue de Saint-Aubin ; mais furent déclarées réservées d'autres parties du fleuve, en aval du barrage de Martot et en aval de l'ancienne écluse.

Un arrêté préfectoral, daté du 29, invita la Chambre de commerce et les conseils municipaux d'Elbeuf, Caudebec, Saint-Pierre, Orival et Saint-Aubin à délibérer sur l'utilité du projet de tramways présenté par la ville d'Elbeuf. Le réseau comprenait cinq lignes : de la place du Calvaire à Orival, de la même place à St-Pierre, de la même place à la gare de Saint-Aubin, de la même place à la gare d'Elbeuf-Ville, et de la gare de Saint-Aubin au quai d'Elbeuf.

M. Brunetière, de l'Académie française, vint faire une conférence au Théâtre, sur les Comédies de Corneille. — Quelques jours après, ce fut le tour de M. Larroumet, de l'Institut également, qui parla sur la littérature et les littérateurs.

La place du Calvaire

M. Henry Gadeau de Kerville fit, le 14, à l'hôtel de ville, une intéressante conférence.

Le Comité des employés de commerce qui, au mois d'août précédent, avait organisé un groupe dit de « l'Armée du Chahut », résolut de fêter la Mi-Carême par une cavalcade devant avoir lieu le 15 mars.

Cette fête, due à l'initiative privée, obtint un grand succès, grâce à sa bonne organisation et au beau temps qu'il fit ce jour-là. La quête au profit des pauvres s'éleva au chiffre total de 1.262 fr. — Le Conseil municipal vota des remerciements aux jeunes gens qui avaient entrepris la fête.

A la séance municipale du 27 mars, M. le maire fit connaître au Conseil qu'un comité, s'intitulant « Justice-Egalité », lequel faisait beaucoup de bruit depuis quelque temps, avait déposé une pétition tendant à obtenir de la ville des secours en nature pour les écoles tenues par les congréganistes : les élèves des écoles communales ayant été seuls favorisés jusque-là.

M. Mouchel donna tout de suite son opinion sur cette pétition :

« L'administration municipale, dit-il, ne doit assurer que les services publics ouverts à tous. Nous devons aux enfants une bonne et saine instruction, la meilleure qu'il nous est possible de leur donner : ils trouvent cette instruction dans nos écoles communales, dirigées par des hommes instruits et dévoués. Dans nos écoles règne une neutralité complète ; la tolérance y est même poussée au-delà de ce qu'elle devrait être, car, pour être agréables aux familles, des maîtres accompagnent ceux des enfants qui vont à l'église, et les neuf-dixièmes de ces enfants font leur première communion.

« Nous avons jugé utile, pour le bien-être des enfants de nos écoles, de leur assurer des fournitures, des vêtements et quelque nourriture, par la Caisse des écoles et les cantines scolaires ; or, on nous demande de distraire une partie de ce que nous délivrons aux enfants de ces écoles, au profit de ceux des écoles congréganistes : voilà le fond de la pétition.

« A quel besoin répondent les écoles congréganistes ? A aucun. Il ne nous appartient donc pas d'encourager les parents à y envoyer leurs enfants ; mais plutôt de les décourager, car ces écoles ont des visées confessionnelles et politiques.

« Si le mouvement était purement elbeuvien nous pourrions nous arrêter à cette pétition ; mais on sait qu'il vient du dehors. On se souvient de ces affiches tricolores, signées d'un prétendu comité ouvrier, sur lesquelles étaient de ci, de là, des mots canailles, pour faire croire que cette rédaction émanait d'ouvriers ; mais les ouvriers ne s'y sont pas trompés.

« Nous avons examiné l'écriture du secrétaire du comité « Justice Egalité » ; elle est belle et correcte, mais elle ne correspond guère à la signature de ce secrétaire. Nous nous sommes informé, et nous avons appris que le signataire de la lettre qui nous est adressée n'est autre que le concierge des Frères du quartier du Neubourg.

« Parmi les signataires de la pétition, se trouvent des hommes honorables ; mais un certain nombre de ces signatures ont été obtenues en forçant l'esprit public ; d'autres personnes n'ont pu refuser de signer.

« Après cette déclaration, l'administration municipale ajoute qu'elle n'a pas le pouvoir de disposer des secours de la Caisse des écoles et des cantines scolaires.

« Nous avons vu aussi d'autres affiches annonçant une Caisse des écoles pour les congréganistes : qu'elle fournisse donc des secours à ces écoles ; la nôtre est réservée aux écoles communales.

« En conséquence, je vous propose, Messieurs, de passer à l'ordre du jour. »

M. Nivert, membre du Conseil, observa que la pétition comptait 1.100 signatures, et qu'il conviendrait de la renvoyer à la commission.

M. Mouchel répondit : « Je pense autrement, et l'administration en fait une question de confiance.

M. Harel ayant appuyé le dire de M. Nivert, M. Mouchel ajouta : « L'administration n'a pas caché son opinion sur cette pétition et son but. Il faut que nous nous rangions d'un côté ou de l'autre.

M. Dubois prit la parole. « C'est aller un peu trop vite que repousser tout de suite cette pétition. Il ne faut pas procéder *ab irato*. Je reconnais qu'il y a du vrai dans les observations de M. le maire ; mais quand une partie de la population réclame, il ne faut pas lui répondre par la question préalable. On pourrait relever et comparer le chiffre des enfants qui fréquentent les écoles congréganistes à celui des enfants des écoles communales ; or, vous jugez les choses sans les connaître.

M. Mouchel répliqua qu'il n'y avait point de colère dans la question, mais un principe. « L'Etat et la ville, ajouta-t-il, ont organisé un service de secours en faveur des écoles communales. A côté, se sont élevées des écoles congréganistes : c'est à la Caisse des écoles congréganistes de les secourir. Il y a un parti qui réclame que les écoles congréganistes deviennent municipales : qu'il change l'administration, s'il le peut, et alors il fera suivant son désir. Quant à nous, nous croyons que les ressources municipales doivent aller seulement aux écoles municipales. En outre et par dessus tout, la pétition n'est pas de notre ressort, mais de celui de la Caisse des écoles ; nous n'avons donc pas le droit de statuer : voilà pourquoi nous vous proposons de passer à l'ordre du jour. »

La discussion continua. Un membre dit : « On s'adresse à nous maintenant ; cependant, sur les fameuses affiches tricolores, on lisait : « Nous en avons soupé des conseillers muni-« cipaux. »

M. Nivert revint à la charge pour le renvoi à la commission. « Peut-être, dit-il, serions-nous unanimes à en repousser les conclusions. »

M. Mouchel reprit la parole et dit que le renvoi serait une hypocrisie. Il faut être franc, ajouta-t-il, et montrer nettement son opinion. « C'est l'avis des républicains, qui ont eu tant de peine à obtenir l'instruction laïque. Encourager les écoles congréganistes serait, à mon avis, une mauvaise action, car elles emploient des moyens de domination sur la population. Mais, encore une fois, la pétition n'est pas de notre ressort. »

On passa au vote. Quinze voix, dont celle de M. Dubois, se prononcèrent pour le passage à l'ordre du jour et cinq contre.

La discussion que nous venons de rapporter fut l'objet de nombreux commentaires en ville.

Le *Patriote de Normandie* publia un violent article contre le maire d'Elbeuf.

Dans cette même séance, M. Mouchel donna lecture d'un projet de modification au cahier des charges pour les tramways et demanda un avis favorable au Conseil pour leur établissement ; ce qui fut adopté.

La première compagnie du génie arriva, pour exécuter des exercices sur la Seine, le dimanche 12 avril. A cette occasion, de nombreux drapeaux furent arborés en ville.

On venait alors de terminer le recensement de la population : Elbeuf ne comptait plus, au total, que 20.679 habitants, contre 21.404 cinq ans auparavant. On constata, en 1896, 2.341 maisons, 6.636 ménages, contre 2.283 maisons et 6.902 ménages en 1891.

Depuis près de deux mois, une polémique était engagée entre M. Devenoge, ancien missionnaire méthodiste à Caudebec, auquel M. Diény, pasteur protestant, prêta une sorte d'appui, et le journal *l'Elbeuvien*. Le public s'intéressa assez vivement à cette discussion, qui se serait prolongée probablement si M. Devenoge n'eût essayé d'encombrer les colonnes de *l'Elbeuvien*, afin de la faire cesser plus tôt.

Le 19, mourut M. Léon Quidet, capitaine des pompiers et membre du conseil municipal, président de la Société industrielle ; il n'était âgé que de 62 ans.

A la séance municipale qui suivit, M. Mouchel rappela que le défunt était membre du Conseil depuis 31 ans, et que nul plus que lui s'était intéressé aux affaires de la ville.

Ce même jour, M. Mouchel annonça que la population municipale était tombée à 19.800 habitants, et que, par suite, certains droits perçus par l'Etat sur les boissons et les patentes seraient diminués pour les années à venir. Le maire constata également que les opérations du recensement s'étaient faites sans beaucoup de dépenses, grâce à la bonne volonté et au zèle de nombreux citoyens.

Le conseil municipal tint la dernière séance de son mandat le 28. M. Mouchel la termina en rappelant que l'administration précédente avait à son actif la création du Lycée, la fondation des premières cantines scolaires et le commencement de la suppression des taxes d'octroi.

Il ajouta que la nouvelle administration avait agrandi l'hospice pour 40 ou 50 lits de plus, sans imposer un supplément de charges aux contribuables ; que des cantines avaient été créées dans les écoles n'en ayant pas encore ; qu'une Ecole de ponts pour le génie avait été fondée à Elbeuf ; que les frais de perception de l'octroi qui, l'année précédente, se chiffraient encore par 21.000 fr., étaient tombés à 9.600 fr. ; qu'une Maternité allait être créée sans toucher aux excédents d'emprunt, et que la question des tramways approchait près de sa solution. L'administration avait donc suivi les bons exemples de sa devancière. M. Mouchel termina en remerciant ses collaborateurs et ses collègues du Conseil du concours qu'ils lui avaient apporté.

A l'approche des élections municipales. l'*Industriel* avait jeté un cri d'alarme et tenté d'effrayer le corps électoral par la perspective d'un Conseil où dominerait l'élément ouvrier et même par l'horreur d'une administration Aubry, mais l'*Elbeuvien* avait remis les choses au point, et invité son confrère à produire lui-même une liste de candidats, si ceux que le Comité de l'Union républicaine choisirait ne lui convenaient pas.

Ce comité fit publier le programme suivant, qu'il avait rédigé et fait accepter par les candidats présentés par lui :

Stricte économie dans les dépenses communales ;

Action énergique auprès des pouvoirs publics pour la réduction des contingents excessifs que supporte la ville d'Elbeuf ;

Achèvement des entreprises en cours : asile des vieillards, tramways, gésine, éclairage électrique ;

Laïcité des services publics ;

Maintien et développement des cantines scolaires ;

Aide et appui à l'initiative privée pour la création d'habitations à bon marché, de bains et de lavoirs publics ;

Organisation, d'accord avec les syndicats professionnels, d'un bureau de placement gratuit et d'une Bourse du travail ;

Amélioration des conditions actuelles de fonctionnement du Bureau de bienfaisance ;

Amélioration et réfection des hallettes de la place Saint-Louis ;

Amélioration des conditions actuelles d'enseignement professionnel des jeunes gens, filles et garçons ;

Aide et appui aux entreprises de toute nature ayant pour but de favoriser le développement du commerce et de l'industrie, et d'améliorer les conditions d'existence de la communauté ;

Revision de la Constitution dans un sens démocratique ;

Réduction des heures de travail ;

Dégrèvement des boissons hygiéniques et suppression du privilège des bouilleurs de cru ;

Remplacement des impôts actuels par une taxe progressive sur le capital et le revenu ;

Suppression du monopole des pompes funèbres

Les électeurs furent convoqués pour le dimanche 3 mai.

La période électorale, qui avait été calme jusque-là, prit le samedi, veille du scrutin, une grande animation.

L'*Elbeuvien* soutenait une liste radicale-socialiste portant les noms de MM. Mouchel, maire, Lafosse et Rabier, adjoints, Aubry, Catignon, Coquerel, Coulon, Courtillet, Gardet, Lalouel, Lechêne, Manot, Weill, conseillers sortants, plus ceux de MM. Aug. Bansard, propriétaire ; Bérenger, mécanicien ; Aug. Bocquet, échantillonneur ; Louis Bourdet, commerçant ; Louis Cordier, ouvrier mécanicien ; Maurice David, cordonnier ; Fortier, horloger ; Paul Grout, commerçant ; Albert Lefrançois, commerçant ; Lepont, fondeur ; Moulard, commerçant ; Louis Schœner, ouvrier typographe ; Weber, tisseur.

L'*Industriel* combattait pour la liste de modérés et de réactionnaires, sur laquelle figuraient MM. E. Nivert, ancien maire ; Dupont, Duprey, anciens adjoints ; Huet, Harel, Avenel, Berjonneau, Louis Fossard, Grosclaude, Piperel, Delaplanche, anciens conseillers, plus MM. Lequeu, Lebourgeois, Grenier, James, Delahaye, Debais, Drapied, Guilbert, A. Mangeot jeune, Voisin, Lefebvre, Krafft, Vallois, Ribaut, Hédouin, Chatrain.

Le nombre des inscrits était de 5.083 ; il se

présenta 3.629 votants, dont les voix se répartirent ainsi :

Liste radicale		*Liste modérée*	
Elus, MM.		Elu, M.	
Mouchel	2.004	E. Nivert	1.856
Rabier	1.946	En Ballottage, MM.	
Lechêne	1.924	Dupont	1.755
Manot	1.894	Huet	1 748
Lafosse	1.863	Duprey	1.736
Coquerel	1.848	Harel	1.709
Courtillet	1.826	Avenel	1.605
Aubry	1.823	Lequeux	1.685
En Ballottage, MM.		Berjonneau	1 684
Coulon	1.788	Fossard	1.684
Gardet	1.788	Lebourgeois	1.684
Lalouel	1.784	Grosclaude	1.651
Catignon	1.751	Grenier	1.641
Weill	1.735	James	1.635
Grout	1.670	Delahaye	1.631
Lepont	1.670	Dehais	1.631
Cordier	1.651	Drapied	1.628
Bocquet	1.643	Guilbert	1.608
Moulard	1.637	Mangeot	1.593
Bérenger	1.636	Piperel	1.584
Lefrançois	1.636	Delaplanche	1.583
Bansard	1.618	Voisin	1.551
David	1.617	Lefebvre	1.551
Bourdet	1.59?	Krafft	1.522
Fortier	1.544	Vallois	1.517
Schœner	1.531	Ribaut	1.467
Desplas	1.523	Hédouin	1.358
Weber	1.497	Chatrain	1.137

Pendant la semaine suivante, la bataille électorale devint très ardente, surtout à partir du mercredi. *L'Indépendant*, qui n'avait point de candidats au premier tour, appuya ceux de *l'Industriel* ce jour-là ; mais on le pria de ne pas continuer dans son numéro du samedi suivant.

Au scrutin de ballottage, la victoire alla à la liste radicale, dont quatorze candidats furent élus, contre quatre portés sur celle opposante

Les élus furent MM Coulon, par 1830 voix ; Gardet, 1.811 ; Lalouel, 1807 ; Catignon, 1792 ; Lelong, 1778 ; Lepont. 1755 ; Weill, 1748 ; Grout, 1747 ; Cordier, 1743 ; Bocquet, 1719 ; Lefrançois 1712 ; Huet, 1711 ; Duprey, 1710 ; Bansard 1695 ; Dupont, 1693 ; David, 1685 ; Moulard, 1684 ; Bourdet, 1676.

Ce résultat fut en grande partie dû à l'indignation éprouvée par un certain nombre d'électeurs, à la suite d'alliances monstrueuses du côté des modérés, et aux outrages prodigués à l'administration sortante par la presse réactionnaire.

Les conservateurs et les modérés avaient fait imprimer leur liste de candidats en imitant les dispositions typographiques de celle du comité de l'Union républicaine ; mais, afin de faire distinguer, par les illettrés, la liste démocratique de l'autre, une étoile avait été placée sur la première, en tête des noms. Ce signe fut l'occasion d'un différend, que le conseil de préfecture trancha en faveur des élus de la « liste à l'étoile ».

L'Industriel ne pouvait digérer sa défaite et celle de son parti. Après l'élection, il alla jusqu'à prier le public de lui envoyer des communications de nature à discréditer et à ridiculiser l'administration municipale. Cette invitation fut vivement blâmée, même par ses **amis.**

TOME XII. — CHAPITRE XXII
(Mai-Décembre 1896)

Le nouveau conseil municipal. — Projets de Maternité laïque et de sacristie a l'Immaculée Conception. — Mort de M. J. Descoubet ; sa donation. — Enquête sur les habitations ouvrières. — Fondation de la Société de courses. — Le bateau-rouleur « Ernest-Bazin ». — Incident a la Caisse d'épargne ; cinq démissions. — Effets de la suppression des octrois.

Le nouveau conseil municipal se réunit le dimanche 17 mai, pour procéder à l'élection de l'administration.

M. Ch. Mouchel fut réélu maire par 24 voix sur 27 votants ; il y avait 3 bulletins blancs. MM. Lafosse et Rabier furent également réélus Ensuite, M. Mouchel s'adressa en ces termes aux membres du Conseil et au public qui remplissait le fond de la salle :

« Vous nous avez vus à l'œuvre depuis dix-huit mois ; ce que nous avons commencé hier, nous le continuerons demain. Nous remercions les électeurs de la nouvelle preuve de sympathie et de confiance qu'ils nous ont accordée, qui sont le résultat de notre adhésion aux idées démocratiques et sociales.

« Le fardeau que nous portons depuis dix-huit mois n'est pas léger ; il devient encore plus lourd et pénible par les attaques dirigées contre nous, mais elles ne nous feront pas dévier de notre ligne de conduite.

« Si nos adversaires d'hier nous tendent la main, nous sommes prêts à la leur prendre ; cependant, nous ne pourrons oublier que nous sommes les élus des petits et des humbles.

« Notre programme est très court : Nous défendrons les intérêts généraux de notre cité, et, dans la cité, en cas d'opposition entre les divers intérêts, ceux des petits devront passer les premiers. Voilà tout notre programme.

« Nous remercions ceux de nos collègues qui ont bien voulu accepter la candidature, malgré les attaques et la pression qu'ils ont dû subir. Je suis personnellement heureux de voir revenir aux affaires les membres de l'ancienne Gauche, qui tous ont été réélus, la municipalité en tête ; les électeurs ont ainsi fait justice des attaques dirigées contre eux et contre nous.

« De la Droite, nous ne voyons revenir que quelques-uns, dont nous reconnaissons les services qu'ils ont rendus à la ville ; nous regrettons la disparition de plusieurs autres, mais nous sommes heureux de les voir remplacés par des hommes nouveaux très dévoués.

« En terminant, je remercie encore une fois ceux qui n'ont pas craint de s'exposer à des calomnies et à des haines injustes. »

Entre temps, les 10 et 11 mai, une kermesse avait été organisée au profit des écoles libres et diverses œuvres de bienfaisance. Elle avait produit 8.021 francs.

Le 20, la commission départementale donna la concession des tramways à la ville d'Elbeuf avec autorisation de la rétrocéder à M. Cauderay.

Le 23, la compagnie de l'Ouest inaugura le service des voyageurs à la nouvelle gare d'Orléans, place Saint-Sever.

Le 26, l'hôtel de ville et quelques maisons particulières arborèrent des drapeaux à l'occasion du couronnement de l'empereur de Russie.

Le 10 juin, le conseil municipal approuva, à l'unanimité, le projet de construction d'une Maternité, sur un terrain appartenant à l'hospice, situé sur le côté Nord de la rue Petou. La dépense devait s'élever à 62.000 fr., dont 42.000 seraient fournis par la ville et 20.000 demandés au pari mutuel.

Ce même jour, le Conseil discuta sur un projet de construction de sacristie à l'église de l'Immaculée, et vota cet amendement proposé par M. Lelong :

« Les constructions à l'église de l'Immaculée-Conception commenceront quand la fabrique paroissiale aura justifié qu'elle possède les ressources nécessaires. »

Le 8 juillet, vers 11 heures du soir, le feu se déclara rues des Bains et du Pré-Bazile, presqu'au bord de la Seine, chez MM. Vimard, constructeurs de foulons, et Raoul Tassel et Blay, teinturiers. Plusieurs pompiers furent blessés. Les pertes matérielles se chiffrèrent par environ 80.000 fr.

A la séance municipale tenue le 10, toujours devant un très nombreux public, on discuta sur une allocation que recevait précédemment le juge de paix et qui avait été supprimée du budget municipal, le traitement de ce fonctionnaire incombant entièrement à l'Etat.

Le Conseil vota 200 fr. en faveur des ouvriers délégués à l'exposition de Rouen par les syndicats.

La journée du 14 juillet fut extrèmement chaude, ce qui atténua un peu l'animation de la fête nationale. Le soir, on tira un feu d'arfice sur l'île de la Bastide. — La fête, dans plusieurs quartiers, reprit le dimanche suivant.

L'exposition de Rouen battait alors son plein et recevait chaque dimanche et jour de fête un grand nombre d'Elbeuviens. Le jury de la classe 21 (laine) était composé de MM. Eug. Blin, Th. Blin, Canthelou, Chedville, Fraenckel-Blin E. Nivert, P. Pion et Thézard. — M. Th. Blin avait été nommé président du groupe V (vêtements et accessoires).

Parmi les exposants à Rouen, nous citerons les suivants qui, tous, obtinrent des récompenses :

« L'Alsacienne-Lorraine et M. Jules Blin, son président ; MM. Toutain fils, Dubosc, Régnier, Mériot, David, Beaugendre, Roucoulet, Ch. Dott.

MM. Blin et Blin, Frémont, Maigrot, le docteur Grosclaude, N. et L. Beaucousin. J. Voisin et Hue, V. Dupont, E. Prevost, Ed. Corneville, A Ledos, J. et A. Bunel et Cie, Rose Crépin, J. Popelin Steimer et Cie, Maubec, Mme C. Rouzée

MM. Roussignol, Salein, Ansiot, Daguenet, MM^{lles} Drouet, Dumeige, Houssemaigne, Lesueur, MM. Dupray, Aug. Lechevallier, Mme Levointurier, Melle Loron, MM. Bizouard, L. Capon, A. Simon.

La Société industrielle, l'Ecole manufacturière, Melle B. Mouchel, MM. Minet, Rudaux.

Le 15, mourut M. Jules-Aimé Descoubet, maître décatisseur, ancien adjoint au maire d'Elbeuf : il était âgé de 62 ans. — Par testament, le défunt avait donné une somme de 50.000 fr., nette de tous frais, pour faciliter aux filles la fréquentation des écoles communales, en leur fournissant des vêtements et autres objets. Quelques années après, le conseil municipal donna le nom de Jules-Descoubet à l'une des rues de la ville.

Le 2 août, pour la première fois, la distribution des prix aux élèves des écoles communales se fit dans le jardin de l'hôtel de ville, décoré pour la circonstance.

Le conseil municipal, réuni le 7, autorisa l'administration à défendre aux pourvois formés devant le Conseil d'Etat par les héritiers de M. de Ridder, M. Empain et la Compagnie générale des railvays, contre l'arrêté ministériel du 28 décembre 1895, qui avait prononcé la déchéance de la concession à eux accordée en 1882.

M. Félix Faure, président de la République, se trouvait à Rouen, le 15 août. « L'Alsacienne-Lorraine » et la « Fanfare alsacienne » d'Elbeuf, furent reçues par lui ce jour-là, ainsi que d'autres sociétés et corps constitués. De nombreuses notabilités elbeuviennes furent invitées au banquet et au bal donnés à l'hôtel de ville de Rouen à l'occasion de la visite du chef de l'Etat.

M. Mouchel déposa, le 28 août, le projet de

budget pour l'année suivante. Il comportait une augmentation de dépenses de 10.000 fr. en faveur de l'hospice, afin d'entretenir quarante vieillards de plus.

Ce même jour, le Conseil renouvela son vœu pour la suppression du commissariat central, en se basant sur la diminution de la population, tombée au-dessous de 20.000 habitants;

Il fut ensuite parlé de l'enquête, qui se faisait alors partout en France, sur les habitations ouvrières, dont un trop grand nombre étaient insalubres. M. Mouchel avait présenté un rapport, sur ce sujet, à la commission de la Seine-Inférieure, constatant qu'à Elbeuf 40 pour 100 des logements ouvriers étaient défectueux. Ce rapport ce terminait ainsi :

« Deux remèdes d'ordre législatif donneront immédiatement une amélioration appréciable :

« 1° La réduction de la journée de travail à dix heures ;

« 2° L'abrogation de la disposition législative en vertu de laquelle les centimes additionnels à l'impôt sur la propriété bâtie continuent à être perçus sur le principal antérieur à la réforme ;

« La première mesure assure un peu plus de propreté dans le logement ;

« La seconde, en ne faisant payer aux propriétaires elbeuviens que ce que paient les autres propriétaires français, diminue leur impôt de 20 pour 100 environ, ce qui permet d'exiger d'eux quelques améliorations.

« Quant à la municipalité, elle devrait, autant que son traité avec la Compagnie des eaux le lui permet, et, au besoin, en modifiant ce traité, favoriser l'installation de l'eau de source dans les petits logements.

« Elles devront, en outre, adopter un système perfectionné de vidanges et d'évacuation des eaux ménagères.

« En un mot, amener l'eau propre aussi près que possible de la main de la ménagère ; lui donner également à la portée de la main un moyen de se débarrasser rapidement des détritus de toute sorte, cela nous paraissant être les conditions à réaliser pour améliorer la propreté des logements.

« Enfin, il conviendrait de créer un certain nombre de logements où les nouveaux projets seraient mis en pratique et, peu à peu, frapper d'interdiction les plus insalubres des logements restant ou d'imposer à leurs propriétaires des améliorations sérieuses. »

M. Mouchel ajouta qu'il s'était mis en rapport avec la Compagnie pour examiner un projet de distribution d'eau à toutes les habitations au-dessous de 250 fr. de loyer, et d'étendre la canalisation jusqu'aux hameaux.

Ce même jour encore, le Conseil vota l'érection d'un buste de M. Noury dans le musée municipal, et d'en confier l'exécution à M. Chrétien, statuaire, originaire d'Elbeuf.

Vers cette époque, il se fonda une Société de Courses à Elbeuf. Son bureau fut composé de MM. Emile Hennebert, Edouard Guérot, Gaston Hennebert, Léon Laquerrière, Maris, Pellerin, Fonlupt, Dumontier, Alb. Delandemare, Avenel, Angrand et Georges Lefebvre. Les premières courses eurent lieu le 4 octobre suivant, à Martot.

M. Richard Waddington, sénateur, vint à Elbeuf le 23 septembre, et présida, à l'hôtel de ville, une réunion ayant pour objet l'étude de la question des habitations ouvrières.

Un comité d'initiative fut fondé séance tenante ; il se composait de MM. Paul Pion, Isidore Maille, Eugène Blin, Raoul Belzeaux, Emilien Nivert, Paul Fraenckel et Aubry, ce dernier vice-président du Conseil des prud'hommes.

Le samedi 26, notre population fut vivement intriguée à la vue d'un navire de forme étrange, l'*Ernest-Bazin*, dit bateau rouleur, qui s'amarra aux quais de notre ville Ce bateau venait de Saint-Denis ; il quitta Elbeuf le lendemain dimanche et se dirigea sur Rouen, où il reçut sa machine, puis vers la Basse-Seine.

Une autre curiosité fut le récit, publié par l'*Elbeuvien*, le 3 octobre, des aventures à New-York, de M. Hurel, l'inventeur de la *Stéphanie*, où il était allé dans l'espoir de vendre un tableau qu'il assurait être de Raphaël. Toute la presse new-yorkaise s'occupa de lui.

Le 6, on pavoisa de nouveau, à Elbeuf, à l'occasion du voyage en France de l'empereur de Russie.

Le 9 octobre, le conseil municipal appuya une demande faite par des habitants notables de nombreuses communes des environs en vue d'obtenir la création d'une station d'étalons à Elbeuf.

Depuis un certain temps, le conseil des directeurs de la Caisse d'épargne votait chaque année une somme de 500 fr. pour être distribuée, sous forme de livrets de Caisse d'épargne, aux élèves des « écoles communales » du canton ayant obtenu le certificat d'études primaires

Peu après la campagne électorale, en juin, un membre de la Caisse avait proposé que, contrairement à l'usage, les élèves des écoles congréganistes fussent admis au partage de ces livrets ; mais M. Mouchel, maire, s'était opposé à cette proposition, au nom même de la neutralité de l'enseignement : l'Etat et les administrations publiques ne devant subventionner ou encourager que les écoles publiques, où la neutralité est assurée, à l'exclusion de toutes les écoles ayant un caractère confessionnel nettement accentué.

Le conseil des directeurs avait néanmoins voté la proposition avec cette restriction, toutefois, que seuls les élèves fréquentant gratuitement les écoles congréganistes seraient admis à la répartition.

Des difficultés s'étant produites au moment de la répartition, M. Mouchel s'était contenté de remettre, le jour de la distribution des prix, des promesses de livret de Caisse d'épargne aux élèves des écoles communales de la ville ayant obtenu le certificat d'études, ce qui devait nécessiter une dépense de 340 fr. Quant aux 160 francs restants, il se réservait d'insister à nouveau, auprès du conseil des directeurs, pour que cette somme fût attribuée aux élèves des autres écoles communales du canton.

Le 14 octobre, en réunion, l'un des directeurs reprocha au maire de n'avoir pas exécuté la délibération prise en juin. M. Mouchel répondit par le rappel des observations qu'il avait faites à cette époque et en établissant les difficultés qui s'étaient ensuite présentées. Il ajouta que si, dans ces conditions, la Caisse d'épargne croyait devoir lui adresser un blâme, elle le pouvait.

Devant cette attitude, aucun membre n'osa demander la mise aux voix de cette proposition ; les administrateurs favorables aux écoles congréganistes déclarèrent s'en aller « laissant le maire libre de prendre toutes décisions qu'il jugerait convenables ».

Le 19, mourut M. Isidore Gaubout, directeur d'un établissement de bains. sauveteur, titulaire d'un prix Monthyon, depuis l'année précédente. Il était âgé de 48 ans.

Vers ce temps, le Comité démocratique du canton d'Elbeuf prit cette délibération :

« Le Comité, considérant que l'accord avec la Russie est une garantie de paix, se félicite que la visite du Tzar en France ait donné à cet accord une consécration officielle, et émet le vœu que le Gouvernement fasse triompher, grâce à l'appui du peuple allié, la politique française en Europe et dans les colonies ».

C'est aussi de cette époque que, dans notre région, datent les premiers prénoms d'Olga donnés à des filles, et que l'Hymne russe entra dans le répertoire de « l'Harmonie elbeuvienne ».

MM. Sourrieu, archevêque de Rouen ; Duval et Colomb, évêques de Soissons et d'Evreux, étaient à Elbeuf, le 5 novembre à l'occasion de l'inauguration d'une chaire à l'église de l'Immaculée-Conception,

A la séance municipale du 13 novembre, il fut parlé de l'éclairage électrique par la Compagnie du gaz, des tramways et de la répartition entre les communes des dépenses faites pour le service des prud'hommes. On décida ensuite que les travaux d'entretien pour le compte de la ville seraient exécutés directement par des ouvriers municipaux.

La séance solennelle de la Société industrielle eut lieu le 15 et fut présidée par M.

Jules Mesureur, inspecteur de l'enseignement technique au ministère du Commerce, assisté de M. Hendlé, préfet. — M. Mesureur était déjà venu à Elbeuf en 1889, en compagnie de M. Ollendorff, décédé depuis.

Vers cette époque, il se forma un comité pour l'érection d'un monument à la mémoire de M. Lucien Dautresme.

Le 3 décembre, mourut M. Aimé-Michel Legrix, chevalier de la Légion d'honneur, ancien membre du conseil municipal, du Tribunal de commerce et du conseil d'administration de l'hospice. Il était âgé de 86 ans.

Vers cette même date, on enregistra également le décès de M. Jacques-Alexandre Levoiturier, l'un des fondateurs de la Société des Sciences naturelles d'Elbeuf, auteur d'une *Entomologie appliquée à l'industrie des laines*. Il avait formé une collection d'insectes qui passait pour l'une des plus riches de l'Europe. Le défunt était âgé de 85 ans.

Le conseil municipal se réunit le 18 de ce même mois. M. le maire annonça à ses collègues que le pari mutuel avait accordé 5.000 francs à l'hospice d'Elbeuf et 10.000 fr. pour la création d'une Maternité, avec promesse de remettre prochainement pareille somme.

M. Mouchel parla ensuite du différend qui s'était élevé à la Caisse d'épargne et proposa, pour remplacer les démissionnaires, de désigner MM Démoulins, Robert Hédouin, Victor Mangeot, Deschamps et Alfred Delahaye.

M. Nestor Huet membre du Conseil, observa que cette façon de procéder était une dérogation aux usages ; ordinairement, dit-il, on choisissait les nouveaux directeurs parmi les suppléants.

M. Mouchel, maire, lui répondit en ces termes :

« Vous êtes de ceux qui ont voté contre l'opinion du conseil municipal, qui nomme les directeurs, car la Caisse d'épargne est un service essentiellement municipal. Nous désirons vivement terminer le conflit au plus tôt, et la seule autorité pour trancher la question est le conseil municipal

« Devant l'esprit qui animait la majorité des directeurs, nous avons dû sortir des habitudes. Précédemment, on n'avait jamais vu des directeurs faire des propositions rien que pour ennuyer l'administration. Ces directeurs, pendant les premières années de leur mandat, n'avaient jamais songé à soulever d'incident sur la distribution des livrets. Après avoir laissé tranquilles M. Nivert pendant deux ans et moi pendant un an, ils ont jeté tout à coup la discorde. J'ai cru devoir saisir le conseil municipal du différend, et je propose de sortir du roulement ordinaire pour faire cesser un conflit qui ne doit pas exister. »

M Nivert prit la parole et s'exprima ainsi :

« Ce conflit ne devait pas naître ; en tous cas, il pouvait avoir une autre solution.

« La Caisse d'épargne est un établissement de prévoyance et les fonctions d'administrateur doivent être remplies assidûment et avec soin... Pourquoi ce différend n'a-t-il pas surgi plus tôt ? Je l'ignore ; mais voici le raisonnement que l'on s'est tenu :

« Cette Caisse s'est dit qu'elle était fréquentée par les parents des enfants de toutes les écoles, et que, conséquemment, il ne pouvait y avoir pour ceux-ci de différence dans le traitement. Je reconnais que le vote émis par les directeurs de la Caisse d'épargne ne pouvait avoir aucune suite ; des lettres du ministre nous fixèrent à ce sujet : les membres de la Caisse sont seulement autorisés à distribuer des livrets aux enfants des écoles communales.

« Le conseil des directeurs ignorait cela, sans quoi le conflit ne serait pas né. Si l'on avait pu surseoir au vote ou engager les directeurs à revenir dessus, ils auraient reconnu leur erreur et point persisté dans un vote qui ne peut avoir de sanction. Je me demande s'il n'est pas encore temps d'informer les directeurs de la lettre du ministre »

M. Mouchel répondit qu'il avait fait tous ses efforts pour faire revenir les directeurs sur leur vote, mais inutilement ; et que, dès le lendemain de la séance, on avait communiqué aux journaux un compte-rendu fantaisiste, dans lequel on malmenait l'administration. Non seulement celle-ci avait subi de mauvais procédés, mais il y avait surtout à résoudre une question de principe.

On passa au vote ; les cinq directeurs proposés furent élus.

Ce même jour, le Conseil décida, d'accord avec la commune de Saint-Aubin, de faire remblayer le bras Main, en aval du pont suspendu. Le terrain ainsi créé serait vendu au profit des deux localités.

M. Arthur Desjardins, membre de l'Institut, vint faire une conférence en automne.

Vers la fin de l'année, le journal l'*Elbeuvien* ayant publié les « Instructions secrètes de la Compagnie de Jésus », un vicaire d'Elbeuf entreprit une campagne afin de démontrer que ces instructions étaient apocryphes. Le débat, assez intéressant, se prolongea jusqu'en janvier, époque à laquelle l'abbé X... déclara qu'il cessait le combat, parce que son adversaire n'avait pas étudié la théologie. — Au commencement de février de l'année suivante, l'abbé X.., mécontent de son insuccès, fit distribuer gratuitement dans les rues une brochure contre le journal l'*Elbeuvien*.

En ce même temps, le *Journal de Rouen* parla des effets de la suppression des octrois à Elbeuf et nia son influence sur le prix des denrées.

Il lui fut répondu que, pour démontrer le contraire, il suffisait de comparer les prix, à Elbeuf et à Rouen, des articles qui avaient été dégrevés dans notre ville.

Par exemple, les eaux minérales étaient vendues chez nous 5 centimes par bouteille au-dessous des prix du chef-lieu ; les pommes à cidre étaient livrées à Elbeuf de 20 à 25 centimes meilleur marché qu'à Rouen ; sur la viande de boucherie et le lard, la différence était de 10 à 20 centimes le kilog.; elle s'élevait de 25 à 40 centimes par volaille et à environ 50 centimes par lapin ; le même beurre était vendu 2 fr. 90 le kilog à Rouen et seulement 2 fr. 30 à Elbeuf. La différence sur le prix des huîtres était énorme : on en vendait à 1 fr. 60 et 1 fr. 40 le cent à Elbeuf, alors qu'auparavant il fallait ajouter à ces prix le droit d'octroi, qui était de 1 fr. par cent. Le pétrole était coté 35 centimes le litre au chef-lieu et 30 centimes à Elbeuf ; sur la chandelle la différence était de 10 à 15 centimes par kilog.

Pendant l'année 1896, le Tribunal de commerce avait eu à connaître de 291 affaires. Le nombre des liquidations judiciaires ouvertes était de huit, et il avait été déclaré neuf faillites. Pendant le cours des années 1896 et 1895, aucune décision du Conseil des prud'hommes n'avait été frappée d'appel.

Les bureaux de l'état-civil avaient enregistré pendant l'année 1896 :

A Elbeuf 466 naissances, 162 mariages, 9 divorces, 540 décès plus 35 enfants présentés sans vie ;

A Caudebec, 222 naissances, 86 mariages, 3 divorces 246 décès et 16 morts-nés.

A Saint-Pierre, 72 naissances, 26 mariages, 2 divorces, 85 décès.

A Saint-Aubin, 62 naissances, 31 mariages, 2 divorces, 74 décès, 2 morts-nés.

A Orival, 31 naissances, 14 mariages, 32 décès.

CHAPITRE XXIII
(Année 1897)

L'éclairage électrique. — Mort de M. Th. Blin. — Le génie a Elbeuf. — Un drame au manège du Cirque-Théatre. — Laïcisation de l'Ecole maternelle et de la Crèche. — Inauguration de l'Hippodrome. — Inauguration du monument Lucien Dautresme ; concours musical. — Au Conseil municipal. — Campagne électorale ; le banquet d'Oissel.

Au commencement de l'année 1897, le nouveau bâtiment des vieillards, à l'hospice, était à peu près terminé ; il était disposé pour recevoir immédiatement soixante personnes, une vingtaine d'autres un peu plus tard plus une vingtaine de pensionnaires payants, soit, au total, une centaine de vieillards. La nouvelle installation fut inaugurée le 16 janvier.

Les conférences faites au Théâtre au commencement de l'année eurent pour orateurs MM. Gaston Paris et Truffier, de l'Académie française, et le lieutenant de vaisseau Hourst. — M. Gadeau de Kerville en fit une aussi, mais à l'hôtel de ville, et M. Hubbard une autre au Théâtre

En janvier, il fut procédé à l'installation de MM. Berjonneau, Desplanques, Paul Pion et R. Prinvault, membres de la Chambre de commerce, récemment élus.

Le 20, on inhuma M. Auguste-Etienne Olivier, décédé à l'âge de 67 ans. Par testament, il avait donné 20.000 fr. à l'Hospice et 10.000 francs au Bureau de bienfaisance.

Le tirage au sort se fit le 27. Elbeuf comptait 185 conscrits, Caudebec 92, Saint-Pierre 26, Saint-Aubin 24, Orival 14, la Londe 12, et le canton 364 au total.

Une soirée populaire, annoncée au Théâtre pour le 28, était attendue avec impatience. Ce jour-là M. Gustave Hermier, de Caudebec, fit représenter un de ses chefs-d'œuvre: *le Loueur d'habits*, pièce « bouffe et politique » en cinq actes. Jamais les rires, le « boucan », les bravos, les clameurs ne s'étaient succédé si rapidement que pendant cette soirée, dans laquelle l'auteur paya de sa personne, par des chansons dont il avait également composé les paroles et la musique.

Le 29, on installa MM. A. Delandre, nommé président du Tribunal de commerce ; Menut et Nestor Huet, juges ; Daniel Pelletier et Lagny, juges suppléants. La séance fut ouverte par M. Regnaud, président sortant.

A la séance municipale du 5 février, un incident s'éleva. Un membre ayant dit que la Caisse d'épargne était désorganisée et que le recrutement des directeurs était devenu difficile, M. Mouchel lui répondit :

« Je proteste contre ces paroles. La Caisse d'épargne fonctionne d'une manière régulière...

Dans cette question de Caisse d'épargne nous avons fait notre devoir et nous nous en félicitons. Ce sont ceux qui n'ont pas craint de créer des embarras à l'administration, en répandant de fausses nouvelles, qui veulent empêcher le bon fonctionnement de la Caisse, car leur campagne a eu pour but de nous rendre le recrutement difficile. A cette occasion, je propose au Conseil de féliciter et de remercier les membres de la Caisse d'épargne qui sont restés à leur poste. — Cette proposition fut adoptée.

En février, la Seine subit une crue, qui s'éleva jusqu'à 5 m. 67 au-dessus du niveau moyen de la mer. — Il existait déjà huit crevasses aux escaliers du nouveau quai de notre ville : une autre se produisit en arrière des pierres en bordure, sur une longueur de plus de cent mètres.

Une sorte d'exposition fut ouverte, le 28, rue de Caudebec, sous la direction, disaient les prospectus, de M. Victor Carle, commissaire général des expositions de Tours 1894-1895, Angers 1896, Rouen 1896.

M. Mouchel, maire, informa le conseil municipal, le 26 février, qu'une transaction était adoptée en principe et sur le point d'être signée, entre les héritiers de M. de Ridder, d'une part, M. Cauderay et la ville d'Elbeuf, de l'autre. L'obstacle le plus sérieux contre la construction des tramways allait donc être levé.

Il dit également que ceux des directeurs de la Caisse d'épargne qui avaient fait naître le conflit avec l'administration municipale s'étaient adressés au ministre, pour protester contre la solution donnée à cette affaire. Le ministre leur avait démontré leur erreur, et la distribution des livrets ne devait se faire qu'aux élèves des écoles communales, par les soins de la délégation cantonale.

Dans cette même séance, M. Coquerel donna lecture de son rapport sur le projet d'éclairage électrique, par la Compagnie du gaz.

Il exposa que, quatre ans auparavant, la Compagnie avait déjà fait à la ville des propositions, n'ayant pu aboutir à cause du prix de l'hectowatt-heure, fixé à 20 centimes, sans redevance en faveur de la ville. Mais le prix ayant été abaissé à 12 centimes, avec une redevance de 15 pour 100 du produit brut de la vente aux particuliers, et des engagements étant pris afin de réduire progressivement le coût de l'éclairage jusqu'à 8 centimes il y avait lieu d'accueillir les nouvelles propositions.

M. Coquerel lut le texte du projet de traité, qui donna lieu à une longue discussion, de laquelle il ressortit que la ville n'était pas libre de traiter pour l'éclairage électrique avec une Compagnie autre que celle du gaz, et que, même au prix de 12 centimes l'hectowatt, la lumière électrique serait encore de deux à trois fois et demi plus chère que celle du gaz avec l'appareil Auer. Dans ces conditions, les riches seuls pourraient l'utiliser, au moins pour le moment; mais en l'utilisant, la ville percevrait sur eux une redevance de 15 p. 100

Se prononcèrent en faveur des conclusions du rapport : MM. Mouchel, Lafosse, Rabier, Coquerel, Courtillet, Aubry, Coulon, Gardet, Lepont, Weill, Huet, Dupont et David ; au total, 13.

Votèrent contre : MM. Lechêne Lalouel,

Catignon, Grout, Bocquet et Moulard ; au total, 7.

Le projet de traité fut donc accepté.

Une violente tempête s'abattit sur Elbeuf et les environs pendant la nuit du 2 au 3 mars.

Vers cette époque, on publia les résultats officiel du recensement de la population du canton ; ils se résumaient ainsi :

Communes	Totale	Population Comptée à part	Municipale
Elbeuf.......	20.542	908	19.634
Caudebec....	10.332	59	10.273
Cléon........	513	»	513
Freneuse.....	408	»	408
La Londe.....	1.282	»	1.282
Orival	1.290	»	1.290
Saint-Aubin..	3.343	201	3.142
Saint-Pierre..	3.417	»	3.417
Sotteville	258	»	258
Tourville.....	574	»	574

Le 7 mars, nos concitoyens apprirent avec peine le décès de M. Théodore Blin, principal chef de la maison Blin et Blin, chevalier de la Légion d'honneur, membre de la Chambre de commerce. Il était âgé de 61 ans. L'inhumation de cet homme de bien eut lieu deux jours après, avec le concours de toute la population.

Un détachement du 1er régiment de génie arriva le 27, pour faire des exercices de pont sur la Seine. Il était accompagné de la musique, qui fut logée dans les combles de l'hôtel-de-ville. Quant à la troupe, on la fit, par la suite, cantonner dans des baraquements élevés près de la Seine, au-delà de la rue du Port. Des concerts, donnés dans le Jardin public, eurent un succès énorme.

Un bal masqué eut lieu au Théâtre le 4 avril ; il avait été organisé par les employés de commerce.

Le 6, M. Talbot, de la Comédie française, vint jouer dans l'*Avare* et le *Malade imaginaire*.

Le 20, un terrible drame se déroula en quelques instants dans une dépendance du manège annexé au Cirque-Théâtre. Un professeur d'équitation, nommé Soulard, et une fille Muller, sa maîtresse, furent tués chacun d'un coup de revolver tiré par Mme Soulard. venue de Paris à Elbeuf. Devant la Cour d'assises de la Seine-Inférieure, la meurtrière fut acquittée.

A la séance municipale tenue le 21, il fut reparlé de la création d'une école de filles dans le quartier du Neubourg ; il surgit, à ce sujet, un incident entre M. Lechêne et M. Mouchel, maire.

En octobre de l'année précédente, la sœur Terrade, adjointe à l'Ecole maternelle de la rue Tournante, ayant été rappelée par sa communauté, l'autorité académique avait nommé à sa place une adjointe laïque, se conformant en cela à la loi de 1889.

Quelque temps après, cette même communauté avait demandé un congé pour la sœur Croquet, directrice de cette école ; mais elle n'était pas revenue à son poste. Plus tard encore, la supérieure générale des sœurs de Saint-Vincent-de-Paul avait avisé l'administration municipale de notre ville que les sœurs de son ordre cesseraient tout service à la Crèche, qui occupait les mêmes locaux que l'Ecole maternelle.

En raison de cette situation, M. Mouchel

propose au Conseil, ce même jour 20 avril, de charger la directrice de l'Ecole maternelle, qui allait être nommée, de diriger aussi la Crèche. Le Conseil adopta cette proposition.

Le 3 juin, la musique du 3ᵉ régiment de génie arriva à Elbeuf, pour une période de vingt-huit jours. Comme celle du 1ᵉʳ de la même arme, elle donna une série de concerts publics.

Le froid était revenu après une période de douceur, et, le matin du 13 mai, le thermomètre descendit à plusieurs degrés au-dessous de zéro. Les pertes, en France, furent énormes ; des départements entiers eurent leurs vignes gelées. Dans notre région, une multitude de plantes furent perdues et la récolte de fruits anéantie.

Le 18, le Bureau de bienfaisance créa cinquante pensions de 110 fr. chacune, en faveur de vieillards âgés de 70 ans ou d'incurables. Le conseil municipal vota, à cet effet, une somme de 2.000 fr.

M. Lafosse, adjoint, présida deux séances du Conseil municipal, en l'absence de M. Mouchel, maire, retenu par une grave maladie. Dans celle du 4 juillet, l'assemblée nomma des délégués sénatoriaux, en vue des prochaines élections. Furent élus : MM. Lechêne, Coquerel, Lelong Lalouel, Lafosse, Lepont, Catignon, Aubry, David, Grout, Moulard, Cordier ; délégués suppléants : MM. Courtillet, Coulon, Huet.

La Société des courses d'Elbeuf avait fait défricher un vaste terrain sis aux Brûlins, à Saint-Aubin, pour en faire un hippodrome, et le préfet avait pris un arrêté au sujet des courses qui devaient avoir lieu le 11 juillet.

Ce jour-là, une affluence énorme se dirigea vers le champ de courses, pour assister aux premières épreuves sur le nouvel hippodrome qui avait déjà la réputation d'être un des plus beaux de Normandie.

La Société avait établi six séries de prix, portant les noms du Conseil général, du ercle, de la Cité, des Brûlins, de Majunga, et de Tombouctou.

Des fêtes populaires, organisées à Saint-Aubin et à Elbeuf, terminèrent cette journée.

La fête nationale, que l'on célébra trois jours après, fut aussi très belle. M. Gilbert, de Paris, s'éleva dans les airs sur une bicyclette enlevée par un ballon, qui prit terre à Berville-en-Roumois. Il avait imaginé d'emporter avec lui un paquet de dépêches, que des vélocipédistes, partis d'Elbeuf, devaient lui enlever et rapporter au point de départ. A huit heures et demie du soir, l'aéronaute était ramené captif par deux membres du Véloce-Club.

M. Gustave Hermier se produisit une troisième fois en public, salle du Théâtre, le 23 du même mois, où, disaient les affiches, il devait faire une conférence sur un carton de son invention. Ce fut encore une soirée aussi tumultueuse que grotesque.

A cette époque, l'usine de la Compagnie des Tramways, projetée à Saint-Aubin, était en construction, et l'on apportait des rails dans les rues que les voies devaient traverser ou suivre; les premiers coups de pioche furent donnés le 3 août.

En ce même temps, la Compagnie du gaz faisait poser les premiers fils pour l'éclairage par l'électricité.

A cette même époque encore, on créait un vélodrome rues Magenta et de Guise, en face du Champ de foire.

Vers le 12 août, les membres du conseil municipal adressèrent une pétition aux sénateurs et aux députés, les priant de réparer l'erreur commise par le Parlement au détriment des villes ouvrières, par l'application de nouveaux barêmes touchant l'assistance des vieillards.

Le conseil municipal, dans sa séance du 20 août, eut connaissance d'une pétition des habitants du quartier du Neubourg, du Tapis-Vert et des Trois-Cornets, tendant à obtenir de la Compagnie des tramways une ligne passant par la rue du Neubourg et la rue de la Gare, au lieu de la place Lécallier et la rue Saint-Jacques,

M Nivert proposa, afin de ne pas augmenter le nombre des centimes additionnels, qu'une taxe d'octroi fût établie sur les fourrages et les matériaux de construction, et demanda le renvoi de sa proposition à la commission.

M. Mouchel. maire, répondit qu'on n'avait nul besoin, pour équilibrer le budget, des 40.000 fr. que produiraient ces taxes.

Il ajouta :

« Les centimes additionnels sont, pour le moment, le moins mauvais des impôts, parce qu'ils ne coûtent rien à percevoir et que les ouvriers payant moins de 200 fr. de loyer en sont exempts. Quand nos législateurs auront autorisé les communes à percevoir des taxes municipales, nous aurons peut-être moins recours aux centimes. D'ailleurs, les patentes sont diminuées à Elbeuf, par suite de l'abaissement du chiffre de la population. Le seul remords que j'aurais en proposant des centimes additionnels serait l'emploi de leur produit à des choses inutiles, ce qui ne sera pas le cas pour la Maternité. »

La discussion continua, puis l'on passa au vote ; la proposition fut repoussée.

Une souscription publique avait été ouverte pour ériger une fontaine supportant le buste de M. Lucien Dautresme ; au 20 août elle avait atteint le chiffre de 13.000 fr.

Un concours musical avait été organisé pour le 22 août, date fixée pour l'inauguration du monument. *Le Baptême*, composition de M. Dautresne, devait être exécuté par 250 orphéonistes.

Des comités de quartier, pour l'organisation de fêtes populaires, s'étaient formés sur quatorze points différents de la ville.

La veille de la fête, deux retraites distinctes parcoururent l'une le quartier ouest, l'autre la partie est du territoire urbain d'Elbeuf.

Les lieux des concours furent le Cirque-Théâtre, pour les orphéons ; les places du Bassin, Lemercier, Saint-Louis et le carrefour des Trois-Cornets, pour les harmonies et fanfares.

Le temps, incertain le matin, fut cause que les étrangers n'affluèrent qu'après-midi ; mais alors ce fut une foule immense qui arriva, au point que la circulation dans les rues devint difficile, et même impossible sur sur la place du Calvaire, le cours Carnot, les rues de la Barrière, Saint-Jean et quelques autres. Quant à la place Lécallier, une multitude de visiteurs ne purent même en approcher à partir de quatre heures.

Le préfet Hendlé présida à l'inauguration du monument, élevé sur la place Lécallier, où avait été construite une estrade pour trois cents personnes, parmi lesquelles se trouvaient Mme veuve Dautresme et sa famille, plusieurs sénateurs, députés, conseillers généraux et autres notabilités.

Des discours furent prononcés par MM. Paul Pion. Charles Mouchel, Richard Waddington, Hendlé et David Dautresme fils, lequel remercia ceux qui avaient pris l'initiative de l'érection du monument et ceux aussi qui avaient apporté l'aide de leur souscription.

Il fut ensuite procédé à la distribution des prix du concours musical.

Au grand dîner qu'offrit Mme Lucien Dautresne, dans les salons du Grand-Hôtel, se retrouvèrent les invités, et de nombreux toasts furent portés.

Le soir, la fanfare de Vimoutiers, qui donna un concert dans le Jardin public, illuminé, attira une foule considérable.

Les rues de la ville, fort bien décorées dès le matin, resplendissaient de lumière multicolores. La ville de Caudebec avait aussi participé à la fête.

C'est à la fin d'août que les premières lampes à acétylène firent leur apparition.

Le 31 l'hôtel-de-ville et la caserne Bachelet-Damville furent décorées de drapeaux et illuminées le soir, à l'occasion du retour de Russie du président de la République.

Bien que l'élection législative ne dût avoir lieu que l'année suivante, les divers partis s'agitèrent beaucoup en 1897. Un journal, l'*Avenir*, avait été fondé pour soutenir M. Goujon, lequel fit aussi diverses conférences.

M. David Dautresme, de son côté, ne resta pas inactif, et les comités démocratiques se réunirent souvent, organisèrent des réunions publiques et assemblèrent même un petit congrès.

Le journal l'*Elbeuvien* déclara qu'il soutiendrait la candidature Dautresme si elle se présentait seule, mais s'il devait y en avoir plusieurs de nuance républicaine, il garderait une neutralité bienveillante vis-à-vis de toutes, afin de faciliter l'accord, au scrutin de ballottage, sur le nom de celui qui aurait obtenu le plus de voix au premier tour.

Quant à l'*Industriel*, il avait publié un article dont il nous paraît curieux de reproduire cet extrait :

« Plus nous avançons en âge et plus nous voyons que les cerveaux les mieux équilibrés sont profondément troublés par la politique. Dans la conduite ordinaire de la vie, on se montre conséquent avec ses actes, les mots gardent leur signification exacte, et nul n'aurait l'idée d'adresser une invitation à des gens qui souvent avaient des raisons de vous être hostiles. Il paraît qu'il en est autrement sur le terrain électoral. Aussi avons-nous été étrangement surpris que le Comité républicain progressiste — c'était le titre qu'avait pris le comité soutenant la candidature de M. Goujon — ait adressé une lettre aux diverses municipalités du canton pour les engager à prendre part à un banquet où, sans avoir la prétention de savoir ce qu'il en adviendrait, tout portait à croire que la candidature de M. J. Goujon serait acclamée au dessert.

« Il était cependant si sage d'attendre qu'une bonne plateforme électorale permît d'y placer une candidature vraiment et sincèrement républicaine ! Puisse-t-on réparer l'erreur qu'on vient de commettre ; il en est temps encore. »

L'*Elbeuvien*, en reproduisant ce passage, le fit suivre des réflexions suivantes :

« L'*Industriel* ne l'envoie pas dire à M. Goujon ; il lui déclare, en bon français, que sa candidature n'est pas vraiment et sincèrement républicaine ; c'est ce que nous avions établi nous-même, il y a cinq ans, et que nous avons répété il y a trois ans ; aussi ne trouvons-nous pas mauvais que notre confrère qui, vingt fois depuis, a décerné des éloges à son « sympathique député, M. Goujon » et lui a donné tant de certificats de républicain bon teint, déclare aujourd'hui qu'il s'est singulièrement trompé sur son compte.... »

« Mais tout s'arrangera, on peut en être certain : le comité goujonniste, connaissant parfaitement le but que se propose d'atteindre notre confrère..., et, avant qu'il soit peu, nous reverrons l'*Industriel* proclamer que la candidature de son cher Julien est décidément la seule vraiment et sincèrement républicaine. »

En effet, l'*Industriel* était tout simplement vexé d'avoir été mis à l'écart par le comité Goujon, qui gardait ses faveurs pour le nouveau journal, et il avait cru de son intérêt de montrer les grosses dents. Mais M. Goujon s'inquiéta peu de sa mauvaise humeur ; il connaissait le moyen, quand le moment serait venu, de le rallier à lui.

Cependant, une crainte sérieuse se manifesta dans les camps qui soutenaient la candidature de M. Goujon ; aussi leurs chefs songèrent-ils à peser et à faire peser par les autorités communales, avec la complicité de la préfecture, sur les électeurs.

A cet effet, ils s'étaient arrêtés à l'idée d'un grand banquet devant avoir lieu à Oissel le 10 octobre, et des invitations avaient été adressées aux maires et à tous les conseillers municipaux de la circonscription.

Mais sept jours après, les conseillers général et d'arrondissement, les maires et adjoints républicains du canton d'Elbeuf envoyèrent cette lettre à chacun des maires, adjoints et conseillers municipaux du canton de Grand-Couronne :

« Vous avez probablement reçu, comme nous, une invitation à un banquet qui doit avoir lieu à Oissel le 10 octobre,

« Nous croyons devoir vous exposer les motifs qui nous priveront du plaisir d'y rencontrer des collègues que nous estimons et avec lesquels nous avons toujours eu les meilleurs rapports.

« L'invitation dont il s'agit nous est adressée au nom du comité républicain progressiste d'Elbeuf et de Grand-Couronne. Nous ne connaissons pas exactement les tendances des comités du canton de Grand-Couronne, mais quant aux tendances et à la composition des comités qui, dans le canton d'Elbeuf, s'intitulent républicains progressistes, nous les résumerons d'un mot en disant que les électeurs de notre région ne les considèrent ni comme républicains, ni comme progressistes.

« Les municipalités républicaines de notre canton n'ont pas rencontré, aux dernières élections, d'adversaires plus acharnés, et ces comités préfèrent ouvertement l'adhésion des conservateurs militants et des cléricaux de toute marque à celle des républicains de principe.

« Dans ces conditions, il y aurait hypocrisie de notre part à nous associer à une manifestation dont les tendances bien connues de ces comités nous laissent entrevoir le but et la portée. Cette hypocrisie nous ne la commettrons pas, et nous pensons que vous nous approuverez de ne pas la commettre... »

Cette lettre était signée de MM Maille, maire de Saint-Aubin, conseiller général ; Mangeot, conseiller d'arrondissement ; Mouchel, Lafosse, Rabier, maire et adjoints d'Elbeuf ; Dantan, Revel, maire et adjoint de Caudebec ; Guiborel, Delamare, adjoints de Saint-Aubin ; Mariard, Lourdais, maire et adjoint d'Orival ; Lefrançois, adjoint de Tourville faisant fonction de maire, M. Bocquet venant de mourir ; Lenormand, adjoint de Cléon ; Jules Fréret, A. Fréret, maire et adjoint de Freneuse ; G. Fréret, maire de Sotteville-sous-le-Val.

Le préfet fut exaspéré de cette lettre, fort courtoise cependant, mais établissant la situation très exactement ; aussi résolut-il de frapper un grand coup en faisant formellement entendre aux maires, adjoints et conseillers municipaux qu'ils devaient donner leur appui au candidat agréable à la préfecture, bien que ce candidat fût officiellement aussi celui de tous les monarchistes et cléricaux.

Le dimanche 10 octobre, le préfet Hendlé assista donc au banquet politique d'Oissel. Dans un discours qu'il y prononça, il représenta le parti républicain comme ayant des accointances avec le collectivisme, avec le

drapeau rouge, avec la Commune, et il s'écria:
« Il faut être avec eux ou avec nous ! Pas de
milieu ! »

Dans ce même discours, M. Hendlé alla jusqu'à contester le républicanisme de ces maires, qui avaient combattu, vingt ans auparavant, le ministère Broglie-Fourtou, que soutenaient alors ceux de l'entourage de M. Hendlé contre les 363. Le préfet termina par ces paroles :

« Que les républicains — il était entendu par là les réactionnaires et les goujonnistes de la circonscription —, que les républicains sachent qu'il y a un gouvernement, un ministère, et, dans la Seine-Inférieure, un préfet sur lequel ils peuvent compter, pour les soutenir, les défendre et les protéger. »

L'effet de ce discours fut considérable. Les maires des communes rurales comprirent que pour rester ou entrer dans les bonnes grâces du préfet, il fallait qu'ils prissent parti pour M. Goujon, et aucun d'eux n'y manqua.

Il s'éleva, à la séance municipale du 29 octobre, une discussion entre MM. Mouchel et Nivert, sur la diminution des excédents d'emprunt : elle portait sur ce qu'il y avait 100.000 fr. dans la caisse de la ville, sur laquelle somme M. Mouchel n'avait prélevé que 34.000 fr., et, pourtant, il ne restait plus que 20.000 fr. Où étaient donc passés les 46.000 fr. manquants. On décida de reprendre la discussion en commission.

Mais l'*Elbeuvien* ayant publié un article sur le différend, M. Nivert écrivit à ce journal qu'à la date du 3 août 1894, le montant des excédents d'emprunt s'élevait à 95.000 fr., ce qui était constaté dans l'exposé préliminaire du budget de 1895, dressé par M. Mouchel à la date du 26 octobre de la même année.

M. Mouchel répondit que le chiffre était exact, mais qu'il n'indiquait que la situation au moment de la clôture de l'exercice 1893. Fin 1892 il y avait un excédent de 106.000 fr., qui tomba à 95.000 fin 1893 et qui, lors de l'entrée de M. Mouchel à la mairie, le 17 octobre 1894, n'était que de 56.000 fr. environ.

Le 5 novembre, on vit brûler, au milieu de la place Lemercier, un bec Auer d'une très grande intensité. Le 15 du même mois, une première lampe électrique à arc fut posée place du Calvaire et mise en service le soir.

La grande séance annuelle de la Société industrielle eut lieu le 31 novembre et fut présidée par M. Bouquet, directeur du personnel de l'enseignement technique au ministère du Commerce.

Un incident marqua l'ouverture de la séance municipale tenue le 19. Un membre ayant remontré que MM. Aubry et Weill étaient démissionnaires et que MM. Bourdet et Lefrançois n'assistaient plus aux séances, demanda pourquoi ils étaient maintenus au tableau.

M. Mouchel, maire, répondit qu'aucune démission ne lui avait été signalée de la préfecture, et il ajouta :

« Il est certain que plusieurs de nos collègues pourraient, aux termes de la loi, être déclarés démissionnaires ; si quelqu'un veut le proposer, qu'il le fasse : nous, nous combattrons cette proposition. Il ne faut pas oublier qu'il faut un certain courage à plusieurs de nos collègues pour continuer à donner leur concours à l'administration, en présence des injures de toutes sortes que leur adressent des individus soudoyés par des « honnêtes gens. »

A ces paroles, dont chacun saisissait le sens, une vive sensation se produisit dans la salle.

Le Conseil décida ensuite de faire installer trois lampes électriques à arc : place du Calvaire, au Coq et au Bout-du-Couvent.

L'assemblée vota des remerciements à la mémoire de M. Auguste Olivier, qui avait fait diverses donations s'élevant ensemble à la somme de 50.000 fr.

Avant de lever la séance, M. Mouchel remercia ses collègues du concours qu'ils avaient apporté à l'administration municipale et récapitula les principaux travaux du Conseil pendant l'année qui allait se terminer.

La ville avait pu adopter 40 vieillards de plus, par l'augmentation des bâtiments de l'hospice ; elle avait vu inaugurer un premier réseau d'éclairage électrique ; elle avait également soulagé 45 vieillards septuagénaires par la création de pensions.

L'état-civil avait enregistré :

A Elbeuf, 464 naissances, 154 mariages, 12 divorces, 615 décès.

A Caudebec, 233 naissances, 71 mariages, 3 divorces, 254 décès.

A St-Aubin, 73 naissances, 96 mariages, 69 décès.

CHAPITRE XXIV
(Année 1898).

La subvention au Théatre. — Nécrologie : MM. Hulme, D. Picard et l'abbé Gouel. — Les pensions aux vieillards. — Mise en service de la Maternité — Le lait stérilisé. — Élection législative : MM. J. Goujon, D. Dautresme, J. Maille et E. Martin. — Inauguration des tramways. — M. Waldeck Rousseau revient a Elbeuf. — Démissions au Conseil municipal. — Election au Conseil d'arrondissement : MM. V. Mangeot et N. Huet. — Incendie Blin et Blin : 2.400.000 fr. de pertes. — La Bourse du travail.

Les conférences au commencement de l'année furent faites par M. Paul Rognon, docteur ès-lettres, qui vint, pour la troisième fois, parler sur la grande littérature du siècle ; M. Benoît Lévy, qui traita des divers styles d'architecture antique ; M. Deshayes ; M. A. Coutard ; M. Hugues Le Roux ; Mme Dieulafoy ; H. Gadeau de Kerville.

Ces conférences furent données, les unes sous le patronage du Comité, les autres sous celui de l'Union de la Jeunesse démocratique. Au Cirque, M. Jacques Fenoux parla sur le monopole au théâtre.

Au milieu de la nuit du 14 au 15 janvier, le feu consuma une partie de l'établissement de MM. Goujon et Bourgeois, rue Grémont. Les dégats furent évalués à 120.000 fr.

M. Chataigné, directeur du Théâtre, avait exposé à l'administration municipale qu'il ne pouvait continuer à donner des représentations à Elbeuf, où, malgré tous ses efforts, il perdait de l'argent ; il avait conclu en demandant une subvention et à être dispensé de donner une soirée au profit des pauvres. La commission, à laquelle sa demande avait été renvoyée, conclut au rejet.

A la séance municipale du 31 janvier, M. Lafosse, adjoint, combattit les conclusions du rapport de M. Coquerel au nom de la commission, et représenta qu'une subvention au théâtre serait plus justifiée que celle accordée à l'Ecole manufacturière. Il réclama pour le directeur du théâtre une subvention de 2.000 fr.

Cette proposition, mise aux voix, ayant été adoptée par 8 voix contre 7, M. Mouchel déclara être démissionnaire.

« C'est une question d'équilibre du budget, dit-il, et je me considère comme personnellement visé par ce vote ; car l'état de nos finances ne nous permet pas, dans les circonstances actuelles, de donner 2.000 francs au Théâtre. Je défends les intérêts de la ville. Il y a des nécessités, pour le service de la bienfaisance, bien autrement intéressante que le théâtre. »

M. Lafosse répondit que si notre théâtre donnait de bonnes représentations, 300 personnes peut-être n'iraient pas à Rouen. M. Coquerel, n'aime pas la littérature, dit-il; il le prouve par son rapport au nom de la commission. Pourquoi ne pas supprimer aussi la subvention pour le Jardin, le Musée et le reste ?

M. Mouchel répondit qu'il n'y avait rien à dédaigner. « Il y a, ajouta-t-il, des quantités de choses utiles et les plus diverses que l'on peut faire avec de l'argent, mais il n'y a jamais eu de crédit régulier au budget pour le théâtre. On a même remarqué que, généralement, plus les subventions étaient fortes, plus les troupes et les représentations étaient mauvaises. Quant au rôle moralisateur que M. Lafosse attribue au théâtre, il reste à discuter... »

La discussion se poursuivit encore; finalement, le Conseil décida de renvoyer l'affaire à la commission.

Il fut ensuite parlé des appareils sanitaires du système de Harven, expérimentés chez MM. Blin et Blin depuis dix mois. On décida d'autoriser la généralisation de ce système, mais en abaissant à 25 centimes par an le droit de chute par habitant ou ouvrier de l'immeuble où il serait appliqué, au lieu de 50 centimes.

Le conseil municipal décida, le 25 février, que les deux postes de commissaire de police seraient, par mesure d'économie, réunis à l'hôtel de ville.

Pendant la nuit du 5 au 6 mars, mourut M. Arthur-Jacques Hulme, un de nos plus sympathiques concitoyens, à l'âge de 64 ans. Il avait rempli diverses fonctions publiques et été plusieurs fois sollicité pour poser sa candidature au Conseil général et à la députation. Son inhumation, qui attira la population entière, se fit sans l'assistance du clergé.

Mme Hulme fit une donation aux pauvres de 26.600 fr., en mémoire de son mari.

Le 10 mars au soir, la foule se porta vers le Cirque-Théâtre et y entra par une telle pression que des vitres et une clôture de l'entrée furent brisées. La soirée, donnée par M. Gustave Hermier, fut plus extravagante encore que ses précédentes ; mais le public, bon enfant et sachant d'avance ce qui s'y passerait, s'y amusa au-delà de toute imagination.

Le dimanche suivant, 12 du même mois, notre Compagnie de pompiers était en fête, à l'occasion des nouveaux casques qu'elle avait reçus, de manœuvres diverses et d'expériences faites au moyen de l'échelle Dubosc

A la séance municipale qui eut lieu le 16, M. Mouchel, maire, annonça que la pétition, adressée à la Chambre par les membres du Conseil, avait été très favorablement accueillie.

« On sait, dit M. Mouchel, que, jusqu'ici, nous n'avons pu soulager nos vieillards septuagénaires qu'avec les seules ressources locales, bien que l'Etat, par la loi qui vient d'être modifiée, nous avait autorisés à compter sur son concours. Mais comme Elbeuf était la seule ville de la Seine-Inférieure qui se fût associée à cette question d'assistance, le Département omit de voter la somme qu'il nous devait pour sa quote part ; de sorte que l'Etat, s'appuyant sur cette omission, nous refusa l'allocation de 10 fr. par vieillard assisté sur laquelle nous comptions. Il en est résulté que nous n'avons pu secourir qu'un nombre de vieillards plus restreint que celui de nos prévisions.

« Mais notre cause a été prise en mains par M. Sibille, député, et par la plupart des députés de la Seine-Inférieure, auxquels votre pétition avait été adressée. M. Sibille a présenté un amendement, qui a été adopté, portant que l'Etat contribuerait pour 40 fr. dans le paiement de toute pension annuelle de 90 à 200 fr., servie aux vieillards ou infirmes par les communes et les établissements de bienfaisance. »

Le Conseil, ce soir-là, approuva et vota les conclusions d'un rapport tendant à abaisser à 1 fr. 40 l'hectolitre le droit d'octroi sur les vins, et à établir, conformément à la loi du 29 décembre 1897, des taxes sur les chevaux et voitures, les cercles et lieux de réunion, et une taxe supplémentaire sur l'alcool.

L'augmentation du prix du pain, jointe à l'augmentation du nombre des assistés, avait conduit le Bureau de Bienfaisance à dépasser ses crédits : le Conseil municipal lui vota une somme de 3.291 fr. pour équilibrer son budget.

Le 27, la Maternité, dont la construction et l'aménagement venaient d'être terminés, fut mise en service. Le bâtiment principal s'étend sur 350 mètres carrés ; M. Brisson, architecte municipal, en avait établi les plans.

Cette création complétait les services municipaux de bienfaisance, se composant de Maternité, Crèches, Ecole enfantine. Caisse scolaire, Bureau de bienfaisance, Hôpital, Hospice pour les vieillards, pensions pour les enfants et les septuagénaires. Aucune ville de l'importance d'Elbeuf ne put, à dater de cette époque, se flatter d'être mieux pourvue d'institutions propres à soulager aussi efficacement la misère, et de beaucoup plus grandes lui étaient inférieures sous ce rapport.

Le 3 avril, on vit, pour la première fois, un car de la Compagnie des tramways parcourir les diverses lignes de son réseau, qui venait d'être terminé. Mais l'autorisation de mettre les voies en service n'étant pas encore donnée, l'inauguration n'eut pas lieu aux fêtes de Pâques, ainsi que chacun s'y attendait.

Comme les années précédentes, des détachements du 1er et du 3me de génie vinrent à Elbeuf faire des manœuvres de ponts sur la Seine. Les musiques de ces régiments attirèrent une foule énorme aux concerts donnés dans le Jardin public.

Le 27, le général Barius, ancien chef de la maison militaire du président Carnot, vint à Elbeuf, où il assista aux exercices du génie et visita la caserne d'infanterie.

A l'ouverture de la séance municipale du 6 mai, M. Mouchel donna des détails intéressants sur les tramways; le ministre avait rendu un décret rapportant la rétrocession qui avait été faite par la ville à M. de Ridder et autorisant le remboursement du cautionnement de M. Empain.

Le Sénat avait repoussé le projet de loi, voté par la Chambre des députés, de faire participer l'Etat pour 50 fr. dans toute pension aux vieillards créée par les municipalités. La ville ne pourrait donc attribuer autant de pensions qu'elle le désirait.

Il fut donné lecture d'un rapport sur la création, à la Crèche, d'un service pour la distribution de lait stérilisé, grâce auquel on espérait sauver 20 à 30 enfants. Le service fonctionnerait sous la surveillance de l'administration municipale et de la commission de protection des enfants du premier âge. Les dépenses d'établissement étaient évaluées à environ 1.500 fr. — Les conclusions du rapport furent adoptées, et le service commença à partir du mois suivant.

Des élections législatives devaient avoir lieu le 8 mai. La campagne électorale, dans notre circonscription, était commencée depuis longtemps. Pendant les fêtes de Pâques, M. David Dautresme, candidat radical, et M. Emile Martin, candidat socialiste ouvrier, avaient fait des conférences dans plusieurs communes rurales. M. Goujon, retenu par par une maladie, s'était contenté d'employer les journaux de son parti, distribués gratuitement et à profusion, et d'envoyer des lettres à l'*Elbeuvien*, qui, seul dans la circonscription, combattait sa candidature.

Les comités radicaux des cantons d'Elbeuf et de Grand Couronne firent publier un manifeste, suivi du programme de M. David Dau-Dautresme.

En ce même temps, M. Isidore Maille, maire de Saint-Aubin et conseiller général, fit une déclaration de candidature. Il était soutenu par le comité cantonal de l'Union républicaine.

L'*Elbeuvien* n'appuya particulièrement aucune des trois candidatures républicaines et présenta sur la même ligne MM. Dautresme, Maille et Martin, afin de faciliter, au scrutin de ballottage, la fusion des voix anti-goujonnistes, sur le candidat ayant obtenu le plus de suffrages au premier tour.

UNE CARICATURE ÉLECTORALE (Elections législatives de 1898)

Ce journal mena vigoureusement la campagne contre les partisans de M. Goujon et les nombreux journaux qui les patronnaient : le *Journal de Rouen*, le *Nouvelliste de Rouen* (ancien *Patriote de Normandie*), la *Croix* de Rouen, le *Pélerin*, le *Travailleur normand*, l'*Industriel elbeuvien*, l'*Indépendant* (ancien *Journal d'Elbeuf*) et l'*Avenir*, publié depuis quelques mois, dans notre ville en vue de cette élection. — Tous les comités démocratiques étaient pour M. Dautresme.

Le dépouillement du scrutin donna les résultats qui suivent :

Communes	Goujon	Dautresme	Maille	Martin
Elbeuf.......	1.686	1.056	892	379
Caudebec....	738	618	368	387
Cléon.......	54	9	46	3
Freneuse.....	34	2	47	0
La Londe....	157	63	57	25
Orival.......	92	118	42	21
Saint-Aubin..	233	29	466	24
St-Pierre-l.-El.	415	203	75	78
Sotteville....	50	6	76	0
Tot. Cant. d'Elbeuf	3.482	2.112	2.091	908
Gd Couronne.	212	70	21	6
La Bouille....	91	18	0	3
Gd-Quevilly..	180	127	19	6
Hautot.......	26	17	5	0
Moulineaux..	31	22	4	0
Oissel.......	271	286	61	103
Pet.-Couronne	105	57	2	3
Petit-Quevilly	1.001	846	175	88
Sahurs.......	101	18	6	0
St-Pierre-Mannev.	68	24	4	1
Val-d.-l.-Haye	59	13	1	3
Tot. cant. Gd-Cour.	2.145	1.501	298	213
Tot. des 2 cant.	5.627	3.610	2.390	1.134

Ce résultat semblait satisfaisant au parti démocratique, qui, en totalisant les voix de ses trois candidats, avait réuni 7.134 suffrages, contre 5.627 donnés à M. Goujon, et il paraissait que les désistements de MM. Maille et Martin, qui se produisirent dès le lendemain, devaient assurer la victoire, au second tour, à M. Dautresme.

La lutte, relativement modérée avant le premier tour, devient très ardente. M. Ricard, ancien ministre, qui avait été réélu député à Rouen fit une conférence à l'Alcazar de Caudebec, en faveur de M. Dautresme. Une multitude d'affiches couvrirent les murs de la circonscription, pendant que de masses de journaux, circulaires, manifestes et professions de foi étaient répandus dans les rues par les deux partis en présence.

Deux affiches, l'une signée de prétendus Alsaciens, et l'autre, engageant les socialistes à voter pour Cyvoct, furent vivement commentées ; certaines personnes, dont on disait les noms, se défendirent d'en être les auteurs.

Le scrutin de ballottage eut lieu le 22 mai et donna ces résultats :

Communes	Inscrits	Votants	Goujon	Dautresme
Elbeuf.......	5.367	4.095	1.905	2.144
Caudebec.....	3.130	2.195	890	1.282
Cléon	140	140	76	38
Freneuse.....	109	85	47	37
La Londe.....	410	321	176	142
Orival	334	275	99	172
Saint-Aubin..	904	724	355	366
Saint-Pierre..	1.008	810	470	334
Sotteville....	84	60	43	18
Tourville.....	186	136	81	53
Canton d'Elbeuf	11.672	11.647	4.142	4.586

Communes	Inscrits	Votants	Goujon	Dautresme
Gd-Couronne.	394	315	233	79
La Bouille ...	134	108	92	15
Gd-Quevilly..	455	334	190	142
Hautot.......	56	47	36	11
Moulineaux ..	81	62	39	27
Oissel.......	1.038	747	348	392
Pet.-Couronne	215	174	114	60
Petit-Quevilly	2.825	2 125	1.026	1.090
Sahurs.......	171	137	117	99
St-Pierre-Mannev.	126	101	77	23
Val-d.-l'-Haye	91	81	60	20
Canton Couronne	5.586	4.231	2.333	1.879
Tot. des 2 cant.	17.257	15.878	6.475	6.465

Cette élection, dont le résultat étonna autant les conservateurs que les républicains, fut contestée par M. Dautresme, qui, en adressant ses remercîments à ses électeurs, leur dit :

« La commission de recensement des votes vient de proclamer M. Goujon député de la troisième circonscription de Rouen.

« Je n'en suis pas surpris, car cette commission a été saisie d'un dossier préparé par l'administration préfectorale et dont on avait refusé de me laisser prendre connaissance.

« Quant aux illégalités commises avant et pendant le scrutin, aux actes de pression officielle et cléricale, aux faits de corruption, aux manœuvres frauduleuses, ils seront soumis à la Chambre, et la Représentation nationale rendra certainement la parole au suffrage universel... »

D'une autre part, M. Goujon prétendit que les actes de pression et les illégalités étaient du côté de ses adversaires ; mais il était évident pour tout le monde que le banquet d'Oissel, seul, avait suffi pour faire déplacer les quelques voix que M. Goujon avait obtenues de plus que son compétiteur.

Le général Jamont, commandant en chef de l'armée française, vint à Elbeuf, le 25, et visita la caserne ; puis il se rendit à l'hospice, où se trouvaient quelques soldats atteints de rougeole.

Vers la fin du mai, on mit en état d'arrestation le caissier de la Caisse d'épargne, sous l'accusation de malversations.

Les tramways furent inaugurés le 26 mai, avec le concours des maires et conseillers municipaux des communes intéressées, de membres de la Chambre et du Tribunal de commerce, du Conseil de prud'hommes, de la Société industrielle et autres notabilités. Il se trouva envion 200 invités à l'usine de Saint-Aubin, ainsi que M. Dupuy-Dutemps ancien ministre des travaux publics ; MM. Cauderay. Arnodin, ingénieur, M. Grébauval, conseiller municipal de Paris, des conseillers généraux, et quantité d'autres personnes, que des cars transportèrent de Saint-Pierre à Orival et retour. Dans les rues, sur le parcours, une foule compacte formait une double haie.

Un déjeuner fut servi au Grand-Hôtel, où plusieurs toasts furent portés. A partir de trois heures, le service public commença : la recette de cette première journée s'éleva à 638 fr. et versée aux pauvres d'Elbeuf, d'Orival, de Caudebec et de Saint-Aubin.

Une grande fête cycliste fut donnée le 12 juin, sur la place du Champ de foire.

Le 14 M. Waldeck-Rousseau vint à Elbeuf, pour plaider dans l'affaire Girard, ancien banquier. Ce fut pendant cette plaidoirie qu'il prononça ces mots, que l'on rappela souvent par la suite: « L'affaire Humbert est la plus grande escroquerie du siècle. »

Le 17 le Conseil municipal vota une somme de 3.000 fr. pour sa contribution dans les frais de remplacement des câbles du pont suspendu, afin de lui permettre de supporter une charge de 100 kil. par mètre carré. La dépense totale était évaluée à 12.690 fr.

L'année précédente dans une nomination de délégués sénatoriaux, M. Mouchel, maire, alors malade, n'avait pas été choisi, probablement faute d'entente préalable et parce qu'on croyait qu'il ne serait pas rétabli pour le jour de l'élection sénatoriale; mais, néanmoins, son élimination avait été critiquée.

A l'issue de la séance du 17 juin, des membres de la majorité du Conseil invitèrent tous leurs collègues formant cette majorité à s'assembler, en dehors de l'hôtel-de-ville, pour établir une liste de délégués sénatoriaux, en vue d'une autre élection sénatoriale qui devait avoir prochainement lieu.

M. Mouchel, qui avait été invité aussi à cette réunion, pensa qu'elle devait se tenir à l'hôtel de ville ; il proposa aux membres du Conseil de former deux groupes, chacun dans une salle particulière.

Les trois membres de la minorité, MM. Nivert, Dupont et Huet, refusèrent et envoyèrent leur démission au préfet. Cependant, il y avait eu un précédent en 1890: dans une élection de délégués sénatoriaux, la majorité d'alors avait systématiquement exclu de la délégation les ouvriers faisant partie du Conseil.

Le dimanche suivant, 19 juin, le Conseil nomma délégués MM. Lechêne, Lalouel, Bocquet, Coulon, Mouchel, Gardet, David, Grout,

Coquerel, Lafosse et Lelong; et délégués suppléants MM. Catignon, Moulard et Cordier.

L'élection de M. Goujon fut validée, sans débat, le 27 du même mois. Le lendemain, un meeting de protestation composé de 2.000 personnes, s'éleva contre cette validation.

En juin également, on projeta d'ériger, dans notre ville, un monument à la mémoire des soldats morts pour la patrie ou dans des expéditions coloniales.

Vers la fin du mois eut lieu, à Rouen, l'inhumation, civile, de M. Alphonse-Désiré Picard, chevalier de la Légion d honneur, juge de paix à Rouen, ancien conseiller d'arrondissement pour le canton d'Elbeuf et ancien juge de paix du même canton.

Le 4 juillet, le général Charlot, gouverneur de Dunkerque, vint inspecter le bataillon du 3e régiment de génie, alors à Elbeuf, et assista à la construction d'un pont de bateaux sur la Seine.

La deuxième réunion de la Société des courses tenue à l'hippodrome des Brulins eut lieu le 10 juillet. Les tramways et voitures furent pris d'assaut, et s'il n'arriva pas d'accident place du Calvaire, par l'affluence du public qui se cramponnait à l extérieur des véhicules bondés de voyageurs, ce fut miracle. On estima à 8.740 le nombre des personnes qui pénétrèrent dans l'enceinte, et à 27.000 fr. le chiffre fait par le pari mutuel. A partir de cette année, on publia une feuille spéciale. l'*Elbeuvien-Courses*, donnant de nombreux renseignements sur la performance des chevaux engagés.

Il y eut une élection au conseil d'arrondissement, le 31 du même mois. Le siège qu'occupait M. Victor Mangeot, républicain, lui fut disputé par la coalition des monarchistes, cléricaux et nationalistes, qui lui opposèrent M. Nestor Huet. Sur 11.553 électeurs inscrits dans le canton, 6.057 seulement prirent part au scrutin, qui donna les résultats suivants :

Communes	Inscrits	Votants	Mangeot	Huet
Elbeuf	5.290	2.913	1.469	1.424
Caudebec	3.095	1.550	1.029	505
Cléon	138	73	26	47
Freneuse	109	33	13	20
La Londe	410	192	99	85
Orival	332	216	149	66
Saint-Aubin	904	543	307	229
St-Pierre-l.-El.	1.008	446	200	244
Sotteville	81	36	15	20
Tourville	186	55	24	30
Totaux	11.553	6.057	3.331	2.670

M. Nestor Huet, malgré le très grand nombre de sympathies personnelles, méritées, qu'il comptait à Elbeuf et à Caudebec, ne fut donc pas élu, et M. V. Mangeot continua à siéger au conseil d'arrondissement.

La Seine était alors extrêmement basse et ne marquait que 1 m. 85 au quai de notre ville. A l'extrémité amont de l'île de l'Epinette plusieurs « sourdes motelles » et amas de vases émergeaient et laissaient échapper des gaz nauséabonds.

Le 18, un violent orage d'une longueur extraordinaire éclata sur notre région et causa des inondations sérieuses rues Constantine, Petite-du Cours et autres.

Le 19, le Conseil municipal vota un crédit de 4.800 francs pour l'établissement d'un cours supplémentaire aux écoles communales de filles.

En ce même temps, M. et Mme Desplanques donnèrent 10.000 fr. pour la fondation d'un lit à l'hospice.

Le samedi 20, vers 5 heures et demie du matin, le feu se déclara dans une immense dépendance de l'usine de MM. Blin et Blin, côté sud de la rue Poussin. Le public ne s'inquiéta d'abord pas beaucoup de la nouvelle, car chacun savait les puissants moyens d'action dont cet établissement disposait ; mais bientôt cependant, les flammes sortirent de toutes les fenêtres d'un bâtiment à trois étages et long de 90 mètres, qui fut incendié ainsi que plusieurs autres ; à sept heures et demie, ce n'étaient plus que des monceaux de décombres. Les pertes furent énormes ; on les évalua à 2.400.000 fr.

A la session départementale d'août, on reparla de l'assistance aux vieillards, dont la ville d'Elbeuf avait pris l'initiative Le 27, on lut un rapport de la commission, concluant au rejet de la demande faite par notre municipalité conformément à une circulaire ministérielle du 20 avril 1897.

M. Waddington combattit ces conclusions, en disant qu'il y avait là un intéressant essai à faire et que la ville d'Elbeuf avait droit à l'encouragement du Conseil général.

M. Rœderer rapporteur, observa que si l'on accordait les 550 fr. demandés par Elbeuf, il serait bien difficile de ne pas accueillir les propositions identiques qui pourraient surgir par la suite.

Le préfet rassura l'assemblée sur les conséquences financières de l'application de la loi. Malgré l'insertion de cette loi au *Bulletin*, dit-il, malgré l'envoi de circulaires, pas un seul conseil municipal n'a songé à faire cet essai. Les grandes villes, Rouen et le Havre, ont laissé la question à l'étude. Seule, la ville d'Elbeuf est entrée dans la voie de l'application en votant 50 pensions, prête même à supporter tout le poids du sacrifice dans le cas où le département ne lui viendrait pas en aide. Il n'y a donc pas d'inconvénient à voter le crédit demandé.

M. Maille ajouta qu'il ne fallait pas décourager les communes qui seraient tentées de suivre l'excellent exemple donné par la ville d'Elbeuf.

Bref, après discussion, le Conseil général repoussa les conclusions du rapport et vota le crédit, demandé avec tant de persistance par l'administration municipale de notre ville, dans le but de secourir efficacement les vieillards, les infirmes et les incurables.

Le théâtre municipal, dont la direction avait été donnée à M. Beaumont, dut fermer ses portes dès la première semaine d'octobre, par suite de l'indifférence du public.

Le 28, le *Journal officiel* publia le texte du décret d'utilité publique concernant les tramways d'Elbeuf, en service déjà depuis plusieurs mois. — Il fut procédé à la réception des quatre lignes en décembre suivant.

A la séance municipale du 4 novembre, l'assemblée discuta d'abord sur une proposition de M. Moulard, tendant à supprimer les noms des rues portant le mot « Saint » et à leur en donner d'autres.

Le Conseil examina, ensuite, le projet de budget pour l'année suivante, comportant une augmentation de 20.000 fr. pour les services de bienfaisance, et une provision pour la création d'un bureau de placement gratuit et une Bourse de travail.

M. Moulard estima que les 1.200 fr. inscrits au projet pour la Bourse et le bureau de placement étaient insuffisants, et rappela que les syndicats ouvriers désiraient voir les deux services commencer en même temps.

M. Mouchel, maire, répondit que cela eût été possible si les syndicats avaient accepté l'hôtel de ville comme lieu de réunion ; mais, ajouta-t-il, « ils ont craint de ne pas avoir là toute liberté. La maison commune devrait être celle des ouvriers, qui n'ont jamais eu à y craindre l'espionnage.

« L'allocation de 1 200 fr. est fournie par la ville d'Elbeuf, et pourtant, dans les correspondances que nous avons eues avec les syndicats, nous nous sommes toujours trouvé en face de Caudebécais. Nous, Elbeuviens, nous voulons bien contribuer aux frais de la Bourse du travail, mais il serait de toute justice que les autres communes intéressées y contribuassent aussi... ».

La discussion se poursuivit. Finalement, le crédit fut voté.

M. Chandeze, directeur du Commerce au ministère, vint présider, le 20, la grande séance annuelle de la Société industrielle ; il était accompagné du préfet de la Seine Inférieure.

M. Jules Siegfried, sénateur de notre département, ancien ministre du Commerce, fit une conférence, au Cirque-Théâtre, le 27 du même mois, sur l'exportation française. Le préfet y assista également. Après cette conférence, M. Siegfried présida, à l'hôtel de ville, une réunion de la commission d'initiative pour la construction des habitations à bon marché.

Au commencement de décembre, on signait à Elbeuf une protestation contre les poursuites et les persécutions dont le colonel Picquart était la victime, à propos de l'affaire Dreyfus.

Pour la première fois, les femmes commerçantes furent admises à voter pour l'élection de juges au Tribunal de commerce, qui eut lieu le 7 du même mois. Furent élus, comme toujours au scrutin de ballottage, MM. Alfred Delandre, président ; Emile Menut et Nestor Huet, juges ; Daniel Pelletier et Gustave Lagny, suppléants.

En ce même mois, le préfet prit un arrêté relatif à la circulation sur les ponts suspendus d'Elbeuf et de Saint-Aubin.

Le 14, mourut M. l'abbé Gouel, curé de Saint-Etienne, depuis 1881, chanoine honoraire, et ancien curé de Saint-Aubin. Il était âgé de 76 ans.

Le soir de ce même jour, M. Mouchel, maire, fit une conférence publique sur le Cerveau et la Pensée. Le surlendemain, M. René Doumic en fit une autre sur la littérature.

Le conflit avec la Caisse d'épargne se termina le 30 décembre par la nomination de huit nouveaux directeurs : MM. Coquerel, Gardet, Lelong, Lepont et Lafosse, membres du conseil municipal, et Hippolyte Weill, Salein et Fernand Berrier, pris en dehors.

Ce même jour, la Caisse décida d'attribuer à la Caisse des écoles, pour la distribution de vêtements, les arrérages du legs Descoubet, au nom du fondateur, aux enfants pauvres des écoles laïques de filles.

Dans cette même séance, un rapport de M.

Mouchel signala les lacunes existantes dans les tramways.

A la fin de l'année, M. Patry, curé de Notre-Dame de Bondeville, fut nommé curé de Saint-Etienne d'Elbeuf.

En ce même temps, l'autorité ecclésiastique invita un prêtre de notre ville à cesser les publications, insensées pour la plupart, qu'il faisait dans un journal.

L'état-civil de notre ville avait enregistré, en 1898, 434 naissances, 137 mariages, 6 divorces, 647 décès.

On avait compté à Caudebec 210 naissances, 87 mariages, 7 divorces, 287 décès.

A Saint-Pierre, le mouvement de la population avait porté sur 59 naissances, 25 mariages, 89 décès.

A Saint-Aubin, il y avait eu 61 naissances, 25 mariages 78 décès.

A Orival, on compta 33 naissances, 9 mariages, 1 divorce et 34 décès.

Pendant 1897 et 1898, le Tribunal de commerce avait eu à connaître de 266 affaires la première année et de 311 la seconde. Dans le cours des deux années réunies, il avait été déclaré 24 faillites et 6 liquidations judiciaires.

La dépense d'établissement des tramways d'Elbeuf s'étaient élevées à 2.823.518 fr. Pendant l'année 1898, ou plutôt depuis le 26 mars, date de l'inauguration, les recettes s'étaient chiffrées par 118.976 fr. et les dépenses par 101.387 fr., laissant ainsi un produit net de 17.589 fr.

CHAPITRE XXV

(Année 1899)

A LA CHAMBRE DE COMMERCE ; LES MALFAÇONS ET LES AMENDES — MORT DE M. FÉLIX FAURE ; M. LOUBET, PRÉSIDENT DE LA RÉPUBLIQUE. — DISCUSSION SUR LA CONTRIBUTION MOBILIÈRE. — LE PATRONAGE SCOLAIRE. — A PROPOS DE L'ÉVALUATION DE LA PROPRIÉTÉ BATIE. — LA BOURSE DU TRAVAIL. — ADRESSE DES COMITÉS RÉPUBLICAINS A M. WALDECK-ROUSSEAU.

La Chambre de commerce, dans sa réunion du 13 février, prit la délibération suivante :
« Considérant que l'article 4 de la loi votée le 6 décembre 1898 par la Chambre des députés, en interdisant au patron d'appliquer des amendes ou mises à pied, porte atteinte au droit absolu qu'a tout patron de réglementer le travail dans ses ateliers; que c'est lui retirer tout moyen d'y maintenir l'ordre et la discipline indispensables au bon travail et à la bonne tenue ; que lui seul a la responsabilité de toutes les fautes commises par le person-

nel qu'il emploie et dont les conséquences soit au point de vue de la malfaçon, soit au point de vue des accidents corporels, peuvent être fort graves ; considérant, en outre, qu'en ne laissant à sa disposition d'autre moyen de réprimande que le renvoi, c'est méconnaître tout à la fois l'intérêt de l'ouvrier et celui du patron, et compromettre la bonne réputation des produits français à l'étranger.

« La Chambre émet le vœu que le Sénat repousse cet article et mentionne pour le patron, avec le droit de réglementer le travail dans ses ateliers, celui de faire respecter son règlement en appliquant des amendes et, en cas d'ivresse, les mises à pied, sous la seule condition que le produit des amendes soit employé au profit des ouvriers ».

Les conférenciers des premiers mois en 1899 furent MM. André Hallays, avocat à la Cour d'appel de Paris ; Auguste Dorchain, notre concitoyen, et Mme Baretta-Worms ; M. Ly-Chao Pée, secrétaire-interprète de la mission chinoise à Paris, mandarin, capitaine de l'armée du Céleste-Empire, officier d'académie ; Albert Vandal, de l'Académie française.

Le 2 février, mourut M. Jean-Pierre Pelletier, qui avait rempli diverses fonctions publiques ; il était âgé de 79 ans.

Le 16 au soir, M. Félix Faure mourut ; on ne l'apprit que le lendemain, à 5 heures du matin, à Elbeuf, par un placard affiché devant l'imprimerie de l'*Elbeuvien*.

L'administration municipale fit apposer cette affiche :

« M. Félix Faure, président de la République, est décédé cette nuit à Paris, à la suite d'une attaque d'apoplexie foudroyante.

« En portant cette douloureuse nouvelle à la connaissance de ses concitoyens, l'administration municipale les invite à s'associer, par leur attitude, aux sentiments de respectueux regrets qu'inspire, dans la France entière, le décès prématuré et imprévu du premier magistrat de la République.

« Le maire : Ch. MOUCHEL ».

On sait que le Congrès, pour la nomination d'un nouveau président de la République, se tint, deux jours après, à Versailles, et que, sur 824 votants, M. Emile Loubet, républicain, obtint 483 voix contre 279 données à M. Méline, candidat des modérés et des réactionnaires, 23 à M. Cavaignac, 10 à M. Deschanel et 19 à divers. Ce résultat fut obtenu par un seul tour de scrutin.

Un peu avant cinq heures du soir, ce même jour 18 février, un tirage supplémentaire de l'*Elbeuvien* répandit cette nouvelle dans notre ville, où le bruit avait couru, dans l'après-midi, que M. Deschanel était ou allait être sûrement élu.

Si le parti républicain manifesta hautement sa satisfaction du résultat, d'autres ne cachèrent pas leur colère et, pour se consoler, prédirent que M. Loubet ne tiendrait pas trois mois, car on comptait déjà le dégoûter de la présidence par une campagne acharnée dirigée contre lui.

Rappelons que M. Loubet était venu à Elbeuf, le 17 mai 1893, pour faire un achat de griffons français, élevés par M. Emmanuel Boulet.

Le 21, on avait mis en adjudication les travaux de transformation de l'ancien pont d'Oissel, dont la conservation avait été décidée.

A la séance municipale tenue le 24 février, M. Mouchel, maire, rappela les événements politiques qui venaient de se produire, et salua la nomination de M. Emile Loubet, qui commençait sa suprême magistrature sous des auspices favorables avec l'appui de tout le parti républicain. — Le Conseil manifesta d'unanimes sentiments de confiance envers le nouveau Président.

Ce même jour, sur la proposition de M. Mouchel, le Conseil prit la délibération suivante :

« .... Considérant que le contingent actuellement imposé à la ville d'Elbeuf y élève le principal de la contribution mobilière à 7.72 pour 100 du loyer brut, chiffre presque double du taux moyen dans le departement...

« Le Conseil prie M. le préfet de bien vouloir ordonner une enquête sur la valeur réelle des locaux d'habitation imposables dans la ville d'Elbeuf ;

« Accepte, au nom de la ville, de supporter les frais de cette enquête, s'il y a lieu ;

« Et sollicite du Conseil général et du Conseil d'arrondissement une fixation nouvelle du contingent de la ville d'Elbeuf, d'après les résultats de l'enquête ci-dessus et sur les bases fixées par le Conseil général en 1885. »

Il fut ensuite donné lecture d'un rapport sur l'ouverture d'une Bourse de travail, avec bureau de placement gratuit. La ville prenait à sa charge le loyer de l'immeuble, soit 650 fr. par an ; 600 fr. pour sa part dans le traitement de l'employé ; le chauffage, évalué à 300 fr. ; enfin, la ville ferait, à ses frais, les travaux d'aménagement de l'immeuble estimés à 2.375 fr.

M. Rabier combattit les conclusions du rapport. Suivant lui, cette création n'était pas utile; les syndicats auraient dû s'entendre entre eux pour faire tous les frais de la Bourse, puisqu'ils avaient refusé les locaux qu'on leur avait offerts dans l'hôtel de ville. Il ajouta que les ouvriers étaient divisés en deux camps : les syndiqués et les non-syndiqués, et que la Bourse ne servirait qu'à quelques meneurs, ayant à satisfaire des ambitions personnelles.

M. Mouchel répondit que M. Rabier avait lui-même voté le principe de cette création. Bref, un amendement, que celui ci proposa, fut rejeté à l'unanimité, et l'on adopta les conclusions du rapport.

M. Marcel Sembat, député, fit une conférence à l'Alcazar de Caudebec, le 11 mars.

Il avait été créé un vélodrome rues Magenta et de Guise, près du Champ de foire ; il fut mis à la disposition des cyclistes le 12. Le Véloce Club Elbeuvien, auquel il appartenait, l'inaugura le mois suivant.

Le 18, au Cirque-Théâtre, on joua *Elbeuf sens dessus dessous*, revue locale, qui n'eut aucun succès.

M. l'abbé Bellot, sous le patronage d'un comité dit de Jeanne Darc, avait adressé à l'administration municipale une demande tendant à obtenir que l'on confiât les enfants des écoles laïques à un prêtre de l'école Fénelon, pour les conduire en promenade.

M. Mouchel, maire, avait répondu que l'administration ne pouvait confier les enfants des écoles communales à une société non autorisée. La délégation cantonale, qui avait ensuite été saisie de cette demande, s'était montrée unanime pour la repousser et créer un patronage laïque dans le même but A la séance municipale tenue le 28 mars, M. Mouchel demanda un crédit de 200 fr. pour organiser tout de suite des promenades le dimanche, ce qui fut voté à l'unanimité, sauf par M. Rabier.

M. Mouchel appela ensuite l'attention du Conseil sur l'impôt foncier, payé par les propriétaires elbeuviens à raison de 103 pour 100, tandis que les populations du département ne payaient en moyenne que 43 pour 100, et engagea nos concitoyens lésés à produire des réclamations

Dans cette même séance, il fut donné lecture d'un rapport sur le projet de travaux à exécuter à la caserne, notamment du côté de la rue de la Justice. La dépense étant évaluée à 150.000 fr., somme réduite à 125 000 fr., par la suppression d'une indemnité de 1.000 fr. payée jusque-là.

M. Lechêne combattit les conclusions du rapport, qui néanmoins furent votées.

M. Mouchel donna ensuite lecture d'un rapport tendant à obtenir une nouvelle évaluation des propriétés bâties et montrant, par un tableau. l'énorme dépréciation subie à Elbeuf, par les immeubles, soit industriels, soit à usage d'habitation.

Le Conseil vota un crédit de 2.000 fr. pour, au besoin, être employé à payer les frais d'une évaluation nouvelle des propriétés bâties sur le territoire d'Elbeuf.

A la première séance du Conseil général, M Maille proposa à ses collègues d'émettre le vœu qu'une nouvelle évaluation de la propriété bâtie fût établie en 1900, ce que l'assemblée adopta.

Une nouvelle conférence fut faite à l'hôtel de ville, par M. Gadeau de Kerville, le 22 avril. — M. le pasteur Rœrich, de son côté, en fit une série à l'oratoire de la rue Gambetta.

En ce même temps, on reparla de M. Gustave Hermier, qui se produisit de nouveau en public, sans plus de succès que précédemment.

Le 8 mai, mourut, rue de l'Hospice, Mme Triton, née à Paris le 13 mai 1799 ; elle était donc centenaire, à cinq jours près.

Parmi les artistes dont les œuvres figurèrent au Salon de 1899, nous citerons nos concitoyens : Mlle Berthe Mouchel, M. Edouard-Charles Tronel (peinture); Mlle Jeanne-Laure Fouchet, M. Emile-Louis Minet, Mlle Marie Voisard (aquarelle et miniature); MM Eugène-Ernest Chrétien, Georges Wallet (sculpture); M. Lucien Rudaux (arts décoratifs). — Cette même année, M. Georges Huet prit part à à l'exposition de la Société nationale des Beaux-Arts, où il envoya plusieurs tableaux et aquarelles.

Le conseil municipal, réuni le 19 mai, ratifia l'achat de la propriété Justin, pour le prix principal de 30.500 fr. Cette acquisition fut faite en vue de l'agrandissement de la place Saint Louis.

Ce même jour, le Conseil vota une somme de 3.500 fr. pour la création de deux cabines de bains-douches à 10 centimes, à l'angle des rues Th.-Chennevière et Salvandy.

Il adopta ensuite des mesures destinées à faciliter les installations d'eau dans les petits logements d'un loyer inférieur à 250 fr. La Compagnie des eaux entrerait pour un tiers dans la dépense d'installation jusqu'au compteur et la ville pour un tiers également ; le surplus serait à la charge du propriétaire. L'engagement ne serait pris que pour trois ans et à titre d'essai.

Le lendemain 20, M Eugène Fournière, député, fit une conférence à l'Alcazar de Caudebec, sur « la liquidation de l'affaire Dreyfus ». — Dans notre canton, comme partout en France, cette affaire provoqua longtemps de nombreux commentaires.

L'inauguration de la Bourse du travail eut lieu le 11 juin sous la présidence de M. I. Maille et avec le concours de M. Mouchel, de délégués des Chambres syndicales ouvrières de Rouen et en présence des syndiqués d'Elbeuf. — Il y avait déjà quelque temps que le bureau de placement, annexé à la Bourse, était en service.

Par arrêté municipal daté du 13, l'arrêté du 18 mai 1896 portant délégation des fonctions de l'état-civil à M. Rabier, adjoint, fut rapporté.

Le jeudi 22 juin au soir, le parti républicain de notre ville apprit avec satisfaction la formation du cabinet Waldeck-Rousseau, dans lequel entrait un socialiste, M. Millerand.

Le même soir, il se tint à l'hôtel-de-ville une première réunion en vue d'aviser au moyen de combattre l'alcoolisme.

Ce fut par l'*Elbeuvien* du samedi 1er juillet que l'on apprit le retour, de l'île du Diable, du capitaine Dreyfus.

Le 19 juillet, une assemblée nombreuse vota les statuts de la société antialcoolique.

Le vendredi 21, vers 2 heures du matin, le feu se déclara, enclave de l'hospice, dans les greniers du grand bâtiment des vieillards, inauguré l'année précédente. Un soldat du 28e de ligne, M. Rougegrez, se cassa la jambe en coopérant à l'extinction. Les pertes matérielles furent assez considérables.

Vers ce même temps, les créanciers de l'ancienne banque Girard et Cie apprirent, avec plaisir, qu'à la suite d'un arrêt de la Cour d'appel de Paris, les époux Humbert avaient versé, à la liquidation de cette banque, une première somme de 2.000.000 fr.

Le 5 août, la chaleur s'éleva jusqu'à 36°5. Le soir, pendant un orage qui s'abattit sur notre région, plusieurs personnes furent mortellement frappées par la foudre, qui, en outre, causa des incendies.

Les bains-douches à 10 centimes furent inaugurés le 6 août.

Un incident marqua l'ouverture de la séance municipale du 8 août. M. Mouchel, maire, après avoir informé le Conseil qu'il avait retiré à M. Rabier, adjoint, les pouvoirs qu'il lui avait confiés, invita l'assemblée à déclarer également qu'il avait perdu sa confiance, ce qui fut voté par 14 voix, sans aucune opposition — M. Rabier dit alors qu'il resterait quand même.

M. Mouchel informa également le Conseil que sa demande d'une nouvelle évaluation de la propriété bâtie n'avait pas été favorablement accueillie, mais qu'elle avait néanmoins servi à quelque chose, puisque l'autorité supérieure venait de décider qu'une évaluation générale serait faite en 1900.

Dans l'après midi du 15 août, le feu se déclara rue Th.-Chennevière, dans un vaste bâtiment faisant partie de l'établissement de MM. Fraenckel-Blin, et causa, par la masse d'eau qui fut jetée dans la carderie, plus de 100.000 fr. de dégâts

A la session d'août le Conseil général vota un crédit de 155.000 fr., à l'effet de bâtir une nouvelle caserne de gendarmerie à Elbeuf, rues des Traites et Sainte-Marie, sur un terrain de 3.500 mètres carrés, à acquérir au prix de 5 fr. 25 le mètre.

La halte du Hêtre-à-l'Image fut ouverte le 15 août.

Sur la demande de M. Cauderay, une modification fut adoptée par le Conseil municipal au cahier des charges de la Compagnie des tramways.

M. Cauderay fut exonéré de l'obligation de construire : 1° La ligne pour marchandises d'Elbeuf Saint-Aubin aux gares d'Elbeuf ; 2° la station pour voyageurs et marchandises au terminus de Saint-Aubin ; 3° sur les quais, la station pour marchandises ; 4° aux terminus Elbeuf-Ville, Orival, Saint-Pierre ; à Caudebec, place de l'Assemblée, à Elbeuf, place du Calvaire, des stations pour voyageurs et marchandises.

En échange, M. Cauderay s'engageait à construire : 1° une ligne du Tivoli (Caudebec-les-Elbeuf) à l'église Saint Jean, passant par le cours Carnot, les rues de Paris et Henry ; 2° des abris couverts pour voyageurs aux terminus de Saint-Pierre, du Tivoli, de l'église Saint-Jean et place du Calvaire. Il s'engageait en outre, à présenter, dans un délai de quatre années environ, un projet de prolongement, jusqu'à Pont-de-l'Arche, de la ligne du cours Carnot.

La demande en réduction du contingent mobilier de la ville d'Elbeuf reçut une solution favorable. A la suite d'une instruction ouverte par l'administration des contributions directes, on avait reconnu qu'il y avait lieu de réduire immédiatement ce contingent de 78.100 fr. à 53.900 fr., soit un dégrèvement de 24.200 fr.

Dans sa séance du 28 août, le Conseil général vota ce dégrèvement.

Et comme les centimes suivent le principal en matière de contribution mobilière, ces centimes se trouvèrent réduits de 19.000 fr., de telle manière que le dégrèvement total se chiffra par plus de 43.000 fr., ce qui représentait plus de 30 pour 100 sur la contribution mobilière proprement dite.

Un certain nombre d'Elbeuviens se rendirent à Rouen, le 17 septembre, pour assister à l'inauguration du pont transbordeur. La hauteur du tablier au-dessus de l'eau est d'environ 54 mètres.

En août, le conseil d'arrondissement de Pont-Audemer émit le vœu qu'une ligne de tramways fût construite de Pont-Audemer à Elbeuf, par Bourneville, Routot, Bourgachard et Bourgtheroulde. — La concession de cette ligne, ainsi que celle d'une ligne d'Elbeuf au Neubourg, par Saint-Pierre-des-Cercueils, avait été demandée par la Compagnie française de Tramways électriques.

Le conseil municipal fut saisi, le 3 octobre, d'un projet de construction de chapelle au côté nord de l'église Saint-Jean ; le devis s'élevait à la somme de 32.000 fr., couverte par le produit des quêtes et par un engagement personnel de M. l'abbé Renaud, curé-doyen. Le Conseil subordonna son avis favorable au remboursement préalable d'une somme de

2.248 fr., due par la fabrique paroissiale à la ville, et à la rectification du plan.

Le dimanche 29 octobre, un accident de voiture causa de si graves blessures à M. Lesage-Maille qu'il succomba le lendemain ; il était âgé de 82 ans. Le défunt avait rempli diverses fonctions publiques à Elbeuf, où il avait aussi fondé un prix de tempérance ; au moment de sa mort, il était maire du Tremblay.

Le mercredi suivant, 1er novembre mourut M. l'abbé Edmond Renaud, curé-doyen de Saint-Jean depuis 1884 ; il était âgé de 64 ans.

Par un arrêté de la veille, le préfet avait mis à l'enquête les lignes de tramways Calvaire-Tivoli et Calvaire-Eglise-St Jean, qui, on le sait, sont restées à l'état de projet.

Le 7 novembre, cette adresse fut envoyée à M. Waldeck-Rousseau, président du conseil des ministres, par l'Union républicaine du canton d'Elbeuf, le Comité démocratique du canton d'Elbeuf, le Comité radical-socialiste de Petit-Quevilly, le Comité radical d'Oissel, l'Union républicaine de Petit-Quevilly, l'Union démocratique de Petit-Couronne, le Comité démocratique de Grand-Quevilly, représentant la majorité républicaine de la troisième circonscription électorale de l'arrondissement de Rouen, réunis à Elbeuf, l'avant-veille :

« Considérant que la République a d'autant plus le droit de se défendre qu'elle représente non l'intérêt d'un homme ou d'une caste, mais l'universalité des droits et des intérêts nationaux, et qu'en déférant à la Haute-Cour les monarchistes et leurs complices nationalistes et antisémites, le gouvernement a tenu la promesse faite au pays républicain ;

« Considérant qu'en outre du complot soumis en ce moment à la juridiction compétente, il existe une conspiration militariste et cléricale, qui, depuis de longues années, mine les institutions démocratiques et menace la liberté;

« Considérant que si le service militaire reste jusqu'à nouvel ordre une nécessité de défense nationale, il importe que les soldats ne cessent pas d'être traités avec le respect dû à des citoyens, et qu'aucune raison n'oblige à les soustraire, en temps de paix, à la justice ordinaire du pays et aux garanties qu'elle comporte ;

« Les comités réunis félicitent le gouvernement de l'énergie dont il a fait preuve envers les ennemis de la République, et, comptant sur son patriotisme éclairé, lui demandent de défendre la Société civile en dissolvant les congrégations religieuses et en restituant leurs biens à la Nation; en enlevant le droit d'enseigner à ceux qui, sous prétexte de liberté, la réclame pour enchaîner les esprits dès l'enfance par la foi substituée à la raison, et en exigeant provisoirement que les fonctionnaires civils et militaires justifient qu'ils ont été exclusivement élevés dans les établissements de l'Etat, et de sauvegarder les droits des citoyens en restituant aux tribunaux civils la connaissance des crimes et délits commis par les militaires en temps de paix. »

Les conférences de fin d'année furent faites par M. Victor du Bled, docteur en droit et ancien sous-préfet ; M. Max O'Rell de nationalité française, mais habitant l'Angleterre.

La direction du Théâtre fut confiée à M. Schwartz-Pernet, qui abaissa le prix des places et, par ce moyen, réussit à faire ses frais.

Le conseil municipal vota, le 13 décembre, un emprunt de 192.600 fr., remboursables en trente années, par le paiement d'annuités de 10.545 fr. 92, pour l'acquisition de la propriété Justin, rue Saint-Louis, et l'amélioration de la caserne. Le prêteur était la Compagnie d'assurances « La Mutuelle Vie ».

Le Conseil donna un avis favorable à une délibération du Bureau de bienfaisance, créant, à partir du 1er janvier suivant, 74 pensions d'incurables et septuagénaires, de 90 francs chacune.

Le 17, M. Roujon. directeur des Beaux-Arts, délégué du ministre, vint présider la séance solennelle de la Société industrielle, dont le président était alors M. E. Nivert.

Le froid était devenu très vif. A partir du 18, la Seine charria des glaçons.

Le 20, MM. Louis Hourdou et Charles Avenel furent élus juges au Tribunal de commerce ; MM Georges Lefebvre, Ernest Manchion et Henri Gy, suppléants.

Le 28, un comité se constitua pour l'érection d'un monument en l'honneur des Elbeuviens morts au service de la patrie.

Les registres de l'état-civil enregistrèrent, pendant l'année 1899 :

A Elbeuf : 478 naissances, 168 mariages, 10 divorces, 634 décès ;

A Caudebec : 219 naissances, 81 mariages, 6 divorces, 299 décès ;

A Saint-Pierre, 79 naissances, 26 mariages, 2 divorces, 93 décès ;

A Saint-Aubin : 74 naissances, 28 mariages, 105 décès.

CHAPITRE XXVI

(Année 1900)

Faits divers. — Elections sénatoriale et municipale ; le programme républicain.— Le Congrès des Chambres syndicales. — Projet de division, en deux ou trois cantons, du canton d'Elbeuf — Les étudiantes et étudiants anglais a Elbeuf. — Les Elbeuviens a l'Exposition de Paris. — Une série de grèves.

La Chambre de commerce, dans sa réunion du 8 janvier, délibéra sur la durée des heures de travail dans les manufactures. Suivant elle, le Sénat devrait introduire, dans la loi qui allait lui être soumise, les deux points suivants :

« 1º L'ouvrier adulte, à partir de 18 ans, pourra traiter de gré à gré, avec son patron, du prix des heures supplémentaires, chaque fois que son travail ne nécessitera pas le concours de femmes ou d'enfants ;

« 2º En cas de chômage résultant d'une interruption accidentelle ou de force majeure ayant causé du préjudice au personnel ouvrier de l'établissement, l'inspecteur du travail pourra autoriser, à titre de compensation, pendant un nombre de jours à déterminer, des heures supplémentaires avec le même personnel d'hommes, de femmes et d'enfants sans que le maximum de chaque jour puisse dépasser treize heures. »

Cette délibération fut transmise au ministre du commerce, aux sénateurs et députés de la Seine-Inférieure, et aux Chambres de commerce et consultatives.

Les délégués sénatoriaux républicains du canton se réunirent à la mairie, sous la présidence de M. I. Maille, conseiller général, en vue des élections sénatoriales qui devaient avoir lieu le 28 janvier. Il fut décidé que, au premier tour, on voterait pour MM. Siegfried, Lesouef, Waddington et Orange, et que, au second, si l'un de ces candidats ne semblait pas avoir de chance de succès, on porterait le nom de M. Gervais, ancien député républicain.

Le scrutin fut peu favorable au parti républicain. Le premier tour ne donna pas de résultat ; mais au second MM. Waddington, Fortier, de Montfort et Gervais furent élus, par 825, 786, 763 et 746 voix, sur 1.484 votants. M. Lesouef n'obtint que 709 suffrages et M. Siegfried 592.

Le conseil municipal, réuni le 30, vota un crédit de 1.000 fr. pour l'envoi d'onze ouvriers et deux ouvrières, comme délégués par l'industrie elbeuvienne, à l'Exposition universelle de Paris.

A partir du 22 février, le journal l'*Elbeuvien* publia une série d'articles sur notre région, en en signalant les principales curiosités. Ces articles furent édités en un vol. in-12, sous le titre *Excursions aux environs d'Elbeuf.*

Dans sa séance du 28, le conseil municipal décida de changer le nom de plusieurs rues. Sainte-Marie deviendrait Hoche ; la rue Ste-Sophie prendrait le nom de Pasteur ; celle St-Joseph recevrait celui d'Ampère ; la rue Tournante se nommerait Michelet ; celle St-Laurent deviendrait rue de la Convention ; enfin le nom de la Liberté remplacerait celui de Sainte-Marie, précédemment donné à la place de l'Immaculée-Conception.

Le 5 mars, on inhuma M. Adolphe Haas jeune, négociant, décédé à Paris à l'âge de 60 ans. Il avait donné, par testament, une somme de 10.000 fr. à l'Hospice de notre ville.

Les premiers conférenciers qui se firent entendre cette année-là furent M. Robert de la Villehervé, accompagné de M. Jacques Fenoux, de la Comédie-Française, et de Mlle Rose Syma, de l'Odéon ; James Plé, commandant d'infanterie de marine.

En ce même temps, M. Gadeau de Kerville et M. le pasteur Rœhrich firent également des conférences.

Le 11 avril, M. le docteur Dufour, de Fécamp, fit une conférence sur l'œuvre de la Goutte de Lait fondée dans cette ville, et établit que la mortalité des enfants du premier âge était tombée, depuis cette création, de 29 pour 100 à 2 pour 100. M. Mouchel, maire, présent, dit qu'il s'inspirerait de l'œuvre de Fécamp et que son administration installerait à la Crèche un service semblable.

Le samedi 14, à l'occasion de l'ouverture de l'Exposition de Paris, les édifices publics de notre ville furent ornés de drapeaux et illuminés le soir. Une retraite aux flambeaux parcourut les principales rues.

Le 24, le Conseil général de la Seine-Inférieure prit en considération une demande, faite par la Société Française des tramways électriques, tendant à créer une ligne de tramways d'Elbeuf à Routot, par Bourgtheroulde et Bourgachard, et une seconde ligne d'Elbeuf au Neubourg. — On sait qu'aucune suite n'a é'é donnée à ce projet.

Sur la demande du général Galimard, commandant le 3e corps d'armée, qui était venu à Elbeuf pour passer la garnison en revue, notre ville concéda, dans le cimetière Saint-Jean, un terrain sur lequel on érigerait le monument projeté à la mémoire des soldats du canton morts au service militaire.

La séance municipale tenue le 4 mai étant la dernière assemblée du Conseil élu en 1896, le public s'y trouva très nombreux, bien que rien de sensationnel ne figurât à l'ordre du jour. Avant de lever la séance, M. Mouchel, maire, remercia les membres du Conseil de la confiance et du concours qu'ils avaient donnés à l'administration. « Nous avons fait de bonnes choses, ajouta M. Mouchel, pas toujours avec beaucoup d'agrément pour nous, mais avec la satisfaction d'avoir établi des œuvres utiles, qui subsisteront après nous. »

Les électeurs furent convoqués pour le 6 mai, afin de renouveler le conseil municipal.

Les comités de « l'Union républicaine » et de « l'Union républicaine radicale » avaient un programme commun et présentaient les mêmes candidats. Ce programme était ainsi établi :

Le Monument « Aux Morts pour la Patrie »

Stricte économie dans les dépenses communales ;
Continuation de la campagne, déjà commencée avec succès, pour la réduction des impôts ;
Création de tramways vers Pont-de-l'Arche, le Neubourg et Bourgtheroulde ;
Ferme maintien du principe de la laïcité des services publics ;
Observation de la discipline républicaine par les fonctionnaires municipaux ;
Améliorations à tous nos établissements scolaires, de manière à en obtenir les résultats les plus favorables ; aide et appui énergique à leur personnel ;
Création d'une école de filles dans le quartier de la rue du Neubourg ;
Extension du service des pensions aux vieillards et création de nouveaux lits à l'hospice ;
Création d'une garderie d'enfants à la Maternité ;
Création d'une école de gardes-malades et d'infirmières laïques ;
Développement du service de placements gratuits organisé à la Bourse du Travail ;
Développement et perfectionnement du service de distribution de lait stérilisé et du service des bains-douches ;
Le programme portait en outre :
Aide et appui aux entreprises locales ayant pour but de développer d'une manière sérieuse l'enseignement du tir ;
Aide et appui à toutes les entreprises ayant pour but de favoriser le commerce et l'industrie ; à toutes les entreprises ayant pour but d'améliorer, sans idée de secte ni de parti, l'instruction générale, l'instruction profession-

nelle et les conditions d'existence de la classe ouvrière ;

Maintien et défense énergique des institutions républicaines ;

Vœux en faveur des réformes suivantes :

Révision de la Constitution dans un sens démocratique ;

Suppression des impôts directs actuels et leur remplacement par des taxes progressives sur le capital et le revenu, avec exonération pour les petits revenus et les familles nombreuses ;

Enseignement commun de tous les Français dans les écoles de l'Etat ;

Suppression du monopole des pompes funèbres.

M. Mouchel et M. Lafosse, maire et adjoint sortants, donnèrent aux électeurs un compte-rendu succint des actes de leur gestion, dont voici le texte :

La question financière :

Trois actes importants de l'administration actuelle ont eu pour effet de réduire de 118.000 francs par an la somme à sortir, directement ou indirectement, de la poche des contribuables Ces trois actes sont :

La suppression des octrois, qui a économisé par an sur les frais de perception des taxes communales.................. .... 56.000 fr.

L'adoption des becs Auer pour l'éclairage public, qui a réalisé une économie annuelle de.......... 9.000 fr.

Le dégrèvement obtenu sur la contribution mobilière, qui s'est élevé à................. ...... 53.000 fr.

Soit en tout, par an...... 118.000 fr.

La question des tramways :

Un premier réseau, reliant les cinq communes de l'agglomération, existe et fonctionne. Les tarifs en sont extrêmement réduits ;

L'extension de ce réseau, sur le cours Carnot et ensuite vers Pont-de-l'Arche, est assurée par un traité approuvé par le Conseil général ;

L'étude de nouvelles lignes vers Bourgtheroulde et Le Neubourg est actuellement entreprise.

L'éclairage électrique :

L'éclairage électrique a été concédé à la Compagnie du Gaz, mais avec droit de rachat par la Ville en 1911, date à laquelle la concession de la Compagnie pour le gaz arrive à expiration.

Cette affaire est loin d'être bonne pour la Compagnie qui l'a entreprise ; néanmoins, dès l'année prochaine, elle devra, d'après le traité, abaisser son prix de vente.

L'amélioration du sort des ouvriers :

Les mesures prises par l'administration et le conseil municipal ont été les suivantes :

Pour la première enfance : création d'un service de distribution, à prix réduit, de lait stérilisé ;

Pour les enfants d'âge scolaire : Extension considérable du système des cantines (de 2.465 repas par mois en 1894, on est passé à 8.754 en 1899) ;

Pour les jeunes filles : création d'un cours primaire supérieur gratuit à l'école de la rue Seine ;

Pour les adultes de tout âge : Création d'une Bourse du travail et d'un bureau de placement gratuit (300 placements depuis le commencement de l'année) ;

Tarifs spéciaux aux heures d'atelier et tarifs d'abonnement extrêmement réduits sur les tramways ;

Création à l'Ecole manufacturière d'une section ouvrière, qui a permis aux véritables ouvriers de profiter des dispenses d'ouvrier d'art, auparavant réservées à peu près exclusivement aux fils de patrons ;

Création d'un service de bains-douches à 10 centimes ;

Subventions aux sociétés de secours-mutuels ;

Création d'une Maternité.

Pour les vieillards :

Agrandissement de l'Asile des vieillards et création de 40 lits nouveaux à l'hospice ;

Création de 74 pensions à chacune 90 fr. par an ;

Tous les nouveaux services ainsi créés ont été convenablement dotés, et leur fonctionnement ne dépend pas du bon vouloir hypothétique de membres honoraires.

L'état actuel des finances :

L'exercice de 1899 se solde :

Au budget municipal, par un excédent réel de....................... 8.000 fr.

A l'Hospice, de... .... 10.000 fr.

Au Bureau de bienfaisance, de. 5.000 fr.

Les excédents permettront de réaliser la plupart des améliorations inscrites au programme de « l'Union républicaine ». sans charge nouvelle pour les contribuables.

Le produit de la surtaxe de 7 fr. sur les alcools est absolument libre pour les quatre années 1901, 1902, 1903 et 1904.

Les réserves de la ville s'élèvent à 86 000 francs.

En résumé, de 1895 à 1900 :

Les octrois ont été supprimés (300.000 fr. par an).

La feuille globale d'impôts des contribuables elbeuviens a été réduite de 926.000 fr. à 886.000 fr. par an.

Les dépenses de l'assistance publique ont été augmentées de 149.000 à 198 000 fr.

Ces résultats n'ont pu être obtenus que par la poursuite énergique de tous les dégrèvements possibles, en même temps que par une économie sévère sur toutes les dépenses non strictement indispensables.

L'Elbeuvien soutint la liste démocratique formée par le Comité de l'Union républicaine, comprenant les conseillers sortants qui se représentaient, et de noms nouveaux ; les candidats figurant sur cette liste sont marqués d'un G dans le tableau ci-après. *L'Industriel* appuya une liste composée d'ancien conseillers républicains modérés, de nationalistes et de réactionnaires ; les membres de cette liste sont marqués d'un D. Le scrutin donna les résultats suivants :

Electeurs inscrits : 5.467 ; votants ; 3.537 ; suffrages exprimés : 3.500 ; bulletins blancs et nuls : 42 ; Voix diverses : 356 ; majorité absolue : 1.748.

Elus, MM.

Manot	1.995 G	Coulon	1.884 G
Vouchel	1.959 G	Grout	1.855 G
Lafosse	1.942 G	Cordier	1.848 G
Coquerel	1.923 G	David	1.848 G
Courtillet	1.918 G	Bocquet	1.838 G
Berrier (Fernand)	1.889 G	Auvray	1.832 G

Elus, MM.

Moulard.....	1.825 G	Louchard....	1.764 G
Lalouel......	1.819 G	Brion (Ch.)..	1.762 G
Cauvin......	1.818 G	Quenneville .	1.753 G
Catignon	1.798 G	Chalot	1.751 G
Clérisse	1.789 G	Bourdet (Louis).	1.750 G

Non élus, MM.

Pain (Louis-Ern.)	1 710 G	Drapied	1.477 D
Vallée (Raoul).	1.703 G	Didion fils...	1.474 D
Huet (Nestor)	1.606 D	Delahaye....	1.472 D
Vogt (Emile)	1.597 G	Fossard (Louis)	1.464 D
Laignel......	1.590 D	Guilbert....	1 463 D
Dupont	1.586 D	Poret.......	1 449 D
Avenel......	1 543 D	Voranger....	1.449 D
Delamare....	1.526 D	Duprey......	1.446 D
Lebourgeois .	1.509 D	Moinet......	1.434 D
Harel	1.492 D	Guillochin...	1 429 D
Grenier	1.487 D	Gervais	1 411 D
Maris	1.486 D	Ribault......	1.407 D
Grosclaude..	1.483 D	Delaunay....	1.385 D
Mouquin	1.483 D	Lambert.....	1.369 D
James.......	1.481 D	Mortreuil....	1.347 D

Au scrutin de ballottage, MM. Pain, Vallée et Vogt, de la liste de gauche, furent élus, sans concurrents, par 1.596, 1.584 et 1.524 suffrages.

Le 18 mai, mourut M. Adolphe Fraenckel, de la maison Fraenckel-Blin, ancien conseiller municipal, et l'un des fondateurs, à Bischviller, de la Ligue de l'Enseignement. Il était âgé de 66 ans.

Le dimanche 20, on procéda à l'installation du nouveau conseil municipal et à l'élection des membres de l'administration. M. Charles Mouchel fut réélu maire et M. Emile Lafosse premier adjoint. Le scrutin pour les fonctions de second adjoint désigna M. Courtillet.

Le 25, le Conseil se réunit à nouveau, pour

composer les diverses commissions. A l'issue de la séance il rédigea l'adresse suivante :

« Les soussignés, maire, adjoints et membres du conseil municipal de la ville d'Elbeuf, réunis hors séance, adressent à M. le Président de la République, à M. le Président du Conseil et à MM. les Ministres, l'expression de leur chaleureuse sympathie, et les assurent de tout leur concours dans l'œuvre de défense républicaine, de réformes et de progrès social qu'ils ont si courageusement entreprise. »

Les 3 et 4 juin, il se tint un Congrès des Chambres syndicales de la Seine-Inférieure, dans l'enclave de la Bourse du travail.

Les Chambres syndicales qui s'étaient fait représenter étaient : Union des Tisseurs d'Elbeuf, Cotonniers de Rouen, Mécaniciens de Rouen, Menuisiers de Rouen, Cochers de Rouen, Journaliers du Port de Rouen, Charpentiers de Rouen, Fédération elbeuvienne, Métallurgistes de Déville, Ouvriers du dock et des Magasins généraux du Havre, Chauffeurs et Conducteurs de Rouen, Serruriers du bâtiment de Rouen, Maçons et Plâtriers de Rouen, Menuisiers d'Elbeuf, Employés de commerce de Rouen, Cordonniers de Rouen, La Fourmi d'Elbeuf, Ouvriers en voitures de Rouen, Fédération des Chambres syndicales du Havre, Imprimeurs, Graveurs et Lithographes du Havre, Voiliers du Havre, Coiffeurs de Rouen, Chaudronniers de Rouen, Fédération des Chambres syndicales ouvrières de la Seine-Inférieure.

Dans ce Congrès, on traita de : l'extension de la loi de 11 heures à tous les travailleurs, de l'application aux employés des lois de protection du travail, des heures supplémentaires, du repos hebdomadaire, des retraites ouvrières, du projet de loi sur les syndicats, du paiement des salaires, de la suppression des amendes, de la saisie-arrêt, de la revision de la loi sur la conciliation et l'arbitrage, de la protestation Georges Berry sur les coopératives, de l'éligibilité des femmes aux conseils de prud'hommes, du contre-projet relatif à la marine marchande, de la suppression de la présidence à la Fédération départementale, de la suppression du travail dans les prisons et couvents, de la suppression des bureaux de placement, d'un réglement dans chaque commune établissant un minimum de salaires en rapport avec les exigences de l'existence, et enfin de la création d'une caisse de route.

Vers le commencement de juin, M. Jomard, curé de l'Immaculée-Conception, chanoine honoraire, passa à la cure de Saint-Godard de Rouen, et fut remplacé, à Elbeuf, par M. Savoye, curé d'Harfleur.

En ce même temps, M. Biard, curé-doyen de Grand-Couronne, fut nommé curé doyen de Saint-Jean.

Les 9 et 11, M. Sébastien Faure était à Elbeuf et fit deux conférences, sur l'Idée de Dieu, à la Salle des Fêtes de Caudebec.

Dans la séance qu'il tint le 19, le conseil municipal eut à s'occuper d'une difficulté qui s'était élevée dans la désignation des ouvriers délégués à l'Exposition de Paris. Il adopta ensuite une mesure tendant à relever le marché Saint-Louis, qui périclitait.

Conformément à un arrêté du préfet, daté du 4 juillet, on ouvrit une enquête sur le projet de division, en deux cantons, du canton d'Elbeuf.

A partir de juillet, le marché Saint-Louis reprit de l'animation, grâce à des primes délivrées aux vendeurs et aux acheteurs, par les soins d'un Comité qui s'était formé dans le quartier.

Le samedi 16 juillet, le thermomètre monta jusqu'à 37°4.

Les maires du canton de Bourgtheroulde, sur la convocation de M. Leroux, conseiller d'arrondissement, se réunirent, le 24, à l'effet d'examiner le projet de tramways d'Elbeuf à Pont-Audemer, dont l'ajournement avait été décidé par le Conseil général de l'Eure au mois d'avril précédent, et de faire prendre des délibérations par le conseil municipal de leur commune respective.

M. Merly, commissaire central, ayant été nommé à Bordeaux, notre administration municipale profita de cette circonstance pour demander la suppression de l'emploi et obtint un sursis ; mais, le mois suivant, M. Barbary fut nommé commissaire central.

Dans la séance du 27 juillet, le conseil municipal prit connaissance d'un rapport de M. Moulard, concluant à la construction, rue Poussin, d'une salle pour le Patronage scolaire, sur un terrain appartenant à la ville. Les dépenses devaient s'élever à 23.000 fr. La discussion fut assez vive et le projet ne fut voté que grâce à la voix prépondérante du maire : les opposants ne faisaient d'ailleurs d'observations que sur le choix de l'emplacement. — Le Conseil vota ensuite un crédit de 500 fr. pour organiser des promenades scolaires pendant les vacances.

Le 2 août, un grand nombre d'étudiantes et d'étudiants anglais arrivèrent dans notre ville, où ils prirent pension. pour un mois, chez des habitants, à l'effet de suivre des cours de vacances organisés au Petit Lycée sous la direction de M. Hensman, délégué du « Teachers' Guild ». Ces jeunes gens, tous professeurs dans les écoles anglaises, furent reçus dans la salle des fêtes de l'hôtel de ville, par la municipalité, à laquelle les présenta M. Léon. professeur au Lycée. et M. Mouchel leur adressa des souhaits de bienvenue.

En sortant de l'hôtel de ville, les étudiants et étudiantes se rendirent au Vélodrome, où un thé leur fut servi. Cette première réunion se termina par le *God save the Queen*, joué par M. Feuillye, professeur de mandoline, ce qui impressionna vivement nos nouveaux hôtes, très flattés de cette délicate attention.

Ils se rendirent le soir au concert que donnait « l'Harmonie » au jardin de l'hôtel de ville, où une bande de soi-disant nationalistes et de gamins manifesta contre eux — on sait qu'à cette époque l'Angleterre faisait la guerre aux Boërs — comme si ces jeunes professeurs étaient responsables des actes de leur gouvernement. Les manifestants ne réussirent qu'à effrayer quatre ou cinq jeunes filles, françaises et anglaises. Le *Journal de Rouen* et l'*Elbeuvien* blâmèrent cette manifestation ridicule, qui ne se renouvela d'ailleurs pas, heureusement pour la réputation de notre ville

Pendant la durée de leur séjour à Elbeuf, les étudiants assistèrent aux cours qui leur furent donnés, chaque matinée, par quatre professeurs, dont deux d'Elbeuf, un de Bayeux et un de Rouen. L'après-midi fut consacrée par eux à des excursions aux environs de notre ville.

M. Jules Barthélemy, négociant, mourut le 4 août. Par testament, il avait donné 10.000 fr. à l'hospice d'Elbeuf.

Le conseil municipal se réunit le 7. Le principal objet de la séance était un avis à donner sur une proposition faite par M. Maille au Conseil général de diviser le canton en deux, qui seraient : le canton Elbeuf-Ouest et le canton Elbeuf-Est. Il avait semblé à M. Maille qu'il était contraire aux intérêts du canton, peuplé de 42.000 habitants, de ne posséder qu'une voix au Conseil général et au Conseil d'arrondissement, tout comme de nombreux cantons de 6 000 à 8.000 habitants.

L'administration municipale, au moins en majorité, entrait dans les vues de M Maille et proposait même, par amendement, la division en trois cantons : un comprenant la partie de la ville située au Sud de la plus grande ligne des tramways, comptant 11.686 habitants, plus les communes d'Orival et de La Londe, soit au total 14.158 habitants ; le second se composant des communes de Caudebec et de Saint-Pierre, peuplées de 13.749 habitants ; et le troisième englobant la partie d'Elbeuf située au nord de la grande ligne de tramways, comptant 8 856 habitants, plus les communes de Saint-Aubin, Cléon, Freneuse, Tourville et Sotteville sous le Val, soit un total de 13.952 habitants.

On faisait remarquer que la moyenne de la population de chaque canton de la Seine-Inférieure était de 14.000 habitants : la division proposée par l amendement se rapprochait donc beaucoup de cette moyenne.

A l'enquête, il n'y avait eu que quatre oppositions : une des notaires d'Elbeuf, qui craignaient la création de nouveaux notariats, les autres émanant d'habitants d'Orival et de Saint-Pierre, qui supposaient que la division serait une cause d'augmentation d'impôts. Mais M. Gaudel, président de la commission d'enquête, avait assuré que ces craintes étaient vaines, qu'Elbeuf ne cesserait pas d'être le chef-lieu des cantons et qu'il n'y aurait pas de nouvelles justices de paix ou autre service administratif.

Après discussion, le conseil municipal vota d'abord sur l'amendement, qui fut repoussé par 15 voix contre 6, puis sur la division en deux cantons seulement, également repoussée, par 13 voix contre 8.

Pendant toute la durée de l'Exposition, mais surtout à partir du commencement du mois d'août, un grand nombre d'Elbeuviens profitèrent des trains de plaisir pour se rendre à Paris, ce dont le commerce de détail local eut quelque peu à souffrir.

Bien qu'assez longue, nous reproduisons la liste des récompenses décernées aux exposants de notre ville et du canton, ainsi qu'à leurs collaborateurs.

Classe 3. — *Enseignement supérieur, Institutions scientifiques*. — Mention honorable, Société d'étude des Sciences naturelles d'Elbeuf.

Classe 6. — *Enseignement spécial et commercial*. — Médaille d'or, Société industrielle d'Elbeuf (collaborateurs : médaille d'argent, M. Revert ; médaille de bronze, M^{ll} Paulus). — Médaille d'argent, Ecole manufacturière d'Elbeuf (collaborateurs : médaille d'argent, M. Ch Thomas ; médaille de bronze, M. Baudouin).

Classe 7. — *Œuvres d'Art.* — Médaille d'argent, M. Chrétien, statuaire. — Médailles de bronze, M. Georges Wallet, statuaire, et M. Bouchor, peintre.

Classe 13. — *Librairie, reliure, affiches, journaux.* — Médaille de bronze, M. Allain.

Classe 29. — *Modèles, plans et dessins de travaux publics.* — Médaille d'argent, M. Blanchet, à Saint-Aubin.

Classe 35. — *Matériel et procédés des exploitations rurales.* — Médaille d'argent, M. Filoque fils, à Caudebec.

Classe 49. — *Industrie forestière* (décoration de la classe, collaborateurs). — Médaille de bronze, Mlle Lucie Grosclaude, à Elbeuf.

Classe 72. — *Céramique.* — Médaille de bronze, M. Blaclot, à Orival.

Classe 77. — *Matériel et procédés de la fabrication des tissus.* — Médaille d'argent, M. Simon, à Elbeuf.

Classe 78. — *Matériel et procédés de blanchiment, de teinture, d'impression et d'apprêts des matières textiles.* — Médaille d'or, MM. Monpin et Saint-Rémy, à Elbeuf.

Classe 81. — *Fils et tissus de lin, de chanvre; produits de la corderie.* — Exposants hors concours : Hamelle et Chedville, à St-Pierre. — Collaborateur : médaille de bronze, M. Joseph Vivien.

Classe 82. — *Fils et tissus de laine.* — Membres du jury : MM. Emilien Nivert et Paul Fraenckel.

Exposants hors concours : MM. Blin et Blin, Fraenckel-Blin E. Nivert et E. Boulet.

Grands Prix : Exposition collective de la Chambre de commerce d'Elbeuf. — MM. Franchet et Marcel Olivier.

Médailles d'or. — MM. Clarenson et Lebret, Lemonnier fils et Laignel (société de la manufacture de draps), Lécallier fils, Lecorneur père, fils et Cie, Goujon et Bourgeois, Aimé Lefebvre et fils, Raynald Prinvault, Désiré Chedville.

Médaille de bronze : MM. Jules Voisin et Gustave Hue.

Collaborateurs. — Médailles d'or : MM Julien Ramet, maison Blin et Blin ; Frédéric Brécheissen, maison Fraenckel-Blin, Henri Léguillier, maison Nivert et Boulet ; Louis David. maison Franchet et Marcel Olivier ; Jules Frémont, maison Lemonnier fils et Laignel ; Constant Durand, maison Raynald Prinvault ; Elie Leloup, maison Clarenson et Lebret.

Médailles d'argent : MM. François Ramet, maison Blin et Blin ; Charles Brécheissen, Edouard Demouche, maison Fraenckel-Blin ; Désiré Redon, Emile Malzard, Eugène Adam, maison Nivert et Boulet ; Albert Guérin, maison Lecerf ; Albert Cavelier, maison Franchet et Marcel Olivier ; Joseph Vivien, maison Désiré Chedville ; René Levoiturier ; Jules Abbaye, maison Lemonnier fils et Laignel ; Charles Martel, maison Raynald Prinvault ; Moïse Vernetuit, Zéphirin Lamiot, maison Clarenson et Lebret.

Médailles de bronze : MM. Félix Houte, maison Blin et Blin ; Pascal St-Ouen, Denis Horent, Georges Hauser, Joseph Lambrette. Joseph Saint-Ouen, maison Fraenckel-Blin ; Maximilien Loisel, Augustin Marage, Adolphe Buron, Alfred Mesnil, Albert Herpé, Auguste Lemoine, Benoist Lagorio, Frédéric Saumon, Mme Rosine Dubois, maison Nivert et Boulet ;

Saturnin Roulé, Alfred Lebœuf, maison Lecerf ; Mlle Rose Crespin, Alfred Marais, maison Désiré Chedville ; Mme veuve Barge, Ernest Trède, maison Lemonnier fils et Laignel ; Adrien Hébert, Henri Ignard, maison Aimé Lefebvre et fils ; Désiré Doucet, Nicolas Nockin. Henri Dron, Paul Revel, maison Clarenson et Lebret.

Mentions honorables : MM. Charles Ostermann, Victor Collard, maison Fraenckel-Blin ; Mme Joséphine Gruel ; Mlle Désirée Moulin, Mlle Noémie Dantan, maison Nivert et Boulet ; Louis Decaux, maison Désiré Chedville ; Paul Maydieu, Alfred Lebret, maison Lemonnier et Laignel ; Emile Frileux, Adolphe Démare, Edmond Verne, Eugène Alépée, maison Clarenson et Lebret.

Classe 83. — *Soies et tissus de soie.* — Médaille d'or, MM. Strohl, Schwartz et Cie, à Saint-Aubin-lès-Elbeuf. — Collaborateurs : médaille d'argent, M. Kayser.

Classe 87. — *Arts chimiques.* — Médaille d'or, MM. Perré et fils, de Saint-Aubin-les-Elbeuf.

Classe 108. — *Institutions pour le développement intellectuel et moral des ouvriers.* — Médaille d'or. Société industrielle d'Elbeuf. — Médaille d'argent, société de gymnastique et de tir « l'Alsacienne-Lorraine » d'Elbeuf.— Mention honorable. Patronage Jeanne-d'Arc d'Elbeuf. — Collaborateurs : Médailles de bronze. MM. Charles Backhauss et Léon Michel, de « l'Alsacienne-Lorraine » d'Elbeuf.

Classe 109. — *Institutions de Prévoyance.* — Médaille d'argent, MM. Blin et Blin. — Collaborateur ; médaille d'argent, M. Charles Backhauss.

Classe 112. — *Assistance publique.* — Médaille d'argent, Institution des sourds-parlants à Elbeuf, M. E. Capon, directeur.

Classe 120. — *Services administratifs.* — Membre du jury, M. Jules Blin. — Exposants hors concours, MM. Blin et Blin. — Collaborateurs : médaille d'or, M. Charles Backhauss ; médaille d'argent, M. Hermann ; médaille de bronze, M. Brion.

Nous aurions eu à enregistrer un autre grand prix sans la nomination un peu tardive de M. Paul Fraenckel comme juré de la classe 82, ce qui avait permis à ses collègues d'examiner et de se prononcer sur l'exposition de la maison Fraenckel-Blin, et le grand prix lui avait été attribué à l'unanimité.

Le 18 août, un chasseur d'Elbeuf tua un phoque dans la Seine, au barrage de Martot.

Une grève des ouvriers du quai, qui s'était déclarée, se termina après quelques jours. — Une petite grève éclata également parmi les rattacheurs dans deux établissements.

Dans sa session d'août, le Conseil général de l'Eure ajourna sa décision sur les projets de tramways de Cormeilles à Elbeuf, par Pont-Audemer et Routot, et du Neubourg à Elbeuf, jusqu'à « l'établissement » du chemin de fer du Havre vers le Sud-Ouest.

Cependant, le Conseil général admit que si la ligne de chemin de fer tardait trop, la question des tramways serait reprise.

Le 25, beaucoup d'Elbeuviens se rendirent à Caudebec, où une conférence contradictoire eut lieu entre MM. Sébastien Faure et le docteur Bonifas ; il s'y trouva 1.500 auditeurs. — Le surlendemain, M. Sébastien Faure fit une seconde conférence.

Au commencement de septembre, un krach formidable atteignit les places de Roubaix et de Tourcoing et eut une répercussion sur d'autres centres lainiers, mais Elbeuf ne s'en ressentit à peu près point.

Vers ce temps, il se produisit une autre grève, qui dura trois semaines, parmi les mariniers de la Seine. Les ponts, les écluses et les rives du fleuve, devant, en aval et en amont de notre ville, furent gardés par la gendarmerie. Les autorités envoyèrent même les torpilleurs *112* et *106*, qui naviguèrent d'Elbeuf aux écluses de Poses. Le 7 septembre, 23 bateaux, dont 7 vapeurs, stationnaient aux écluses de Saint-Aubin, où un grand nombre de promeneurs se rendirent.

Quelques jours après, l'attention des curieux se porta sur une fontaine que des travaux de réfection avaient mise à jour dans la maison faisant l'angle des rues Saint Jean et de la République.

Au banquet offert, le 22 septembre, par le Président de la République et les membres du gouvernement à tous les maires de France, le canton d'Elbeuf fut représenté par toutes ses communes, sauf celles de Cléon et de Saint-Pierre.

Ce même jour, mourut, à l'âge de 85 ans, Mme veuve Chevalier, née Victoire-Eugénie Maubert, qui, par testament, avait légué plus de 105.000 fr à divers établissements de bienfaisance de notre ville.

Par délibération en date du 5 octobre, le conseil municipal décida de donner les noms suivants aux écoles communales :

Ecoles : de la rue du Tapis-Vert, *Condorcet* ; de l'impasse Chefdrue, *Paul Bert* ; de la rue

Michelet (anciennement Tournante), *Michelet*; de la rue Saint-Etienne, *Franklin*; de la rue de Seine, *Racine*.

M. Victor Charbonnel, ancien prêtre, vint à Elbeuf le 21 octobre, et fit une conférence dans la salle des Fêtes de Caudebec, devant une affluence considérable.

Par décret en date du 23, l'Ecole manufacturière fut érigée en Ecole pratique d'industrie drapière.

Une grève des ouvriers décatisseurs se termina à l'amiable vers le 8 novembre.

La cérémonie annuelle de la Société industrielle eut lieu le 11 et fut présidée par M. Mastier, préfet de la Seine-Inférieure, qui venait pour la première fois à Elbeuf.

En ce même temps, une foule se rendit au Cirque-Théâtre, où de splendides et très nombreuses collections de chrysanthèmes étaient exposées, sous la direction de la Société d'Horticulture.

Le 17 novembre, M. le commandant James Plé fit une nouvelle conférence au Cirque-Théâtre.

Quelques jours après, des grèves partielles éclatèrent dans une dizaine d'établissements industriels de notre ville.

Le 5 décembre, MM. Albert Canthelou, Evariste Clarenson, Paul Fraenckel et Aimé Lefebvre furent élus membres de la Chambre de commerce.

La ville d'Elbeuf était alors en procès avec la Compagnie fluviale au sujet des droits d'attache au quai.

L'attribution de 26 nouvelles pensions de vieillards fut décidée, le 18, par le Bureau de bienfaisance.

Année 1900

Ce même jour, le conseil municipal vota un crédit de 3.500 fr pour une fête de gymnastique devant avoir lieu l'année suivante, mais que l'on remit à plus tard.

Le 10, des élections au Tribunal de commerce donnèrent ces résultats. Elus : M. Emile Menut, président ; MM. Daniel Pelletier, Georges Lefebvre, juges ; MM. Henry Gy, Emile Brunel, Julien Aze, suppléants.

Pendant les deux années 1899 et 1900 le Tribunal avait eu à connaître de 587 affaires nouvelles.

Suivent quelques chiffres extraits d'un rapport de M. Risselet sur l'œuvre de la Caisse des écoles pendant l'année 1900 :

Les recettes s'étaient élevées à 21.967 fr. et les dépenses à 21.710 fr.

Les enfants pauvres, garçons et filles des écoles laïques, avaient consommé, dans les cantines scolaires, 75.155 portions et avaient reçu, suivant leurs besoins, 1.368 tabliers, 490 pantalons ou culottes, 839 chemises, 33 brassières, 72 gilets, 101 m. 40 d'étoffes et 1.542 paires de galoches.

De plus, conformément aux volontés de feu M. Jules Descoubet, il avait été distribué aux filles : 264 blouses ou tabliers, 120 paires de bas, 282 chemises et 726 mètres d'étoffes pour robes.

678 élèves avaient bénéficié des fournitures classiques.

Les membres de la Caisse avaient fait entre eux deux cotisations : l'une pour offrir des livrets de Caisse d'épargne aux enfants ayant obtenu le certificat d'études ; l'autre à l'effet de distribuer des jouets et friandises aux petits des écoles enfantines.

Pendant la dernière année du XIXe siècle, on avait enregistré, à l'état civil d'Elbeuf, 496 naissances, 152 mariages, 6 divorces, 592 décès, plus 42 morts nés.

A Caudebec, on avait compté 222 naissances, 84 mariages, 5 divorces, 261 décès, 17 morts-nés.

A Saint-Pierre, il y avait eu 61 naissances, 31 mariages, 77 décès.

A Orival, la mairie avait enregistré 22 naissances, 10 mariages, 35 décès.

Celle de Saint-Aubin, 64 naissances, 29 mariages, 1 divorce, 71 décès.

Et enfin celle de la Londe, 19 naissances, 7 mariages, 33 décès, 1 mort-né.

Pendant l'année qui venait de finir, la recette opérée par les Tramways d'Elbeuf ne s'était chiffrée que par 90.420 fr., alors que les dépenses s'étaient élevées à 101.717 fr., soit une différence en moins de 11.297 fr.

L'année précédente, les recettes avaient été de 94.829 fr. et les dépenses de 81.310 francs, d'où un bénéfice de 13.519 francs.

CHAPITRE XXVII

(Année 1901)

AFFAIRES DIVERSES. — INAUGURATION DU PATRONAGE SCOLAIRE — ÉLECTION AU CONSEIL GÉNÉRAL ; LE PROGRAMME DÉMOCRATIQUE. — INAUGURATION DU MONUMENT DU CHATEAU-ROBERT. — QUESTIONS MUNICIPALES. — HEUREUX EFFETS DE LA GOUTTE DE LAIT.

Le XXe siècle commença un jeudi. Deux jours après, la température s'abaissa considérablement et le thermomètre descendit bientôt à —12° à Elbeuf, et à —17° sur le plateau du Neubourg.

Le premier Elbeuvien qui naquit en ce siècle fut le citoyen René-Maurice Déparrois ; il fit son entrée dans ce monde le 3 janvier 1901. — Le premier mariage ne fut célébré que le 11. — Le premier décès avait été constaté dans la 14e heure du siècle.

Le conseil municipal, réuni le 22 janvier, décida d'avancer, sans intérêts, une somme de 20.000 fr. à la Chambre de commerce, qui elle-même avancerait 67.000 fr. à l'Etat, pour l'établissement d'une ligne téléphonique à gros fil entre Elbeuf et Paris.

La question de la division du canton en deux revint, ce même jour, devant l'assemblée municipale qui la repoussa à nouveau par 11 voix contre 6.

La classe nouvelle tira au sort le 31 janvier. Elbeuf fournit 131 conscrits Caudebec 71, Saint-Pierre 30, Saint-Aubin 21, Orival 14, La Londe 12, et tout le canton 292 seulement : c'était le plus faible contingent depuis un grand nombre d'années.

A partir du 1er février, la ville renonça à la taxe de 1 fr. sur les vins en cercles, mais porta celle sur l'alcool à 37 fr. 50 par hectolitre.

Un réglement pour l'inspection des viandes fut mis en vigueur à partir du 5 février.

M. Louis-Augustin Delarue mourut le 17, à son château de la Brétèque, à Saint-Pierre, dans sa 95e année. C'était le doyen des habitants d'Elbeuf, où il avait été fabricant de draps ; c'était également le doyen des anciens membres du conseil municipal, où il était entré en 1846.

A la séance tenue par le conseil municipal, le 26 du même mois, M. Lafosse, adjoint, demanda qu'à partir des vacances de Pâques, tous les fonctionnaires municipaux s'abstinssent de faire instruire leurs enfants dans les établissements congréganistes ou dirigés par des religieux, où était enseigné le mépris des institutions républicaines.

M. Mouchel, maire, répondit que les fonctionnaires devraient faire donner un enseignement laïque à leurs enfants, mais que, s'ils ne le faisaient pas, il n'entendait point les révoquer.

Après discussion, le Conseil émit le vœu que les institutrices et instituteurs communaux n'accompagnassent plus les enfants à l'église et renvoya à la commission la demande de suppression des livres religieux dans les écoles municipales, présentée par M. Moulard.

M. Irénée Defrémicourt mourut le 24, à l'âge de 56 ans. Par testament, il avait donné une somme de 10.000 fr. aux pauvres de la ville.

Le 3 mars, on donna la première représentation d'une revue locale en sept tableaux : *Elbeuf au nouveau siècle.*

Le 7, Mérovak, dit l'Homme des cathédrales, donna, au Théâtre, une soirée qui n'eut qu'un succès relatif.

Vers la fin du mois, on pava en bois le pont tubulaire de la rue de Paris.

Le recensement quinquennal de la population se fit le 24 mars. A cet effet, on divisa la ville en 28 sections. Les opérations donnèrent ces chiffres : Population totale, 18.965 habitants ; population comptée à part, 880 ; ménages, 6.253 ; maisons, 2.324. C'était, sur le recensement de 1896, une diminution de 1.671 habitants, 402 ménages, 104 maisons et 77 habitants comptés à part.

Ce même jour 24 mars, on posa la première pierre du monument élevé à Moulineaux, devant les restes de l'ancien château dit de Robert le-Diable.

Le 30, M. H. Gadeau de Kerville fit une nouvelle conférence dans la salle des fêtes.

Un arrêté municipal obligea les propriétaires de chiens à attacher au collier de leurs animaux une médaille d'identité ; cette mesure prit son effet à dater du 15 avril.

Le 11 mai, on apprit la mort violente de M. Chauvel, président du Conseil des prud'hommes ; il était âgé de 47 ans ; son corps avait été retrouvé dans la Seine en face des Damps.

A partir du 28, on commença le service de distribution à domicile de lait stérilisé.

A la séance municipale du 31, M. Vallée demanda la suppression du commissariat central. M. Mouchel, maire, répondit que des démarches à cet effet avaient été faites depuis nombre d'années ; mais qu'il fallait attendre le décret fixant officiellement la population de la ville. « En tous cas, ajouta-t-il, au prochain budget je ne proposerai pas le traitement du commissaire central pour l'année entière, mais pour un ou deux mois, jusqu'à la parution du décret à l'*Officiel*. »

Le Conseil décida de poursuivre l'exécution du projet d'ouverture de rues sur les terrains Lizé et Flavigny, au-delà du Champ-de-Foire et au nord de la rue du Cours, et de réclamer aux propriétaires la livraison des rues restant à ouvrir et leur mise en état de viabilité, dans les conditions prévues par la convention de 1873, ainsi que l'exécution des trottoirs autour des lots vendus, au fur et à mesure de l'édification de maisons sur ces terrains.

Les ouvriers maçons et plâtriers se mirent en grève à partir du 8 juin.

Des cas de tétanos s'étant produits sur des chevaux, le maire prit un arrêté en vue de combattre la maladie, transmissible à l'homme, et dont un cas mortel avait été constaté à Elbeuf.

Le samedi 29 après-midi, un orage accompagné de grêle creva sur Elbeuf et les environs. La foudre tomba sur l'église Saint Jean, le calvaire du cimetière Saint-Jean, à l'école de la rue de Seine, à la gare d'Elbeuf-Ville, sur l'église de Caudebec, à Saint-Aubin et ailleurs encore. La pluie tomba avec une telle abondance que beaucoup de rues furent transformées en rivières. On dut employer les pompes à incendie pour extraire l'eau qui était entrée dans des caves.

A cette époque, on établissait une ligne téléphonique entre Elbeuf, Bourgtheroulde et Bourgachard.

Le conseil municipal ratifia, le 12 juillet, un projet de transaction avec la compagnie de transports *La Fluviale*, au sujet des droits d'attache au quai d'Elbeuf. La ville aurait à verser 2.089 fr. à la compagnie et chacune des deux parties paierait les frais qu'elle avait faits.

Le Conseil appuya une pétition des facteurs des Postes, signée de 1.500 commerçants, réclamant la suppression de la deuxième distribution les dimanches et jours de fête.

L'assemblée vota, en principe, la construction d'une école de filles rue du Tapis-Vert ; la dépense prévue était de 70.000 fr.

Un nouvel orage s'abattit sur Elbeuf pendant la nuit du 12 au 13 juillet. Des caves, qui avaient été épargnées le 29 juin, furent inondées et les dégâts s'élevèrent à une somme plus considérable que la première fois. Les soldats de la garnison furent employés à vider les sous-sols. Une maison sise aux Écameaux fut incendiée par la foudre.

La fête nationale fut marquée, cette année-là, par l'inauguration du bâtiment du Patronage scolaire, œuvre de M. Brisson, architecte municipal, pour laquelle le préfet avait spécialement délégué M. de Raïssac, secrétaire général de la préfecture.

A l'arrivée de M. de Raïssac, accompagné de M. Fessard, inspecteur primaire, de MM. Mouchel et Lafosse, les sociétés *la Ruche* et *l'Alsacienne-Lorraine* formaient la haie rue Poussin. Dans la cour intérieure, se trouvaient les membres de la Délégation cantonale, les officiers de la garnison, le Conseil municipal, le Conseil des prud'hommes, les professeurs du Lycée et de l'Ecole manufacturière, les membres de la Chambre de commerce, le conseiller général, le président de la Société industrielle et autres notabilités

Au fond de cette cour étaient rangés les élèves des écoles communales, la Fanfare alsacienne, les Anciens militaires et autres Sociétés.

Après avoir présenté les autorités et sociétés au délégué du préfet, M. Mouchel, maire, prononça ce discours :

« Monsieur le Président,
« Messieurs.

« Si les projets utiles ne peuvent pas toujours être exécutés aussitôt que conçus, leur heure arrive cependant, toutes les fois qu'ils répondent à des besoins réels et permanents. C'est le cas de l'œuvre modeste que nous inaugurons aujourd'hui.

« Il y a longtemps, en effet, qu'à Elbeuf, plus encore qu'ailleurs, une telle œuvre était devenue nécessaire Trop souvent, dans notre ville, le jeudi, les jours de vacances, le père et la mère de famille, absents tous deux de la maison, ne peuvent surveiller, distraire, utiliser l'enfant.

« Trop souvent aussi, un logement étroit, une cour mal tenue, sont le seul emplacement réservé à ses ébats.

« Il en résulte fatalement pour l'enfant, soit de mauvaises camaraderies, des dangers desquels sa jeune raison ne suffit pas toujours à le préserver, soit des habitudes de désordre et de malpropreté qui pèseront sur lui toute sa vie.

« La nécessité s'imposait donc à nous de créer, pour notre jeunesse scolaire, un centre de réunion gai, sain, bien surveillé, où la santé morale et physique de l'enfant ne courrait aucun risque, et où il trouverait à la fois abri et accueil les jours où l'école est fermée.

« Cependant, nous devons l'avouer, un peu absorbé par l'effort financier considérable qu'imposait à la ville l'achèvement de son système de cantines scolaires, nous avons longtemps laissé au second plan la question qui nous occupe aujourd'hui, et il a fallu, pour déterminer la création actuelle, l'impulsion additionnelle due à la création d'un établissement analogue par des hommes certainement bien intentionnés, mais dont les idées sur le développement intellectuel de la jeunesse sont séparées des nôtres par des divergences irréductibles

« Nos amis et nous-même ne pensâmes pas qu'il fût possible, régulier, convenable, de voir, dans une cité démocratique comme la nôtre, le seul patronage ouvert aux élèves de nos écoles laïques placé plus ou moins ouvertement sous le contrôle d'un établissement privé dirigé par des ecclésiastiques.

« La Délégation cantonale émit le vœu qu'il fût créé, à Elbeuf, un patronage communal ;

le dernier Conseil municipal prépara les voies en réservant des fonds pour cet usage, et le Conseil mnnicipal actuel put enfin en décider l'exécution. L'œuvre est aujourd'hui terminée, notre patronage va s'ouvrir, il s'ouvre sous d'heureux auspices.

« En vous voyant, en effet, M. le Secrétaire général, présider avec tant de bonne grâce cette cérémonie, je pense non seulement au gouvernement de la République, de la sympathie duquel nous sommes heureux ; à M. le Préfet de la Seine-Inférieure, qui a bien voulu témoigner, en vous déléguant à cette inauguration, de tout l'intérêt qu'il porte à notre œuvre ; mais je vois encore en vous le père de famille soucieux des siens, heureux de leur bonheur, et qui, cependant, n'a pas hésité à se priver quelques heures de leur présence chérie pour aider au succès d'une œuvre utile aux enfants moins heureux que les siens.

« Il y a encore autre chose. C'est aujourd'hui le 14 Juillet, la Fête de la République. Nous avons pensé qu'il était bon d'associer, dans l'esprit des enfants, l'idée de République à l'idée des choses bonnes et utiles que nous nous efforçons de réaliser pour eux. C'est à la République qu'est dû le merveilleux système de notre enseignement primaire laïque. La ville d'Elbeuf n'a jamais ménagé ses efforts aux œuvres complémentaires qui en sont les appuis nécessaires. Elle est heureuse d'en présenter une de plus aujourd'hui au représentant du gouvernement. »

Ce discours fut chaleureusement applaudi.

M. de Raïssac prit ensuite la parole, et ensuite M. Fessard, au nom de l'Inspection académique.

Il rappela que les patronages scolaires, sous le nom de cercles catholiques, avaient eu les cléricaux pour fondateurs. Le pape, en recevant un jour le supérieur des écoles chrétiennes, lui avait posé cette question : Que faites-vous des anciens élèves de vos écoles ? Cette question indiquait la voie à suivre, et le clergé organisa des patronages.

« Afin de lutter contre les œuvres de nos adversaires, ajouta M. Fessard les municipalités républicaines fondèrent à leur tour des patronages laïques.

« En outre de l'instruction, que les dévoués instituteurs sont appelés à donner aux jeunes générations, il faut, à côté, une certaine culture intellectuelle, des jeux, des distractions de tout genre, qui les tiennent toujours dans l'esprit laïque ; aussi comptons-nous sur les maîtres pour s'intéresser à cette œuvre de haute moralité et seconder ainsi, par leur appui, ceux qui, de loin ou de près, ont bien voulu collaborer à une œuvre aussi démocratique que sociale ». -- De nouveaux applaudissements éclatèrent de toutes parts.

Un banquet fut ensuite servi aux invités, au Grand Hôtel, où divers toasts furent portés. Dans l'après-midi, les élèves des écoles laïques assistèrent à la première fête organisée au Patronage, où des gâteaux et des jouets leur furent distribués.

Un des autres principaux événements locaux de l'année 1901, pendant laquelle il ne s'en produisit d'ailleurs pas beaucoup, fut l'élection au Conseil général.

M. Isidore Maille, maire de Saint Aubin et conseiller général sortant, se représenta sous les auspices de la Fédération des comités démocratiques du canton, qui établit le programme suivant :

Partie politique : Revision de la Constitution dans un sens démocratique. — Suppression des guerres de conquêtes et lointaines.— Suppression du budget des cultes. — Suppression des sous-préfectures. — Impôt général et progressif sur le revenu. — Loi sur l'instruction publique, afin de la rendre gratuite à tous les degrés. — Réserve des fonctions gouvernementales rétribuées aux candidats sortant des écoles de l'Etat. — Indemnités payées aux membres du Parlement au moyen de jetons de présence.

Partie économique : Création d'un ministère du Travail et développement des associations syndicales. — Réglementation du travail dans les prisons et établissements religieux, et surveillance par les conseils de prud'hommes, de façon que ce travail ne soit pas fait au-dessous des tarifs appliqués dans l'industrie libre. — Création de l'assistance publique par l'Etat. — Réforme de la procédure judiciaire et réduction des frais de justice. — Réforme de la loi sur le régime des boissons et abolition des privilèges accordés aux bouilleurs de cru. — Création d'hospices cantonaux. — Amélioration du traitement des instituteurs et des facteurs ruraux. — Suppression, en cas de faillite et de liquidation judiciaire, du privilège accordé aux propriétaires et à diverses catégories de fournisseurs en faveur de leurs créances. — Suppression des timbres à quittance. — Soumission de tous les salariés et salariants à la juridiction des conseils de prud'hommes. — Suppression du monopole des pompes funèbres.

Le Monument « Qui Vive? » du Château-Robert.

Année 1901

Aucun candidat ne s'étant présenté contre M. Maille, la période électorale passa presque inaperçue.

Le scrutin eut lieu le 21 juillet, le jour même des Courses de chevaux à l'hippodrome de Saint-Aubin. Il donna les résultats suivants :

	Inscrits	Votants	M. Maille
Elbeuf	4.992	2.152	1.898
Caudebec	2.991	1.251	1.135
Cléon	142	70	61
Freneuse	112	37	34
La Londe	384	144	127
Orival	341	224	201
Saint-Aubin	920	582	518
Saint-Pierre	967	304	256
Sotteville	82	29	26
Tourville	178	82	78
Totaux	11.109	4.875	4.334

M. Maille fut donc réélu.

Le 31 juillet, de nombreux étudiants et étudiantes britanniques vinrent à Elbeuf, où, comme ceux de l'année précédente, ils suivirent des cours de langue française au Petit Lycée.

Le 11 août, on inaugura le monument élevé à Moulineaux, qui, dans l'esprit de ses auteurs, devait représenter une tour xiiie siècle en ruines ; mais qui, en fait, ressemble plutôt à un décor de théâtre. Quoi qu'il en soit, l'idée qui avait présidé à sa création est très respectable. En effet, sur deux pierres placées du côté de la forêt, on lit :

« Aux soldats morts pour la Patrie, la commune de Moulineaux a élevé ce monument par souscription. »

« Combats du Château Robert-le-Diable, 30, 31 décembre 1870 et 4 janvier 1871. — Aux

Mobiles de l'Ardèche, des Landes, du Calvados, de l'Eure, de la Loire-Inférieure et neuf inconnus. »

Du côté de la Seine, en dessous des armes de Normandie, se trouve un Mobile croisant la baïonnette, comme pour défendre les ruines du Château-Robert. Mais quelle malheureuse idée d'avoir sculpté une figure grimaçante du côté de la station de Moulineaux !

Ce monument est le but de nombreuses promenades, surtout depuis que des constructions ont été réédifiées sur les soubassements de l'antique château anglo-normand, qu'elles simulent.

A la séance municipale du 23 août, M. Berrier, s'appuyant sur la déclaration des sœurs de Saint-Vincent-de-Paul qu'elles quitteraient l'hospice si on en supprimait l'aumônier, demanda la laïcisation de l'établissement.

Le Conseil, répondit M. Mouchel, peut voter l'étude de la question, mais il ne faut pas se dissimuler que cette réforme engendrerait un surcroît considérable de dépenses. D'ailleurs, le Conseil ne peut décider la laïcisation ; cela est du ressort de la commission administrative de l'hospice. L'augmentation annuelle se chiffrerait par 20.000 fr. peut-être ; on doit se demander si l'on ne pourrait pas dépenser plus utilement cette somme pour la propagation de nos idées qu'en laïcisant l'hospice, où, il faut le reconnaître, tout se fait avec beaucoup d'ordre et d'économie, et chacun sait que l'établissement est bien tenu.

La discussion continua. Finalement, le Conseil émit le vœu d'une laïcisation immédiate.

Le 25 du même mois, il y eut au vélodrome une belle kermesse organisée par le Véloce-

Club Elbeuvien ; elle fut suivie d'une fête de nuit.

A partir de ce même jour, la distribution du deuxième courrier des Postes fut supprimée, les dimanches et fêtes, dans la ville d'Elbeuf, conformément à un vœu émis par le conseil municipal et un avis conforme de la Chambre de commerce.

Les 13 et 14 septembre, on procéda à un nouvel essai du rideau d'eau au Théâtre, en présence de la compagnie de pompiers et d'un public nombreux.

Le 18, le tsar débarqua à Dunkerque, puis se rendit à Compiègne et à Paris. A l'occasion de cette visite, les édifices publics et nombre de maisons particulières de notre ville furent pavoisés.

M. Mastier, préfet du département, vint à Elbeuf le dimanche 6 octobre, à l'occasion de la fête offerte à M. Isidore Maille, conseiller général, dont on célébrait le 25e anniversaire comme maire de Saint-Aubin. Un banquet de deux cents couverts réunit à peu près toutes les notabilités de la ville et du canton d'Elbeuf, auxquelles vinrent s'en joindre d'autres des cantons voisins et de Rouen.

Le Théâtre, sous la direction de M. Schwartz Pernet, rouvrit le même jour et continua, avec succès, la série de représentations de l'année précédente.

Le conseil municipal, réuni le 22 novembre, fut assez étonné d'une proposition de fermeture de la Maternité, présentée par M. Coquerel ; elle fut repoussée par la majorité.

Ce même jour, M. Manot, comme rapporteur de la commission, donna un exposé de la situation financière de la ville. La discussion pour l'établissement du budget de l'année suivante fut assez vive.

M. Cousin, représentant M. Millerand, ministre du Commerce, vint à Elbeuf, le 22, pour présider la séance solennelle de la Société industrielle.

Le 26, M. Georges Richard, gendre de feu le docteur Mathorel, fit une conférence sur Madagascar, où il avait longtemps résidé. — Le mois suivant, on entendit M. Hugues Le Roux, qui parla sur son voyage en Abyssinie, et M. Georges Vanor, accompagné de MM^{elles} Louise et Blanche Mante, de l'Opéra, qui traita de la danse.

Un assassinat commis à Thuit-Anger sur la personne de Mme Brismontier, dans la soirée du dimanche 1er décembre, fut vivement commenté à Elbeuf et dans toute la contrée ; il occupa l'opinion publique d'autant plus longtemps que le coupable ne fut point découvert.

Le 24, les trois comités radicaux cantonaux fondèrent une association sous le titre de « Fédération de défense et d'action républicaines du canton d'Elbeuf. »

Le 31, notre municipalité fut informée que le Pari mutuel avait accordé une subvention de 25.000 fr. pour les travaux d'agrandissement de l'asile des vieillards et la création d'un hôpital d'enfants. On s'occupa dès lors à exécuter les projets.

M. le docteur Lourier fit le rapport suivant sur la mortalité infantile, à Elbeuf, pendant l'année :

« ... Le nombre total des décès (non compris les morts-nés), qui avait été de 635 en 1900, n'a été que de 495 en 1901 ; la natalité, qui a été de 460 l'année précédente, n'a atteint, il est vrai, que 415 cette année.

« Il résulte que l'excédent des décès sur les naissances a sensiblement diminué en 1901, puisqu'il n'a atteint que 80, contre 175 en 1900 et les années précédentes.

« Sur les 635 décès de 1900, on comptait 110 enfants en très bas âge ayant succombé à des affections gastro-intestinales, débilité congénitale, athrepsie, etc. ; ces mêmes causes n'ont, en 1901, que 58 décès.

« Et cette diminution ne porte pas exclusivement sur les décès par affections gastro-intestinales, puisque le nombre de décès par toutes causes d'enfants au-dessous de deux ans a été en 1898 de 185, en 1899 de 174, en 1900 de 150, en 1901 de 92.

« La mortalité infantile suit donc une marche décroissante à Elbeuf, et il faut constater que cette amélioration coïncide avec l'installation de la Goutte de lait. Il est bien évident que la diminution porte surtout sur la mortalité par diarrhée, puisque, d'une part, une réduction de moitié sur le nombre des décès par toutes causes a mis quatre ans (1898 à 1901) à s'accomplir, et que, d'autre part, pendant le même temps, la mortalité par affections gastro-intestinales a diminué des deux tiers, ce qui constitue un résultat inespéré.

« Et si on ajoute que la moyenne de mortalité par diarrhée n'a été que de 2.50 pour 100 pour les enfants ayant fréquenté le service de la Goutte de lait, tandis qu'elle a atteint encore 13.75 pour 100 en ville, on se rendra compte des services rendus par cette institution humanitaire... »

Pendant la première année du vingtième siècle. il avait été déclaré, au bureau de l'état-civil d'Elbeuf, 415 naissances, 150 mariages, 10 divorces, 495 décès.

A Caudebec, on avait compté 192 naissances, 85 mariages, 8 divorces, 260 décès, 12 morts-nés.

A Saint-Pierre, il y avait eu 54 naissances, 27 mariages, 1 divorce, 73 décès.

A Saint-Aubin, il avait été enregistré 61 naissances, 18 mariages, 88 décès, 3 morts-nés.

A la Londe, 24 naissances, 8 mariages, 2 divorces, 28 décès, 2 morts-nés.

Et à Orival 26 naissances, 10 mariages, 37 décès, 2 morts-nés.

CHAPITRE XXVIII

(Année 1902)

LES CONGRÉGATIONS RELIGIEUSES ET LE CONSEIL MUNICIPAL. — LA CONTRIBUTION FONCIÈRE. — ELECTION LÉGISLATIVE ; M. J. GOUJON RÉÉLU. — MORT DE M. LOUIS FRAENCKEL. — COMICE AGRICOLE ET CONCOURS DE POMPES A INCENDIE. — ACCIDENT MORTEL AUX COURSES ; DONATION DE M. J. STERN. — AFFAIRES DIVERSES. — CRÉATION D'UNE ÉCOLE D'INFIRMIÈRES.

Un décret présidentiel porta suppression du commissariat central d'Elbeuf à dater du 1er janvier 1902, M. Barbary, commissaire central, quitta donc notre ville, pour Amiens, où il avait été nommé au même emploi, et M. Locard resta seul chez nous.

Le 4, mourut M. Duprey, ancien greffier du Tribunal de commerce et ancien adjoint au maire ; il était âgé de 70 ans.

Le 11, au Théâtre municipal, fut donnée une représentation d'*Yvette*, comédie dramatique de M. Berton, dans laquelle notre concitoyenne Melle Blanche Toutain, tenait le rôle principal qu'elle avait créé à Paris avec un succès tel que toute la presse s'en occupa.

Dans la séance municipale tenue le 31, le Conseil vota une somme de 63.320 fr. qui, ajoutée aux 22.000 fr. accordés par l'Etat et le département, devait servir à couvrir les dépenses pour l'achat de terrain et la construction d'une école de filles rue du Tapis-Vert. — Dans cette même séance, il fut parlé d'une demande faite par un habitant de notre ville, M. Emile Chatrain, père de 25 enfants.

A la suite d'une loi nouvelle, le conseil municipal eut à s'occuper, le 28 février, des congrégations ayant des établissements à Elbeuf. M. Brion donna lecture d'un rapport dont voici les principaux passages :

« La demande d'autorisation a été faite par les congrégations suivantes :

« 1° La congrégation des sœurs de N.-D.-de-Bonsecours de Troyes, non autorisée à Elbeuf ; propriété rue Bourdon, 14 ; personnel de huit garde-malades qui vont dans les familles aisées ;

« 2° Congrégation des sœurs d'Ernemont de Rouen ; cinq établissements : 1° rue de Paris, où elle sont autorisées ; 2° rue Saint-Etienne, 41 : la supérieure prétend être autorisée par décret du 27 mai 1886, mais ce décret ne figure pas au Bulletin des lois ; elles ont dû être autorisées à faire l'achat de l'immeuble, mais non à tenir une école ; il y a 12 religieuses et 120 élèves ; 3° rue du Neubourg, 51 : mêmes observations que ci-dessus ; 14 religieuses et 160 élèves ; 4° place du Marché-aux-Fleurs ; école maternelle non autorisée ; il y a deux religieuses de la rue de Paris ;

l'immeuble appartient à la congrégation ; 5° rue du Neubourg, 81, contre l'école des Frères ; école maternelle non autorisée ; il y a deux sœurs de la rue du Neubourg ; l'immeuble appartient à de notables catholiques.

« 3° Congrégation de la Compassion de Rouen, non autorisée ; rue de l'Hospice, 10 ; 18 garde-malades pour familles riches ; reçoivent des malades payants.

« 4° Congrégation des Filles de la Charité de Saint-Vincent-de-Paul, en deux groupes : 1° Hospice-Hôpital, autorisé par décret du 4 février 1843 ; 18 religieuses payées 200 fr. par an, logées et nourries. Un vœu du conseil municipal demandant la laïcisation n'a pas été exécuté par la commission administrative de l'hospice ; 2° Asile des vieillards, rue St-Jean, où les religieuses reçoivent 600 fr. et le logement.

« 5° Congrégation des sœurs Saint-Charles de Nancy, en deux groupes ; le premier, de six religieuses, à l'orphelinat de garçons Olivier, où elles reçoivent 300 fr. par an, logées et nourries. La fondation a été faite à condition que la religion catholique serait la seule professée et enseignée dans cet établissement, sous la surveillance d'un conseil d'administration. Le second groupe est dans une petite maison louée par M. Frédéric Olivier, et reçoit de ce dernier, en plus du logement, 750 fr. ; les sœurs soignent les malades pauvres.

« Après examen, considérant qu'une autorisation aurait pour seul effet de donner plus de poids aux congrégations qu'actuellement, où elles sont simplement tolérées ; qu'au point de vue général, il importe de conjurer l'envahissement continuel des congrégations, le

Conseil émet un avis défavorable pour toutes les congrégations d'Elbeuf. »

M. Mouchel, maire, dit qu'au fond il était d'accord avec le rapporteur, car la raison pure est supérieure à la religion ; mais une difficulté budgétaire se présenterait. En cas de suppression immédiate des congrégations, cela ferait 50.000 fr. de surcharge pour la ville. Il ne faut se dissimuler, toutefois, que la suppression arrivera tôt ou tard. Je m'abstiendrai dans le vote.

M. Lafosse répondit qu'on ne paierait jamais trop cher pour empêcher la décadence de la Société, œuvre des religions.

M. Courtillet se dit partisan de la suppression immédiate des congrégations enseignantes; mais il désirait des délais pour les sœurs de l'hospice, jusqu'au moment où l'on serait en mesure de les remplacer.

M. Moulard représenta que les religieuses ne faisaient pas le bien pour lui-même, mais dans l'espoir d'en être récompensées avec usure dans un autre monde ; il n'y avait donc pas lieu d'admirer leur charité.

On discuta encore quelque temps, puis les conclusions du rapport furent mises aux voix par appel nominal. — MM. Mouchel, maire, et Courtillet, adjoint, s'abstinrent. — MM. Lafosse, adjoint, Manot, Berrier, Coulon, David, Grout, Bocquet, Auvray, Moulard, Cauvin, Clérisse, Brion, Vallée, Pain, Bourdet et Vogt refusèrent tout avis favorable à des autorisations.

Dans cette même séance, M. Manot exposa, dans un rapport, une réclamation à faire par la ville, contre le contingent de la contribution foncière.

« Les centimes départementaux, dit-il, sont comptés sur cette contribution, qui varie tous les ans ; mais depuis 1890, par suite d'une loi provisoire qui, depuis, est toujours renouvelée chaque année, au lieu de se baser, pour l'application des centimes, sur la valeur de la contribution foncière de l'année, on se base sur la valeur de 1890. Or, la valeur de la propriété bâtie pour Elbeuf était en 1890 de 188.982 fr. et elle n'est maintenant que de 73.035 fr. ; les 53 cent. 85 du département sont comptés sur le premier chiffre, d'où, par suite, la propriété, à sa valeur réelle actuelle, paie pour 100 fr. une somme de 133 fr. 33.

« Considérant la propriété bâtie avec celle non bâtie, la valeur actuelle est de 78.446 fr., ce qui pour 100 fr. de principal, devrait faire 74 francs de centimes départementaux, alors qu'actuellement pour 100 fr. les contribuables paient 129 fr. 59 ».

Le rapporteur concluait en demandant l'abandon des bases de 1890 pour l'établissement de la contribution foncière et que les Elbeuviens ne payassent plus pour des richesses disparues.— Ces conclusions furent adoptées.

Dans cette séance également, le Conseil vota la construction d'un aqueduc de la rue Constantine à la Seine, afin d'éviter les inondations dont ce quartier était victime par les orages. La dépense était évaluée à 25.559 fr.

Vers ce temps, la Société industrielle renouvela son bureau. M. G. Allœnd-Bessand fut nommé président, et M. L. Demerliac trésorier.

Le 9 mars, M. Jean Allemane, député socialiste de Paris, vint à Elbeuf et fit une conférence à Caudebec.

Le 11, la péniche le *Prame*, chargée de charbon, coula en Seine devant l'hôtel de ville.

Le 15, une nouvelle conférence fut faite à Caudebec par une ancienne religieuse trappistine, Melle Marie Murjas, qui développa ce sujet : « Dieu, c'est le crime ! »

Notons encore une conférence faite, le 10 avril, à l'hôtel de ville, contre l'alcoolisme, par M. le docteur Pierre, médecin en chef de l'hospice de Petit-Quevilly.

Les conférences du commencement de l'année furent faites au Cirque-Théâtre par M. Charles Benoist, rédacteur à la *Revue des Deux Mondes*, professeur à l'Ecole des sciences politiques, qui parla sur Bismarck, et plusieurs autres orateurs.

En ce même temps, commencèrent des réunions publiques en vue de la prochaine élection législative.

La campagne électorale ne fut pas moins ardente que les précédentes ; les candidats en présence, MM. David Dautresme fils et Julien Goujon, multiplièrent leurs appels aux électeurs, devant lesquels ils se présentèrent souvent, mais jamais en présence l'un de l'autre.

La candidature du premier était soutenue par le *Petit Rouennais* et l'*Elbeuvien* seulement et par la Fédération des Comités démocratiques ; la seconde avait pour elle tous les journaux plus ou moins cléricaux, modérés et réactionnaires de l'arrondissement, notamment l'*Industriel Elbeuvien*, l'*Indépendant*, le *Journal de Rouen*, le *Nouvelliste de Rouen*, l'*Echo de Normandie*, l'*Eclaireur Normand*, etc., et les comités ayant succédé aux anciens groupements monarchistes et boulangistes.

Année 1902

L'élection eut lieu le **27** avril et donna les résultats qui suivent.

Communes	Inscrits	Votants	Dautresme	Goujon
Elbeuf.......	4.980	4.093	2.010	2.037
Caudebec.....	2.971	2.311	1.305	983
Cléon........	149	127	42	83
Freneuse.....	113	101	28	70
La Londe.....	388	309	108	196
Orival.......	345	303	164	140
Saint-Aubin..	942	788	349	429
Saint-Pierre..	989	824	312	503
Sotteville....	81	68	25	42
Tourville.....	180	150	37	113
Canton d'Elbeuf	11.138	......	4.380	4.596
Communes	Inscrits	Votants	Dautresme	Goujon
Gd-Couronne.	395	328	97	231
La Bouille ...	144	124	18	106
Gd-Quevilly..	486	390	155	233
Hautot.......	59	51	14	37
Moulineaux ..	84	68	20	44
Oissel.......	1.153	934	428	523
Pet.-Couronne	236	204	77	127
Petit-Quevilly	3.324	2.644	1.308	1.313
Sahurs.......	182	150	37	113
St-Pierre-Mannev.	131	111	9	99
Val-d.-l-Haye	103	97	18	74
Canton Couronne	6.297	.....	2.181	2.900
Tot. des 2 cant.	17.435	......	6.561	7.496

M. Goujon fut donc réélu.

Du 3 au 7 mai, des gelées nocturnes occasionnèrent de gros préjudices à la culture ; mais une autre gelée, qui se produisit le 11 du mois suivant, eut des conséquences beaucoup plus graves encore.

Le 8, notre ville fut vivement impressionnée par le décès de M. Louis Fraenckel, le principal chef de la grande manufacture Fraenckel-Blin, chevalier de la Légion d'honneur, ancien membre de la Chambre de commerce. Le défunt, né à Rotbach le 9 novembre 1831, s'était établi à Bischwiller, où, avec ses quatre frères, il avait dirigé une fabrique de draps jusqu'à la guerre franco-allemande. Après la cession de l'Alsace à l'Allemagne, la maison était venue se fixer à Elbeuf, emmenant avec elle la plus grande partie de ses ouvriers. La mort de M. Fraenckel fut grandement regrettée de toute la population; plus de 4.000 personnes assistèrent à son inhumation. — En mémoire de son père, M. Paul Fraenckel donna une somme de 13.000 fr. aux diverses institutions de bienfaisance de notre ville.

Dans la séance municipale tenue le 30 du même mois, le Conseil vota une somme de 300 fr. pour participer à la souscription ouverte en faveur des survivants du désastre de Saint-Pierre (Martinique).

M. Manot, rapporteur, exposa que le nombre des pensions aux vieillards venait d'être porté de 115 à 130 et demanda un avis favorable, qui fut voté par le Conseil, pour que la commission du Bureau de bienfaisance pût créer 20 nouvelles pensions à partir du 1er juillet suivant.

Au printemps, un service de voitures publiques automobiles fonctionnait entre Elbeuf et Routot, mais il ne fut que de courte durée.

Un supplément du journal *l'Elbeuvien* paru dans l'après-midi du samedi 7 juin, annonça la formation du ministère Combes.

Le 6 juillet, la ville fut en fête à l'occasion d'un Comice agricole et d'un concours de pompes à incendie. La ville, grâce surtout aux comités de quartier, qui s'étaient formés un peu partout, était magnifiquement décorée. Des portes et arcs-de-triomphe avaient été élevés rue de Caudebec, places du Coq, du Calvaire et de la Poissonnerie, rue du Bassin, aux deux extrémités de la rue du Maurepas et rue Sevaistre-Aîné.

Le concours agricole se tint sur la place du Champ-de-Foire. La distribution des récompenses se fit au Cirque-Théâtre, sous la présidence de M. Mastier, préfet, accompagné de plusieurs membres du Parlement et des notabilités de la ville et du canton d'Elbeuf.

Les pompiers et les pompes de nombreuses localités prirent part au concours qui leur était particulier. Cette partie de la fête commença par un défilé général dans les principales rues de la ville.

Les manœuvres se firent sur les places Lemercier, Lécallier, du Bassin et Saint-Louis, devant une foule énorme, malgré la chaleur extrême de cette journée Place du Calvaire, une pompe électrique du capitaine Lefebvre, de Rouen, fut mise en manœuvre au moyen des fils du tramway, pendant que les pompes à vapeur fonctionnaient sur le quai de l'Hôtel-de-Ville où une multitude de curieux se porta. La place Lemercier fut également très visitée, à cause d'un édifice en bois, à trois étages, qui y avait été élevé pour les exercices des divisions supérieures.

A la distribution des prix, M. Mouchel, maire, prononça un discours qui débutait ainsi :

« Messieurs ; Si le spectacle vivant et animé des manœuvres dont elle a été appelée à admirer aujourd'hui la brillante exécution a produit, sur notre population, en général, une grande impression, celte impression a été plus profonde encore chez ceux de nos concitoyens qui, vieux Elbeuviens de naissance ou d'adoption, peuvent en rapprocher des souvenirs multiples et tragiques.

« En des temps qui, à beaucoup d'entre nous, semblent déjà lointains, l'appel sinistre du tambour battant la générale, le roulement des pompes, dans la nuit, sur les pavés inégaux, étaient des bruits devenus familiers par leur répétition.

« Et quand, guidés par le rougeoiement intense de l'incendie, la foule accourait et s'amassait autour d'une de nos usines d'où sortaient, avec les flammes crépitantes, de longues colonnes de fumée mêlées de tourbillons d'étincelles, je revois encore les ruisseaux remplis d'eau retenue par des barrages improvisés, les longues chaînes de porteurs de seaux, et j'entends le bruit monotone des pompes qui, par dizaines quelquefois, attaquaient le fléau sans pouvoir toujours le dominer.

« Vous êtes aujourd'hui, Messieurs, venus à nous en un jour de fête, mais à l'époque dont je vous parle, c'est en des nuits de véritable horreur que l'on devait quelquefois souhaiter la bienvenue aux compagnies les plus voisines, arrivant apporter à leurs camarades elbeuviens un secours fraternel.

« Le lien qui s'est créé alors a pu se desserrer, non se briser, et les sapeurs-pompiers n'ont pu nous devenir encore des étrangers.

« Les incendies sont devenus chez nous plus rares ; mais si l'usage rationnel d'une distribution d'eau sous pression bien comprise a presque entièrement fait disparaître l'usage des pompes, une chose n'a pas changé : c'est notre cœur, qui vibre toujours avec le vôtre.»

Un banquet réunit, le soir, les invités et les notabilités de la région. D'autres discours y furent prononcés, notamment par MM. Mouchel et Emmanuel Boulet.

La fête de nuit fut splendide, et la foule parcourut nos rues jusqu'à une heure fort avancée. Un incendie, annoncé et voulu, que l'on alluma sur la place du Champ-de-Foire, attira une masse incroyable de curieux. Enfin, les danses publiques se prolongèrent jusqu'au matin.

Les courses de chevaux eurent lieu le 13, par un beau temps et avec le concours de la Fanfare de Caudebec ; malheureusement, un accident mortel se produisit à la quatrième épreuve.

Chamarande, qui tenait la tête, fit panache au mur, le dernier obstacle à sauter, et son cavalier, M. Michel Stern, se trouva violemment projeté à terre et son cheval s'abattit sur lui. Grièvement blessé, M. Stern mourut le lendemain à l'hospice d'Elbeuf, où il avait été transporté.

Le défunt était le fils unique de M Jacques Stern, un des banquiers de Paris les plus connus et les plus riches, et de la célèbre artiste Sophie Croisette, décédée l'année précédente ; il était neveu du grand peintre Carolus Duran.

Moins d'un mois après, M. Stern père, chevalier de la Légion d'honneur, qui avait été frappé de paralysie en apprenant la mort de son fils, mourut lui-même, sans avoir repris connaissance. — Sa famille fit, à l'hospice d'Elbeuf, un don de 80.000 fr., dont nous aurons l'occasion de reparler.

En juillet, M. Maille, maire de Saint-Aubin, conseiller général, fut nommé suppléant du juge de paix, en remplacement de M. Didion.

Le 7 août, M. Villacrose, juge de paix, mourut à la suite d'une opération chirurgicale. Il avait été juge suppléant au tribunal d'Oran, juge de paix à Beaumont-le-Roger, Brionne, Bernay, puis enfin à Elbeuf. Il était âgé de 70 ans.

Le 29, le conseil municipal décida de donner le nom de Victor-Hugo à la rue de Guise, et celui de Jules-Descoubet à une autre, nouvellement ouverte, située dans le quartier de la Cerisaie.

A l'issue de la séance, les conseillers votèrent cet ordre du jour : « Les membres du conseil municipal, réunis hors séance, adressent leurs félicitations au Ministère et à son Président, pour l'énergie avec laquelle ils défendent les droits de l'Etat laïque, et souhaitent chaleureusement qu'ils persévèrent dans la même voie. »

Pendant la dernière huitaine du mois d'août, beaucoup de personnes se rendirent sur les quais, notamment le soir, pour assister à la chasse, à coups de fusil, d'une bande de marsouins qui évoluaient devant notre ville ; aucun ne fut atteint, mais on en prit un dans des rêts à Cléon.

Vers le commencement de septembre, M. Lambert, juge de paix à Lillebonne, fut nommé aux mêmes fonctions à Elbeuf.

Le 17, le conseil municipal vota un emprunt de 62.000 fr., à 3 1/2 pour cent, remboursable en trente ans, pour la construction d'une école de filles rue du Tapis-Vert.

L'Union, journal socialiste, parut pour la

première fois le 5 octobre, mais son existence ne fut que de courte durée.

Le 19, mourut M. Constant Flavigny, ancien président de la Chambre de commerce. Il était âgé de 70 ans.

A la réunion municipale tenue le 24, le Conseil vota une somme de 20.650 fr. pour la part de la ville dans les dépenses que devait nécessiter l'élargissement de la rue St-Etienne.

Le Conseil décida également l'acquisition des immeubles de la rue de Caudebec, où était installée l'Ecole manufacturière, moyennant une rente viagère à servir au cédant, M. Pinchon.

M. Fosse, le nouveau préfet de la Seine-Inférieure, vint assister, le 23 novembre, à la séance annuelle de la Société Industrielle, présidée par M. Marquette, inspecteur de l'enseignement du dessin, délégué par le ministre.

Dans une réunion tenue à l'hôtel de ville, le 3 décembre, on décida la fondation d'une Université populaire sous le titre de « Coopération des Idées ».

Le mandat des délégués cantonaux ayant pris fin, le conseil départemental de l'enseignement primaire procéda, le 5 décembre, à de nouvelles nominations, et la délégation du canton d'Elbeuf se trouva ainsi composée :

MM. Eugène Blin, Chedeville, Dreyfus, Paul Fraenckel, Frété, Emile Lafosse, Isidore Maille, Victor Mangeot, Charles Mouchel, Perré, Paul Pion et Thézard.

Le 10, MM. Ernest Berjonneau, Camille Boulet, Emilien Nivert et Paul Pion furent élus membres de la Chambre de commerce.

En décembre, commença une série de conférences à l'Ecole manufacturière.

La première soirée donnée sous le patronage du Comité des conférences eut lieu le 19. M. Hugues Le Roux parla sur « La vraie Amérique ». Dans la seconde, M. Maurice Wolff, professeur à l'Ecole des hautes études sociales, entretint son auditoire sur « la Chanson française », avec le concours de deux artistes de Paris.

Le 24 des élections au Tribunal de commerce donnèrent les résultats suivants : M. Emile Menut, président ; MM. Georges Lefebvre, Henri Gy et Emile Brunel, juges ; MM. Marcel Olivier et Emile Nivert, juges suppléants.

Le 29, au cours de la séance municipale, M. David donna lecture d'un rapport concernant la création d'une école d'infirmières laïques.

Les postulantes devraient être âgées de 20 à 45 ans, et savoir lire et écrire. Leur admission serait prononcée par le maire. Après un cours théorique, elles devraient passer un examen devant un jury compétent, puis, sans traitement, faire un stage de deux mois, suivi d'un nouvel examen, qui donnerait lieu à la délivrance d'un diplôme individuel. Alors, leur traitement annuel serait fixé à 250 fr., pour 80 journées de garde de jour ou de nuit. Toutes seraient soumises à un conseil de discipline. — Les conclusions du rapport furent adoptées.

L'année 1902 fut une des plus froides que l'on ait eues depuis longtemps. La moyenne de la température n'avait été que 8°7, contre 9.5 en 1901, 10.7 en 1900, 10.4 en 1899, 10.6 en 1898, 10.5 en 1897. Le raisin ne put murir partout.

Suivent des extraits des registres de l'état-civil des principales communes du canton, s'appliquant à l'année que nous venons de passer en revue :

Communes	Naissances	Mariages	Divorces	Décès
Elbeuf........	465	146	11	520
Caudebec......	200	82	8	243
Saint-Pierre...	68	26	2	82
Orival	27	16	0	40
La Londe	19	5	0	30
Saint-Aubin...	56	26	0	72

CHAPITRE XXIX

(Année 1903)

L'Université populaire. — Election sénatoriale. — Agrandissement de l'hospice des vieillards. — Les enfants du Woruit de Gand. — Le départ des sœurs. — Les canots automobiles ; fête de nuit. — Inaugurations : l'École Molière ; banquets populaires ; discours. — L'Affaire Humbert — Le bureau de placement gratuit. Le droit sur le cidre.

Au commencement de janvier 1903, l'Université populaire fut définitivement constituée, sous le patronage de MM. Fosse, préfet ; Lefort, professeur honoraire du Lycée Corneille ; Doliveux, inspecteur d'académie ; Fenard, inspecteur primaire, et Mouchel, agrégé de l'Université maire d'Elbeuf.

Le but de cette fondation était l'éducation scientifique, morale et sociale du peuple, en dehors de tout groupement politique, de toute doctrine économique, de toute école philosophique, de toute confession religieuse, par des conférences, entretiens, lectures.

La première soirée de l'Université fut donnée le 17, au Théâtre, où M. Lefort, de Rouen, fit une belle conférence. A partir de cette date, des réunions eurent lieu une ou plusieurs fois par semaine, soit au Théâtre municipal, soit au Patronage scolaire, rue Poussin.

En janvier également, M Sorel, directeur de l'Odéon, fit une conférence au Cirque sur le normand Gonneville, et M. Albert Lambert, avec le concours de son fils, en fit une autre sur les auteurs dramatiques normands.

Le 26, il y eut, au conseil municipal, une séance assez mouvementée à propos de la direction du Théâtre pour la saison suivante Elle fut donnée à M. Petiot-Riza.

Les conscrits tirèrent au sort le 29. Il s'en présenta 168 d'Elbeuf, 74 de Caudebec, 25 de Saint-Pierre, 33 de Saint-Aubin, 12 d'Orival, 8 de la Londe et 341 pour tout le canton, comme l'année précédente.

Le dimanche 8 février, un concert de charité fut donné, au Théâtre, au profit des sardiniers bretons.

Le 25 février, M. Lucien Le Foyer, avocat à Paris, appelé par l'Université populaire, fit une conférence au Théâtre, sur la « Mission morale de la France » Elle fut suivie d'autres en mars et avril, faites par : M. Métayer, avocat à Rouen, sur « l'Evolution économique et sociale ; M. Bessand. président de la Société industrielle, sur « Vauban et l'impôt sur le revenu » ; M. Lefort, sur « la Femme » ; M. Charles Mouchel, maire, sur « l'Eclairage »; M. Rancès, professeur au Lycée Corneille, sur la « Question d'Alsace-Lorraine » ; M. Paul Fraenckel, sur « La Genèse de la guerre de 1870 » ; M. Parodi, professeur au Lycée de

Rouen, sur « l'Idée de solidarité » ; Challaye, professeur au Lycée d'Evreux, sur « Le Japon moderne ».

En mars et avril, M. Mouchel fit plusieurs démarches au ministère des Travaux publics pour la reprise du projet de chemin de fer entre Elbeuf et le Neubourg.

M. I. Maille, de son côté, s'occupa activement de cette affaire et, dans une réunion des maires, tenue le 9 avril à Elbeuf et présidée par M. Fosse, préfet, venu à l'occasion de la revision, une entente générale fut établie.

D'un autre côté, la Société française des Tramways électriques adressa, au président du Conseil général de l'Eure, le 18 du même mois, une lettre concernant le projet de tramways d'Elbeuf au Neubourg et d'Elbeuf à Pont-Audemer, une lettre proposant un rabais de 200.000 fr sur le montant de l'évaluation des dépenses d'établissement faite par les ingénieurs, et de réduire de 200 fr. par kilomètre l'allocation kilométrique résultant de la formule d'exploitation, soit une autre somme de 400.000 fr.

Le 6 mai, on mit en adjudication, à la préfecture, des travaux de réfection à faire au quai d'Elbeuf, évalués à 400.000 fr.

Le 20, mourut, à l'âge de 64 ans, M. Victor-Etienne Patallier, ancien président du Tribunal de commerce et ancien ordonnateur de l'hospice.

A la séance municipale du 28 avril le Conseil s'associa, à l'unanimité, à ces paroles de M. Mouchel, maire :

« Au sein d'une autre assemblée (le Conseil général) M. le préfet de la Seine-Inférieure a été attaqué, avec une extrême violence de la part du représentant élu dans notre circonscription à la Chambre des députés. A Elbeuf, ni le conseil municipal, ni dans aucun autre des corps constitués, on n'approuve ces attaques... ».

M. Mouchel, dans cette même séance, refit l'historique du projet de chemin de fer d'Elbeuf au Neubourg dont on parlait depuis 1871, et conclut en proposant à l'assemblée d'émettre le vœu que la Compagnie de l'Ouest soumît au ministre des Travaux publics, dans le plus bref délai, les plans parcellaires prévus par la loi du 20 novembre 1873, et que la loi de finances de 1904 autorisât la Compagnie à commencer l'exécution des travaux. Ce vœu fut également voté à l'unanimité.

En mai, des ouvriers sans travail adressèrent une pétition aux pouvoirs publics, afin que divers travaux en projet fussent mis à exécution. Le conseil municipal eut à délibérer sur ce sujet dans sa réunion du 29 mai.

Vers le 8 juin, des expériences de locomotion sur monorail furent faites dans le jardin du Grand-Hôtel, par M. Devic, inventeur du système.

A partir du 1er juillet le journal la *Dépêche de Rouen* succéda au *Petit Rouennais*.

Vers ce temps, on s'occupa de fonder une « Union commerciale » dont firent partie un certain nombre de détaillants de notre ville.

Le 11, M. Emile Martin, membre des prud'hommes, ouvrier, fut proclamé élu au Conseil supérieur du travail, pour le groupe de la laine.

A la fête du 14 Juillet, le ballon *l'Astrolabe* emporta M. Boucher, aéronaute de Paris. Après un voyage de trois heures, l'aérostat tomba à Gaillefontaine, près du département de l'Oise.

Une élection sénatoriale eut lieu le 2 août. Les délégués du conseil municipal d'Elbeuf étaient MM. Courtillet, Coulon, David, Lafosse, Mouchel, Grout, Pain, Auvray, Cauvin, Berrier, Vogt et Louchard. Les suppléants furent MM. Vallée, Clérisse et Brion.

Il y avait quatre candidats : MM. Rispal, progressiste ; Ancel, réactionnaire ; de Folleville, républicain ; Cheuret, républicain, qui obtinrent respectivement, au premier tour, 514, 472, 368 et 106 suffrages. M. Ancel se désista, au second, en faveur de M. Rispal, qui fut élu par 976 voix contre 446 à M. de Folleville, 26 à M. Ancel et 5 à M. Cheuret.

Le 4, l'école de filles de la rue du Neubourg, dirigée par les sœurs d'Ernemont, fut fermée, en vertu d'une notification préfectorale. L'immeuble, qui appartenait à la congrégation, dut être évacué pour le 15 du même mois.

En ce même temps, M. Clément-Joseph Bocquet, vicaire de l'Immaculée-Conception, qui passait pour faire de la polémique religieuse et politique, fut nommé curé de Servaville-Salmonville. Il était surtout connu à Elbeuf par sa barbe noire, qu'il laissait croître en entier.

La séance municipale du 7 août fournit à M. Mouchel l'occasion de porter à la connaissance du Conseil et du public deux faits intéressants :

Une délibération de la commission administrative de l'hospice avait décidé l'achat de gré à gré des immeubles Langlois, situés à l'angle des rues de l'Hospice et Petou, pour le prix de 12.500 fr. Ces immeubles seraient démolis, et l'on édifierait sur leur emplacement un pavillon pour les vieilles femmes, dans le genre de celui des vieillards hommes, ce qui permettrait de séparer complètement le service des malades de l'hôpital d'avec le service des vieillards de l'hospice.

Plusieurs dons avaient été faits à l'établissement hospitalier, notamment un par la famille de M. Michel Stern, qui, l'année précédente, y avait été transporté. Son père, en venant le voir, avait manifesté l'intention de faire un don à l'établissement ayant reçu le blessé; mais lui même mourut peu de temps après. Cependant sa famille, pour se conformer aux désirs de M. Jacques Stern père, avait fait don à l'hospice d'une somme de 80.000 fr., ce qui avait permis de réaliser un projet d'agrandissement de l'établissement, prémédité depuis longtemps.

Ajoutons que M. Jacques Stern, en venant à Elbeuf, avait déjà remis, de la main à la main, à M. Paul Pion, ordonnateur de l'hospice, une somme de 3 à 4.000 fr. La seconde fut remise de même, de sorte que cette importante donation n'entraîna aucuns frais d'actes.

Les enfants du Woruit de Gand, venant d'Angers, arrivèrent à Elbeuf le 13, et donnèrent une soirée artistique dans la salle des Fêtes de Caudebec, sous la direction de M. Bogaerts, qui fit une conférence sur cette association ouvrière.

Les garçons et filles du Woruit furent logés chez des habitants d'Elbeuf et de Caudebec. Le lendemain matin, ils visitèrent les établissements de MM. Blin et Blin, et l'après-midi ceux de MM. Fraenck-l-Blin. Ils entrèrent également à l'imprimerie de l'*Elbeuvien*. Ces enfants causèrent une grande curiosité à Elbeuf, où la foule se porta sur leur passage.

Ce jour-là, 14 août, un autre mouvement se produisit, à l'occasion du départ des sœurs d'Ernemont dont l'établissement n'avait pas été autorisé. Des patrons cléricaux ayant fermé leurs ateliers l'après-midi et des appels ayant été adressés aux réactionnaires de la ville et du canton, il se trouva un certain nombre de personnes à la gare d'Elbeuf-Ville qui acclamèrent les religieuses. Il n'y eut pas de contre-manifestation.

Le 29, le commissaire de police signifia aux sœurs d'Ernemont de la rue St-Etienne d'avoir aussi à quitter leur maison avant quinzaine. Pareilles significations furent faites aux religieuses des écoles maternelles du Marché-aux-Fleurs et de la rue du Neubourg. — Les autres écoles congréganistes du canton non autorisées furent fermées dans ce même temps.

Le dimanche 30 août, une flotille de canots automobiles partit de Paris pour se diriger vers la mer. C'était la première grande course de canots de ce genre ; elle avait été organisée par le journal *Le Vélo* et placée sous le patronage des ministres de la Marine, des Colonies et des Travaux publics. Le président Loubet l'avait dotée d'un prix.

Un comité se forma à Elbeuf, où devaient s'arrêter les concurrents le lendemain lundi, pour l'organisation d'une fête vénitienne sur la Seine, avec le concours de l'*Harmonie Elbeuvienne*, la *Fanfare Alsacienne* et les *Trompettes Elbeuviennes*, plus celui de canotiers d'Elbeuf et du canton. Un arrêté du préfet suspendit la navigation aux abords et devant notre ville.

Le premier des vingt canots qui entra dans l'écluse de Saint-Aubin fut le *Mercedès*. Une quantité considérable de curieux assista à son arrivée et à celle des autres concurrents, qui, tous réunis, vinrent passer devant l'hôtel de ville d'Elbeuf, puis regagnèrent les abords de l'île de l'Epinette.

Les deux rives du fleuve, le soir, furent garnies d'une foule énorme. De nombreux bateaux diversement illuminés circulèrent pendant plusieurs heures sous les yeux du public, charmé de ce spectacle. Des prix furent décernés aux embarcations les plus remarquées.

Les canots automobiles quittèrent l'île de l'Epinette le mardi 1er septembre, entre une et deux heures de l'après-midi, et se dirigèrent sur Rouen, d'où ils repartirent le lendemain pour gagner la mer. — Quelque temps après, le canot *Mercedès* fut acheté 31.000 fr. par un habitant de New-York.

A cette époque, les travaux de démolition pour l'élargissement du bas de la rue Saint-Etienne étaient commencés.

M. David Dautresme père, ancien administrateur du *Petit Rouennais*, mourut à Fécamp, le 1er octobre, à l'âge de 75 ans. Ainsi que son frère Lucien, il était né à Elbeuf.

Le 7, on vit pour la première fois dans notre ville des pièces de 25 centimes en nickel, où elles furent un objet de curiosité.

Il y eut, le 20 septembre, une double inauguration : celle du nouveau quartier des vieillards à l'hospice et celle de l'école Molière, rue du Tapis-Vert. A cette occasion, M. Fosse, préfet, vint à Elbeuf, et les comités de fêtes des rues Poussin, du Neubourg et du Tapis-Vert décorèrent et illuminèrent leurs quartiers.

Dès son arrivée, M. Fosse, reçu à la gare par la municipalité et diverses sociétés, se rendit à l'Hospice, où il visita le nouveau service et l'établissement tout entier, pendant qu'un concert était donné aux pensionnaires. Un banquet de 120 couverts fut offert aux femmes hospitalisées et aux vieillards, dans le nouveau réfectoire. Le menu était ainsi composé :

Potage vermicelle jardinière
Saucisson. — Beurre d'Isigny
Cantaloups
Œufs à la Bechamelle
Haricots verts à la française
Trou normand
Dindes truffées
Choux-fleurs sauce normande
Salade
Dessert
Fromage Camembert
Crèmes vanille, caramel, chocolat
Macédoine de fruits
Nonettes glacées de Dijon
Quartiers de pommes à la groseille
Brioche
Café
Liqueur Bénédictine
Vins
Bordeaux, Champagne, Muscat de Samos

Devant les vieillards réunis, M. Mouchel remercia le préfet d'avoir bien voulu assister à cette fête de la vieillesse. M. Fosse répondit en portant la santé des vieillards, de la municipalité d'Elbeuf, du conseil d'administration de l'hospice et du corps médical.

Avant de quitter l'hospice, M. Fosse remit une somme de 200 fr. à M. Mouchel, destinée à acheter des jouets pour les enfants malades et des jeux pour les vieillards. Le préfet visita ensuite la Maternité.

Le cortège qui avait accompagné M. Fosse de la gare à l'hospice, reprit sa marche vers l'école Franklin, passage Dubuc, où allait avoir lieu un grand banquet populaire de 600 couverts. Presque toutes les notabilités d'Elbeuf y assistèrent. M. Mouchel prononça un discours philosophique qui fut très remarqué : l'*Elbeuvien* le reproduisit. M. Maille, conseiller général et maire de Saint Aubin, prit ensuite la parole, puis M. Persignat, membre de la commission administrative de l'hospice de Caudebec ; après quoi M. Fosse se leva.

Le préfet remercia d'abord la Démocratie elbeuvienne de l'accueil amical qui lui était fait et particulièrement les citoyens qui avaient pris l'initiative de cette journée. Il ajouta :

« Quoique nouveau venu dans votre beau département, dit-il, il me semble que je suis déjà des vôtres, car nous sommes réunis dans les mêmes idées, celles pour le triomphe desquelles ont lutté nos pères de la Révolution. Les violentes attaques, les calomnies auxquelles se livrent nos ennemis, n'ont pu abattre le courage de votre vaillant Conseil municipal, non plus que celui du fonctionnaire qui représente le gouvernement de la République dans ce département.

« Il n'appartient pas au préfet de se défendre ; il a confiance dans le bon sens et dans la raison de ce vieux pays de sapience qu'est la Normandie, et cela lui suffit.

« Vous connaissez tous les légendes qu'on a tenté d'accréditer autour du citoyen chargé de l'administration de la Seine-Inférieure (Nombreux cris : « Vive le Préfet ! A bas la calotte ! »... Auquel d'entre vous ferait-on croire qu'un citoyen honnête aurait pu tenir les propos injurieux à l'égard des Normands qu'on lui prête ?

« A qui ferait-on croire que lors de la revue des agents forestiers il a tenu un langage menaçant pour ces fonctionnaires ? Cela était bien loin de sa pensée d'administrateur tout dévoué à la cause des travailleurs et des humbles.

« Le bon sens a fait justice de ces attaques, ajouta-t-il, et j'ai la satisfaction de constater qu'elles m'ont amené la sympathie et la confiance des républicains ; c'est vous dire que je me console facilement de ne pas avoir celle des autres.

« Mais ne nous attardons point sur ce sujet. Nous sommes réunis aujourd'hui pour une fête de la solidarité sociale, rendons plutôt hommage aux hommes qui ont su instituer dans votre ville l'assistance aux vieillards, avant même qu'elle ne fût inscrite dans la loi.

« Je tiens à féliciter particulièrement les membres de votre municipalité, qui ont si bien rempli le mandat que vous leur avez confié et à la satisfaction de la démocratie toute entière.

« Si la ville d'Elbeuf a fait des sacrifices considérables pour donner aux travailleurs un toit pour leurs vieux jours, elle n'a point négligé non plus l'éducation des enfants du peuple, — l'éducation laïque, la seule vraie, la seule véritablement indépendante et digne d'un peuple libre.

« Le rôle de l'enseignement public doit être non de façonner des sujets pour la servitude, mais de préparer des hommes pour la liberté. (*Applaudissements prolongés*).

M. Fosse parla ensuite de la campagne des cléricaux et nationalistes, et des diverses mesures prises par le gouvernement de la République. Il dit que « ces mesures libéreront les congréganistes des vœux qui leur enlèvent toute personnalité.

« Cette campagne contre l'esprit laïque, contre la République, nos adversaires la conduisent au nom de la liberté qu'ils prétendent violée ; mais n'est-ce point faire œuvre de liberté que de protéger les congréganistes eux-mêmes, que de les soustraire à une règle et à des pratiques qui peuvent avoir été celles d'un autre âge, mais qui ne sauraient être tolérées en notre siècle de science et de porgrès.

« On parle beaucoup de liberté, en ce moment, mais on oublie une liberté qu'il importe cependant de ne pas perdre de vue : c'est la liberté de ces petits êtres dont il faut faire l'éducation, et qui n'ont besoin de croire qu'à la science, à la vérité, à la justice et à la fraternité. *(Vifs applaudissements)*.

« Oui, dit M. le Préfet, je bois à tous les républicains sans distinction, aux modérés, aux radicaux et aux socialistes, à tous ceux qui sont restés fidèles au vieil esprit de la Révolution, à l'esprit laïque, et qui veulent avec nous défendre la suprématie du pouvoir civil contre les empiétements de toutes les réactions.

« Je lève enfin mon verre en l'honneur des membres du Conseil municipal d'Elbeuf, et aux triomphes passés et surtout futurs de la Démocratie elbeuvienne. »

Des médailles du travail, apportées par le préfet, furent ensuite délivrées à une vingtaine de vieux ouvriers.

Après le banquet, le préfet, accompagné d'un très nombreux cortège, visita les rues décorées par les habitants en se rendant à l'école Molière. Sur le parcours, la foule, accourue de toutes parts, rendait la circulation difficile.

A la nouvelle école, M. Fénard, inspecteur d'académie, présenta au préfet Mme Abbaye, la future directrice, entourée de fillettes devant suivre ses cours, et fit un discours que publia également l'*Elbeuvien*. M Brisson, architecte municipal, reçut les félicitations du préfet, de M. Fénard, de M. Maille et des autres notabilités présentes. M. Fosse regagna ensuite la gare de Saint-Aubin.

Le soir, il y eut foule dans le quartier du Neubourg, pour voir les illuminations, véritablement très belles, et notamment une porte élevée à l'entrée de la rue du Tapis-Vert.

Peu après, l'école Molière ouvrit ses portes et compta bientôt une centaine d'élèves, provenant pour la plupart de l'école congréganiste de la rue du Neubourg.

Notre concitoyenne Melle Blanche Toutain joua au Théâtre municipal, le 25 septembre, le principal rôle de *la Souris*, de Pailleron.

L'affaire Humbert, dont le monde entier s'était occupé, prit fin le 5 novembre. Ce jour-là, la chambre criminelle de la Cour de cassation rejeta le pourvoi formé par Frédéric et Thérèse Humbert contre l'arrêt de la Cour d'assises de la Seine, qui les avait condamnés à cinq ans de réclusion pour faux et escroqueries.

Cette affaire avait été particulièrement suivie à Elbeuf, à cause des intérêts qu'un certain nombre de nos concitoyens y avaient eu.

En effet, la banque Girard et Cie avait prêté environ six millions à Thérèse Humbert et l'on se souvient que ce prêt avait eu pour suite le suicide de M. Girard.

Ce fut un agréé d'Elbeuf, M. Duret, qui fit la liquidation de cette banque, et l'on se souvient également que ce fut à Elbeuf, au Tribunal de commerce, que, le premier, M. Waldeck-Rousseau émit l'opinion que l'affaire Humbert constituait la plus grande escroquerie du siècle.

Ajoutons que Me Lanquest, de Paris, notaire des Humbert, était le gendre et le successeur de Me Fouard, originaire d'Elbeuf ; et que Me Auzoux, également un Elbeuvien, eut, comme successeur de Me Nicquevert, avoué à Paris, à se constituer pour les légataires frères Crawford, des procurations authentiques lui ayant été produites.

Depuis sa fondation, il y avait eu souvent des conférences à la Bourse du travail, et elles se continuaient toujours. Nous avons réuni quelques notes de celle qui eut lieu le 10 novembre, dans laquelle il fut parlé du bureau de placement gratuit, annexé à la Bourse à partir de juin 1899. Voici le résumé des opérations faites pendant les cinq premières années, la première et la dernière incomplètes :

	Inscriptions		Offre d'emploi	Personnel	
	Femmes	Hommes	par patrons	placé	non placé
1899	448	510	251	235	16
1900	924	817	929	924	5
1901	808	639	907	851	56
1902	719	554	610	607	5
1903	689	451	754	641	113

Dans ces chiffres, les placements dans l'industrie lainière entraient pour 227, le bâtiment pour 345, diverses corporations 442, serviteurs pour 83, total 1.097 hommes ; ouvrières diverses 240, femmes de journée 102, bonnes, femmes de chambre, cuisinières 1.819, total 2.161 femmes. -- Total général des placements : 3.258.

Dans l'après-midi du 18, beaucoup de personnes s'arrêtèrent devant l'usine de MM. Blin et Blin, où un car de la Compagnie des tramways fournissait de la force motrice, en attendant la réparation du moteur à vapeur actionnant d'ordinaire cette partie de l'établissement. Une centaine de chevaux de force fut ainsi fournie pendant plusieurs jours.

Dans la séance municipale du 13 novembre, M. Mouchel, maire, informa le Conseil qu'à la suite du vote qu'il avait émis, concernant le chemin de fer d'Elbeuf au Neubourg, le ministre des Travaux publics avait adressé, à la Compagnie de l'Ouest, une invitation à poursuivre les études commencées.

M. Manot, par un rapport, entretint ses collègues du droit sur les débitants de cidre établi par la loi du 29 décembre 1900, et démontra ses mauvais côtés. Il ajouta que l'administration municipale avait recherché, dans les textes de loi, s'il n'y avait pas moyen de supprimer ce droit, et qu'elle avait trouvé, dans une loi de 1816 non abrogée, des articles disant en substance :

« La régie devra également, avec les villes qui en feront la demande, faire des abonnements établis sur sa moyenne des droits, les villes s'engageant à verser à la régie par 1/24es la somme convenue par abonnement. »

En conséquence, M. Manot conclut ainsi : « La ville d'Elbeuf demande à contracter un abonnement général sur les cidres et, si possible, sur les vins. Le montant de l'abonnement, 8.500 fr., sera payé par une surtaxe sur l'alcool et par les principaux intéressés.

M. Mouchel ajouta qu'avant de lancer cette affaire, il en avait d'abord entretenu ses collègues du Conseil débitants, puis tous les intéressés qui, dans une réunion générale, s'y étaient montrés favorables. La surtaxe sur l'alcool devait être portée de 2.50 à 3 fr. Avec ce système, les débitants ne devaient plus rien payer sur les cidres et boissons et peut-être le vin. En outre, ces liquides pourraient circuler dans toute la ville sans autorisation et sans rien payer. — Le Conseil adopta les conclusions du rapport.

La séance annuelle de la Société industrielle eut lieu, le 22 novembre, pour la première fois au Cirque-Théâtre, et fut présidée par M. Eugène Fosse, préfet.

Le 9 décembre furent élus au Tribunal de commerce : MM. Emile Brunel, juge ; Léopold Bernays et Charles Cornu, juges suppléants.

Les orateurs de l'Université populaire furent, en décembre, M. Maurice Lebon, président du Cercle rouennais de la Ligue de l'enseignement, et M. Deille, professeur au Lycée.

Le mouvement de la population pendant l'année se résuma ainsi :

Communes	Naissances	Mariages	Divorces	Décès
Elbeuf	433	149	3	501
Caudebec	211	81	10	220
Saint-Pierre	54	24	2	60
Orival	29	9	0	29
La Londe	15	9	1	36
Saint-Aubin	65	19	0	51

CHAPITRE XXX

(Année 1904)

A L'Orphelinat de garçons. — La cote mobilière. — Mort de M. Paul Pion. - Incendie Monpin et Saint-Rémy. — Elections municipales. — Adresses a M. Combes. — Enquête parlementaire sur l'industrie textile. — Election au Conseil d'arrondissement ; M. Lafosse élu. — L'Exposition de Saint-Louis. — Conférences diverses.

Dans sa séance du 4 janvier 1904, le conseil municipal donna un avis favorable sur le projet d'achèvement du quartier des vieillards à l'Hospice. Les dépenses étaient prévues par 69.000 fr., à prendre sur les fonds libres de l'établissement.

Ce même jour, M. Mouchel rappela au Conseil qu'en 1877, MM. Olivier avaient fait don de la somme nécessaire pour la construction de l'Orphelinat de garçons, et qu'en 1883, ils avaient ajouté à cette donation le terrain environnant.

Dans les clauses de ces donations, il était dit que l'établissement serait dirigé par des sœurs et que, jusqu'à la déclaration d'utilité publique, la maison serait administrée par le maire, le curé-doyen de Saint Jean, les donateurs ou leurs héritiers et des délégués du conseil municipal. La majorité du conseil d'administration était donc formée de la famille et du doyen ; mais après la déclaration d'utilité publique, la majorité de cette commission serait nommée par le préfet.

A la suite des obsèques civiles de notre collègue, dit le maire, M. Lalouel, qui était un délégué du Conseil municipal dans l'administration de l'Orphelinat, un conflit s'éleva entre le maire et les représentants de la famille Olivier, à la suite duquel conflit la majorité du conseil d'administration de l'établissement ajouta un article à son réglement disant qu'à l'avenir aucun des enfants de l'Orphelinat n'assisterait aux inhumations civiles.

En présence de ce parti-pris, je demande, en ma qualité de maire, ajouta M. Mouchel, la déclaration d'utilité publique, demande qui a déjà été faite en 1885 par les fondateurs. En conséquence, je prie le conseil municipal de voter un avis favorable pour la reconnaissance d'utilité publique. — A l'unanimité, cette proposition fut votée.

Ce même jour encore, malgré la défectueuse campagne de l'année précédente, le Conseil renomma M. Petiot-Riza directeur du Théâtre municipal.

Les conscrits tirèrent au sort le 28 janvier. Il y en avait 160 d'Elbeuf, 77 de Caudebec, 28 de Saint-Pierre, 27 de Saint-Aubin, 14 d'Orival, 7 de la Londe et 327 pour tout le canton.

M. Mouchel, maire, informa le conseil municipal, réuni le 26 février, que des réclamations lui avaient été adressées au sujet de la cote mobilière, et fit cet exposé à l'assemblée :

A Caudebec, depuis quelques années, on a insisté pour qu'il y ait un plus grand nombre de petites cotes, et le contrôleur des contributions a cru bien faire en en augmentant également le nombre à Elbeuf, alors qu'un usage pratique et courant exonérait de la cote mobilière toute personne ayant un loyer inférieur à la somme de 200 fr., et qui n'était pas notoirement aisée.

En présence des rôles établis, ajouta M. Mouchel, je ne puis que déclarer que l'administration municipale recevra toutes les réclamations justifiées et fera de son mieux pour leur faire donner une solution favorable.

M. le docteur Lourier donna ensuite lecture de son rapport et d'un long règlement sanitaire, ne comprenant pas moins de 66 articles pour la partie urbaine de la ville et une vingtaine d'autres concernant spécialement les hameaux. — Le Conseil donna un avis favorable à ce projet de règlement.

Au nombre des conférenciers de l'Université populaire qui vinrent au Théâtre dans les premiers mois de cette année, nous citerons : MM. Briois, Parodi, Kercomard, professeurs au Lycée Corneille : Spalikowski, publiciste ; Paul Noël, de Rouen ; Georges Métayer, avocat à Rouen.

A l'Ecole manufacturière, plusieurs orateurs firent aussi des conférences, notamment M. Paul Fraenckel, qui parla sur l'Australasie.

Quant au Comité des conférences, il fit venir au Cirque M. Cressaty, chrétien syrien, qui avait du quitter sa patrie, chassé par les musulmans.

En février, s'éteignit la *Petite Normandie*, journal nationaliste publié à Elbeuf depuis quelques mois.

Le 1er mars, deux péniches partirent à la dérive par suite de la rupture d'un câble ; l'une d'elles alla aborder le bateau à laver se trouvant en face du Champ-de-Foire et le coula.

M. Paul Pion mourut le 19, à l'âge de 67 ans. Il avait été maire d'Orival, président de la Société industrielle, vice-président de la délégation cantonale et président des anciens Elèves du Lycée de Rouen. Au moment de sa mort, il était président de la Chambre de commerce, conseiller du commerce extérieur de la France et ordonnateur de l'hôpital-hospice. Il était officier d'académie et membre de la Légion d'honneur. M. P. Pion avait écrit un grand nombre de rapports, qui firent ressortir l'attention profonde qu'il apportait dans l'étude des questions les plus diverses et son souci des intérêts elbeuviens.

Conformément à des instructions ministérielles, on enleva, le 8 avril, les emblèmes religieux se trouvant dans les salles d'audiences de la Justice de paix et du Tribunal de commerce. Cette mesure fut appliquée dans toute la France.

Le 11, par suite du décès de M. Paul Pion, on procéda, à la Chambre de commerce, à la formation d'un nouveau bureau, qui se trouva ainsi constitué : MM. Emilien Nivert, président ; Désiré Chedville, vice-président ; Paul Fraenckel, secrétaire ; Emmanuel Boulet, trésorier, déjà en fonctions.

Le 23, vers une heure et demie du matin, le feu détruisit une partie de la teinturerie Monpin et Saint-Rémy, rue de Rouen. Un bâtiment long de 80 mètres et d'une superficie totale de 2.000 mètres carrés, rempli de laines, de bobines de laine peignée et autres matières, fut consumé. Les pertes s'élevèrent à près d'un million et demi de francs.

Pendant le courant de l'année 1904, on procéda à la construction d'une succursale de la Banque de France, rue de Paris, à l'angle des rues Constantine et des Traites.

La lutte électorale pour le renouvellement du conseil municipal fut plus vive qu'elle n'avait jamais été. Une somme très importante fut employée à distribuer à profusion des numéros de l'*Industriel*, qui attaqua avec plus de violence que de sincérité l'administration sortante. En outre, des affiches couvrirent les murs d'allégations erronées, qui ne produisirent aucun effet sur le corps électoral, car il avait depuis longtemps apprécié le système d'administration suivi par la municipalité dont le mandat expirait.

Le Comité de l'Union républicaine, d'accord avec les membres du Conseil, rédigea ce programme :

Stricte économie dans les dépenses publiques ;

Exonération de la taxe mobilière sur les loyers au-dessous de 200 fr., sauf le cas d'aisance notoire ;

Continuation des démarches entreprises en vue de la réduction de l'impôt foncier ;

Continuation de la campagne entreprise en vue de relier, par voie ferrée, Elbeuf au Neubourg, à Bourgtheroulde et à Pont-de-l'Arche ;

La Banque de France (1904)

Amélioration constante et progressive de toutes nos écoles laïques et de leurs services annexes ; aide et appui énergique à leur personnel.

Organisation d'un Patronage scolaire pour les jeunes filles ;

Appui sincère au Gouvernement dans ses efforts vers la laïcisation de l'enseignement ;

Laïcité des services publics ;

Amélioration de la voirie, réglementation nouvelle de l'enlèvement des ordures ménagères ;

Création d'un lavoir public dans le quartier du Champ-de Foire ;

Création de nouvelles bornes-fontaines dans les quartiers privés d'eau ;

Introduction, dans les cahiers des charges des travaux communaux, de la clause du salaire normal et de la journée de 10 heures ;

Aide et appui à toutes les œuvres ayant pour but, sans esprit de secte ou de parti, d'améliorer l'instruction, les salaires et les conditions générales d'existence de la classe ouvrière ;

Développement de l'assistance à domicile aux vieillards ;

Aide et appui, sans réserve, à tous les efforts tentés en vue d'organiser les retraites ouvrières ;

Secours de loyer aux familles chargées d'enfants ;

Organisation de fêtes publiques ;

Revision de la Constitution dans un sens démocratique ;

Fixation à 10 heures du maximum des heures de travail ;

Réduction du service militaire à deux ans ;

Séparation de l'Eglise et de l'Etat ;

Suppression du monopole des pompes funèbres ;

Réglementation du travail dans les prisons, de manière à ne pas nuire au travail libre.

Comme par le passé, presque tous les opposants se composaient de quelques modérés, mais surtout d'anti-républicains et de cléricaux. Outre l'*Industriel*, ils avaient à leur dévotion l'*Indépendant* d'Elbeuf et d'autres journaux réactionnaires.

Comme d'ordinaire également, l'*Elbeuvien* soutint vigoureusement la liste démocratique.

Deux jours avant le scrutin, le conseil municipal se réunit pour la dernière fois. Au moment où le maire allait lever la séance, M. Lourier se leva et dit :

« Je crois être l'interprète de tous mes collègues du Conseil en adressant à M. Mouchel mes plus sincères félicitations pour le dévouement à la chose publique dont il a fait preuve dans l'accomplissement du mandat que nous lui avons confié.

« Les finances de la ville ont été gérées avec habileté et prévoyance, et nous sommes heureux, en particulier, de constater que le nombre des pensions aux vieillards a été considérablement augmenté dans ces dernières années, et cela sans charges nouvelles pour la ville.

« Je propose donc au Conseil de voter un ordre du jour de félicitations à M. Mouchel et à ses dévoués collaborateurs dans l'administration. »

Cette proposition fut votée à l'unanimité, moins les membres de l'administration ; après quoi M. Lafosse, adjoint, prit la parole en ces termes :

« La plus grande harmonie qui n'a cessé de régner pendant cette séance, où toutes les propositions ont été adoptées à l'unanimité, prouve que l'accord n'a pas cessé entre nous depuis quatre ans.

« Des adversaires ont répandu le bruit que je voulais remplacer M. Mouchel : Je viens déclarer publiquement que jamais je n'ai eu cette idée. M. Mouchel est le premier administrateur du département, et peut-être de la France.

« Je propose aux félicitations économiques votées d'ajouter des félicitations politiques, car M. Mouchel a fait tout ce qu'il était possible de faire, et je suis heureux de pouvoir lui serrer la main. »

Le Conseil et le public très nombreux qui se trouvait dans la salle, beaucoup trop petite ce soir-là, applaudirent chaleureusement aux paroles de M. Lafosse.

M. Mouchel ne pouvait se dispenser de remercier son adjoint. Il le fit, en ajoutant que s'il s'était produit dans le Conseil quelques mauvais passages sur des questions personnelles, l'assemblée ne s'était jamais laissé détourner de ses promesses aux électeurs, devant lesquels les membres du Conseil pouvaient se représenter la tête haute.

Ces paroles furent applaudies avec un enthousiasme qui faisait prévoir les résultats de l'élection, malgré un déplorable placard qu'un nationaliste — coutumier du fait — fit afficher le dimanche 1er mai, avant l'ouverture du scrutin, ce qui, d'ailleurs, fut vivement blâmé.

Les électeurs inscrits étaient au nombre de 5.330, sur lesquels 4.045 vinrent voter. Les suffrages se répartirent ainsi :

LISTE RÉPUBLICAINE		LISTE OPPOSÉE	
Elus, MM.		*Non élus*, MM.	
Courtillet	2.236	Laignel	1.880
Manot	2.226	Olivier	1.856
Mouchel	2.211	Menut-Gallet	1.855
Martin (Edouard)	2.195	Hourdou	1.854
Berrier	2.178	Lebret	1.844
Cauvin	2.160	Sallé	1.841
Clérisse	2.154	Lemoine	1.835
Brion	2.141	Delandre	1.836
Lafosse	2.136	Allain	1.835
Lourier	2.136	Delamare	1.833
Quenneville	2.130	Lebourgeois	1.812
Moulard	2.124	Fossard (Louis)	1.806
Vigneron	2.123	Hennebert	1.800
Grout	2.121	Haulleville	1.787
Goux	2.121	Marais	1.783
Vallée	2.118	Couture	1.781
Gardien	2.117	Blanchard	1.770
Saint-Amand	2.116	Thomassin	1.765
Mallard	2.105	Legras	1.751
Bourdet	2.102	Hersent	1.749
David	2.098	Hébert	1.747
Esne	2.097	Fromont	1.743
Lefebvre	2.086	Monnier	1.741
Martin (Georges)	2.077	Heurteux	1.738
Signol	2.076	Fossard, charcut.	1.730
Pain	2.058	Tellier	1.705
Schœner (non élu)	2.004	Chrétien	1.702

Le lendemain, quand le résultat définitif fut connu, un certain nombre de maisons particulières arborèrent des drapeaux. Dans l'après-midi, une foule considérable se porta vers l'hôtel de ville en chantant *La Marseillaise* et acclama M. Mouchel, auquel on offrit des gerbes de fleurs. Le soir, la manifestation se continua, mais plutôt contre les chefs du parti réactionnaire.

Au scrutin de ballottage, qui eut lieu le dimanche suivant, M. Schœner fut élu, sans concurrent, par 1.650 voix.

Les nouveaux élus se réunirent le dimanche 15 mai, à l'effet de nommer l'administration municipale. M. Charles Mouchel fut réélu maire par 26 voix sur 27 votants. MM. Lafosse et Courtillet furent également réélus adjoints, par 25 et 24 voix.

Dans l'après-midi, un banquet réunit les membres du Conseil et les membres du Comité de l'Union républicaine. Il se termina par le vote de l'adresse suivante :

« Le Conseil municipal d'Elbeuf, à l'unanimité, et le Comité de l'Union républicaine radicale et socialiste, réunis dans un déjeuner amical, le 15 mai, après l'élection de la municipalité, adressent à M. Combes, président du Conseil, et à son ministère, le témoignage de leur vive sympathie et de leur admiration pour l'œuvre d'émancipation laïque et de réformes démocratiques et sociales qu'ils ne cessent de poursuivre, malgré le torrent d'injures dont les abreuvent les partis réactionnaires coalisés ; les engagent à persévérer dans cette voie et leur promettent tout leur appui dans les limites de leur sphère d'action.

« Le Conseil municipal et le Comité prient M. Fosse, préfet du département, de transmettre cette adresse au Ministère et de bien vouloir accepter sa part méritée dans les témoignages de sympathie qu'elle exprime. »

La commission d'enquête sur l'industrie textile, nommée par la Chambre des députés le 13 novembre précédent, arriva à Elbeuf le samedi 28 mai et se rendit à l'hôtel de ville, où elle reçut les intéressés, auxquels elle avait remis un questionnaire, avec prière d'y répondre. Ce questionnaire portait sur quatre points principaux : 1° Condition des ouvriers ; 2° Questions de prévoyance ; 3° Rapports entre patrons et ouvriers ; 4° Situation de l'industrie textile dans la région.

Dans l'après-midi, les membres de la commission, composée de MM. Dron, président ; Lachaud, Congy, Cazauvielh, Mirman et Delory, visitèrent les établissements Blin et Blin, Fraenckel-Blin et E. Nivert. M. Mirman, seul, visita, rue de l'Hospice, divers immeubles occupés par des ouvriers dont un comptait cinquante-deux ménages.

Le lendemain dimanche, l'administration municipale, à l'occasion de sa quatrième réélection, reçut à l'hôtel de ville les corps constitués d'Elbeuf, les sociétés, les fonctionnaires, le corps enseignant et un grand nombre d'ouvriers, employés et commerçants.

Depuis cette élection, la situation de l'administration municipale s'est encore consolidée.

Les courses de chevaux, le 10 juillet, furent marquées par un nouvel accident, heureusement moins grave que le précédent : un cheval culbuta et se tua ; son cavalier, M. Mac-Carthy, lieutenant au 1er cuirassiers, resta évanoui sur le sol, mais pas très grièvement blessé.

Il y eut élection au Conseil d'arrondissement, le 31 juillet. M. Victor Mangeot ayant décliné un nouveau mandat, le Comité de l'Union républicaine offrit la candidature à M. Emile Lafosse, adjoint au maire d'Elbeuf, qui accepta. Les partis réactionnaire ou modéré ne lui opposèrent point de concurrent. Voici quel fut le résultat du scrutin :

	Inscrits	Votants	M. Lafosse
Elbeuf	5.209	1.883	1.539
Caudebec	2.499	1.055	933
Cléon	154	63	42
Freneuse	110	20	15
La Londe	360	133	94
Orival	341	191	152
Saint-Aubin	931	404	312
Saint-Pierre	945	266	197
Sotteville	98	29	19
Tourville	198	48	29
Totaux	10.845	4.092	3.332

M. Lafosse fut donc élu. Il adressa, en ces termes, ses remercîments aux électeurs :

« Citoyens, chers électeurs ; j'ai eu l'occasion, pendant la période électorole, de dire que je préférais me noyer en déclarant franchement ce que je pense, que de nager entre deux eaux. Je n'ai rien retranché de mon programme, et le résultat m'a donné raison.

« Vous avez planté, pour la première fois, je crois, dans la Seine-Inférieure, le drapeau socialiste dans une assemblée départementale. On commence à concevoir que le socialisme est l'aboutissant logique du régime républicain.

« Merci, chers électeurs, de la confiance que m'avez accordée ; croyez que je ferai tous mes efforts pour m'en montrer digne. — E. LAFOSSE, conseiller d'arrondissement. »

Le lundi 15 août, à l'occasion d'une nouvelle course de bateaux automobiles, qui séjournèrent devant Elbeuf, on organisa, comme l'année précédente, une fête de nuit sur la Seine.

L'Harmonie Elbeuvienne ayant cessé d'être municipale, les concerts du Jardin n'étaient plus donnés que tous les quinze jours, par la

Fanfare Alsacienne ; celui supprimé avait été remplacé par des retraites aux flambeaux.

La question des tramways du Roumois, qui intéresse également Elbeuf, revint devant le Conseil général de l'Eure, le 26 août, mais sans recevoir de solution.

A la séance municipale du 30 août, le Conseil adopta une nouvelle base de répartement pour la contribution mobilière. Il décida de fixer le minimum de loyer imposable à 140 fr. L'effet de cette modification fut de réduire la cote pour 1.857 contribuables, de la maintenir telle qu'elle était pour 70 autres et de l'augmenter pour 140 habitations riches. — Quelques mois après, le Conseil renouvela ce vote.

Le Conseil vota également la pose de plaques d'avertissement aux angles des rues débouchant sur celles du parcours des tramways.

Le 25 septembre, un grand banquet populaire fut organisé à l'occasion de la nomination de M. Isidore Maille, conseiller général, dans l'ordre de la Légion d'honneur. Cette fête fut présidée par M. Fosse, préfet du département.

Le conseil municipal étant de nouveau réuni le 28 octobre, M. Mouchel informa ses collègues que la rentrée dans les écoles communales était assez satisfaisante, et que le nombre des élèves fréquentant l'école libre atteignait à peine le quart de ceux suivant les cours des écoles municipales.

Il y eut une fort belle exposition de chrysanthèmes, au cirque-théâtre, les 13 et 14 novembre.

Le 20, se tint la grande séance de la Société industrielle ; elle fut présidée par M. Chapsal, directeur du Commerce et de l'Industrie.

A la suite de la séance, il fut introduit dans la salle de la Chambre de commerce, nouvellement décorée, qu'il inaugura par un discours sur l'exposition de Liège.

L'Université Populaire recommença ses réunions d'hiver par une soirée au Théâtre, donnée par trois professeurs du Lycée Corneille et la directrice de l'Ecole primaire supérieure de Rouen, qui lurent *Œdipe roi*. — Dans les soirées suivantes, on entendit M. Jouvin et M. Métayer, avocats à Rouen.

M. Petiot-Riza ayant demandé la résiliation de son traité, le conseil municipal, réuni le 2 décembre, autorisa l'administration à traiter avec M. Baret, pour l'exploitation du Théâtre, au mieux des intérêts de la ville.

On vota, le 7 décembre, pour renouveler partiellement la Chambre de commerce. MM. Th. Bourgeois, D. Chedville, L. Hourdou et Auguste Monpin.

Le 10 parut un nouveau journal local, *la Chronique normande*, organe nationaliste et clérical, tri-hebdomadaire, qui disparut peu après.

Ce même jour, on afficha un arrêté municipal concernant les contribuables qui, ayant sous leur toit plusieurs personnes à leur charge, voudraient bénéficier de la diminution d'impôts votée par le conseil municipal et consistant en :

1° La déduction, pour l'assiette de la contribution mobilière, d'une somme constante de 140 francs, à titre de minimum de loyer, de la valeur locative d'habitation de chaque contribuable.

2° Que ce minimum serait augmenté d'un dixième pour chaque personne, en sus de la première, qui se trouverait à la charge du contribuable.

Furent considérées comme personnes à charge, les enfants âgés de moins de seize ans et les parents infirmes.

Plusieurs de nos concitoyens avaient pris part à l'exposition de Saint-Louis (Etats-Unis). Dans la section des fils et tissus de laine, M. Jules Blin faisait partie du jury et en était vice-président.

Un grand prix fut décerné à la Collectivité d'Elbeuf, dont les exposants étaient MM. Gustave Allœend-Bessand (à Caudebec), Lucien Beer (à Saint-Pierre), Blin et Blin, A. Canthelou et fils, Fraenckel Blin, Franchet et Marcel Olivier, Emile Hennebert, Aimé Lefebvre et fils.

Dans d'autres sections, M. D. Chedeville, de Saint-Pierre-lès-Elbeuf, avait aussi obtenu un grand prix, de même que l'Ecole pratique d'industrie d'Elbeuf.

M. Emile Martin, membre ouvrier des Prud'hommes, qui avait été délégué à cette exposition, en fit un rapport, qui parut dans *l'Elbeuvien*, à partir du 25 décembre.

Vers ce même temps, les institutrices et instituteurs membres de l'Amicale laïque du canton d'Elbeuf, votèrent, à l'unanimité, une adresse à M. Combes, président du Conseil des ministres, lui exprimant leur admiration pour l'énergie avec laquelle il continuait la tâche de laïcisation qu'il avait entreprise, et l'assurance de leur entier dévouement à la République démocratique.

Un groupe s'était formé dans notre ville, l'année précédente, pour l'étude et la propagande de l'*Espéranto* : en 1904, de nombreux adhérents augmentèrent le groupe espéranrantiste.

Cette année fut remarquable par l'abondance de la récolte de pommes à cidre, dont le prix descendit quelquefois sur nos marchés locaux jusqu'à 1 fr. 20 l'hectolitre.

La gare d'Elbeuf-Ville avait délivré en 1904 163.648 billets et en avait reçu 182.653 d'autres gares. A Elbeuf-Saint-Aubin il avait été délivré pendant la même année 92.262 billets.

Suivent des extraits des registres de l'état-civil des principales communes du canton, s'appliquant à l'année que nous venons de passer en revue :

Communes	Naissances	Mariages	Divorces	Décès
Elbeuf	435	160	14	532
Caudebec	189	87	5	238
Saint-Pierre	64	29	5	92
Orival	29	15	1	29
La Londe	13	11	1	25
Saint-Aubin	73	25	1	71

FIN DU TOME XII

※

En mettant la dernière main à ce travail, dont nous avons recueilli les premiers matériaux il y a un demi-siècle, sans toutefois supposer que nous les utiliserions un jour, nous ne pouvons nous dispenser d'adresser nos remercîments aux personnes qui nous ont aidé de leurs travaux individuels ou par leur complaisance.

Nous devons d'abord rendre hommage à la mémoire de M. Parfait Maille et à celle de M. Mathieu Bourdon, qui, tout en nous ouvrant la voie, nous ont fourni beaucoup de documents intéressants.

Au nombre des disparus, nous citerons également M. Georges Bourbon, archiviste, qui a favorisé de tout son pouvoir nos recherches dans les fonds départementaux de l'Eure.

Il en est de même de M. Cougis, notaire, auquel nous devons d'avoir pu compulser des milliers de registres et liasses, provenant pour la plupart des anciens tabellionages et notariats de Bec-Thomas et d'Elbeuf, et de M. Paul Pion, qui, à ses souvenirs personnels, a joint la collection des registres des Chambres consultative et de commerce de notre ville.

M. Leroux, notaire à Bourgtheroulde, a mis également à notre disposition des quantités considérables de minutes des tabellionages de La Londe, Boissey-le-Châtel, la Bouille, Mauny, Montfort, Amfreville et autres lieux.

A l'hôtel de ville d'Elbeuf. nous avons pu parcourir toutes les archives municipales grâce à l'intérêt qu'ont bien voulu prendre à notre entreprise MM. Emilien Nivert et Charles Mouchel, chefs de la municipalité.

Nous avons aussi rencontré le meilleur accueil auprès de MM. les maires de toutes les communes voisines ; il nous a permis de recueillir dans leurs fonds municipaux de nombreuses notes relatives à l'histoire de notre ville.

Mais nous devons des remercîments particuliers à M. Charles de Beaurepaire, le vénérable archiviste de la Seine-Inférieure, dont la bienveillance, les conseils, les indications et les communications ont été pour nous d'un si grand secours.

Enfin, nous exprimons aussi notre gratitude à ceux de nos lecteurs qui. souvent spontanément, nous ont apporté des pièces d'écriture provenant de leurs titres de famille.

Cette énumération, très incomplète, des personnes nous ayant donné leur concours et des dépôts principaux où nous avons puisé, dit assez que nous ne nous sommes appuyé que sur des documents authentiques, pour la presque totalité manuscrits, et que dans bien des cas nous avons reproduits textuellement, sans les commenter : l'expérience nous ayant démontré qu'il y avait témérité à juger ou à faire la critique de faits s'étant produits à des époques éloignées de nous, avec des idées, des mœurs et des habitudes fort différentes de celles de nos jours.

Nous n'avons point voulu charger cette publication de renvois aux bas de pages, mais nous avons noté scrupuleusement nos sources sur chacune des douze mille fiches environ formant notre manuscrit, et si quelque doute s'élevait sur l'authenticité de faits rapportés, nous pourrions fournir des preuves de notre exactitude.

Le principal et peut-être le seul mérite de l'œuvre que nous venons de terminer réside donc dans la sincérité de nos reproductions ; c'est un principe auquel nous ne croyons pas avoir failli.

Malgré l'infinité de faits que nous avons pu relever, notre travail reste cependant incomplet. Il y existe de nombreuses lacunes que nous aurions désiré combler, au moins en partie, mais le temps nous a fait défaut pour cela.

En terminant, nous adressons aussi nos remercîments aux souscripteurs à notre travail, qui, soit dit en passant et sans vanité, est peut-être le premier où l'on soit entré dans une multitude de détails concernant le passé d'une ville de l'importance de la nôtre. D'aucuns ont même trouvé qu'il y en avait trop : c'est un peu notre avis ; nous nous en excusons avec promesse de ne plus retomber dans ce travers, auquel nous avons pourtant pris un certain plaisir.

TABLE DES GRAVURES
DU TOME XII

1. Vue générale d'Elbeuf. . . . . . . au titre
2. La gare d'Elbeuf-Ville. . . . . . . p. 73
3. Le pont de la rue du Neubourg. . p. 99
4. Sacristie et église Saint-Etienne . p. 126
5. Le Cercle des Commerçants. . . . p 139
6. Plan du Théâtre municipal. . . . p. 330
7. Eglise et rue Saint-Jean . . . . . p. 369
8. Le Cirque-Théâtre. . . . . . . p. 374
9. M. Pierre Noury. . . . . p. 416
10. Pont de bateaux établi par le Génie. . . . . p. 427
11. La cavalcade historique. . . . . p. 433
12. La place du Calvaire . . . . . . p. 442
13. Une caricature électorale . . . . p. 492
14. Le monument « Qui-Vive ? », du Château-Robert . . . . p. 553
15. La Banque de France. . . . . . p. 594
16. Le monument « Aux morts pour la Patrie ». . . . . p. 522

NOTA. — *Cette table servira d'avis au relieur.*

TABLE DES MATIÈRES

DU TOME XII

I. (1880). — Etude sur la source du Mont-Duve. — Le tarif douanier sur la draperie devant la Chambre. — Première fête nationale du 14 Juillet. — Elbeuf aux expositions du Mans et de Melbourne. — Elections aux Conseils général et d'arrondissement ; M. Sevaistre dans l'Eure. — Questions scolaires. — Le chemin de fer d'Elbeuf au Neubourg. — Nouvelle consolidation de l'hôtel de ville. — Statistique industrielle . . . p. 1

II. (Janvier-Juillet 1881). — Au conseil municipal. — Elections communales. — Installation du nouveau Conseil. — Faits divers. — Nécrologie : M. Buée, M. Ph. Aubé. — Discussions sur la suppression des processions ; mesures municipales. — La reconstruction et l'élargissement des quais ; le rapport de l'architecte. . . p. 32

III. (Août-Décembre 1881). — Réunions publiques électorales ; candidature Secondigné ; programme de M. L. Dautresme ; il est réélu député. — M. Gambetta au Neubourg. — Le journal *l'Elbeuvien*. — La lumière électrique. — Les traités de commerce ; protestations. — Nouvelles réunions publiques ; MM. Doublet et Picard. — La Compagnies des Eaux. — Statistiques . . . . p. 51

IV. (1882). — Faits divers. — Création de plusieurs services publics. — Les tramways. — Les processions et le Conseil municipal. — La réfection des quais.— Le chemin de fer d'Elbeuf-Ville à Rouen. — Les victimes du Deux Décembre. — Réunions publiques. — Le Musée Noury à l'hôtel de ville. — Conférences diverses. — **Statistique industrielle** . . . . p. 71

V. (Janvier-Juillet 1883).— Mort de Gambetta.
— Inauguration de la ligne d'Elbeuf-Ville à
Rouen. — Affaires scolaires. — Inauguration du
service des eaux ; M. Waldeck-Rousseau à Elbeuf.
— Encore la question des processions ; leur suppression. — La Chambre de commerce et les
accidents du travail . . . . p. 97

VI. (Août-Décembre 1883). — Les assurances
contre l'incendie. — Elections cantonales ; MM.
Doublet et Doubet. — Le chemin de fer du Neubourg ; état de la question. — La suppression de
la garnison est votée ; annulation du vote. —
MM. Jules Ferry, Raynal, Félix Faure et Baïhaut
à Elbeuf. — Réunions publiques. — Etat de
l'industrie lainière . . . . p. 114

VII. (1884). — L'affaire Caplet. — La crise industrielle ; réunion publique ; le « Comité de la
crise ». — La nouvelle loi municipale ; élections ;
programme du Comité démocratique. — MM.
Cochery et Hérisson, ministres, à Elbeuf. — L'insigne des conseillers municipaux. — Exposition
d'horticulture et concours agricole. — Le téléphone. — Elections consulaires d'après la nouvelle loi . . . . p. 139

VIII. (1885). — Affaires diverses. — L'école
Fénelon. — Mort de Mme Lécallier-Leriche. —
Conférences et réunions politiques MM. Laguerre
et Julien Goujon, radicaux-socialistes. — La
crise industrielle à Elbeuf. — Elections législatives ; le programme radical ; l'incident Pouyer-
Quertier. — M. Lucien Dautresme, ministre du
commerce . . . . p. 160

IX. (1886). — Affaires diverses. — Elections
consulaires. — Concours de gymnastique et festival de musique. — Elections au Conseils d'arrondissement. — Création de cours d'enseignement secondaire. — M. de Brazza à Elbeuf. —
Projet de Paris port de mer. — L'industrie périclite de plus en plus . . . . p. 184

X. (1887). — Faits divers. — Un laboratoire municipal. — Incendie à l'hôtel de ville. — Elbeuf représenté en Extrême-Orient et à Londres. — Le syndicat drapier. — Un grand-duc, puis deux ministres à Elbeuf. — La séance solennelle de la Société industrielle; présence de hauts personnages; discours. — L'Ecole professionnelle. — La Ligue des Patriotes. — L'Union des Femmes de France . . . . p. 198

XI. (1888). — Mort de M. Jules Doublet. — Election de M. I. Maille au Conseil général. — Elections au Conseil municipal. — M. Emilien Nivert, 29e maire d'Elbeuf. — Projet de la suppression de l'octroi. — Rassemblement tumultueux devant l'hôtel de ville. — M. Sadi Carnot, président de la République, visite Elbeuf et Caudebec; discours. — Affaires municipales. p. 218

XII. (Janvier-Août 1889). — Le boulangisme; conférences. — La suppression des octrois; rapport de M. Ch. Mouchel. — Le centenaire du 5 mai; fête à Elbeuf. — Un tremblement de terre. — Vote unanime du Conseil municipal pour la suppression de l'octroi — Election au Conseil général; M. Maille réélu contre M. Goussot. — M. Yves Guyot, ministre, passe par Elbeuf. p. 249

XIII. (Août-Décembre 1889). — Les élections législatives; MM. Dautresme, Cahu, Dulac et Dumoutier, candidats; professions de foi, programmes et réunions publiques; lutte très vive. — Mort de M. Isidore Lecerf. — Elbeuf à l'Exposition universelle; récompenses aux exposants. — Affaires diverses . . . . p. 269

XIV. (1890). — Epidémie d'influenza. — On réclame la dénonciation des traités de commerce — Les marchés Lemercier et Saint-Louis. — La suppression de l'octroi est votée. — Le dépotoir du Chêne-Fourchu. — Le projet de Paris port de mer. — La Commission du Travail vient à Elbeuf. — Les délégués sénatoriaux. — Un terrible hiver . . . . p. 290

XV. (Janvier-Mai 1891). — Elections sénatoriales; M. Lucien Dautresme est élu. — Election législative ; vive campagne électorale, MM. David Dautresme, Caubert, Gahineau, Lyonnais et Julien Goujon, candidats ; ce dernier est élu. — Lignes téléphoniques. — Projet de tarif douanier ; M. Goujon à l'hôtel de ville. — Les heures de travail. . . . . p 317

XVI. (Juin Décembre 1891.) — Elbeuf à l'exposition de Moscou. — Vote de droits de douane sur la draperie. — Inauguration du kiosque du Jardin. — M. E. Nivert, décoré. — Le peintre Th. Ribot. — M. Millerand, puis MM. Magnin et Le Royer à Elbeuf. — Inauguration du service d'hydrothérapie à l'hospice. — M. Jules Ferry vient étudier la situation de l'industrie elbeuvienne. — Mort de M. Albert Blin . . . p. 338

XVII. (1892). — Suppression du péage du pont suspendu. — Création du Petit Lycée. — Mort de M. Lucien Dautresme. — Le travail des femmes dans les manufactures. — Election sénatoriale. — Elections municipales. — Election au Conseil d'arrondissement. — Epidémie cholérique. — Inauguration du cirque-théâtre — La fête nationale du 22 septembre. — Un sermon sensationnel. . . . . p. 357

XVIII. (1893). — Election au Conseil d'arrondissement. — Rejet du projet d'une Bourse du travail — Congrès scientifique ; M. de Mortillet. — Un pavillon d'isolement à l'hospice. — M Hurel et sa « Stéphanie » à Elbeuf. — Comice et concours agricoles. — Le dernier budget de 800.000 fr. — Election législative : MM. Goujon, Dautresme, Mangeot et Gahineau, candidats. — Ecole d'apprentissage pour jeunes filles. — Fête franco russe. — M. Méline à Elbeuf — Fil téléphonique direct sur Paris . . . . p. 382

XIX. (1894). — Affaires diverses. — L'étuve a désinfecter.— Assassinat du président Carnot.— Une kermesse. — La question des octrois ; un recul. — Démission du maire et des adjoints. — Elections municipales complémentaires — M Ch. Mouchel, 30e maire d'Elbeuf. — Séances municipales mouvementées — Mort de M. P. Noury. — Les tramways. — Suppression de nombreuses taxes d'octroi. — La Maternité. . . . . p. 399

XX. (1895) — Effets de la suppression des octrois. — M. Félix Faure, président de la République. — L'affaire Girard. — L'asile des vieillards rattaché à l'Hospice. — Le Génie a Elbeuf ; manœuvres de ponts — Les tramways. — Election au Conseil général — Une cavalcade historique. — Le crocodile de Caumont. — L'éclairage public . . . . p. 419

XXI. (Janvier Mai 1896). — Projet de caserne. — Eclairage public par becs Auer. — Le vapeur « Good-News ». — Toujours les tramways. — Le comité « Justice Egalité » et les écoles congréganistes ; une pétition. — Le Génie à Elbeuf. — M. Devenoge, prédicateur méthodiste, et « l'Elbeuvien ». — Mort de M. Léon Quidet. — Elections municipales ; le programme radical. p. 438

XXII. (Mai-Décembre 1896). — Le nouveau conseil municipal. — Projets de Maternité laïque et de sacristie à l'Immaculée-Conception. — Mort de M. J. Descoubet ; sa donation. — Enquête sur les habitations ouvrières. — Fondation de la Société de courses. — Le bateau-rouleur « Ernest-Bazin ». — Incident à la Caisse d'épargne ; cinq démissions. — Effets de la suppression des octrois . . . . p. 453

XXIII. (1897. — L'éclairage électrique. — Mort de M. Th. Blin. — Le génie à Elbeuf. — Un drame au manège du cirque-théâtre. - Laïcisation de l'Ecole maternelle et de la Creche. — Inauguration du monument Lucien Dautresme ; concours musical. — Au Conseil municipal. — Campagne électorale ; le banquet d'Oissel p. 468

XXIV. (1898). — La subvention au théâtre. — Nécrologie : MM. Hulme, D. Picard et l'abbé

Gouel. — Les pensions aux vieillards. — Mise en service de la Maternité. — Le lait stérilisé. — Election législative : MM. J. Goujon, D. Dautresme, I. Maille et E. Martin. — Inauguration des tramways. — M. Waldeck-Rousseau revient à Elbeuf. — Démissions au Conseil municipal. — Élection au Conseil d'arrondissement : MM. V. Mangeot et N. Huet. — Incendie Blin et Blin : 2.400.000 fr. de pertes. — La Bourse du travail . . . . p. 486

XXV. (1899). — A la Chambre de commerce ; les malfaçons et les amendes. — Mort de M. Félix Faure ; M. Loubet, président de la République. — Discussion sur la contribution mobilière. — Le patronage scolaire. — A propos de l'évaluation de la propriété bâtie. — La Bourse du travail. — Adresse des comités républicains à M. Waldeck-Rousseau. . . . . p. 505

XXVI. (1900). — Faits divers. — Elections sénatoriale et municipale ; le programme républicain. — Le Congrès des Chambres syndicales. — Projet de division, en deux ou trois cantons, du canton d'Elbeuf. — Les étudiantes et étudiants anglais à Elbeuf. — Les Elbeuviens à l'Exposition de Paris. — Une série de grèves . . p. 519

XXVII. (1901). — Affaires diverses. — Inauguration du Patronage scolaire. — Election au Conseil général ; le programme démocratique. — Inauguration du monument du Château-Robert. — Questions municipales. — Heureux effets de la Goutte de lait. . . . . p. 543

XXVIII. (1902). — Les congrégations religieuses et le Conseil municipal. — La contribution foncière. — Election législative ; M. J Goujon réélu — Mort de M. Louis Fraenckel. — Comice agricole et concours de pompes à incendie. — Accident mortel aux courses ; donation de M. J. Stern. — Affaires diverses. — Création d'une école d'infirmières. . . . . p. 559

XXIX. (1903). — L'Université populaire. — Election sénatoriale. — Agrandissement de l'hospice des vieillards. — Les enfants du Woruit de Gand. — Le départ des sœurs. — Les canots automobiles ; fête de nuit. — Inaugurations : l'école Molière ; banquets populaires ; discours. — L'Affaire Humbert. — Le bureau de placement gratuit. — Le droit sur le cidre . . . . p. 574

XXX. (1904). — A l'Orphelinat de garçons. — La cote mobilière. — Mort de M. Paul Pion. — Incendie Monpin et Saint-Rémy. — Elections municipales. — Adresses à M. Combes. — Enquête parlementaire sur l'industrie textile. — Election au Conseil d'arrondissement ; M. Lafosse élu. — L'Exposition de Saint Louis. — Conférences diverses . . . . p. 590

Table des gravures . . . . p. 609

FIN DE LA TABLE

Elbeuf. — Imprimerie H. SAINT-DENIS.

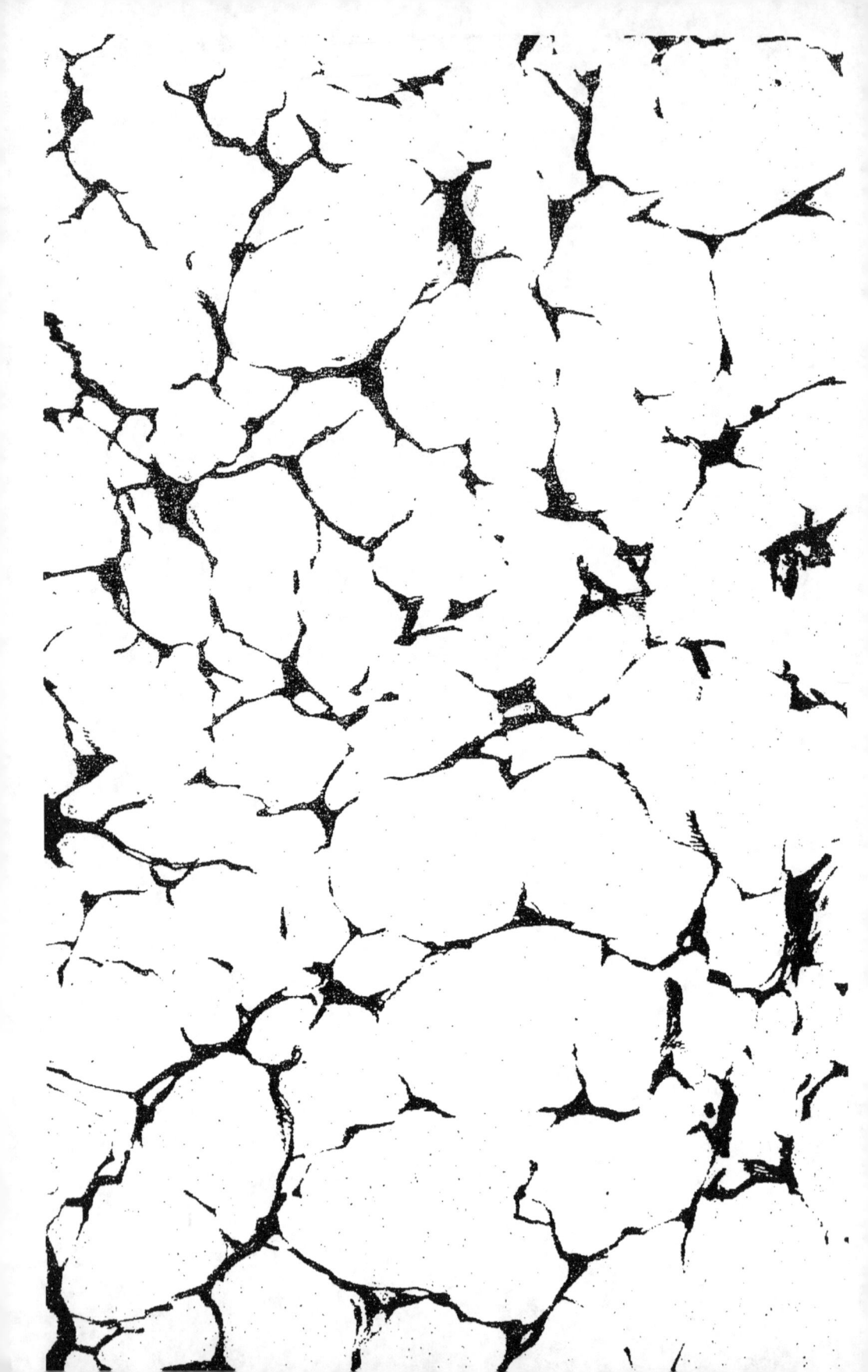